民航特色专业系列教材

航空运输经济学

吴薇薇　编著

科学出版社
北京

内 容 简 介

本书为民航特色专业系列教材，是运用经济学理论研究航空运输企业的运营和生产、经营和管理问题的教材。主要内容包括了西方经济学中的基础知识概要，航空运输需求与供给，航空运输成本，航空运输价格策略，航空运输的外部性分析，航空运输管制和放松管制，航线网络经济性，机队规划经济性分析，临空经济分析等。

本书写法简明扼要、通俗易懂，可以作为航空运输业的各级管理人员、工程技术人员及航空运输企业领导干部的培训教材和自学参考书，也可作为民航高等院校管理专业教学的基础教材。

图书在版编目(CIP)数据

航空运输经济学/吴薇薇编著.—北京：科学出版社，2014.6
民航特色专业系列教材
ISBN 978-7-03-041202-7

Ⅰ.①航… Ⅱ.①吴… Ⅲ.①航空运输-运输经济学-高等学校-教材
Ⅳ.①F560

中国版本图书馆 CIP 数据核字(2014)第 126423 号

责任编辑：余 江/责任校对：胡小洁
责任印制：张 伟/封面设计：耕者设计工作室

科学出版社 出版
北京东黄城根北街 16 号
邮政编码：100717
http://www.sciencep.com
天津市新科印刷有限公司 印刷
科学出版社发行 各地新华书店经销
*
2014 年 6 月第 一 版 开本：720×1000 B5
2023 年 7 月第八次印刷 印张：19
字数：380 000

定价：69.00 元
(如有印装质量问题，我社负责调换)

丛　书　序

改革开放以来，我国民航事业获得了持续、快速、健康的发展。2010年，我国民用航空发展的主要预期指标是：航空运输总周转量493亿吨千米、旅客运输量2.6亿人次、货邮运输量498万吨。30年来上述指标年均增速均达到两位数字，大约是中国国民经济发展速度的两倍，是世界民航业发展速度的四倍。从2005年至今，中国民航没有发生运输飞行事故，创造了中国民航历史上安全运营时间最长的纪录，安全、生产、效益形势喜人。按照我国国民经济发展中长期规划和国际通用方法预测，中国民航的持续快速增长还会有较长一段时间。

近年来，中国民航总局党组提出了全面推进建设民航强国的战略构想，因此，对民航各层次管理和专业技术人才的培养提出了更高的要求。民用航空教育必须把培养知识面广、专业素质高、动手能力强、责任心强的专业人才作为自己的奋斗目标，以适应整个行业发展的需要。但是目前民航专业教材体系建设相对滞后，长期以来多数教材源于国外，不能完全符合中国实际；教材出版时间较早，知识相对陈旧，学生难以据此掌握当前民航的高新科学技术。教材问题已经客观地影响到教学效果和质量。

南京航空航天大学民航学院成立于1993年，由原中国民用航空总局和中国航空工业总公司正式联合创办，已形成具有培养本科、硕士、博士、博士后多层次人才的办学格局。目前设有交通管理与签派、民航运输管理、民航机务工程、民航电子电气工程、机场运行与管理、飞行技术6个专业。依托国家级、江苏省特色专业建设点，依靠国防科学技术工业委员会重点学科建设，以及承担国家级、省部级科研项目等多方雄厚的科研实力，形成了集市场营销、运营管理和维修保障为一体的全方位的人才培养体系，成为我国民用航空领域的重要教学和科研基地。

通过对近17年教学与科研成果的凝练与总结，为适应教学改革和民航发展的需要，及时反映现代民航科技领域的研究成果，保证教材建设与教学改革同步进行，我们出版了《民航特色专业系列教材》丛书。本套丛书在组织编写中，重点体现了以下几个方面的特色：

1. 突出民航和航空制造专业特色。教材编写过程中充分考虑到专业的交叉性、综合性和国际性强的特点，在要求学生掌握知识的同时，以培养技术与管理结合、适应性强、综合素质高、能在航空制造企业和民航企事业单位服务的复合型人才为目标，丰富和完善教材内容。

2. 面向民航应用，注重实践能力的培养。适当拓宽专业基础知识的范围，以增强学生的适应性；面向民航工程实际，注重实践环节，强化在民航系统就业所必需的职业技能培养内容，以促进对学生的实际动手能力和创新能力的培养。

3. 强化专业素质教育。在专业所应具备的基本知识基础上，拓宽和延伸专业课内容，及时反映民航科技的最新成果，提升学生的专业素质和学习能力。

4. 兼顾学历教育和执照教育。由于民航专业的特殊性，获取专业执照是从业的必要条件，本套教材在编写过程中，注重学历教育和执照教育的有机结合，为学生顺利走上工作岗位创造条件。

5.满足多层面的需求。针对同一类课程，根据不同的教学层次和学时要求，编写适合不同层次需求的教材，涵盖不同范围的拓展知识单元，注重与先修课程、后续课程的有机衔接，每本教材在重视系统性和完整性的基础上，尽量减少内容重复。

本套教材注重知识的系统性与全面性，突出民航专业特色；兼顾学生专业能力和综合素养的全面培养，力图提高民航专业人才的培养质量和完善人才培养的模式；着力推广民航专业教学经验和教学成果，推进民航专业教学改革。本套教材的编写出版为提高民航专业教学的整体水平做了有益的探索。

温家宝总理指出："教育寄托着亿万家庭对美好生活的期盼，关系着民族素质和国家未来。不普及和提高教育，国家不可能强盛。"为了不断促进民航院校学生素质的提高以适应我国民航事业的持续、快速、健康发展，我们在教材编辑与创新上做了一些尝试，迈出了可喜的一步。作为一名老航空工作者，我为此鼓与呼。在丛书编写过程中，南京航空航天大学民航学院还得到众多相关学校与学院各方教授、专家、学者的帮助与指正，在此一并感谢。

王　知

2010 年 7 月

前 言

我国的民航运输业自20世纪70年代末改革开放以来，进入持续快速发展时期，经历了从小到大的发展过程，取得了巨大的成就。航空运输企业的运营和生产、经营和管理问题日益受到业内外人士的重视，人们用各种经济学的理论和方法，结合产权理论和博弈论等相关学科的基本思想对民航业的问题进行思考和讨论，近年来对这一领域的研究已呈百花齐放的态势。

如何系统全面地运用经济学的一般理论和方法研究探讨与航空运输有关的各类问题，尤其是如何更好地利用经济学基本原理解决航空运输经济问题，是深入研究这一领域问题的基础。然而遗憾的是，能够解决这一基础问题的读物并不多，这是作者编写本书的初衷。于是，从2009年起，作者借助于南京航空航天大学民航学院组织相关教师前往中国民航大学、国航、南航、东航、首都机场和浦东机场、各地方管理局等民航单位进行专业建设调研之便，结合当前民航运输行业所需人才特点，综合运用所学的西方经济学理论与方法，以航空运输企业运营和生产为主线，编写了本书。本书初稿完成后，在南京航空航天大学民航学院的教学和对航空运输企业的培训中边使用边修改完善，现已比较成熟。实践证明，学习者经过系统学习后，能够结合航空运输实践进行系统的经济性分析。

本书内容涉及西方经济学中的基础知识回顾、航空运输需求与供给、航空运输成本、航空运输价格策略、航空运输外部性分析、航空运输管制及放松管制等内容；另外本书结合经济学理论探讨了航线网络、机队和临空经济等方面的经济性分析。本书包含了大量反映当前航空运输业面临的各自经济问题和经济现象的案例，力图使读者能系统全面地以经济学的一般理论和方法研究探讨与航空运输有关的各类问题。

本书是在参考国内外有关运输经济学、航空运输市场研究、航空运输生产组织研究和航空运输企业生产运营研究的相关书籍和论文的基础上，结合作者本人的研究完成的。本书的撰写，在理论阐述上力求简明扼要、深入浅出、通俗易懂且易于自学。内容尽量涵盖航空运输中的各类热点问题，结合航空运输经济和管理问题进行案例分析。本书可以作为航空运输业的各级管理人员、工程技术人员及航空运输企业领导干部的培训教材和自学参考用书，也可作为民航高等院校管理专业教学的基础教材。

本书的总体内容框架得到了南京航空航天大学朱金福教授高屋建瓴的建设性意见，并由他审定全书；徐月芳副教授参加了本书具体内容的讨论，并提出了许多宝贵意见；中国民航出版社编辑部的姚祖梁主任也为本书稿提出了很多中肯的建议，并对第1章进行润色修改；中国民航大学经济与管理学院的李艳华教授也为这部教材的内容提供了很好的建议；南京航空航天大学民航学院运输系的诸多老师也都提出了很多宝贵意见；交通运输规划与管理专业研究生王莹、王雷、付聪等帮助收集、整理资料及承担书稿的录入工作；编写本书时，编者还参考了很多业内外专家、学者的观点和意见，在此，作者一并向他们表示衷心感谢！

限于时间和水平，书中难免存在不妥之处，恳请广大读者批评指正！

编　者

2014 年 4 月

目　录

第1章　绪　　论

1.1　航空运输发展概述

人类自有文明以来，就有飞天的梦想。中国古代有女娲补天和嫦娥奔月的神话传说，古希腊和古罗马也有神或长有翅膀，或有飞车、飞鹰坐骑的神话故事，阿拉伯著名故事集《一千零一夜》里也有许多飞行的神话。人类对飞行的梦想和渴望，促使人们制造了各种各样的飞行器械，从中国古代的风筝、竹蜻蜓到飞鸟、飞椅、孔明灯，再到文艺复兴后欧洲人自觉应用科学来制造的气球、飞艇、扑翼机、滑翔机，最后由莱特兄弟总结前人的经验，制造出第一架真正意义上的飞机。飞机的发明和航空运输的实现，是人类追逐梦想的结果。

最早的航空运输出现在1871年，当时普法战争中的法国人用气球把政府官员、物资和邮件等运出被普军围困的巴黎，这被视为人类历史上第一次输空运输。

而自从莱特兄弟发明了第一架飞机，不久后便有了飞机运输。1918年5月5日，美国人开辟了纽约—华盛顿—芝加哥航线，同年6月8日，伦敦与巴黎之间开始邮政航班定期飞行，这被认为是最早的飞机航线运输。

飞机被发明出来后，很快被用于战争，在战争的刺激下，飞机的各项技术得到快速发展。第一次世界大战后，航空技术的进步使得民用运输飞机开始出现，商业航空运输也得到了发展。第二次世界大战后期，各参战国为了追求战机更快的速度，促使飞机发动机更新换代，由活塞发动机向涡轮喷气发动机迈进，飞机的速度终于突破了声速，向更快的速度发展。

虽然战争是刺激航空技术向前发展的强力推手，但是推动航空技术发展的最持久动力在于它在商业领域中的应用前景。第二次世界大战后期，涡轮喷气发动机在战机中得到了应用，但是除了速度，在其他许多方面的性能并不优于传统优秀的活塞发动机飞机。第二次世界大战后，人们看到了涡轮喷气发动机飞机在民用方面的广阔前景，对其进行商业上的研究改进，于是在20世纪50年代，喷气式飞机在商业运输上得以应用，以英国的“彗星”(Comet)、苏联的图-104、美国的波音707和DC-8为代表，它们被称为第一代喷气式飞机。在此后到21世纪初的50多年时间时，第二代、第三代、第四代和第五代喷气式飞机研制成功并使用(表1-1)。这充分说明，民用商业需求，才是航空技术发展源源不断的动力。当然，通过发展民航飞机来为军事航空发展积蓄力量，也是很多国家心照不宣的策略。

表 1-1 第二次世界大战后第一代至第五代喷气式飞机

喷气式飞机发展阶段	代表机型
第一代(20 世纪 50 年代):首次使用喷气式发动机	英国的“彗星”(Comet) 苏联的图-104 美国的波音 707 和 DC-8
第二代(20 世纪 60 年代):采用耗油率低的涡轮风扇发动机	美国的波音 727、DC-9 和 英国的“三叉戟”(Trident)
第三代(20 世纪 70 年代):采用宽体机身提高了载客能力	美国的波音 747 苏联的伊尔-86 欧洲的空客 300
第四代(20 世纪 80 年代):使用电传操纵系统	美国的波音 757、767 欧洲的空客 320
第五代(20 世纪 90 年代):低油耗,经济性能高	美国波音 777、麦道 MD-11 欧洲的空客 330、340 俄罗斯的图-96

随着商业航空运输的迅猛发展,世界范围内的航线网络也逐渐建立起来,以各国主要城市为起讫点的世界航线网遍及各大洲,从而使我们这个星球变小了,人们真正可以做到在纽约吃早饭到伦敦吃午饭。

世界范围内的航线网络建立起来后,选择航空出行的旅客越来越多,有一些机场就渐渐发展成为航空网络枢纽。而两大飞机制造商波音和空客对航空运输的发展前景产生了不同判断。空客认为,未来大型航空枢纽的作用越来越强,航空公司在枢纽间安排各种航班衔接有利于资源的有效分配。因此需要更大型的飞机在枢纽间飞行,基于这个理念设计了 A380,使用 A380 在国际枢纽间安排远程航班可以节约班次,利于节能减排,同时增大机内空间以提升远程飞行的品质。

而波音则认为,未来的航空旅客越来越不喜欢在枢纽频繁转机,希望能够实现二线城市之间的不转机直飞,因此需要一种载客量不大,但是航程足够长,业载—燃油—里程性能足够好的飞机,基于这一理念设计了 B787。例如,使用这种飞机可以开通南京—巴黎的航班,旅客可以不用从南京到上海去乘坐到巴黎的飞机了。

空客的 A380 和波音的 B787 是目前最新一代的飞机,它们谁更适应未来航空市场的发展,还有待时间的检验。

与汽车、火车和轮船等其他交通工具相比,飞机不仅速度更快,并且还更加安全(图 1-1),它已经是现代文明不可缺少的交通工具。

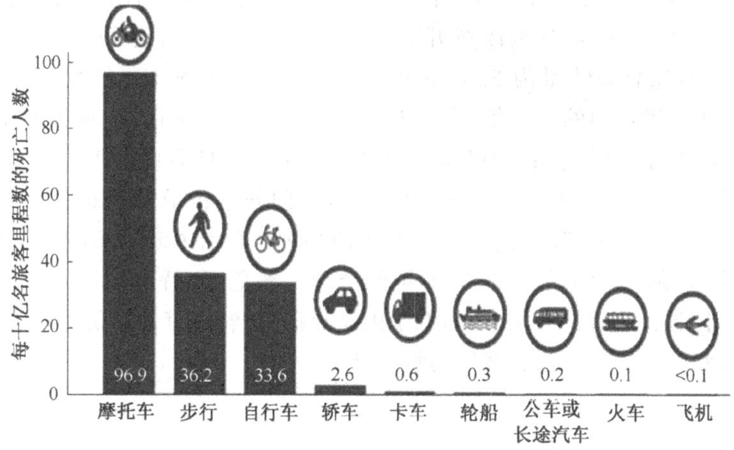

图 1-1　各种交通工具的事故死亡率对比

1.2　航空运输业的特点

从第二次世界大战后，美国一直是世界第一航空运输大国，可以从美国的航空运输旅客周转量变化窥出世界航空运输的发展步伐(图 1-2)。

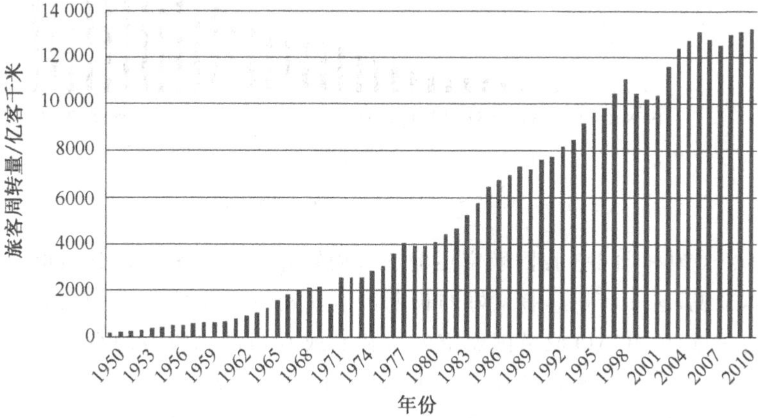

图 1-2　1950～2011 年美国航空运输旅客周转量

美国的运输总周转量曾占世界的 40%以上。由于美国民航所占比例较大，世界民航的发展态势很大程度上由美国民航的发展决定。1978 年美国政府实行放松管制政策，大大促进了航空运输业的发展。

1978 至今是世界民航长足发展的时期，国际民航组织成员国完成运输总周转量为 1133 亿吨千米，增长到 2012 年的 6866 亿吨千米，年均增长率为 5.44%，为世界经济增长率的 1.9 倍。

我国的民用航空事业始于1918年。1920年5月京沪和京津段开航飞行，这是中国最早的航线。1978年是我国改革开放的启幕之年，30多年来我国民航发展最快。1978年的航空运输总周转量为2.98亿吨千米，2012年达到610亿吨千米，年均增长16.94%，为GDP增长率的1.7倍，为世界民航增长率的3.1倍，在世界航空所占的比例由0.26%上升到9.8%。我国民航运输总周转量世界排名也由1978年的33位，从2005年开始跃居第2位，仅次于美国。但是，这期间我国民航发展也出现了5次大的起伏。即1983年的“5·5”劫机事件、1989年的“6·4”政治风波、1997年的亚洲金融危机、2003年的“非典”疫病，特别是2008年的全球金融危机、特大地震灾害等多种因素叠加，都造成航空运输增长大幅下降，低于国民经济的增长，有的年份为负增长。图1-3为1978年以来我国航空运输旅客周转量统计。

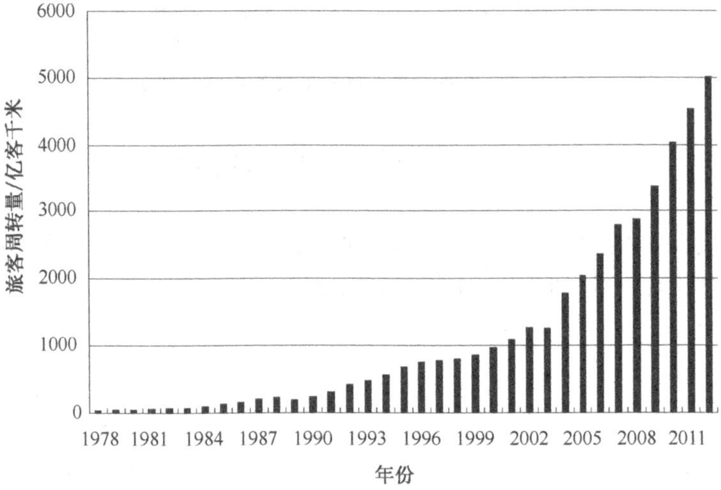

图1-3 1978～2012年我国旅客周转量统计

从图1-2美国和图1-3我国航空运输旅客周转量统计图来总结分析航空运输业的特点。总体来说，这一产业具有良好的长期快速发展的基本态势，但其经济具有明显的循环性。这一点，由ICAO成员国航空公司利润或亏损占总收益的百分比可以更加清晰地看出(图1-4)。大约平均7年为一个周期，出现一次大的波动。在后10年呈现周期缩短、波动频发的态势。每一周期有3～4年的下降、低速和恢复过程，接着有5～6年的快速发展，高速增长往往是下一次波动的前奏。大多数行业在面临需求量增长的同时，利润也随之增加，但航空运输业的发展呈现出一种悖论。即使在需求量增长的年头，边际利润也很低，去除利息和税收之后净利润只占收入的2%。过去50年，航空服务需求的快速增长，只带来边际利润的增长。由于航空运输企业折旧率政策和租赁设备比例的不同，并且经常获得直接或间接的政府补贴等，所以传统的资产回报率的评估不适合应用到航空业。

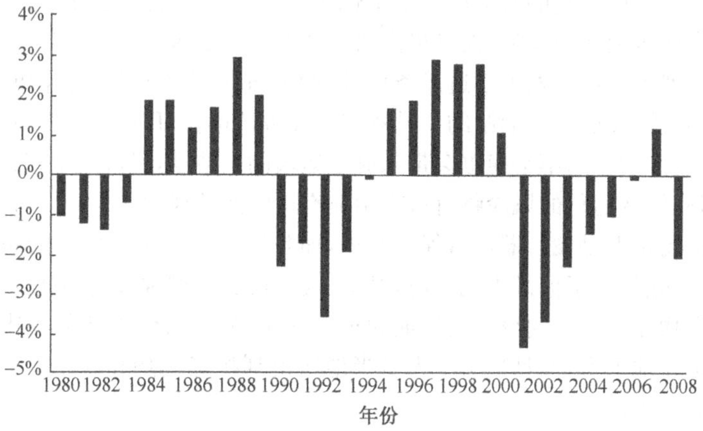

图 1-4　ICAO 成员航空公司年利润或亏损占总收益百分比，1980～2008 年

航空运输系统包含了一般运输系统所具有的性质，例如，都需要交通基础设施和交通工具；生产能力相对固定而需求波动；生产过程即消费过程，产品不能储存。没有卖掉的座位或吨位照样会生产出来，但不会产生收益。运输产品无形，不能在对它的质量进行判断后再购买，只能在购买后的消费过程中才感受到产品的质量，消费完后才能对质量给出评价，不满意的只能事后抱怨。但它又具有其他运输系统没有的性质，例如，载运工具是飞机，飞机是高科技产品，价格高昂；航路由导航系统构成，且有不同的高度层，不需要建造公路或铁路，不受地形的限制；速度快，运行成本高，但边际成本不高；机场是航空运输与陆路交通的衔接点，是重要的运输活动场所；安全管理特别重要；可实现国际性快速运输，同时也容易受到全球经济危机、战争、大范围流行病、传染病和国际恐怖主义的影响。

我国民航发展前期由于规模较小、市场机制不完善，国际民航的波动在我国表现并不突出，但有本国特殊事件所带来的波动。进入 21 世纪以来，我国民航业的发展受国际因素的影响越来越明显。世界和中美两国民航发展都充分说明，其周期波动是多种因素导致的，政治、经济和社会的重大事件，重大自然灾害的发生，以及自身的安全风险等，无不带来严重影响，航空运输是风险特别密集的行业。

1.3　航空运输业对经济社会的影响

经济运行总要伴随物资、人员、信息和资金的流动，其中物资和人员的流动依靠交通运输完成，人员的流动常常伴随有资金、信息和知识的流动，物资的流动也伴有资金、信息甚至知识的流动，因此交通运输是经济运行的基础。现代经济的快速运行，要求运输越来越快，因此航空运输作为最快捷的交通模式，越来越受欢迎，已成为人们出行经常选择的运输方式。而经济全球化和信息化的特征更加依赖航空运输的发展。一个国家或地区，经济越发达，它的航空运输系统也越发达。与其他交通方式相比，航空运输以最快的速度促进地区间交流，促进更高效生产方式的实现，提供更多的就业机会。航空运输业的发展为经济的发展创造了条件，因而促进了经济的发展。同时航空运输业的发展又受到经济发展水平的制约。虽然国民经济的增长可带来航空运输业的更高速增长，但国民经济运行的不平稳也会带来航空运输的大波动，经济危机将带来航空运输的大滑坡，因此经济运行的风险将直接带给航空运输经营风险。

现代化机场不但是飞行器运行保障基地，而且已经扩展了其作为陆路交通与航空运输衔接点的功能，成了促进当地经济发展的发动机。大型现代机场就是一座航空城。保税区和航空物流园区的建设使机场成为重要的贸易加工区，发达的零售业和餐饮业不但使旅客更多地消费，而且吸引了大量当地居民到机场购物和娱乐。临空经济现象已经引起人们的关注。

航空运输的发展同样对社会发展具有巨大的促进作用。表现为以下几点：①航空运输不受地理限制，可以扩大和促进地区间人员、信息和文化交流。②机场不但是一个地方的窗口和门户，而且通过航空城的建设可以促进机场周边区域城市化进程。③航空运输快速便捷，更多节约人们的出行时间，人们可以用更多的时间来学习和更新自己的知识，或进行旅游和娱乐，促进第三产业的发展和产业结构的优化。④在发生重大自然灾害时，路面交通往往受到破坏，航空运输在救灾抢险方面，如运送救灾物资和受伤人员，将发挥重要作用，因此有利于社会福利的发展。⑤航空运输的发展将加强国防建设，当国家安全受到外来力量威胁时，可以快速调动军队和运输军事物资。⑥航空运输业本身为相关领域的科技创新提供了广阔空间，例如，空中交通管理系统集成了大量先进科技，上游的航空制造业可拉动材料、冶金、化工、机械制造、特种加工、电子和信息等产业的发展与创新。

1.4 影响航空运输发展的主要因素

从一般意义来讲，航空运输是派生需求。绝大多数旅客乘机旅行是为了到异地从事经济、政治、旅游活动或其他目的；异地之间对物资的迫切需要，产生了对航空货运的需求。而人流与物流的需求会受到经济因素影响；人流与物流的选择受其他交通方式竞争的影响，受航空科技发展的影响。因此，航空运输涉及诸多外部和内部相关因素。

1）宏观经济因素影响

航空运输的发展主要取决于国家的宏观经济形势和经济政策。航空运输业的需求量与社会经济增长总量紧密相关，但又不是完全同比例的，图 1-5 反映了 2003～2011 年中国民航旅客运输量和 GDP 增长之间的关系。

从图 1-5 可以看出，在 2003～2011 年我国国民经济高速发展，航空运输量也快速增长，可以说，国民经济发展的基本面，决定了航空运输发展的基本面。2012 年以来，我国经济进入了结构调整期，经济发展速度相对放缓，航空运输量的增长速度也受到了相应影响。

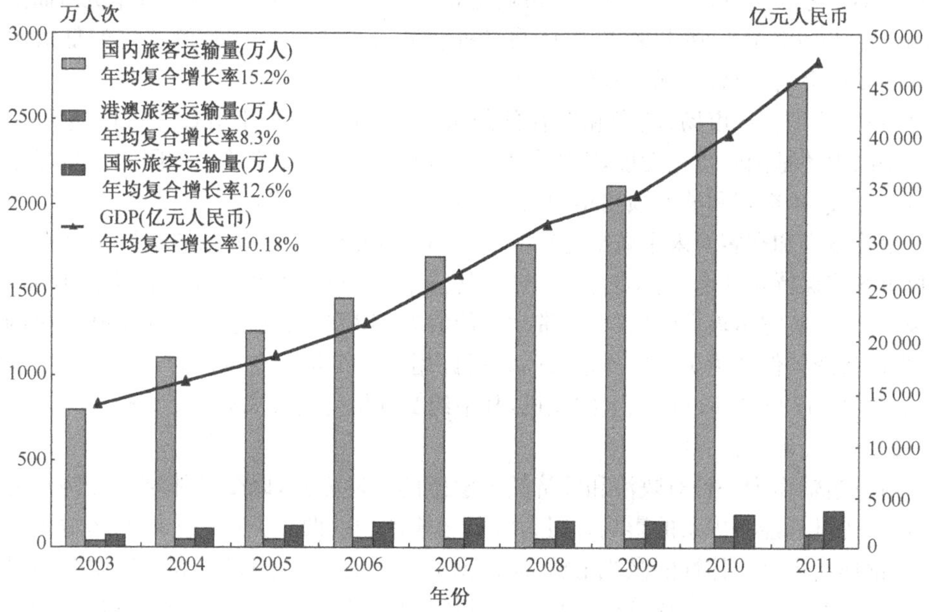

图 1-5 中国民航旅客运输量和 GDP 之间关系图

因为航空运输发展与宏观经济发展紧密相关，所以对地区经济的预测成为判断该地区未来航空运输需求的依据。例如，波音和空客公司都曾分别对世界各地区经济增长进行预测，进而对航空运输业的未来进行预测。表 1-2 是空客公司对地区经济增长的预测。

表 1-2 地区经济增长预测

地区	2006～2015 年	2016～2025 年	20 年增长
北美	4.30%	3.60%	4.00%
拉丁美洲	6.30%	5.20%	5.80%
欧洲	5.00%	4.20%	4.60%
独联体	6.10%	5.10%	5.60%
中东	8.10%	4.80%	6.40%
亚洲	7.40%	5.00%	6.20%
非洲	6.00%	4.60%	5.30%
世界	5.30%	4.40%	4.80%

在对地区经济增长预测的基础上，空客和波音公司(2006 年)对未来 20 年新飞机的需求进行了预测，预测报告中提出，波音估计需要座位数超过 90 的飞机 23 760 架，空客估计需要类似大小的飞机 21 860 架。两家公司一致认为约 70%需要的是单通道新飞机。空客预测大宽体机需求量更大，而波音认为小型及中型宽体机需求量更大。空客预测需要 1263 架非常大的飞机(747 和 A380)，而波音预测值是 970 架。两家公司

预测的不同之处还有，波音预测北美市场是新机型的最大市场(主要是窄体机)，而空客预测亚洲-Pacific市场在未来20年订购飞机量最大。另外，空客预测更多的低成本承运人的发展会增加窄体机的需求。

另外，关于货运市场，波音和空客预测未来20年货运每年增长率可以达到6%。无论是国内还是国际货运发展，中国都是货运市场发展的领头羊。美国国内货运市场相对已经成熟，空客和波音预测年增长率分别是3.3%和3.8%。

尽管波音和空客对未来航空运输业的预测不尽相同，但都认为在未来20年内中国飞机市场将保持强劲增长。波音公司则在其公布的《2005年度当前市场展望》中称，中国未来20年航空运输量的增长，将带动对价值为2130亿美元的2600多架新飞机的需求，中国将继续保持为美国以外最大的新增民用飞机市场。空客认为，在未来20年内中国将需要1790架100座以上的飞机，其中约200架为空客A380大飞机。

2)微观经济因素影响

航空运输作为一种对政治和经济较为敏感的运输方式，既受总体宏观经济形势的影响，也受微观经济因素的影响。因为航空运输活动的两个方面——航空运输企业和乘客，都属于带有个体性的微观范畴，而根据经济学的基本原理，乘客与航空公司是需求与供给的关系，这就构成分析的基础。具体体现在航空运价、人均收入水平、相关运输价格、航空运输成本、市场管理和垄断竞争等方面。

3)政策法规影响

政策法规会影响航空运输企业的竞争态势、价格水平、服务质量等，如1978年10月美国国会通过《航空公司放松管制法》给国际航空运输业带来了深刻变化，从中枢辐射航线系统的形成，到联合与兼并的发展；从收益管理系统的诞生，到常旅客奖励计划的出台；从计算机订座与决策系统的不断完善，到销售代理成为航空公司销售的主要渠道；从国际航空运输中代码共享的广泛运用，到全球范围的航空公司的结盟，所有这些变化与放松管制都有直接或间接的关系。

我国航空公司的联合重组和允许民营资本进入航空市场等改革给我们航空运输业带来了许多变化，将来我国民航的进一步改革，尤其是空域管理体制改革，也会对我国民航业发展产生重要影响。

4)其他交通运输竞争的影响

除了前面提及的在运价方面铁路和公路等运输方式会对航空运输有竞争影响之外，还有其他因素的影响，如旅行距离和旅行者偏好等。

5)民航科技发展的影响

航空运输始终是随着航空科技进步而不断发展的，早期飞机小，舒适度低，成本高，价格昂贵，乘坐飞机的人就少；后来飞机越来越大，舒适度越来越高，单位成本越来越低，这些因素本身就会刺激和带动更多的航空运输消费，飞机就日益成了大众化的交通方式。

1.5 航空运输经济学的定位、研究对象及研究方法

运输经济学(transport economics)是应用经济学的一个分支，它是以经济学的理论和分析方法，探讨与运输有关的各种经济问题的一门学科。20世纪20～50年代，运输经济学还没有什么显著的发展，直到60年代美国成立运输部，运输业才得以大力发展，并逐渐发展成为一门独立的经济学。

运输经济学抽象和研究的是运输需求、运输供给和运输市场中的种种经济规律。运输经济学是衔接运输学与经济学的交叉学科，它以运输现象作为研究对象；研究目的是为了要使运输系统能有效运作，使其资源得到充分利用，并抽象出运输生产中的经济规律。

在一定程度上，运输经济学为其他运输学科提供了必要的经济理论基础。运输的规划、设计、施工和运营各项工作中都包含经济问题，都离不开运输经济学的理论和分析方法。

航空运输业是国内外经济发展过程中重要的一部分，是一个重要的经济领域。虽然航空运输、铁路运输、公路运输、水运和管道运输都是运输方式，但相互之间有很大的区别。航空运输营运系统中的计划、组织和运行各项工作中都包含了各种经济问题，航空运输经济学是其他航空运输相关学科的经济理论基础，只有与其他学科互相渗透、紧密结合，才能更好地探索各种运输经济问题的内在规律，比较圆满和有效率地实现运输目标。

基于航空运输经济学的定位，本书着重以经济学的理论和分析方法，探讨与航空运输有关的各种经济问题。全书主要包括两部分内容，第一部分是有关航空运输业的经济规律和经济特征方面的内容；第二部分讨论有关航线网络经济性分析、机队经济性分析及临空经济性分析等航空运输的具体热点问题。全书共分12章，除本章以外其他各章内容简要介绍如下。

第2章重点介绍在航空运输经济学中所应用的西方经济学的基本知识和概念，包括需求与供给、需求与效用、生产和成本理论及市场理论等。

第3章介绍运输需求与运输供给分析的相关知识，掌握运输需求及供给的概念，理解运输需求及供给的特点，了解各种运输方式的技术经济特征，掌握运输业的规模经济、范围经济和网络经济特性。

第4章介绍客运需求与货运需求的概念及影响因素，理解旅行时间价值的概念与影响因素；了解工业区位理论的基本思想及其发展，并借助区位理论对运输需求、生产地选择、城市功能区及居民居住点的影响因素进行分析。

第5章进行航空运输供需状态分析，掌握航空运输需求及航空运输供给的概念，理解其特点及影响因素，深入理解航空运输业的三大经济特性，对航空运输供需状态进行了分析，并介绍了航空运输需求预测技术。

第 6 章介绍航空运输成本的分类，如何对航空运输成本进行管理，借助于低成本航空公司案例分析航空运输企业成本控制。

第 7 章介绍航空运输价格策略，简述航空市场价格管理的发展历程，讨论有关运价的经济学原理，掌握航空票价的基本定价方法，理解固定成本分摊定价方法。

第 8 章进行航空运输的外部性分析，介绍运输外部性的概念，讨论治理运输外部性的几种方法，掌握运输外部性的主要评估方法。

第 9 章介绍航空运输管制和放松管制，了解管制理论的研究进展，理解航空运输管制及放松管制的概念、管制动因及放松管制的历史进程，掌握管制及放松管制对航空业发展的影响及经验教训。

第 10 章进行航线网络经济性分析，了解国内外航线网络现状及发展趋势，掌握航线网络结构的经济性分析，掌握航空公司战略联盟的网络经济性。

第 11 章进行机队规划经济性分析，了解机队规划的概念及发展趋势，理解机队成本的分类及控制，掌握飞机选型及飞机置换的经济性分析，掌握机队规模经济性分析。

第 12 章进行临空经济分析，了解临空经济的概念，理解临空经济区的空间结构、产业结构，掌握临空经济区形成的动力机制、临空经济发展的模式、阶段、现状及启示。

第2章　西方经济学在航空运输经济学中的应用

2.1　经济学的一般概念

2.1.1　经济学的定义

什么是经济学？目前流行的、较为简明并为大多数经济学家所接受的定义如下。经济学是研究个人和团体从事生产、交换以及对产品和服务消费的一种社会科学，它研究各种稀缺资源在可供选择的用途中如何进行最佳配置以满足人们无限的需求。

在这个定义中最基本、最主要的概念有两个：一是稀缺的资源；二是无限的需求。

对于人类无限的需求而言，为了满足这种需求就需要更多的物品和劳务，从而需要更多的资源，而在一定时间与空间范围内资源总是有限的，因而社会产出也总是有限的。经济资源是指能够用于生产产品和服务的一切自然的、人类的及已生产出来的资源，如土地、矿藏、资本设备和劳动力等。有些资源看起来似乎取之不尽、用之不竭，可以满足一切可能的需要，如空气和水。可是一旦人们认识到有些经济活动会污染空气和水，从而给人类带来危害时，就会理解，即使是最丰富的人类资源，也总是有限的。这就是西方经济学所讲的稀缺性规律。

由于资源的稀缺性，任何形式的资源配置都会产生成本，这种成本就是人们选择所产生的成本。如果某人选择了某一资源用于某种用途，这就意味着他放弃了这一资源的其他用途，而其他用途所产生的价值就构成了使用这一资源的成本，经济学上称为机会成本。如果某一种资源有两种以上的其他用途，那么，机会成本就是指其中最有价值的用途所创造的收益。

稀缺性规律是一切经济问题产生的根源。正是由于稀缺性的存在，才决定了人们在使用经济物品中不断做出选择，如决定利用有限的资源去生产什么，如何生产，为谁生产，以及在稀缺的消费品中如何进行取舍及如何用来满足人们的各种需求。

1)资源的稀缺性

所谓资源的稀缺性并不是指这种资源不可再生或可以耗尽，也与这种资源的绝对量大小无关，是指在给定的时期内，与需要相比，其供给量是相对不足的。

2)资源的多用性

这是指一种资源可以用于多种生产领域。

2.1.2　微观经济学与宏观经济学

现代西方经济学按照其研究的对象、内容和研究方法，大体上可分为两大类：一类是微观经济学；一类是宏观经济学。

微观经济学(microeconomics)是研究在市场经济制度下个体单位(单个生产者、单个消费者或单个市场经济活动)的经济行为,从而产生的许多经济理论。分析单个生产者如何将有限资源分配在各种商品的生产上以取得最大利润;单个消费者如何将有限收入分配在各种商品消费上以获得最大满足;单个生产者的产量、成本、使用的生产要素数量和利润如何确定;生产要素供应者的收入如何决定;单个商品的效用、供给量、需求量和价格如何确定等。

宏观经济学(macroeconomics)是把整个经济总体(通常是一个国家)作为考察对象,研究其经济活动的现象和规律,从而产生出许多经济理论。首先,它研究诸如国民生产总值(GNP)、国民收入和一国的货币供给等这些具有总量性质的经济变量。其次,整个经济活动有许多是由无数个体活动组成的,如一个国家有许多私人和企业及政府单位从事投资活动,每个人都要消费,多数人都要进行不同程度的储蓄。宏观经济学并不研究上述个别经济行为,而是根据它们不同的属性从总体的角度进行研究,即总投资活动、总消费和总储蓄活动等。再次,宏观经济学还研究资本主义生产过程中所产生的一些重要经济现象,如通货膨胀、社会失业和经济危机周期等。宏观经济学是相对于古典的微观经济学而言的。宏观经济学是1936年凯恩斯(John Maynard Keynes)《就业、利息和货币通论》发表以来快速发展起来的一个经济学分支。

微观经济学与宏观经济学都是实证分析,都把社会经济制度作为既定的基础前提条件,分析在这一既定制度下如何实现资源最优配置和充分利用的问题,即分析具体经济问题,而不涉及经济制度的分析。简而言之,微观经济学是研究资源配置的问题,而宏观经济学是研究资源利用的问题。

2.1.3 实证经济学与规范经济学

现代西方经济学家根据研究方法性质的不同,又把经济学分为实证经济学和规范经济学两类。

实证经济学(positive economics)是用理论对社会各种经济活动或经济现象进行解释、分析、证实或预测。它要说明的是"是什么"的问题,不涉及价值判断的问题,所研究内容具有客观性。例如,为什么医生比门卫保安赚的钱要多?增加税收的经济影响是什么?尽管这类问题很难回答,但只要利用分析和经验例证就可以找到答案。

规范经济学(normative economics)则是以一定的价值判断作为出发点,提出行为的标准,并研究如何才能符合这些标准。它要说明的是"应该是什么"的问题,所研究的内容具有主观性。穷人必须工作才能得到政府帮助吗?应该增加富人的个人收入调节税来减小贫富差距吗?由于这类问题涉及伦理、价值而非事实,因此其答案也无所谓正确或错误。只能靠政治辩论和决策来解决,而不能仅仅依靠经济分析。

两者相比较,实证分析是在既定的假设条件下对经济运行过程的判断,它可以通过各种方式检验由此得出的结论是否正确;规范分析则是价值判断,它一般不去检验经济运行过程,而是先检验假设条件本身,在此基础上再对经济运行过程做出好坏善恶的判断。

2.2　需求、供给与均衡价格

2.2.1　需求的基本原理

在西方经济学中，商品的需求(demand)与需要(need)不同。需要是指人们主观上的一种欲望(want)，需求则不仅是人们的一种欲望，而且是指具有某种支付能力的欲望和要求。可见，对某种商品的需求，必须具备两个条件，①消费者愿意购买；②消费者有支付能力。因此，需求的定义是：消费者在某一特定时期内，在一定价格条件下对某种商品具有购买力的需要。

1. 需求表和需求曲线

需求表定义：根据购买者在一定时期内和一定市场中按某种商品不同价格所愿意支付并能够购买的量所形成的表，如表 2-1 所示。

表 2-1

P_X(X 商品价格)/$	1	2	3	4	5	6	7
Q_X(X 商品需求量)/磅	70	60	50	40	30	20	10

该商品的需求表可以绘制成需求曲线，如图 2-1 所示。图中的纵轴代表单位商品的价格，横轴代表单位时间内商品需求的数量。

从图 2-1 中应当注意到，把需求表做成需求曲线时，假定商品的价格和数量都是无限可分的。虽然这种假定并不符合实际，但为了便于分析问题，这样做还是必要的。

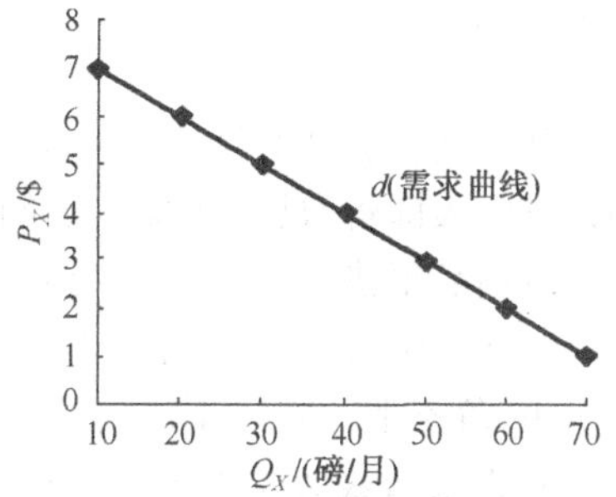

图 2-1　需求曲线

图 2-1 也可以用公式表示，$Q_d=80-10P$。

图 2-1 中的需求曲线是一条由左上方向右下方倾斜的曲线，其斜率即价格变动与引起的需求量变化之比是负的。即市场需求量与价格之间呈反向变化关系。即在其他因素不变时，商品价格上升，需求量减少；商品价格下降，需求量增加。大多数商品的需求曲线都是如此，这是需求曲线的基本特征。

2. 需求的变化与需求量的变化

上述需求曲线的基本形态有一个前提条件，就是在其他条件不变情况下，商品的需求量与价格之间存在着反向关系。如果其他条件发生变化，上述关系也将发生变化，整条需求曲线将会发生移动。因此，必须注意这种区别。当购买商品的数量因价格的变动而朝反方向变动时，称为需求量的变化，这种变化是沿着同一条曲线上下变动；当其他条件发生变化而使消费者对商品的购买数量发生变化时，称为需求的变化，这时整条曲线发生变化，如图 2-2 所示。

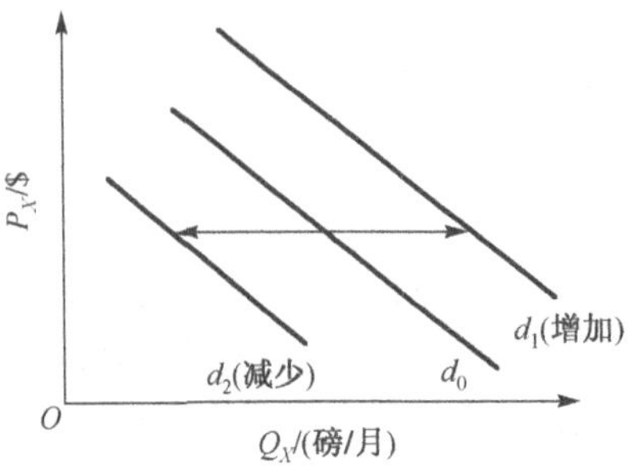

图 2-2

影响需求变化的其他条件主要有以下几种因素。

1)消费者的收入

对于一些商品,若人均收入增加,需求曲线将向右移动;而对于其他商品,若人均收入增加,则需求曲线将向左移动。这取决于消费者收入增加后是更想要还是更不想要这种商品。

2)消费者的偏好

如果消费者对某种商品的兴趣比过去增加,需求曲线将向右移动,即在每一价格水平上,消费者将愿意比以前购买得多一些。此外,若消费者对一种产品的兴趣减弱,则需求曲线将向左移动。

3)其他商品的价格水平

这里有两种情况:①两种商品为替代品,如黄油和人造奶油,咖啡和茶叶等。假如茶叶价格上涨,咖啡价格不变,在同一价格上人们会增加对咖啡的需求量。因为人们会因减少了对茶叶的需求量而增加对茶叶替代品的需求量。②两种商品为互补品,如小汽车和轮胎、录音机和录音磁带。假如小汽车的价格上涨,人们将会减少对轮胎的需求。因为小汽车涨价后,人们对小汽车的需求减少,因而也会减少对轮胎的需求。

4)消费者对商品价格和收入前景的预期

如果某种商品的行情看涨,需求量将会增加;反之,需求量将会减少。如果消费者预期其收入即将增加,某商品价格即使不变,消费者也会增加需求数量。如果消费者预期某种商品很快会降价,则会在既定情况下减少对这种商品的需求。

经济学中所研究的,主要是一般的需求量与价格变化的关系,即在其他条件不变的情况下,价格上升时,需求量下降;价格下降时,需求量上升。

3.需求曲线的特殊形状

需求曲线在通常情况下是一条负斜率的曲线,但可能遇到以下几种例外的情况。

(1)某些炫耀性产品。例如,珠宝和项链等装饰品,是代表一定的社会地位与身份的,如果价格下降,它们不能再代表这种社会地位与身份,对它们的需求就只会减少。

(2)某些珍贵、稀罕性商品。例如,古董、珍邮这类真品,往往是价格越高越显出它们的珍贵性,从而对它们的需求量就越大。

在以上两种情况下,需求曲线可能呈现从左下向右上倾斜的正斜率的情况,价格越高,需求量越大;价格越低,需求量越小,如图 2-3 所示。

(3)某些商品小幅度升降价,需求按正常情况变动;大幅度升降价,人们就会采取观望的态度,需求将出现不规则的变化。

例如，证券和黄金市场上就常有这种情况，如图 2-4 所示。

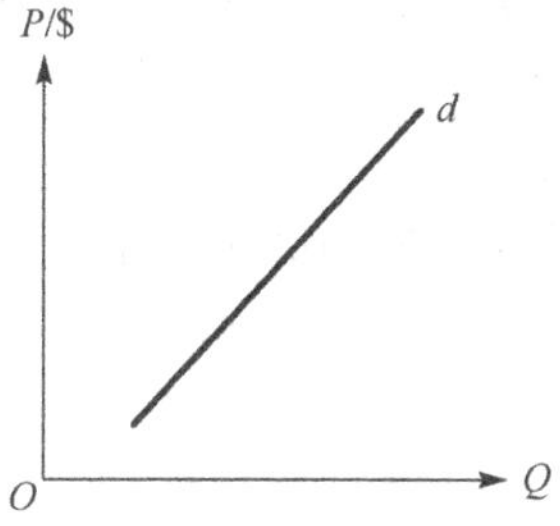

图 2-3

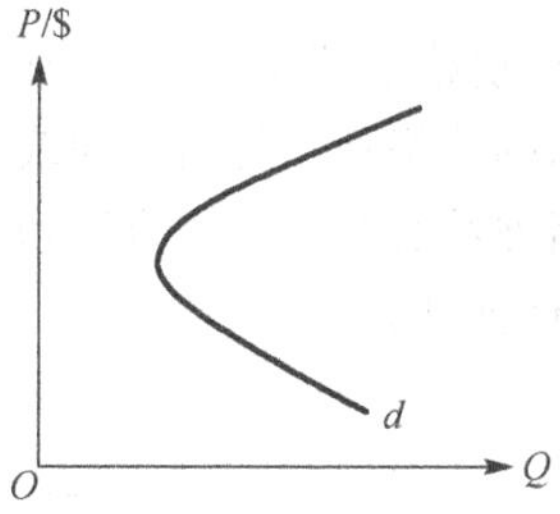

图 2-4

4. 需求弹性分析

一般情况下，需求弹性是指商品的需求量对某种需求影响因素发生变化的反应程度和敏感性。而需求弹性系数则是指某种需求影响因素变化 1%所引起的需求量变化的百分比，用公式表示为

$$\varepsilon_d = \frac{\Delta Q/Q}{\Delta X/X} = \frac{\Delta Q}{\Delta X} \cdot \frac{X}{Q} \tag{2-1}$$

弹性系数 ε_d 有以下几种情况。

(1)完全无弹性，$|\varepsilon_d|=0$。这种情况下，无论因素怎样变化，需求量保持不变，具有这种弹性的需求曲线是一条垂直于需求量轴的直线。出现这种情况说明该因素并非需求影响因素。

(2)完全有弹性，$|\varepsilon_d|=\infty$。这种情况下，该影响因素不变，需求量是可以无限增加的。具有这种弹性的需求曲线是一条与需求量轴平行的直线。

(3)单位弹性，$|\varepsilon_d|=1$。说明影响因素变化一定比率，需求量变化相同比率。具有这种弹性的需求是一条正双曲线。

(4)缺乏弹性，$0<|\varepsilon_d|<1$。这种情况下，需求量的变动比率小于影响因素的变化比率，具有这种弹性的需求曲线是比较陡峭且斜率较大的线。

(5)富有弹性，$1<|\varepsilon_d|<\infty$。这种情况下，需求量变动比率大于影响因素的变化比率。具有这种弹性的需求曲线斜率较小。

西方经济学关于需求弹性包括以下三种：需求的价格弹性、需求的收入弹性和需求的交叉弹性。

1)需求的价格弹性

需求的价格弹性被定义为由价格 1%的变化引起的需求量变化的百分比。在需求曲线上每一点的需求价格弹性衡量的是需求量对价格变化的敏感性，其公式为

$$\varepsilon_p = \frac{\Delta Q/Q}{\Delta P/P} = \frac{\Delta Q}{\Delta P} \cdot \frac{P}{Q} \tag{2-2}$$

式中，ε_p 为需求价格弹性；P 为价格；ΔP 为价格的变动量；Q 为需求量；ΔQ 为需求量的变动量。

需求量对价格的反应一般是反方向的，所以需求价格弹性值为负值，通常用正数来表示弹性。需求的价格弹性是以价格和需求数量的相对变化，而不是绝对变化来表示的。例如，假设价格上涨1角钱，对乘公交和乘飞机的人来说影响完全不一样。常见的错误是把需求的价格弹性与需求曲线的斜率相混淆。

需求价格弹性有两种计算方法，它们分别适应于不同的已知条件。

(1)弧价格弹性。

$$\varepsilon_p = \frac{\Delta Q/Q}{\Delta P/P} = \frac{\Delta Q}{\Delta P} \cdot \frac{P_2 + P_1}{Q_2 + Q_1} \tag{2-3}$$

利用式(2-3)求出的弧弹性是一段弧线上两点之间的平均值。当两点无限靠近时，弧弹性就接近于点弹性。

(2)点价格弹性。

指在某一价格水平点上，当价格波动很微小时，所引起的需求量变化的敏感程度(式(2-2))。

价格弹性和总支出：如果需求弹性大于1，则对商品的需求是有价格弹性的；如果需求弹性小于1，则对商品的需求是无价格弹性的；如果需求的价格弹性等于1，则对商品的需求是单位弹性的。许多重要的决策都取决于对商品的需求价格弹性分析。

例如，假设对一种商品的需求是有弹性的，亦即需求的价格弹性大于1。在此情况下，如果价格下降，消费量增加的百分比将大于价格下降的百分比。因此，价格下降必然导致对产品支出的增加，而价格上升必然导致对产品支出的减少。

假设对一种商品的需求是无弹性的，即需求的价格弹性小于1。在此情况下，若价格下降，消费量增加的百分比将小于价格下降的百分比。因此，价格下降必然导致对产品支出的减少，而价格上升必然导致对产品支出的增加。

假设对一种产品的需求是单位弹性，价格的上升或下降将不影响对产品的支出。

需求价格弹性的决定因素包括以下几个方面。

①某种商品的需求价格弹性取决于可获得的替代品的数量和接近程度。替代品越多，需求价格弹性越大；反之，就越小。

②商品消费支出占消费者收入比例的大小。如果所占比例大，则需求价格弹性必大，反之必小。例如，火柴、毛巾、铅笔之类商品的支出，在一般消费者收入中所占比例极小，人们对其价格变动并不太重视，所以需求价格弹性较小，而珠宝、房屋之类商品，需求价格弹性较大。

③选择商品时间的长短。价格提高后，如果消费者有充足的时间在市场中选择，则找到替代品的机会和可能性较大，同时，消费者偏好也可能发生变化，这样，需求价格弹性就较大；反之就小。

2)需求的收入弹性

影响需求量变化的另一个重要因素是消费者的收入水平。例如，如果消费者有足够多的货币收入满足其开支需要，那么同其囊中羞涩时相比，他对牛肉的需求量就会大得多。

需求收入弹性表示消费量对消费者收入变化的敏感程度。定义为

$$e_I = \frac{\Delta Q/Q}{\Delta I/I} = \frac{\Delta Q}{\Delta I} \cdot \frac{I}{Q} \tag{2-4}$$

式中，e_I 为需求收入弹性；I 为收入水平；ΔI 为收入的变动量；Q 为需求量；ΔQ 为需求量的变动量。

某些商品的收入弹性为正值，表示消费者货币收入的增加会导致商品消费量的增加。例如，猪肉、牛肉等商品的需求收入弹性一般属于这个情况；另外一些商品的收入弹性为负值，表示消费者货币收入的增加会导致商品消费量的下降。例如，劣质蔬菜及较差食品的收入弹性可能就是负值。但需要指出的是，某种商品的需求收入弹性主要取决于消费者的货币收入水平。

需求的收入弹性不仅适用于单个消费者，也适用于整个市场。式(2-4)的变化是 Q 必须解释为市场中的总需求量，I 为市场中所有消费者的总货币收入，ΔQ 与 ΔI 分别为总需求量的变化和总货币收入的变化；两者相同之处在于，所有商品的价格都假定是不变的。

当需求收入弹性为负值时，即 $e_I < 0$，该商品为低劣品。

当需求收入弹性为正值时，即 $e_I > 0$，该商品为正常品；此时可以细分成下面两种情况，当 $e_I > 1$ 时，该商品为奢侈品，这时需求量增加的幅度大于收入增长的幅度；当 $1 > e_I > 0$ 时，该商品为必需品，在现实生活中，多数商品属于这种情况。

3)需求的交叉弹性

前面讨论了影响市场中商品需求量的两个因素——商品自身的价格和货币收入总水平。这两个因素并不是仅有的重要影响因素，另外一个重要因素是其他商品的价格。需求交叉弹性就是表示在两种不同的商品之间，当其中一种商品的价格发生变化时，另外一种商品的需求量因此而发生变化的敏感程度。就是说，当某种商品的价格变动1%时，另一种商品的需求量相应地变动百分之几。

考察两种商品——商品 X 和商品 Y。假设商品 Y 的价格上升，需求的交叉弹性定义为

$$e_{XY} = \frac{\Delta Q_X}{Q_X} \div \frac{\Delta P_Y}{P_Y} \tag{2-5}$$

式中，ΔP_Y 为商品 Y 的价格变化；P_Y 为商品 Y 的原价格；ΔQ_X 为商品 X 需求量的变化；Q_X 为商品 X 的原需求量。

商品 X 和商品 Y 是替代品还是互补品取决于需求交叉弹性是正值还是负值。例如，猪肉和牛肉，咖啡和茶叶等就互为替代品，当猪肉价格不变时，牛肉的价格上升导致猪肉的需求量增加，需求交叉弹性值是正值。而互补性商品，如小汽车和汽油，钢笔和墨水等，如果小汽车的价格上涨，人们对小汽车的需求量下降，对汽油的需求量亦必减

少，需求交叉弹性值是负值。当两商品之间没有任何联系，即非关联性商品，此时需求交叉弹性等于零，如图 2-5 所示。

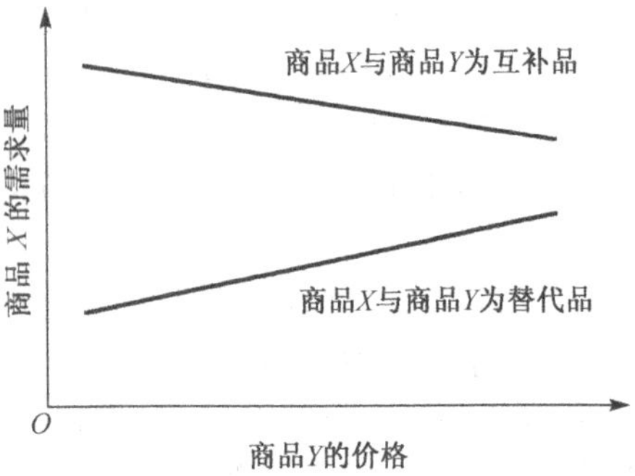

图 2-5

2.2.2 供给的基本原理

所谓供给，是指某一时间内，在一定价格条件下，生产者愿意并且能够出售的商品，其中包括新提供的物品和已有的存货。生产者为提供一定量商品所愿意接受的价格称为供给价格。

1. 供给表和供给曲线

供给表定义：根据生产者在一定时期内和一定市场中按某种商品不同价格所愿意并能够供给的量所形成的表。如表 2-2 所示。

表 2-2

P_X（X 商品价格）/ $	1	2	3	4	5	6	7
Q_X（X 商品供给量）/磅	0	10	20	30	40	50	60

供给表用图形表示，则成为供给曲线。以横坐标代表商品数量，纵坐标代表商品价格，根据表 2-2 作出的供给曲线如图 2-6 所示。

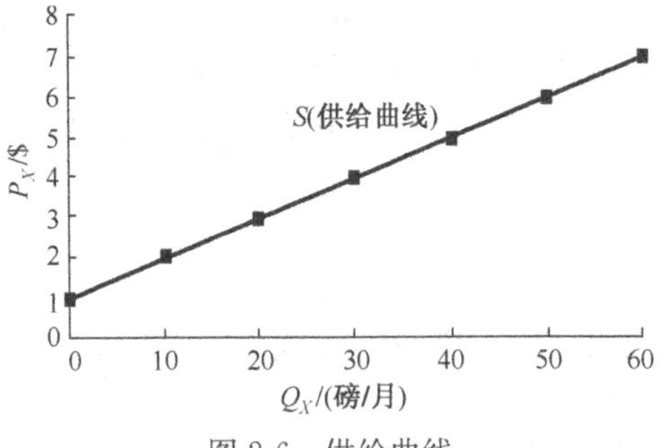

图 2-6　供给曲线

和需求曲线一样，把供给表做成供给曲线时，需要假定商品的价格和数量都是无限可分的。

图 2-6 也可以用公式表示

$$Q_s = -10 + 10P$$

实际上，供给曲线也不一定是一条直线，往往是一条弯曲线。供给曲线在一般情况下是一条正斜率的曲线，即从左下向右上倾斜，这是供给曲线的基本特征。

2. 供给的变化与供给量的变化

上述供给曲线的基本形态有一个前提条件，就是在其他条件不变的情况下，商品的供给量与价格之间存在着正向关系。如果其他条件发生变化，上述关系也将发生变化，整条供给曲线将会发生移动。因此，同需求曲线的变化一样，也必须注意这种区别。供给量的变化是沿着同一条供给曲线上下变动；供给的变化是指整条供给曲线发生移动，如图 2-7 所示。

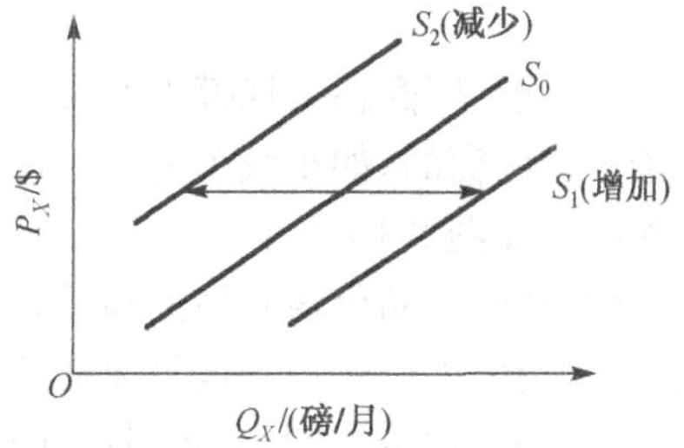

图 2-7

影响供给变化的其他条件主要有以下几种。

1)生产要素的价格

生产要素价格变化，导致生产成本发生变化。生产要素价格上涨表明生产成本增加，在同一价格水平上，供给数量减少；反之，生产要素价格下降，使生产成本减少，在同一价格水平上，供给数量增加。

2)生产技术

生产技术变化也影响生产成本。在一般情况下，生产技术随着经济活动的发展不断提高。因此生产技术的变化一般是单方向的，当生产技术提高时，在同一价格水平上使供给数量增加。

3)商品市场生产厂商的数量

商品市场中生产厂商增多，该商品供给曲线右移；生产厂商减少，供给曲线左移。

4)其他商品的价格

如果咖啡的价格上涨了，可可的价格不变，一些可可生产者会转向生产咖啡，可可的供给必然减少。

5)政府的税收和扶持政策

这实际上也影响到生产成本的变化。如果政府增加税收，生产的负担加重，供给便会减少，反之则会增加。

6)生产者对商品未来行情的预测

如果行情看涨，厂商就会减少现在的供给；反之亦然。

经济学中所研究的主要是一般的供给量与价格变化的关系，即在其他条件不变的情况下，价格上升时，供给量增加；价格下降时，供给量减少。

3. 供给曲线的特殊形状

供给曲线在通常情况下是一条正斜率的曲线，但可能有以下几种特殊情况。

(1)某种商品的价格维持在某一水平上不变，个别厂商愿意并能够充分供给市场的需要。在这种情况下，供给曲线的斜率为零。例如，销售啤酒和汽水等，如图 2-8 所示。

(2)某种无法多生产的商品或孤品,即使出价再高也无法增加供给数量。例如,名画和古玩的拍卖。这种情况下,供给曲线的斜率为无穷大,如图 2-9 所示。

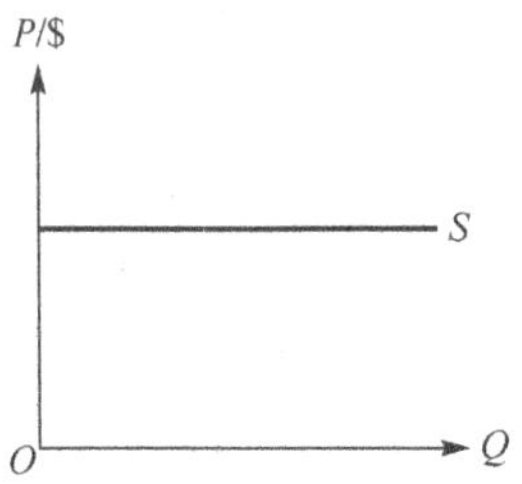

图 2-8

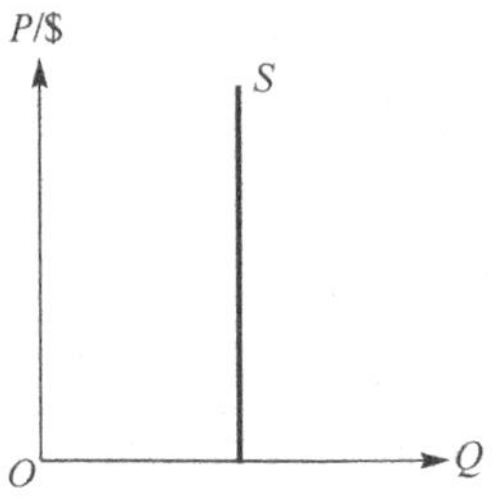

图 2-9

(3)某些厂商在大规模生产时平均成本锐减,这时商品价格虽下降,生产者仍愿意供给更多的商品,如小汽车生产。这种情况下,供给曲线的斜率为负值,与需求曲线形状相同。如图 2-10 所示。

(4)某些商品价格开始提高时,供给量按正常规律变化,即增加,但价格上升到一定限度后,会因人们意识到这是值钱的商品,或因人们对货币并不感到迫切需要而减少供给,甚至停止供给。例如,数量很少的古董和名贵邮票等珍品的供给。再如劳动的供给,工资水平开始提高时,劳动的供给增加。但工资水平上升到一定程度后,劳动者感到对货币的需要并不迫切了,工资再上升,劳动的供给也不会增加,甚至还可能减少,因为劳动者可能认为休息或从事其他文化、教育和娱乐等活动更为重要。上述情况的供给曲线先是正态递增,继而垂直,最后向后弯曲或呈其他不规则状态,如图 2-11 所示。

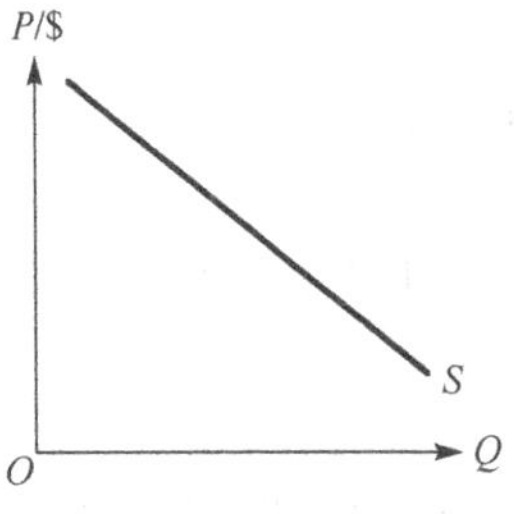

图 2-10

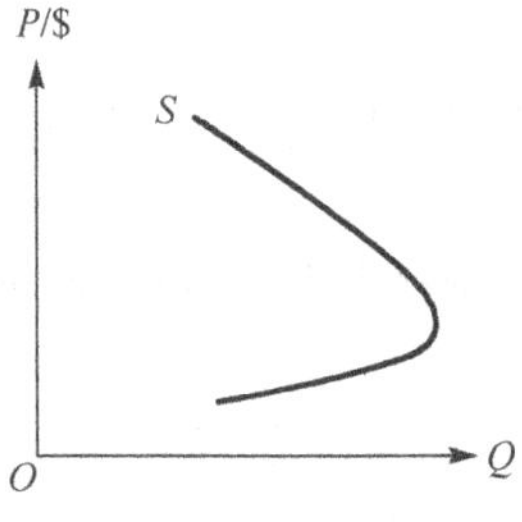

图 2-11

2.2.3 均衡价格

微观经济学认为,在商品市场中,由于需求和供给两个方面共同作用,便形成了市场均衡价格。

1. 均衡价格的概念

所谓均衡价格,是指消费者为购买一定商品量所愿意支付的需求价格,与生产者为提供一定商品量所愿意接受的供给相一致时的价格。也就是指这种商品的需求曲线与供给曲线相交时的价格,如图 2-12 所示。

在图 2-12 中,横轴代表商品数量,纵轴代表商品价格,DD' 和 SS' 分别代表商品的需求曲线和供给曲线。这两条曲线相交于 E 点，E 点所确定的价格 P_e 是该商品的均衡价格，E 点所确定的商品量 Q_e 就是该商品的均衡产量。

2. 均衡价格的形成

西方经济学家认为，均衡价格是在完全自由竞争的条件下，通过市场供求的自发调节而形成的，如图 2-13 所示。

在图 2-13 中，横轴代表商品数量，纵轴代表商品价格，DD' 和 SS' 分别代表商品的需求曲线和供给曲线。当价格为 OP_1 时，商品的供给量为 OQ_{1s}，而需求量仅为 OQ_{1d}，即供给大于需求，因此，价格会自动下降；当价格下降至 OP_2 时，商品的供给量为 OQ_{2s}，而需求量却为 OQ_{2d}，即供给小于需求，于是价格又会上升。这样价格经过上下波动，最后会趋向于使商品的供给量和需求量都为 OQ_e，从而使价格为 OP_e，即形成均衡价格。

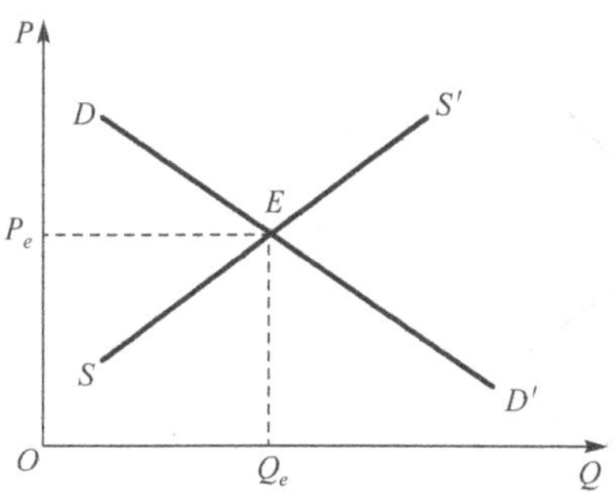

图 2-12

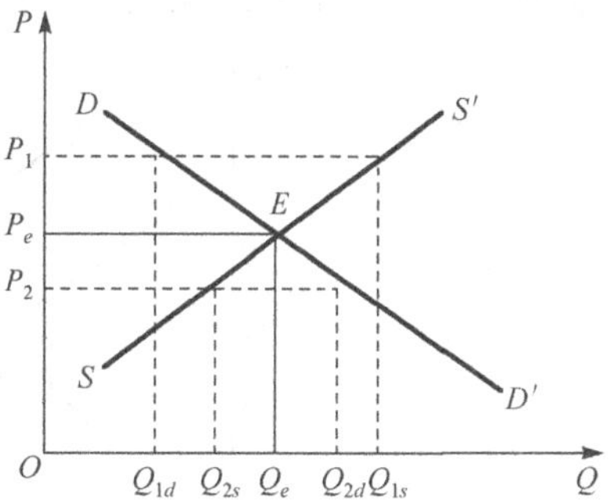

图 2-13

市场均衡是一种趋势，如果市场价格脱离均衡价格，必然形成供过于求或求过于供的失衡状态。由于市场中供求双方及各方内部的竞争，产生了自我调节作用，失衡将趋向于均衡。这种自我调节机制被亚当·斯密称为“看不见的手”。

3. 从旧的均衡到新的均衡的变动

上述均衡价格的形成，是以一定序列的需求曲线和供给曲线来考察的，即只考察在既定的需求曲线和供给曲线下，通过市场供给的自我调节而形成均衡价格，这个既定的需求曲线和供给曲线仅考虑了价格对需求和供给的影响，其他许多影响需求和供给的因素并未考虑进去。由于其他任何一个因素的变化都会导致需求曲线和供给曲线发生位置的移动，所以在形成均衡价格之后，有可能因其他任何一个因素的变化，而使已形成的均衡为失衡所代替。只有再次经过市场供求的自我调节，才能重新形成新的均衡价格。这样，就形成了一个由旧的均衡向新的均衡的移动。

先从供给曲线方面来看，如图 2-14 所示。

原来的供给曲线为 SS'，需求曲线为 DD'，均衡点为 E，均衡价格为 P_e，商品均衡量为 Q_e。如果这时厂商生产目标加强，生产技术进步，相关商品的价格下降，生产要素价格下跌，预期行情看跌等原因有一个或几个因素同时起作用，那么，供给曲线就会向右移至 $S_1S'_1$ 的位置，这时均衡点由 E 变成 E_1，均衡价格降为 P_{e1}，商品均衡量增至 Q_{e1}。

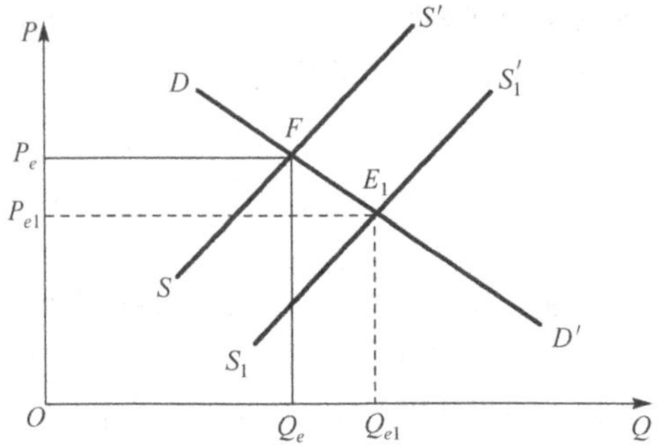

图 2-14

而从需求方面来看,如图 2-15 所示。

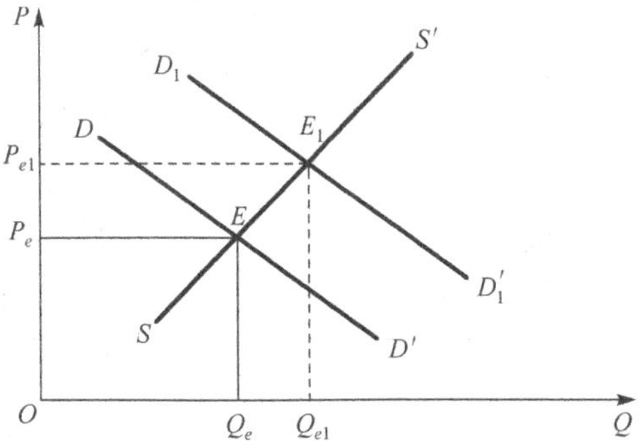

图 2-15

原来的需求曲线为 DD',供给曲线为 SS',均衡点为 E,均衡价格为 P_e,商品均衡量为 Q_e。如果由于消费者收入增加,替代商品价格上升或互补商品价格下降,消费偏好增强,预期行情看涨等原因有一个或几个因素同时起作用,那么,需求曲线就会由 DD' 向右移至 D_1D_1' 的位置,均衡点由 E 变成 E_1,均衡价格增至 P_{e1},商品均衡量增至 Q_{e1}。

这说明,均衡状态只是在一定条件下才存在,若条件发生变化,不论来自需求方面还是供给方面,或者两方面同时发生变化,均衡就会遭到破坏。这种破坏只有经过市场供求的自我调节,才能达到新的平衡。

2.3 需求与效用

2.3.1 效用

1. 效用的定义

所谓效用(utility),即人们通过消费某种商品或服务所产生的满足程度。商品或服务效用的大小，取决于它能够在多大程度上满足人们的欲望和需要，例如，面包可以满足人们充饥的需要，衣服可以满足人们御寒和装饰的需要等。

西方经济学家认为，效用是消费者对商品和服务的主观评价，是一种主观的心理感觉。效用本身并不包括有关是非的价值判断。这就是说，一种商品和服务效用的大小，仅看它能满足多少人们的欲望或需要，而不考虑这一欲望或需要的好坏。例如，吸毒，从伦理学看是坏欲望，但毒品能满足这种欲望，因此它就具有效用。

另外，效用因人、因时、因地而异。例如，冰块在夏天是有效用的，在冬天对正常人没什么效用，但对发高烧的患者却可能有效用。

主张物品的效用可以用效用单位来计量的效用理论，称为基数效用论。

2. 效用函数、总效用和边际效用

总效用就是通过消费某种一定量的商品或服务所增加的总满足程度。基数效用论认为，总效用与商品消费量之间的关系可以用效用函数来表示。以 TU 表示总效用，以 Q 表示消费量，效用函数就是

$$\mathrm{TU} = f(Q) \tag{2-6}$$

式(2-6)表明，总效用 TU 是消费量 Q 的函数，它随消费量的变化而变化。

边际效用就是通过消费一定增量的商品或服务所增加的满足程度。边际效用 MU 可表示为总效用增量与消费量增量之比。边际是西方经济学中很重要的一个概念，边际分析是最基本的分析方法，如边际成本和边际收益等。

从图 2-16 可以看出总效用与边际效用的关系。边际效用是递减的；当边际效用为正数时，总效用是增加的；当边际效用为零时，总效用达到最大；当边际效用为负数时，总效用减少；总效用是边际效用之和。用公式表示二者之间的关系：

$$\mathrm{MU} = \lim_{\Delta Q \to 0} \frac{\Delta \mathrm{TU}}{\Delta Q} = \frac{\mathrm{dTU}}{\mathrm{d}Q} \tag{2-7}$$

现举例说明总效用和边际效用及两者之间的关系。假如某人在一定时期内(如一天)喝咖啡。喝咖啡的杯数及对该人所产生的效用和边际效用如表 2-3 所示。

从表 2-3 中可以看出，该消费者一天喝 9 杯咖啡，这 9 杯咖啡对他产生的总满足程度就是对他的总效用，即 27 个效用单位。开始，随着喝咖啡杯数的增加，对他产生的总满足程度也增加。但喝完第 7 杯，再喝第 8 杯时，总效用却并没有增加，仍然是 28 个单位效用，这时的效用达到饱和点。当继续喝第 9 杯咖啡时，总效用不仅没有增加，反而减少了，这说明最后一杯咖啡产生了负效用。不过一般来说，人们并不强迫自己进行负效用的消费。

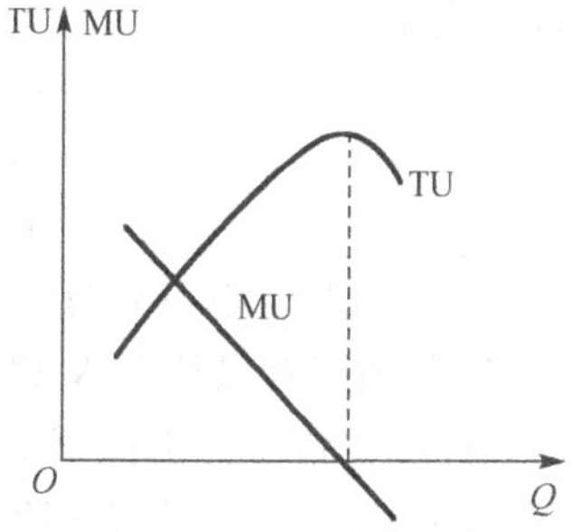

图 2-16　总效用和边际效用

随着喝咖啡杯数的增加，总效用是递增的，但是总效用增加的幅度却随着杯数的增加而不断减少，这是因为每杯咖啡产生的效用不同，即边际效用是递减的。这种现象在

西方经济学中称为边际效用递减规律。它是指在其他条件不变情况下，在一定时间内消费者消费某特定商品或服务，随着商品或服务数量不断增加，对消费者产生的满足程度的增量不断减少。

表 2-3

咖啡量/(杯/天)	总效用		边际效用	咖啡量/(杯/天)	总效用		边际效用
0	0			5	25	>	3
1	7	>	7	6	27	>	2
2	13	>	6	7	28	>	1
3	18	>	5	8	28	>	0
4	22	>	4	9	27	>	−1

造成边际效用递减现象的原因有两种。①来自人们生理或心理。虽然人的欲望是无限的，但某一个具体的欲望却是有限的。随着一种物品消费量的增加，欲望及效用会逐渐减少，甚至产生负效用。②来自商品本身用途的多样性。每种商品都有多种多样的用途，但这些用途的重要性却不同。消费者总是首先把物品用于最重要的用途，即效用最大的地方，然后才是次要的用途。于是随着物品的用途重要性的递减，该物品的边际效用就会递减。这可以说明在沙漠中行走的人决不会用水洗澡，而在水源充足的地方，不仅可以用水洗澡，还可以用于洗衣等的原因。这就形成了边际效用递减现象。

2.3.2 消费者均衡

所谓消费者均衡，就是指消费者将其收入换得了商品或服务最大总效用的状态。消费者行为的基本目的就是要获得最大限度的满足，即实现效用最大化。

假定消费者的既定收入水平为 I，购买 n 种商品，$P_1, P_2, \cdots, P_n$ 分别为 n 种商品的既定价格，$Q_1, Q_2, \cdots, Q_n$ 分别表示 n 种商品的购买数量，$MU_1, MU_2, \cdots, MU_n$ 分别表示 n 种商品的边际效用，λ 表示不变的货币的边际效用，则消费者实现效用最大化的均衡条件可表示为

$$P_1Q_1 + P_2Q_2 + \cdots + P_nQ_n = I \tag{2-8}$$

$$\frac{MU_1}{P_1} = \frac{MU_2}{P_2} = \cdots = \frac{MU_n}{P_n} = \lambda \tag{2-9}$$

式(2-9)是在式(2-8)约束条件下消费者实现效用最大化的均衡条件。举例说明如下：假设某消费者只消费 X 和 Y 两种商品，X 商品的市场价为每单位 \$2，即 $P_X = \$2$；$Y$ 商品的市场价为每单位 \$1，即 $P_Y = \$1$；该消费者的收入为 \$12 并全部用完。X 和 Y 商品的边际效用如表 2-4 所示。

表 2-4 X 和 Y 商品的边际效用

Q (数量)	1	2	3	4	5	6	7	8
MU_X(X 商品的边际效用)	16	14	12	10	8	6	4	2
MU_Y(Y 商品的边际效用)	11	10	9	8	7	6	5	4

消费者追求的最大满足程度是按每元钱所能获得最大边际效用衡量的，Y 商品的单位是 \$1，消费者一定会用第 1 元钱和第 2 元钱去购买第一和第二个 Y 商品，从而获得 21 个单位的效用。如果不买 Y 商品而转买 X 商品，只能买一个 X 商品。因为 X 商品的单价是 \$2，这样从 X 商品中只能获得 16 个单位的效用。第 3 元钱和第 4 元钱仍然购买 Y 商品，即购买第三和第四个 Y 商品，因为第三个和第四个 Y 商品的边际效用之和为 17 个单位，仍然多于购买第一个 X 商品所能获得的 16 个单位的效用。消费者可以用第 5 元钱和第 6 元钱购买第一个 X 商品，这时第一个 X 商品的边际效用大于第五、第六个 Y 商品的边际效用之和。依次类推，第 7 和第 8 元钱购买第二个 X 商品，第 9 和第 10 元钱购买第五和第六个 Y 商品，第 11 和第 12 元钱购买第三个 X 商品。这时，消费者的收入全部用完，所获得的商品总效用为(16+14+12)+(11+10+9+8+7+6)=93。表明消费者最大满足程度为 93 个效用单位。这时一定符合上述总效用最大化的公式

$$P_X Q_X + P_Y Q_Y = I \quad 或 \quad (\$2)(3) + (\$1)(6) = \$12$$

符合上述条件，就是达到了消费者均衡。消费者如果购买两种以上的商品，其原理和上面所述过程一样。

为什么达到上述条件，就能保证达到消费者均衡？如果 $MU_X/P_x > MU_Y/P_y$，那么，意味着用于 X 商品的最后一单位货币所购买到的 X 商品的边际效用大于用于 Y 商品的最后一单位货币所购买到的 Y 商品的边际效用。这时如果减少购买 1 元钱的 Y 商品，而把这 1 元钱用于购买 X 商品，那么，由于 X 商品购买量的增加而增加的效用，将大于由于 Y 商品购买量的减少而减少的效用，总效用在不多花钱的情况下增加了。这种调整过程一直到 $MU_X/P_x = MU_Y/P_y$，这时总效用最大。

反之，如果 $MU_X/P_x < MU_Y/P_y$，情况与上述相反。那么，消费者必将少买 X 商品而多买 Y 商品，一直到 $MU_X/P_x = MU_Y/P_y$，即最后一元钱购买 X 商品所得的边际效用与最后一元钱购买 Y 商品所得的边际效用相等。这就是消费者均衡的必要条件。

2.3.3　消费者剩余

西方经济学家根据边际效用价值论，认为消费者对不同数量的商品，愿意支付不同的价格。对边际效用高的商品，愿意支付的价格高，反之则低。可是商品的市场价格大都定在某一个价格水平上，并不会根据消费者的边际效用取价。这样，消费者根据其边际效用大小而愿意付出的价格总和与实际付出的价格总和之间会出现差额，这种差额称为消费者剩余(consumer surplus)。举例说明如表 2-5 所示。

表 2-5

消费者购买量	消费者愿付价(边际效用)/\$	消费者实际付价(实际价格)/\$	消费者剩余(边际效用与实际价格的差额)/\$
1	7	2	5
2	6	2	4

续表

消费者购买量	消费者愿付价（边际效用）/ $	消费者实际付价（实际价格）/ $	消费者剩余（边际效用与实际价格的差额）/ $
3	5	2	3
4	4	2	2
5	3	2	1
6	2	2	0
总计	27	12	15

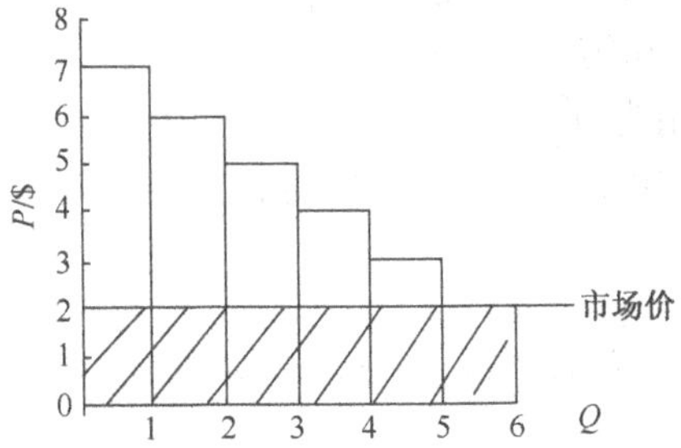

图 2-17

从表 2-5 可看出，消费者在购买 6 个商品时，根据每个商品的不同边际效用愿意支付 $27，可是市场上每个商品的价格均为 $2，该消费者剩余为 $15。这种情况如图 2-17 所示。

图 2-17 中阴影部分为消费者实际支付的价格，空白部分为消费者愿意支付的价格和实际支付的价格之间的差额，即消费者剩余。

有必要指出的是，消费者剩余不是消费者从市场上获得的实际收入，而是一种心理感受和主观评价，它反映消费者通过购买和消费商品所感受到的状态的改善。消费者剩余的概念常常用来研究消费者福利状况的变化，以及评价政府的公共支出与税收政策等。

2.4 生产理论与成本理论

本节将从供给方面研究生产者行为，分析产品供给状况的决定和变化等。这种分析从两方面进行，从实物形态上分析生产的原理，称为生产理论；从货币形态上分析生产成本的结构，称为成本理论。它们是同一生产者行为的两个方面。

2.4.1 生产理论

1. 生产、生产要素和生产函数

所谓生产，从经济学的角度看，就是一切能够创造或增加效用的人类活动。判断生产活动的标准，要从支付体力或脑力劳动的目的出发，而不能从支付体力或脑力活动本身的形式出发。同一形式的活动，由于目的不同，可能是生产活动，也可能不是生产活动。例如，某人拉小提琴消遣，不能算生产活动，但如果他在街头演奏并以此谋生，则为生产活动。

任何生产均需要投入各种不同的生产要素。西方经济学家把劳动力、资本、物（土地）和企业家的才能归纳为生产的四要素。

生产函数就是表示生产要素的某种组合同它可能生产的最大产量之间的关系。即在一定技术条件下，生产要素投入与产出之间对应的数量关系。例如，用 Q 代表某种产品的产量，x, y, z 等代表各种生产要素的投入量，则生产函数的方程式可写成

$$Q = f(x, y, z, \cdots) \tag{2-10}$$

式中，x, y, z 等为自变量；Q 为因变量。

2. 短期生产函数

短期内企业不能很快调整所有生产要素投入量，即生产函数中有部分生产要素的数量是可变动的，而另一些生产要素数量是固定不变的，此时的生产函数称为短期生产函数。例如，短期内现有企业的厂房和设备等要素无法改变，但劳动力和物料投入可即时调整，以增加产量。

用 L 表示劳动投入量，则总产量(TP)曲线为 $\mathrm{TP} = f(L)$，指生产要素投入后的总产量；平均每单位可变投入要素得到的产出量为平均产量 AP，函数表示为 $\mathrm{AP}_L = \mathrm{TP}/L$；每增加一个单位变动投入要素，引起总产量的变化量为边际产量 MP，函数表示为 $\mathrm{MP}_L = \Delta\mathrm{TP}/\Delta L$。

随着生产要素投入量的增加，总产量开始是增加的，但增加到一定程度后开始下降。其原因在于边际产量开始是递增的，但递增到一定限度后，就转而减少了，甚至变成负值。

根据总产量曲线、平均产量曲线和边际产量曲线的形状，可以将生产分成三阶段考虑，如图 2-18 所示。

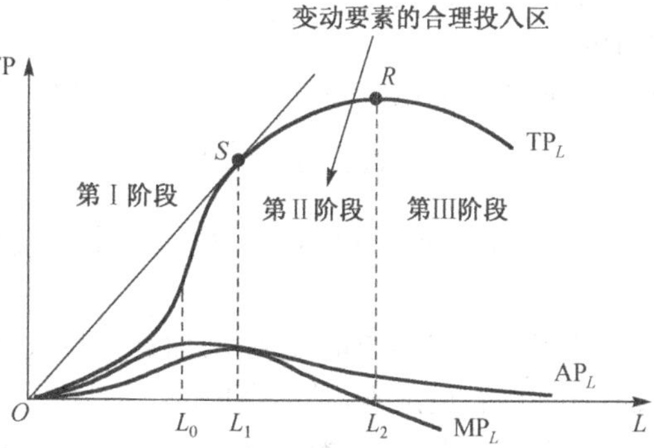

图 2-18　总产量曲线、平均产量曲线和边际产量曲线

第Ⅰ阶段：$(0, L_1)$ 称为生产发展阶段，随着 L 的增加，平均产量递增，从零增加到平均产量最高点。意味着随着劳动要素的增加，人均劳动生产效率不断提高。

第Ⅱ阶段：(L_1, L_2) 为生产阶段，平均产量和边际产量均递减，但边际产量仍大于零，所以总产量仍然递增。厂商究竟在哪一点生产，取决于厂商的战略目标，如果厂商追求人均产值最大化，应该在 S 点生产，如果厂商追求市场占有率最大，应该在 R 点生产。

第Ⅲ阶段：(L_2, ∞) 称为厂商禁区，这时随着 L 的增加，不仅平均产量不断递减，边际产量为负，而且总产量也开始下降，这意味着增加劳动的结果是使总产量减少，这是不经济的。

3. 长期生产函数

企业在此期间内，所有投入要素的数量都可能发生变化，不存在固定不变的要素。针对短期生产函数讨论了只有一个可变投入要素时的生产阶段特征，现在进一步讨论使用两个可变投入要素并且这两种要素存在替代关系时的情况。

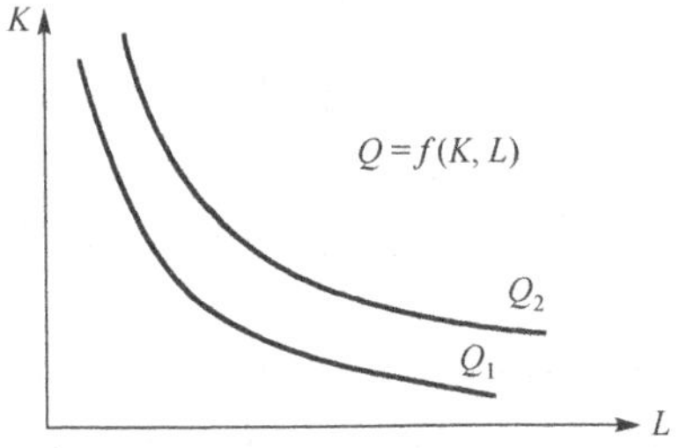

图 2-19 等产量曲线

1) 等产量曲线

等产量曲线是在保持技术不变、总产量不变的条件下，两种生产要素的各种可能性组合所形成的一条曲线。图 2-19 所示为一组与不同产量相对应的等产量曲线。横轴和纵轴分别代表两种投入品的数量，这组曲线表示的是能够生产 Q_1 和 Q_2 单位产品的各种投入品组合。等产量曲线函数表达式为

$$Q = f(K, L)$$

等产量曲线的特点：

(1) 在边际收益递减规律的作用下，等产量曲线凸向原点。

(2) 互不相交。

(3) 符合经济原则的等产量曲线斜率为负。

(4) 位置越高的等产量曲线所代表的产量越高。

2) 技术替代率（MRST_{LK}）

在等产量线上，增加一种要素的单位投入，必须减少另外一种要素的投入数量。

$$\mathrm{MRST}_{LK} = -\frac{\Delta K}{\Delta L} \tag{2-11}$$

技术替代率递减规律：不断增加一种要素数量，该要素的技术替代率是逐渐减少的，如图 2-20 所示。

如果增加劳动投入，要保持原来的产量，还要增加资本投入，此时劳动的边际技术替代率为负，增加了没有任何收益的成本，是不合理的。

把所有等产量线上斜率为零和斜率无穷大的点与原点一起连接起来，构成两条脊线，并围成生产经济区，即生产要素替代的有效范围，如图 2-21 所示。

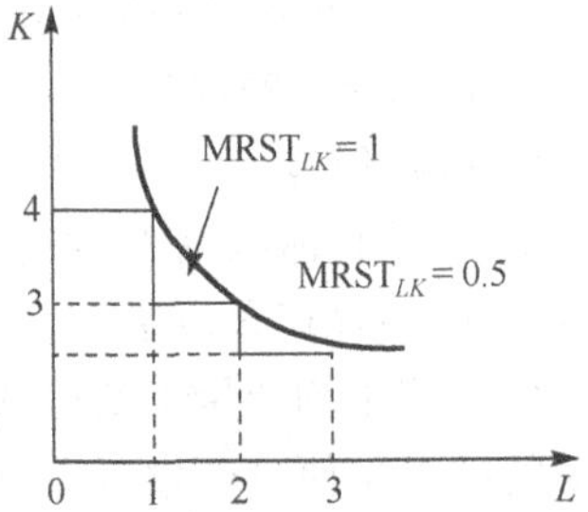

图 2-20 技术替代率规律曲线

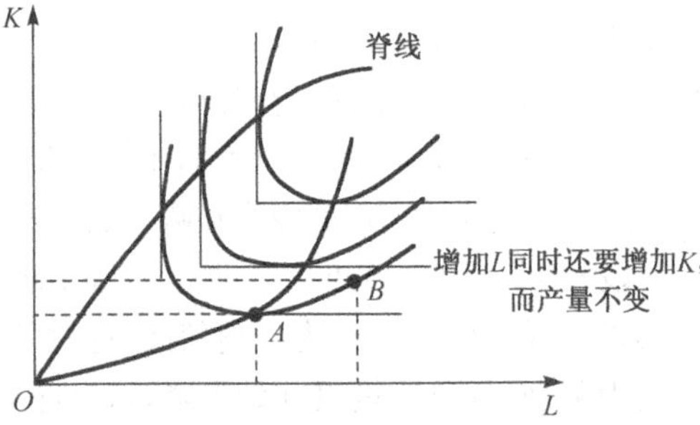

图 2-21

4. 柯布-道格拉斯生产函数

美国两位经济学家柯布和道格拉斯根据历史统计资料，研究了 1899～1922 年美国劳动和资本这两个生产要素对总产量的影响，得出这一时期美国国内生产函数。

该生产函数是用于分析和预测国家、地区或大企业生产发展的一种计量经济数学模型。

$$Q = AL^{\alpha}K^{\beta} \tag{2-12}$$

式中，A 为技术水平，是一个常数；L 为劳动投入量；K 为资本投入量；α、β 为企业所采用的工艺，一般 $\alpha+\beta=1$。

美国的生产函数(1899～1922 年)为 $Q = 1.01 \times L^{3/4} \times K^{1/4}$，即 1%劳动量的增加比 1%资本量的增加引起的产量增加多 3 倍。

该函数的意义：决定工业系统发展水平的主要因素是投入的劳动力数 L、固定资产 K 和综合技术水平 A(包括经营管理水平、劳动力素质和先进技术等)。α、β 的组合情况有三种类型：

(1)$\alpha+\beta>1$，称为递增报酬型，表明用扩大生产规模来增加产出是有利的。

(2)$\alpha+\beta<1$，称为递减报酬型，表明用扩大生产规模来增加产出是得不偿失的。

(3)$\alpha+\beta=1$，称为不变报酬型，表明生产效率并不会随着生产规模的扩大而提高，只有提高技术水平，才会提高经济效益。

2.4.2 成本理论

厂商为提供一定量的某种产品或服务所实际花费的生产要素的价值称为成本，成本又分为显性成本和隐性成本。显性成本即厂商购买或租用要素的花费，隐性成本为厂商自身拥有的并投入生产中的要素价值。

将这些要素投入其他生产领域所能得到的最高收入称为机会成本。例如，生产飞机的成本就是用生产飞机所投入的人力、设备和原材料来生产其他商品和劳务所能获得的价值。在理解机会成本概念时，需注意两点：①机会成本是做出一种选择时在所放弃的其他若干种可能的选择中最好的一种。②机会成本不同于实际成本，它不是实际支付的费用或损失，而是一种观念上的成本或损失。

1. 短期成本

短期总成本即厂商在工厂规模既定条件下生产某一产量水平所耗费的最低成本，用 STC 表示。

在短期中，有三种总成本概念是很重要的：总固定成本、总可变成本和总成本。总固定成本是企业在每一时期固定投入品的成本总和，用 TFC 表示；总可变成本是企业可变投入品的总成本，用 TVC 表示，随着企业产量增加，意味着总可变成本增加。总成本就是总固定成本与总可变成本之和，即 STC=TFC+TVC，如图 2-22 所示。

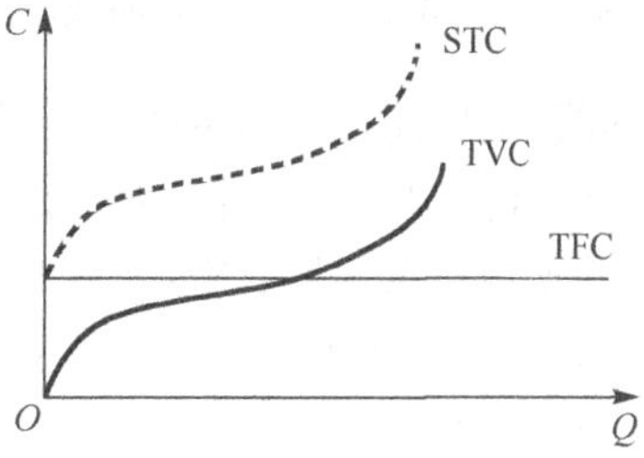

图 2-22　成本曲线关系图

2. 平均成本与边际成本

平均成本(Average Cost,AC)是平均每个单位产品需要的经费支出

$$AC = \frac{TC}{Q} \tag{2-13}$$

平均成本包括平均固定成本、平均可变成本和平均总成本,分别为相应的成本除以产量。

边际成本为在短期生产中,增加一个单位产量时,所增加的总成本数量,用 MC 表示

$$MC = \Delta TC/\Delta Q$$

边际成本递增规律:在可变要素投入刚开始阶段,边际产量递增,表明增加一个单位产品所需要的投入数量减少,也就是说边际成本降低;但是随着投入的增加和产量的增加,边际产量递减规律发挥作用,单位投入带来的产量减少,即增加单位产品的投入数量增加,也就是边际成本递增。

AC、AVC 与 MC 曲线之间的关系,如图 2-23 所示。

(1)AC、AVC 与 MC 三条曲线为 U 形曲线。

(2)AC 曲线高于 AVC 曲线,它们之间的差额为平均固定成本。

(3)MC 曲线的最低点一定低于 AVC 曲线和 AC 曲线,并且在上升段分别与这两条曲线的最低点相交。

(4)随着产量的增加,AC 曲线与 AVC 曲线之间的距离逐渐接近,但不会相交。

(5)MC 无限接近于 AVC 曲线在纵坐标上的交点。

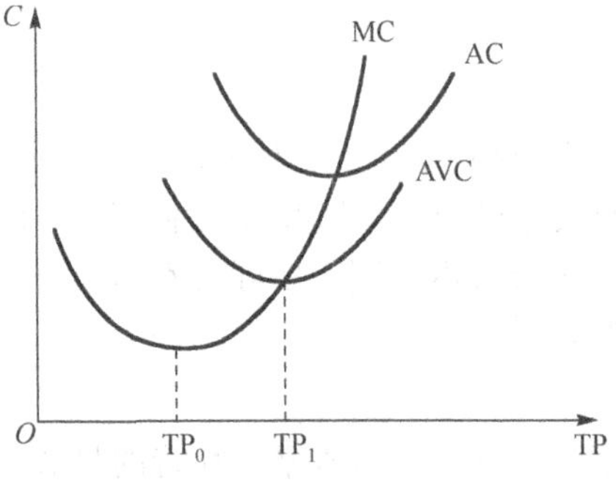

图 2-23 AC、AVC 与 MC 曲线之间的关系图

3. 长期成本

在长期中,企业可以建立任何规模或种类的工厂。所有的投入品都是可变的;厂商可以随时改变土地、厂房、设备和其他投入品的数量。从长期来看,由于没有固定投入品,所以没有固定成本函数。长期总成本函数只有平均成本(LAC)、边际成本(LMC)和总成本(LTC),没有不变成本和可变成本之分。

长期平均成本曲线(LAC)又称为包络曲线,指厂商在长期生产中会根据市场发展的预测趋势和生产者的预期心理状态,选择不同规模的生产组合。如果在每一个产出水平上都能找出长期平均生产成本的最低点,并把这些点连接起来,就形成了长期平均生产成本曲线,如图 2-24 所示。

长期平均成本曲线是一条 U 形曲线,其特点包括以下几个阶段:

1)平均成本递减阶段

在这一阶段,随着产量的增加,平均生产成本递减。意味着在厂商生产扩张中以同

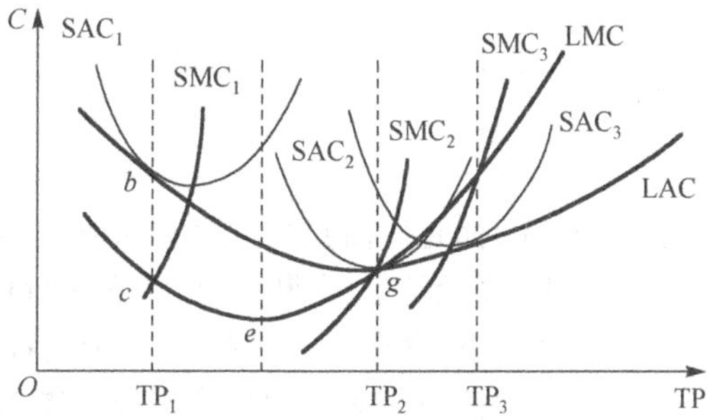

图 2-24　长期成本曲线

注：长期平均成本曲线 LAC 并不是在短期平均成本曲线的最低点与它们相切，除非 LAC 曲线是水平的

样比例要素的投入成本所获得的产量的增量是递增的，又称为规模报酬递增阶段。主要产生原因有以下 5 点。

(1)生产规模的扩大，促进了分工的发展。分工使每个劳动者专门从事某一种简单操作，可以提高熟练程度和技巧；由于操作程序变得简单而有规律，容易引起机器的发明；每个劳动者专门从事某项操作，节省了变换操作方法和操作场地的时间；生产规模的扩大和劳动操作的专门化，可以最大限度地使用机器与提高机器的效率。

(2)随着生产规模的扩大和生产量的增加，厂商可以充分利用生产的副产品甚至废品。

(3)在大规模生产条件下，厂商可以在购买原料、销售产品和获得信用等方面获得有利条件。

(4)几何尺度的因素，如管道面积的增加速度超过了半径的增加速度。

(5)在供水供气供电等部门，许多投入是相对固定的，生产规模越大，这些固定投入就越能发挥作用。

2)成本不变阶段

在这一阶段，虽然产量不同，但其平均成本基本不变。产量增长速度基本上等于成本增加的速度。

3)平均成本递增阶段

在这一阶段，随着产量的增加，平均生产成本递增，又称为规模报酬递减阶段。主要产生原因有以下 3 点。

(1)劳动分工总有一定的限度，机器的高效率也有一定的范围，超过了一定的限度和范围，再增加产量时，由于生产效率不能进一步提高，长期平均成本就无法继续降低。

(2)当生产规模超过一定限度时，生产管理费用会增加。

(3)当生产规模超过一定限度时，会出现生产要素报酬递减的情况。

2.5 市场理论

2.5.1 市场结构的类型

根据某一行业(提供一种产品)拥有厂商数目的多寡来判定市场类型,经济学家发现可将市场有效区分为四大类型:完全竞争、垄断竞争、寡头垄断和完全垄断。

在完全竞争和垄断竞争的情形下,存在许多买者,每一个卖者仅生产行业产量的极微小部分,而在垄断的情形下,行业仅由一家单独厂商组成。寡头垄断属于中间情形,在此场合下,存在几家卖者。表 2-6 是四种市场类型的相互比较。

表 2-6 四种市场类型的相互比较

市场类型	厂商数目	产品差别程度	对价格控制的程度	进出一个行业的难易程度	接近哪种商品市场
完全竞争	很多	完全无差别	没有	很容易	一些农产品
垄断竞争	很多	有差别	有一些	比较容易	一些轻工产品、零售业
寡头垄断	几个	有差别或无差别	相当程度	比较困难	钢、汽车、石油
完全垄断	唯一	唯一的产品,且无相近的替代品	很大程度,但经常受到管制	很困难,几乎不可能	公用事业,如水、电

2.5.2 完全竞争市场

完全竞争又称为纯粹竞争,市场是完全非个人化的,市场中的每一个厂商都认为市场价格与自身产量大小无关。无论厂商生产多少都只能以一种既定的市场价格销售产品。

完全竞争市场具有以下几个特征:

(1)市场上有大量的生产者和消费者。

(2)产品是同质的。

(3)企业可以自由进入或退出市场。

(4)市场信息是对称的。

完全竞争情况下个别厂商的经济行为不能影响整个市场的供求关系,只能按由该市场总需求和总供给决定的既定价格销售其产品,那么个别厂商所面临的市场需求曲线便是一条与横坐标平行的直线。

1. 完全竞争厂商的收益曲线

厂商的收益就是厂商的销售收入。厂商的收益可以分为总收益(TR)、平均收益(AR)和边际收益(MR)。

总收益指厂商销售一批产品收入的总和。以 P 表示市场价格,以 Q 表示销售量,则有

$$\mathrm{TR} = P \times Q \tag{2-14}$$

平均收益指厂商在平均每一单位产品销售上所获得的收入,即

$$\mathrm{AR} = \mathrm{TR}/Q = P \tag{2-15}$$

边际收益指厂商增加一单位产品销售所获得的收入增量，即

$$\mathrm{MR} = \Delta \mathrm{TR}/\Delta Q = P \tag{2-16}$$

在完全竞争条件下，单个厂商的需求曲线、平均收益曲线、边际收益曲线这三条线是完全重合的，即 $d=P=\mathrm{AR}=\mathrm{MR}$，并且是一条水平线，如图 2-25(a)所示，此时总收益 TR 与销售量 Q 呈正相关关系，如图 2-25(b)所示。

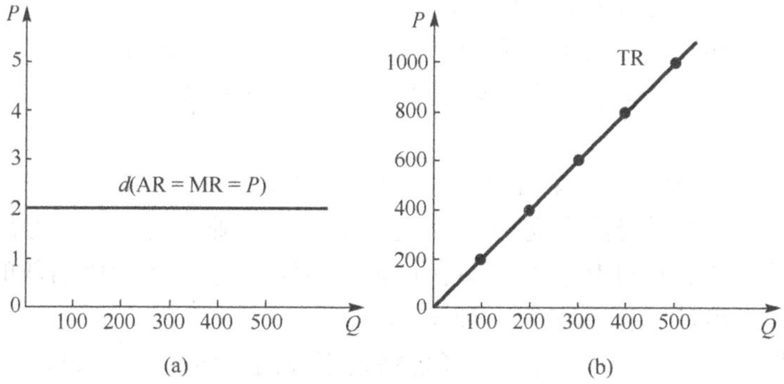

图 2-25　完全竞争条件下需求收益曲线

2. 厂商实现最大利润的短期生产均衡条件

在完全竞争条件下的短期生产中，产品市场的价格及生产中不变要素的投入量均是确定的，也就是说厂商只能在既定的生产规模下进行生产。因此，完全竞争厂商只能通过对产量的调整来实现最大利润。在其他条件不变的情况下，厂商选择的最优产量，应使最后一单位产品所获得的边际收益(MR)等于边际成本(MC)。这就是厂商实现最大利润的均衡条件，即 MR=MC。

厂商在短期均衡中有可能处于盈利、盈亏平衡或亏损三种状态，如图 2-26 所示。

(1)盈利(E_1)——行业供给小于需求，价格水平比较高。

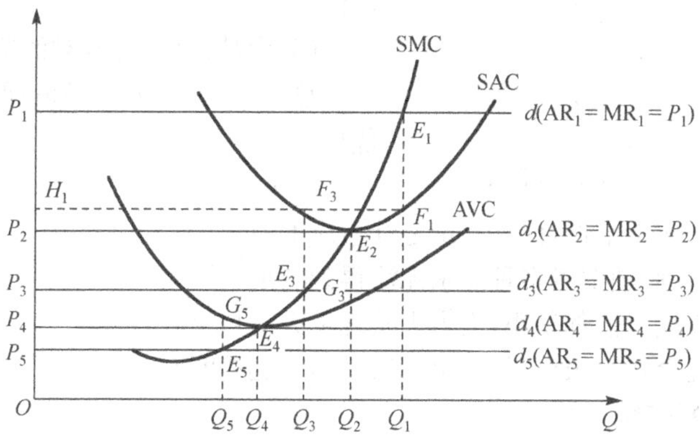

图 2-26　短期均衡三种状态曲线

(2)亏损(E_3)——行业供给大于需求,价格水平比较低。

(3)收支相抵(E_2)——行业供给等于需求,平均成本等于价格。

(4)停止营业点(E_4)——平均成本大于价格且价格只等于平均可变成本。

(5)停产(E_5)——平均成本大于价格且价格小于平均可变成本。

3. 长期均衡

在长期生产中,厂商没有固定成本,所有生产要素都可以随意变动,可以选择规模,并可以自由地进入或退出某个行业的生产。

(1)分析厂商的成本。厂商将调整其生产要素的投入,以便在每一产量上都能处于生产要素的最优组合状态。这就是说,长期中,完全竞争厂商将依照长期成本选择利润最大的产量。

(2)分析厂商的利润。如果行业中厂商的经济利润大于零,那么该行业会吸引其他行业的厂商进入。如果经济利润小于零,意味着这个行业中的厂商想退出这个行业。如果行业中的厂商的利润为零,厂商只获得正常的经济利润,不会吸引新的厂商进入,也不会有厂商退出,这个行业处于一种稳定状态。

厂商长期生产的均衡状态是指市场价格处于长期平均成本的最低点(在 E 点)的状态(图 2-27)。

$$P^* = \mathrm{AR} = \mathrm{MR} = \mathrm{LMC} = \mathrm{LAC}$$

(3)讨论长期中的市场价格。在短期中可以看到,随着厂商的进入或退出,市场短期均衡价格会下降或上升。但是,在长期均衡状态下,厂商不再进入或退出,价格将稳定不变。

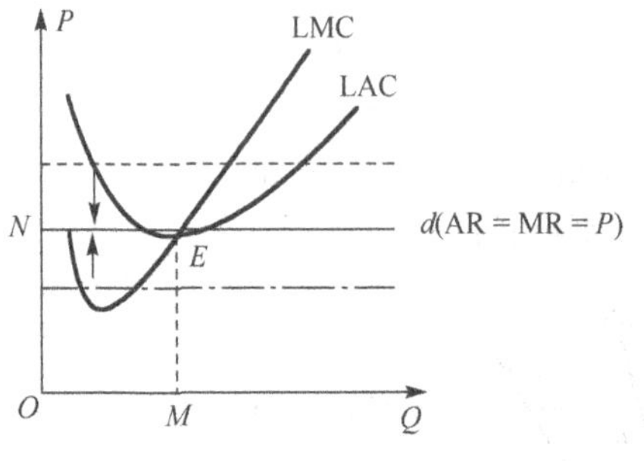

图 2-27 长期均衡状态曲线

4. 完全竞争市场优缺点

完全竞争市场优点:

(1)供求平衡,资源最优配置。

(2)生产要素效率最高——平均成本最低。

(3)商品价格最低,对消费者有利。

总之,完全竞争市场最理想,资源得到最优配置。

完全竞争市场缺点:

(1)厂商平均成本最低,但不一定是社会成本最低。

(2)产品无差别,消费者多种需求无法得到满足。

(3)生产者规模可能都很小,无力去实现重大科技突破。

(4)实际中完全竞争很少,且竞争一般必然引起垄断。

2.5.3 完全垄断市场

所谓完全垄断,是指市场被某一个厂商独家控制的状况。形成完全垄断必须符合以下条件:

(1)整个行业只有一个厂商。

(2)厂商生产的产品没有替代品。

(3)其他厂商不可能进入该行业。

在一个市场上如何才能形成完全垄断？主要有以下四方面的原因：

(1)独家厂商控制了生产某种商品的全部资源或基本资源的供给。

(2)独家厂商拥有生产某种商品的专利权。

(3)政府的特许。

(4)自然垄断(自然条件或规模经济)。自然垄断有其合理性,但人为垄断(技术或政府)不合理。

1. 完全垄断厂商的收益曲线

垄断企业是市场价格制定者,垄断者在一定的需求曲线上选择价格和数量的结合点。因此,整个市场的需求曲线就是对该垄断产品的需求曲线,如图 2-28(a)中的 d 曲线。该曲线的含义是:若该垄断厂商要销售更多的产品,则必须降低价格,此时总收益 TR 与销售量 Q、市场价格 P 呈现如图 2-28(b)所示的关系。因此,垄断厂商的边际收益(MR)必定小于产品售价(P)。MR 不与需求曲线重合,而是位于需求曲线下方。随着产量的增加,MR 与需求曲线的距离越来越大,MR 比价格下降得更快。这是完全垄断与完全竞争之间的一个区别。

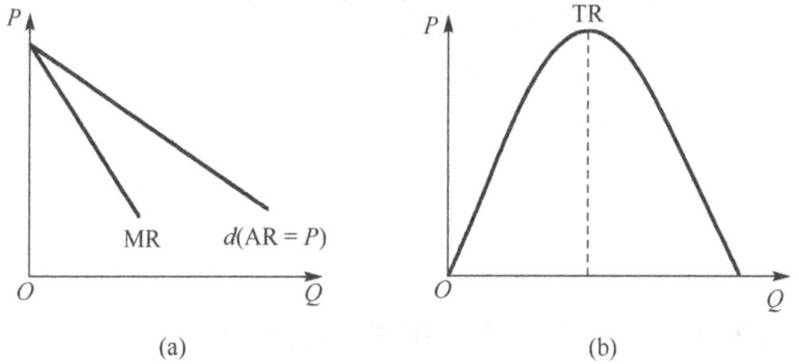

图 2-28　完全垄断条件下的需求收益曲线

2. 厂商实现最大利润的短期生产均衡条件

在短期内,垄断厂商无法改变不变要素投入量,因而只能在既定的生产规模下通过对产量和价格的同时调整,来实现 MR＝SMC 的利润最大化。即 MR＝MC,但它并不能保证该厂商一定能够赚钱。在均衡状态下,厂商可能有最大利润,可能不赢不亏,也可能亏损。不过亏损时其损失为最小,如图 2-29 所示。

3. 长期均衡

在完全垄断情况下,由于行业只有一个厂商进行生产,向市场提供产品,不会担心因获利而使其他厂商进入该行业并参与竞争。长期内,垄断厂商可以调整生产规模,按照利润最大化原则生产,所以其长期均衡的条件为 MR＝LMC＝SMC,如图 2-30 所示。

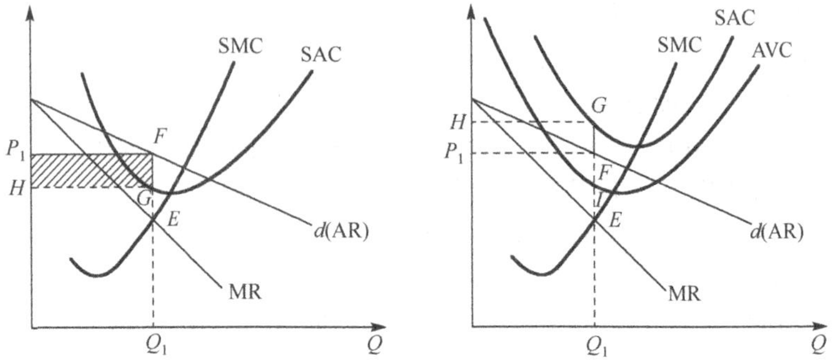

图 2-29

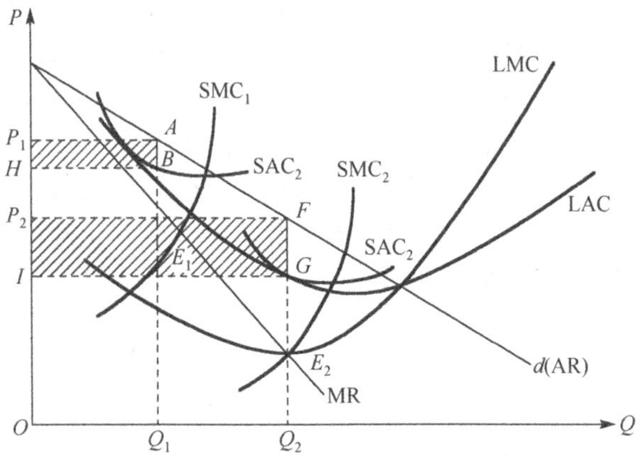

图 2-30

4. 完全垄断的价格歧视

当同一商品不按同一价格出售时，就出现了价格歧视(price discrimination)。拥有垄断权力的厂商在什么条件下能够并且愿意实施价格歧视呢？必要条件是，可将买者按对产品需求价格弹性的显著差异加以分类。

价格歧视可以分成以下几类：

(1)一级价格歧视：对每一单位产品，都收取不同的价格。例如，医生与患者。

(2)二级价格歧视：对消费者购买的不同数量段产品规定不同价格。例如，电量电价。

(3)三级价格歧视：对不同市场的不同消费者实行不同的价格。例如，工业用电与农业用电。

5. 完全垄断市场特点

完全垄断市场的主要特征如下：

(1)生产资源浪费——与完全竞争相比，平均成本和价格高，而产量低。

(2)社会福利损失。

(3)收入分配不平等,阻碍技术进步。

2.5.4　垄断竞争市场

垄断竞争是一种存在产品差异的市场结构,其中既带有垄断的特征,又具有竞争因素。在垄断竞争的条件下,存在着众多生产和销售紧密替代商品的厂商,但经销商之间的商品并非完全同质。例如,常以零售业为例来说明具有垄断竞争特征的行业。

1. 垄断竞争条件下的非价格竞争

在垄断竞争市场上,由于每一个厂商生产的产品都是有差别的,所以垄断竞争厂商往往通过改进产品品质、精心设计商标和包装、改善售后服务及广告宣传等手段,来扩大自己产品的市场销售份额,这就是非价格竞争,也称为产品差别竞争。产品差别,主要是指同一种产品在质量、牌号、包装、形式、服务等方面的差别。

2. 与完全竞争、垄断的比较

(1)与完全竞争市场比较,垄断竞争厂商在长期中无超额利润,因此这是一个相对公平的市场;与垄断比较,垄断竞争市场上的价格同样不等于边际成本,价格的信号作用受到一定程度的扭曲。

(2)相对于完全竞争厂商,垄断竞争厂商所面临的需求曲线要更陡一些,即更缺乏弹性;相对于垄断厂商,垄断竞争厂商需求曲线要更缓,即更富有弹性。

2.5.5　寡头垄断市场

寡头垄断(oligopoly)市场是少数几家厂商控制整个市场产品生产和销售的一种市场组织。寡头垄断是介于垄断竞争与垄断之间的一种市场结构。寡头之间的产品有同质的,如钢铁、水泥、石油、有色金属和塑料等行业;也有差别的,如汽车、飞机、家电、运输和电信服务业等。

寡头垄断市场具有如下特点。

(1)厂商数目屈指可数,买者众多,厂商在一定程度上控制产品价格并占有绝大部分的市场份额。

(2)产品差别可有可无。由此分为无差别寡头垄断市场和有差别寡头垄断市场。

(3)存在进入的障碍,其他厂商无法顺利进入。行业存在规模经济;相互勾结,构筑进入壁垒;采用收购、兼并一些小企业等形式来减少厂商的数目;政府的产业政策所致(厂商数目较稳定)。

(4)寡头垄断之间相互利害关系极为密切,双方均是反应后再决策,故在产量和价格上没有确定的均衡。

在美国,寡头垄断是一种常见的市场结构。汽车业就是由为数不多的几个主要制造商组成的,如通用、福特、克莱斯勒、丰田和本田等汽车公司。电气设备零配业一直受通用电气和西屋电气这两家公司支配。主导航空业的厂商是波音、通用动力、洛克希德、麦克唐纳-道格拉斯、联合工艺和少数其他公司。

2.6 生产要素市场理论

在前面的产品市场分析过程中，对需求曲线的推导是假定消费者的收入既定，但没说明收入水平是如何决定的；对供给曲线的推导是假定生产要素的价格既定，但没说明要素价格是如何决定的。实际上，消费者的收入在很大程度上取决于他所拥有的生产要素价格和使用量。厂商需要作出如下决策。

(1)购买多少要素才能达到利润最大?

(2)生产多少产量才能达到利润最大?

西方经济学将生产要素概括为劳动、资本、土地和企业家才能四种。生产要素的价格，是指支付一个生产要素在某段时间内所提供的服务的代价，而不是指购买生产要素本身所需要支付的代价。例如，一般商品的价格，就是指购买它时所需要支付的代价；劳动的价格，则是指雇用期内所支付给劳动力的劳务价格；而资本的价格，就是资本在一定时期内的使用价格。

2.6.1 生产要素需求

1. 生产要素需求特点

产品市场的需求是一种直接需求，它来自消费者；而生产要素市场的需求是一种派生的需求，它来自厂商。所谓派生的需求，是指由于人们需要某种产品而间接地产生出对某些生产要素的需要，这和对一般的最终产品的需要是不同的。另外，生产要素的需求还是一种联合的需求，是指同时对多种生产要素的需求。生产要素的需求不仅取决于该要素的价格，也取决于其他要素的价格。

2. 要素市场结构分类

针对完全竞争的要素市场(最典型的是劳动力市场)，其特征表现为：要素的供求双方人数都很多；要素没有任何区别；要素供求双方都具有完全信息；要素可以充分自由地流动。同时处于完全竞争产品市场和完全竞争要素市场中的厂商称为完全竞争厂商。因此按照这个规定，不完全竞争厂商有三种：在产品市场上完全竞争，但在要素市场上不完全竞争；在产品市场上不完全竞争，但在要素市场上完全竞争；在产品市场上和要素市场上都不完全竞争。

3. 完全竞争厂商使用生产要素的原则

假定完全竞争厂商只使用一种生产要素，生产单一产品，追求最大限度的利润。

影响单个厂商对生产要素需求的因素包括：边际生产力、联合投入的其他生产要素的价格与投入量、厂商的技术条件及生产的商品的价格。其中边际生产力是指厂商每增加一单位生产要素投入所增加的生产力。生产要素的边际生产力有两种常用表示方法：①用实物形式表示，表现为生产要素投入的边际产量；②用价值形式表示，表现为边际产品价值(Value of Marginal Products，VMP)。它表示在完全竞争的条件下，厂商增加使用1单位生产要素所增加的收益，可以表示为 $\text{VMP}=\text{MP}\cdot P$。

厂商对生产要素的最佳使用同样必须遵循边际收益(MR)和边际成本相等的原则。该原则不仅适用于产品市场(产品产量的决定),而且也适用于要素市场(要素使用量的决定)。即使用生产要素的边际收益(边际产品价值)等于相应的边际成本(要素价格,W),$VMP=W$。VMP 与 MR 在概念上的区别在于:MR 是对产品而言的边际收益,VMP 是对要素而言的边际收益,也称为要素的边际产品价值。

4. 完全竞争厂商对生产要素的市场需求曲线

完全竞争厂商对生产要素的需求曲线是指在其他条件不变时,完全竞争厂商对要素 L 的需求量与要素价格 W 之间的函数关系。

$$L = f(W)$$

式中,要素价格 W 是自变量;要素需求量 L 是因变量。

表 2-7 是生产要素 L 的需求表,可以得出一条向右下方倾斜的要素需求曲线,如图 2-31所示。

表 2-7　完全竞争厂商对生产要素的需求

要素数量 L	边际产品 MP	产品价格 P	边际产品价值 $VMP=MP \cdot P$	要素价格 W
1	10	10	100	100
2	9	10	90	90
3	8	10	80	80
4	7	10	70	70
5	6	10	60	60
6	5	10	50	50
7	4	10	40	40
8	3	10	30	30
9	2	10	20	20
10	1	10	10	10

在完全竞争条件下,假定以下两个条件成立:要素的边际产品曲线不受要素价格变化的影响;产品价格不受要素价格变化的影响。此时厂商对单一要素的需求曲线将与边际产品价值曲线完全重合。W_0表示边际成本线,即要素价格,如图 2-32 所示。

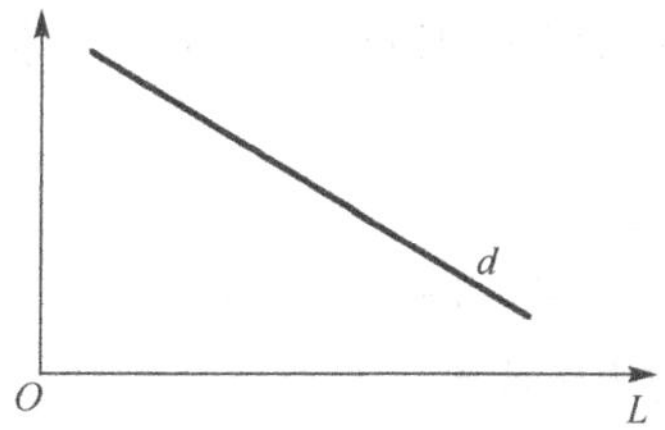

图 2-31　完全竞争厂商的要素需求曲线

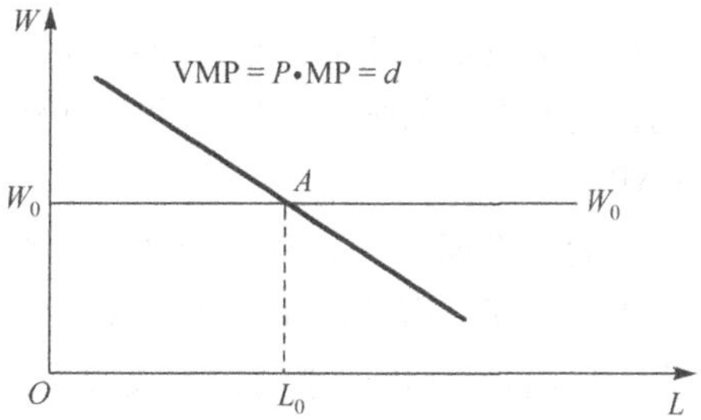

图 2-32　完全竞争厂商的要素需求曲线

厂商的要素需求曲线和市场需求曲线是有区别的:厂商的需求曲线是指单个厂商的需求曲线。市场需求曲线是指整个行业的需求曲线,市场需求曲线是单个厂商需求曲线的加总。而单个厂商需求会受到其他厂商是否调整的影响,如图 2-33 所示。

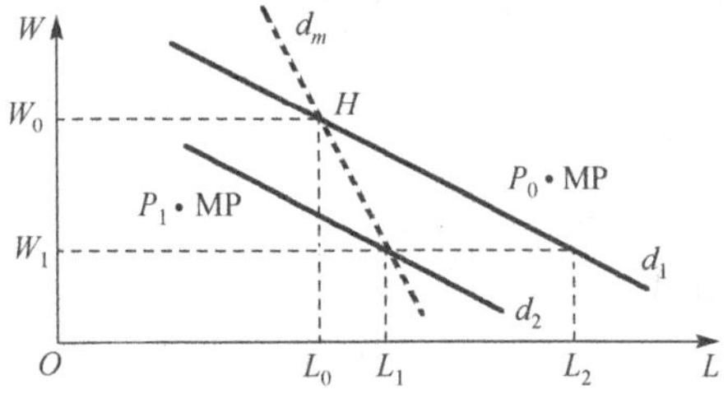

图 2-33 厂商生产要素需求的调整

设初始要素价格为 W_0,相应的产品价格为 P_0,边际产品价值线为 P_0 • MP。根据该曲线可确定 W_0 下的要素需求量 L_0,点 H 为所求曲线上一点。

(1) 如果这时没有其他厂商的调整,要素价格变化只引起厂商 m 的要素需求量和使用量的变化,从而只引起它的产品数量的变化,则整条需求曲线就可以看成 P_0 • MP。假定让要素价格下降到 W_1,则要素需求量就应增加到 L_2。

(2)但现在由于其他厂商也进行调整,于是要素价格下降使 L 的边际产品价值曲线向左下方移动,假如移到 P_1 • MP,此时在要素价格 W_1 下,L 的需求量不再是 L_2,而是更少一些的 L_1。于是又得到了要素需求曲线上一点 $I(W_1,L_1)$。

图中的 d_m 表示经过多个厂商相互作用的调整,即经过行业调整之后得到的第 m 个厂商的要素需求曲线。

假定完全竞争要素市场上有 n 个厂商,这些厂商会根据价格的变动对生产要素的使用量进行调整,这些厂商调整后的要素需求曲线分别为 $D_1,D_2,\cdots,D_n$,整个市场的要素需求用 D 来表示,整个市场的要素需求曲线 D 可以看做是所有厂商要素需求曲线的简单加总。

D 可以表示为

$$D = \sum_{m=1}^{n} D_m \tag{2-17}$$

被简单地水平相加的是每个厂商的真正的要素需求曲线,即是在考虑了多个厂商共同行动所引起的全部调整之后得到的行业调整曲线 d_m,而不能是边际产品价值曲线 P • MP。

5. 卖方垄断对生产要素的使用原则

卖方垄断厂商是指在产品市场上是垄断者,但在要素市场上是完全竞争者。使用要素的原则是:使用要素的边际收益等于使用要素的边际成本。垄断下,使用要素的边际成本仍然等于不变的要素价格;但使用要素的边际收益不再是边际产品价值。

垄断条件下的要素边际收益产品曲线,与完全竞争厂商的边际产品价值曲线一样,向右下方倾斜。即随着投入品使用得越来越多，它的边际产品会递减，以及当产出增加时厂商的边际收益递减。另外，当边际收益等于价格（就像在完全竞争中那样）时，边际产品价值表就等同于边际收益产品表（表 2-8）。

表 2-8　投入品 X 的边际收益产品

投入品(X)的数量	X 的边际产品(MP)	总产出(TP)	商品价格 P /美元	总收益 TR /美元	X 的边际收益产品 MRP/美元
3	10	33	20.0	660.0	—
4	9	42	19.5	819.0	159.0
5	8	50	19.0	950.0	131.0
6	7	57	18.5	1054.5	104.5
7	6	63	18.0	1134.0	79.5
8	5	68	17.5	1190.0	56.0
9	4	72	17.0	1224.0	34.0

6. 不完全竞争厂商对生产要素的市场需求曲线

这里的不完全竞争可以考虑两种情况：

（1）卖方垄断，产品市场是垄断者，要素市场是完全竞争者。边际收益产品（MRP）满足

$$\mathrm{MRP} = \mathrm{MR} \cdot \mathrm{MP} < \mathrm{VMP} = P \cdot \mathrm{MP} \tag{2-18}$$

边际收益产品（MRP）曲线向右下方倾斜。它与 VMP（边际产品价值）的区别在于，VMP 因 MP 向右下方倾斜；MRP 因 MR 和 MP 共同作用向右下方倾斜。

（2）买方垄断，要素市场是垄断者，产品市场是完全竞争者。这种情形下，买方垄断者面对的生产要素供给曲线是市场供给曲线，这是买方垄断的一个关键特征。

注意　买方垄断的利润最大化条件与生产要素市场是完全竞争时的利润最大化的条件是不同的。在完全竞争的生产要素市场中，厂商会令 $\mathrm{MP}_X \cdot \mathrm{MR} = P_X$；然而，若厂商是一个买方垄断者，则会有 $\mathrm{MP}_X \cdot \mathrm{MR} = \mathrm{ME}_X$，$\mathrm{ME}_X$ 为生产要素 X 的边际支出。

若生产要素的供给曲线是向上倾斜的，ME_X 就会大于 P_X。

产品市场上是完全竞争者

$$\mathrm{MRP} = \mathrm{VMP} = P \cdot \mathrm{MP}$$

2.6.2　生产要素的供给

生产要素的供给是由边际生产成本所决定的。生产要素的供给，在不同的生产要素之间，性质也有很大差异，并不能给出一般的说明。例如，劳动的供给情况与土地的供给情况并不一样；而土地的供给情况与资本的供给情况又有差别。因此，必须分别考察分析，没有共同的原则可循。生产要素的供给曲线一般也认为是一条从左下到右上的正斜率曲线。较典型的差别是劳动的供给曲线，在一般情况下也为一条正斜率曲线，如果工资高到一定程度，会出现内弯现象。这是因为工资很高，人们反而不需要工作太多的时间，要求休息的时间增加，这样，劳动的供给量会随着工资的上升而减少。

第3章　运输需求与运输供给分析

3.1　运输需求分析

3.1.1　运输需求产生的原因

汤普森(1974)曾经把现代社会的人们需要交通运输的原因归结为以下7点。

(1)自然资源分布的非均衡性，意味着任何一地都不可能提供当地居民所需要的全部物品，因此需要运输来使不同地区之间互通有无。

(2)现代社会的高度物质文明依赖专业化分工，而大工业既需要从各地获得多样化的原材料，也需要为自己的产品开拓远方市场。

(3)优良的运输系统有助于实现由技术革新、自动化、大批量生产与销售，以及研究与开发活动支持的规模经济。

(4)运输还一直承担着重要的政治与军事角色。对内而言，一个国家需要良好的运输系统以支持有效的国防和政治上的凝聚力；对外而言，强大的运输能力是一个国家强盛的重要标志，也是那些大国实现海外野心和统治殖民地的手段之一。

(5)良好的交通是增加社会交流与理解的基础，并有助于解决由于地域不同而产生的问题；对于很多不发达国家，提供基本的交通条件还是目前解除一些地区封闭状态的首要途径。

(6)交通条件的改善使人们可以在自己的居住地点、工作地点、日常购物、休闲地点之间做出很多选择和安排，这在很大程度上影响了人们的生活方式。

(7)现代交通有助于国际文化交流，以便人们了解其他国家的文化特点，并通过国际展览、艺术表演和体育比赛等方式向国外展示本国文化。

3.1.2　运输需求的概念

运输需求，是指在一定时期内和一定价格水平下，社会经济生活在货物与旅客空间位移方面所提出的具有支付能力的需要。运输需求必须具备两个条件，即具有实现位移的愿望并具备支付能力，缺少任一条件，都不能构成现实的运输需求。

运输需求包括以下六项要素。

(1)运输需求量，也称流量，通常用货运量和客运量来表示，用来说明货运需求和客运需求的数量与规模。

(2)流向，指货物或旅客发生空间位移时的空间走向，表明客货流的产生地和消费地。

(3)运输距离，也叫流程，指货物或旅客所发生的空间位移的起讫点之间的距离。

(4)运输价格,简称运价,是运输单位重量或体积的货物和运送每位旅客所需的运输费用。

(5)运送时间和送达速度,又称流时和流速,前者是指货物或旅客发生空间位移时从起始地至到达地之间的时间;后者是指货物或旅客发生空间位移时从起始地至到达地之间单位时间内位移的距离。

(6)运输需求结构,是按不同货物种类、不同旅客出行目的或不同运输距离等对运输需求的分类。例如,铁路运输中常把货物分为22个品类;旅客运输可分为公务、商务、探亲和旅游等;不同的运输方式中常按运输距离分为短途运输和长途运输等。

3.1.3 运输需求的特征

运输需求与其他商品需求相比具有其独有的特征,这些特征表现在以下几方面。

1. 运输需求的派生性

运输需求总体上是一种派生性需求而非本源性需求,这是运输需求的一个重要特点。派生性需求(derived demand)是指一种商品或服务的需求是由另一种或几种商品或服务需求派生而来的,是由社会经济中的其他活动所引发的一种需求。旅客或货主提出位移要求的目的往往不是位移本身,而是为实现其生活、工作中的其他需求,完成空间位移只是中间一个必不可少的环节。相对于运输需求而言,社会经济活动是本源需求,运输需求是派生需求。因此,研究运输需求要以社会经济活动为基础。

以煤炭运输为例,如图3-1所示,A地是煤炭产地,B地是煤炭销售地。这是一个最简单的运输供求关系,即只有唯一的货物种类——煤炭,同时也只有唯一的货运始发地和唯一的到达地,两地之间有煤炭经销商把A地生产的煤炭运到B地销售,图中的价格和供求数量都是象征性的。当然可以将货物的种类想象成其他原材料或消费品,甚至也可以把A地与B地分别想象成人们的居住地点和度假旅游地,从而用这个例子说明客运需求。

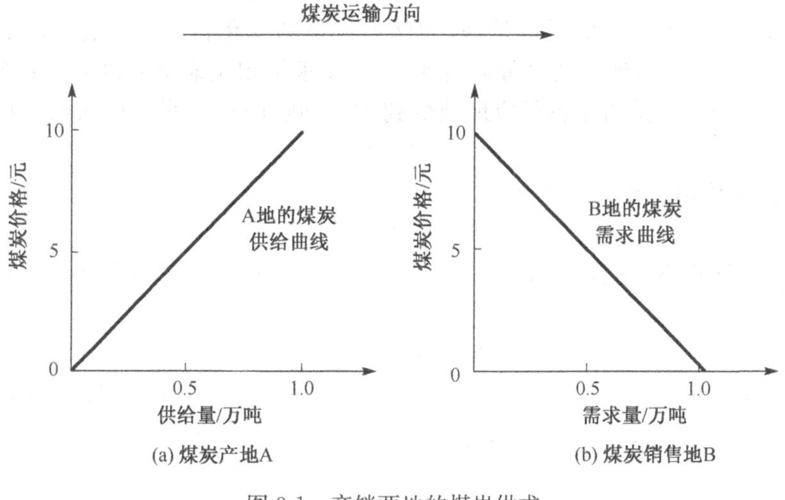

图3-1 产销两地的煤炭供求

图 3-1(a)中是产地 A 的煤炭供给曲线，把它画成最简单的直线形式，表示供给量随价格的上升而增加。该供给曲线的数学公式为

$$Q = 1000P_A \quad (3\text{-}1)$$

式中，Q 为煤炭供给量；P_A为产地价格。

式(3-1)表示价格每上升 1 元，A 地的生产厂商就愿意增加 1000t 的供给量。图 3-1(b)是销售地的煤炭需求曲线，把它也画成最简单的直线形式，表示需求量随价格的上升而减少。该需求曲线的数学公式为

$$Q = 10\,000 - 1000P_B \quad (3\text{-}2)$$

式中，Q 为煤炭需求量；P_B为销地价格。

式(3-2)表示价格每上升 1 元，B 地的消费者就要减少 1000t 的需求量。

由于 A 地与 B 地是分离的，A 地的煤炭供给要变成 B 地的煤炭消费，必须依靠煤炭运输。上面给出的 A 地煤炭产地价格中不包含煤炭运输的价格，而 B 地的煤炭销地价格中显然包括了煤炭的运输价格，因此 A 地与 B 地之间存在着一个煤炭的价格差，假定该价格差仅是由于煤炭运输造成的。可以想象，在产销地供求曲线已经分别确定的情况下，从 A 地运往 B 地的煤炭数量，取决于煤炭的运输价格。运价越低，两地间的煤炭价格差越小，相对较高的产地收购价可以鼓励产地的厂商多生产煤炭，而较低的销地价格则鼓励消费地的客户多消费煤炭；当运输价格为零的时候，两地的煤炭价格完全相同，此时煤炭的运输数量是最大的。而运价越高，所引起的情况则正好相反。从图中可以看出，当运输价格为零时，A 地的厂商在 5 元的煤炭产地价格下愿意提供 5000t 煤炭，这正好与 B 地消费者在 5 元的煤炭销地价格下愿意消费的 5000t 煤炭相等，此时两地煤炭的供求正好达到均衡状态。从式(3-1)和式(3-2)的联立求解中也可以得到完全一样的结果。

如果煤炭运输价格上升到 2 元，煤炭经销商就会提高 B 地的销售价并压低 A 地的收购价，以消化上升了的运输价格，而两地价格的变化自然会引起供求数量的变化。在这个例子中，B 地的销售价提高到 6 元，需求量相应地减少到 4000t，A 地的收购价压低到 4 元，而供给量也相应地减少到 4000 吨，两地煤炭的供求再一次达到均衡状态。

煤炭运输价格的数学公式为

$$P_T = P_B - P_A \quad (3\text{-}3)$$

式中，P_T为运输价格。把式(3-1)～式(3-3)结合起来，就可以得到本例的运输需求公式为

$$Q = 5000 - 500P_T \quad (3\text{-}4)$$

表 3-1 表示的是运输价格分别定为 0 元、1 元、2 元、…、10 元时，煤炭的销地价格、产地价格和运输数量，这些煤炭运输数量也是 A、B 两地在各个均衡状态上的产销数量。

表 3-1　衍生的煤炭运输需求计算表

煤炭产地价格/元	运输价格/元	煤炭销地价格/元	需求量/t
5.0	0	5.0	5000
4.5	1.0	5.5	4500
4.0	2.0	6.0	4000
3.5	3.0	6.5	3500
3.0	4.0	7.0	3000
2.5	5.0	7.5	2500
2.0	6.0	8.0	2000
1.5	7.0	8.5	1500
1.0	8.0	9.0	1000
0.5	9.0	9.5	500
0	10.0	10.0	0

把表 3-1 第二列和第四列的数字转换到坐标图上，就可以得到图 3-2，这是一条煤炭运输需求随运输价格变化的曲线。从形式上看，运输需求曲线与一般产品或服务的需求曲线没有什么不同，也是一条向右下方倾斜的直线，即随着价格下降需求逐渐增加，但通过上面的例子已经知道运输需求是衍生出来的。很显然，如果图 3-1 中的煤炭供给与需求增加（两条曲线分别向右方移动），那么图 3-2 中的煤炭运输需求曲线也会向右移动，反之亦然。图 3-2 中煤炭运输需求曲线的斜率也取决于图 3-1 中煤炭需求曲线和煤炭供给曲线的情况，如果煤炭的需求和煤炭的供给是更有弹性的（曲线分别变得更为平缓），那么煤炭的运输需求自然也会更具有弹性。这实际上很清楚地说明，运输需求取决于社会经济中其他活动所提出来的对货物或旅客在空间位移的需要。其他货物种类和客运的需求曲线也可以类似地进行分析。例如，在旅游客运的情况下，运输需求大体上取决于人们支付运价的意愿和度假地点的各种相关服务价格。

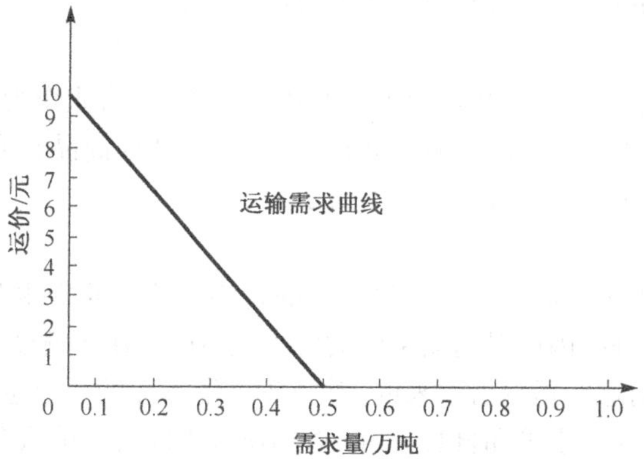

图 3-2　衍生的煤炭运输需求曲线

从该例中还知道，运输价格越低，产销两地之间的价格差别也越小，因而运输需求也越大；极端地看，如果运输是免费的，那么意味着运输极为方便，产销两地之间的价格没有差别。而运价越高，意味着消费者必须承担较高的销地价格，而生产者则必须接受较低的产地价格，这显然不鼓励产品的消费与生产，因而运输需求也会减小；运输价格水平高到一定程度，该产品的运销就不再具有经济性，运输就不会发生，地区之间则处于隔绝状态。因此很容易得出这样的结论，即随着交通运输条件的改善，运价不断降低会鼓励不同地区之间的客货交流，而由于运输条件落后，过高的运输价格则阻碍地区之间的客货交流。

2. 总体需求的规律性

运输需求起源于社会经济活动，而社会经济的发展具有一定的规律性，因此，运输需求也具有规律性。通常经济繁荣带来运输需求的增长，经济萧条带来运输需求的下降。

如客流的季节性变化规律、货流的规律性和市场需求变化的规律性等。

3. 不平衡性

1)运输需求在时间上的不平衡性

运输需求最显著特征之一是它随时间变化作规律性波动，具有时间上的不平衡性。对于货物运输需求，主要是所运货物的生产和消费的季节性引起的。对于客运需求，主要是人们出行的集中性造成的。农业生产的季节性、消费及贸易活动的淡季与旺季、节假日及旅游的季节性等因素都会引起运输需求在时间上的不平衡。

2)运输需求在方向上的不平衡性

是指在一定时期里，运输网络上两个相反方向上的运输需求不平衡。一些受区域分布影响的大宗货物如煤炭、石油、矿石等，都有明显的高峰方向，这是造成货物运输量在方向上不平衡的主要原因。这种不平衡，造成了轻载方向和重载方向的存在。而客运需求就短期来看是不平衡的。例如，就一天来讲，上班前往厂矿企业的旅客就可能很多，7:00～8:00是城市交通的高峰时间，与此同时，前往职工居住区的旅客却很少；但下班后的情形则相反。在连接城镇的公路上，农民习惯早进城晚回乡。航空运输的旅游航线的旅客需求量，往往也具有明显的单向性。

4. 广泛性

运输需求产生于人类生活和社会生产的各个角落，运输业作为一个独立的产业部门，任何社会活动都不可能脱离它而独立存在，因此与其他商品和服务的需求相比，运输需求具有广泛性，是一种带有普遍性的需求。

5. 多样性

货物运输服务提供者面对的是种类繁多的货物。承运的货物在重量、体积、形状、性质和包装上各有不同，因而对运输条件的要求也不同。在运输过程中，必须相应采取不同的技术措施。对旅客运输需求来说，对服务质量方面的要求也是多样的。这是由于旅客的旅行目的、收入水平和自身身份等的不同，所以对运输服务质量（安全、速度、方便和舒适等）的要求必然呈多样性。

6. 部分可替代性

可分为外部替代和内部替代。外部替代是指运输需求可以由非运输方式来替代，如随着现代通信与网络技术的发展，旅客流动的一部分可替代；某些地区间的煤炭运输可以被长距离高压输电线路的输电替代；在工业生产方面，当原料产地和产品市场分离时，人们可以通过生产力布局的确定在运送原料还是运送生产成品或半成品之间选择。

内部替代是指五种运输方式：铁路、公路、水运、航空和管道之间的相互替代。

7. 个别运输需求的异质性

这种异质性是指个别运输需求对运输质量管理和运输条件的要求不同，对运输方向和运输距离要求不同，对运输时间和运输速度要求不同，对运价水平承受能力不同等。如煤炭、石油和小汽车这些不同种类的货物对运输质量和运输工艺要求不同；鲜活易腐货物同一般货物在运输速度上要求不同；高价值货物与低价值货物能够承担的运价水平的能力不同等。

3.1.4 运输需求分析的复杂性

1. 运输市场的复杂性

(1)有关运输市场的概念。

运输市场是一个相当复杂的概念，运输经济分析应该避免比较笼统地谈论一般的运输市场。应根据提出的具体问题，区别各种基于特定运输对象(不同种类的货物或旅客)、有特定运输目的和特定始发和到达地点的运输服务，并根据可搜集到的可靠数据资料进行分析。因此，有些运输经济学家提出运输市场是一组其产出和价格均可计算的运输服务。

每一个具体运输市场上的产出应该是同质的，即其起讫地点和运输方向、所运货物或对象都是一致的，与其他运输市场上的需求及供给不应混为一谈。

(2)特定运输市场并不排斥存在可相互替代或竞争的几种运输工具，只要它们提供的是相对同质的运输服务或产品。

(3)运输市场复杂性的原因：

①运输方式之间的相互替代增加了分析的难度。

②多个始发到达地。

③有限数量的运输通道联系了无数客货流和始发到达地点，因此在这些通道和利用通道运行的载运工具上，各种各样的运输产品或服务，以及它们所对应的特定运输市场会重叠交织在一起。

2. 确定有关计量指标的难度

(1)运输经济分析所需指标的设立或选择、统计资料和其他数据的取得都有很大难度。

(2)统计指标之一：运输量指标。

货运发送吨数和客运发送人数是运输领域中的两个重要统计指标。但是，如果仅使用吨数和人数这两个指标，就无法反映出运输活动中一个最重要的因素——运输距离。

(3)统计和分析指标之二：周转量指标。

在货运中的复合指标吨千米(ton-kilometer)是所运货物吨数与运输距离的乘积。在客运中的复合指标人千米(passenger-kilometer)是所运的人数与运输距离的乘积。

(4)这两个复合指标的优点：

①吨千米指标可以帮助人们从货物的重量和运输的距离两个角度把握货物运输量。

②人千米指标可以帮助人们从人数和运输距离两个角度把握旅客运输量。

③更加接近运输产品即货物与旅客的空间位移的概念。

(5)这两个复合指标的局限(表3-2)。

表3-2 复合指标的局限

<table>
<tr><th>项目</th><th>原因或举例</th></tr>
<tr><td>货物位移是指货物在空间位置上的变化，而吨千米只是这种变化在重量和距离方面的一个度量单位</td><td>(1)1000吨千米既可以表示把一吨货物运送1000千米，也可以表示把100吨货物运送10千米，但它们是不同质的空间位移。
(2)我们不能把吨千米作为运输的产品，就像不能把“吨”作为煤炭或钢铁工业的产品一样</td></tr>
<tr><td>货物位移是具体的，每一个货物位移都有确定的货物和起运终到地点</td><td>(1)起运终到地点不同，尽管货物和运距都一样，也是不同的位移。
(2)起运终到地点一样但货物不同，也不是同一种运输产品。不同的运输产品之间不能互相替代。
(3)但吨千米却是一种抽象物，可以体现各种货物位移在重量和距离方面的共性，但同时也把其他方面的特征抽象掉了</td></tr>
<tr><td>即使是相同的货物位移，在质量上也可能差别很大</td><td>货物运输速度的差别、货物完好程度的差别、方便客户程度的差别等，吨千米不能反映这些差别</td></tr>
<tr><td colspan="2">货物位移对应着包括装卸等其他作业的货物运输的完整过程，有时候一个运输过程要包括好几次装卸，吨千米则无法包含这些内容</td></tr>
<tr><td>相同的货物位移可能产生出不同的吨千米数</td><td>两地之间的运输无论使用哪一种运输工具，货物位移都是相同的，但铁路、公路、水运和航空各有自己的线路或航线，产生的吨千米数就不一样。即便是同一种运输工具，也会因为选择的路径不同而出现吨千米数的差异</td></tr>
<tr><td>各种运输方式计费重量和统计方法的规定，货票单据和统计报表上的吨千米数字很多时候并不是实际的货物位移量</td><td>当货物经过两种以上运输方式联运的时候，每个运输部门所统计的吨千米数与真正的货物位移差别就更大了，它们只代表整个货物位移的一部分</td></tr>
</table>

3. 运输价格概念理解的不确定性

(1)不少运输经济学家主张货物运输应该使用吨千米平均运费，对旅客运输则应该使用人千米平均运费，认为把它们作为运输价格往往比公布的运价表上的数字更具有现实性和对于具体运输流的可比性。

(2)吨千米平均运费和人千米平均运费的计算，是用某次(或某类)运输服务所收取的全部收入总额除以该次(或该类)运输服务所产生的全部吨千米数或全部人千米数。

(3)吨千米平均运费或人千米平均运费作为体现单位运输产品运价水平的指标，也不是十分理想的，有以下几个原因：

①可获得的收入或费用总额以及吨千米和人千米这些累计运输量往往存在很大程度的非同质性。

②不同类别的运输需求对运价变动的弹性不一样，这也会使平均运费的使用受到限制。

③平均运费不能体现额外成本，因此代表不了使用者的完全成本。

④平均运费没有包括越来越为人们所重视的运输时间成本。

4. 真实的运输需求曲线

由于运输市场的复杂性和确定有关计量指标的难度，所以运输经济分析需要格外谨慎。例如，可能的真实运输需求曲线并不是直线，而是类似图 3-3 中凹凸不平的走向。在这种需求曲线上，要想准确确定其中任何一点的弹性值显然都是很困难的。

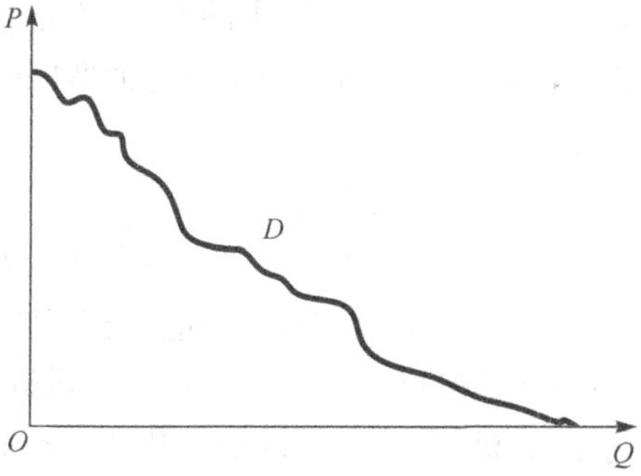

图 3-3　可能真实的运输需求曲线

既然吨千米、人千米、吨千米平均运费和人千米平均运费存在着这些局限性，那么为什么不选择其他更合适的指标来对运输市场进行分析呢？答案是可能没有更好的指标。一个指标在多大程度上能够正确体现其所代表的内容，主要取决于根据这些指标汇总的数据其组成部分对于外部影响反应的一致性。运输经济分析的复杂性来源于运输市场的复杂性，在于网络上的运输业产品或服务及供求关系的极端多样化，而不仅仅在于计量指标的选取。当然，对研究对象的描述难度，在很大程度上决定了研究工作的难度，这也是必须提醒分析者在确定所要分析的运输市场边界和搜集有关数据资料时，以及以此作为依据得出结论并制定政策或经营对策时必须格外谨慎小心的主要原因。

3.2　运输供给分析

3.2.1　运输供给的概念

运输供给是指运输生产者在特定的时期内，在一定的价格水平上，愿意并有能力提供的各种运输产品的数量。运输供给在市场中的实现要同时具备两个条件：①运输生产者有出售运输服务的愿望；②运输生产者有生产运输服务的能力。

运输供给包含四个方面的内容。

(1)运输供给的数量。通常用交通运输工具的运输能力来表示。

(2)运输方式。指公路、铁路、航空、水运和管道五种运输方式。

(3)运输布局。指各种运输方式的基础设施在空间的分布和活动设备的合理配备及其发展变化的状况。

(4)运输管理体制。表明了运输业发展的结构、制度、资源配置的方式,以及相应的政策、法规等。

运输供给的能力由交通运输基础设施和交通运输工具两部分构成。铁路、公路、航道和管道等运输线路及车站、港口和机场等运输基础设施形成了运输供给的物质技术基础,是运载设备运行的载体;铁路机车车辆、汽车、船舶、飞机等运载设备与运输线路的结合共同构成了运输的生产能力。虽然在运输管理体制上,运输基础设施与运载设备的管理可能分离,但是在运输生产能力的形成上,两者紧密结合,缺一不可。

3.2.2 运输供给的特点

1. 运输产品不可储存性

运输市场出售的不是实物产品,而是不具有实物形态、不能储存、不能调拨的运输服务,消费者在运输市场中的购买,不是为了直接占有运输产品,而是通过运输实现旅客和货物的位移。运输的生产与消费同时进行,因此,运输产品不能储存,只能储存运输能力。

2. 运输供给的整体性

运输供给的整体性主要表现在两个方面:

(1)运输基础设施与运载能力相互匹配,形成不可分割的整体。

(2)运输基础设施具有整体性。运输基础设施可以分为两个部分:运输线路和线路上的车站、机场、港口等设施。基础设施的建设应该统一规划,统一设计,相互配套,共同形成生产能力。若设计和规划时没有整体观念,就会造成在一些地区或线路上的运输能力紧张,成为运输供给的瓶颈,从而影响整个网络的供给能力。

3. 运输供给的不平衡性

运输供给受运输市场运价和竞争状况的影响而产生不平衡性。

运输需求的季节性不平衡导致运输供给在时间上的不平衡。运输的季节性不平衡,导致运输供给出现高峰与低谷供给量的差异。

运输供给在不同国家(地区)之间呈现出一定的不平衡性。由于世界经济和贸易发展的不平衡,或一个国家内部各地区之间经济发展的不平衡,经济发达国家(地区)的运输供给量比较充分,而经济比较落后的国家(地区)的运输供给量则相对滞后。

4. 运输供给的可替代性与不可替代性并存

现代运输市场中有铁路、公路、水运、管道和航空多种运输方式及多个运输供给者存在,有时几种运输方式或多个运输供给者都能完成同一运输对象的空间位移,于是这些运输供给之间存在一定程度的可替代性,这种可替代性构成了运输方式之间竞争的基础。同时，由于运输产品具有时间上的规定性和空间上的方向性，不同运输供给方式的替代性受到限制；各种运输方式的技术经济特征、发展水平、运输费用和在运输网中的分工不同，所以运输方式之间的替代是有一定条件的。因此，运输供给的替代性和不可替代性是同时存在的，运输市场的供给之间既存在竞争又存在垄断。

5. 运输生产的时空差异性

运输生产的时空差异性是由于运输需求在运输时间上的不规律性、在运输方向上的单向性、个别运输需求对运输设备的适应性等所造成的运输供给与运输需求不匹配所形成的运输生产的时空差异。运输企业为了实现供需的时空结合，经常要付出空载行驶的代价，造成运力浪费。掌握市场信息、依靠科学技术提高运输能力的协调与分配是运输业解决运输生产与需求时空矛盾的关键。

6. 运输供给的外部性

如果某人或企业从事经济活动时给其他个体或社会带来危害或利益，而它们并未因此支付相应的成本或得到相应的报酬，经济学将这种现象称为存在外部性。外部性指个人或企业不必完全承担其决策成本或不能充分享有其决策成效，即成本或收益不能完全内部化的情形。个人或企业不必承担其行为带来的成本是负外部性；个人或企业不能得到其决策和行为带来的额外收益则是正外部性。

运输业具有很强的外部性特征，在正的外部性方面，运输业为社会提供了相当大的经济和社会利益，它带来的利益远远超过了人们对运输活动直接或间接支付的成本。同时，运输业的发展也对环境产生了过度的冲击，甚至是造成严重的破坏。随着 19 世纪以来交通运输的迅猛发展，交通事故、拥挤、噪声、空气污染和土地占用等不良影响越来越显著，而在运输企业进行盈亏平衡计算的时候，运输行为本身的成本并没有包括其带来的社会成本，造成了负的外部效应。

客座率由 80%增加到 100%或 120%，伴随而来的是运输条件的恶化，旅客必需在买票、候车、行李托运和行李检查的过程中花费大量的时间和精力，所引起的成本全部由消费者承担。改造客运站、增加售票点的费用通过票价上涨而转嫁给消费者。

3.2.3　各种运输方式的技术经济特征

运输供给是由五种运输方式共同构建的。由于各种运输方式的技术经济特征不同，各自的优势领域也有所差别。所以下面对各种运输方式的技术经济特征进行分析。

1. 铁路运输的技术经济特征

铁路运输是指利用机车、车辆等技术设备沿铺设轨道运行的运输方式。

1)铁路运输的优势

(1)运输能力强。铁路运输能承运大批量旅客或货物，其承运量远高于公路、水路运输，适合大批量商品的长距离运输。

运行速度快，时速一般在 80～120km/h，高速铁路更是高达 200～300km/h。

(2)运送距离远。据统计，铁路的平均运距分别为公路运输的 25 倍，为管道运输的 1.15 倍，但不足水路运输的一半，不到民航运输的 1/3。

(3)运输成本低。虽然铁路的基本建设投资较大，但其运输的单位成本低于公路运输，如果考虑装卸费用，对一些装卸成本较高的货物，铁路运输成本低于内河运输成本。

(4)铁路运输受气候和自然条件的影响较小，运输的通用性和连续性能好，与其他运输方式相比，在运输的准时性方面具有较强的优势。

(5)通用性能好。既可运客又可运各类不同的货物，也可方便实现背驮运输、集装箱运输及多式联运。

2)铁路运输的不足

(1)灵活性差。由于铁路运输受轨道限制，灵活性较差，一般需要其他运输方式的配合和衔接，才能实现门到门的运输。

(2)运送时间长。在运输过程中需要有列车的编组、解体和中转改编等作业环节，占用时间较长，因而增加了货物的送达时间，不适合短途货物运输。

(3)货损率高。由于装卸次数较多，货物损毁或灭失事故通常比其他运输方式比例高。

(4)基建投资大。始建投资大，固定成本较高，建设周期长，占用土地较多，沉没成本较大。

3)铁路运输方式的适用范围

基于铁路运输的上述技术经济特点，铁路运输适合内陆地区大宗低值货物的中、长距离运输；适合大批量、可靠性要求不高的一般货物和特种货物的运输；适合大批量一次高效运输，也较适合散装货物(煤炭、金属、矿石和谷物等) 和罐装货物(如化工产品和石油产品等)的运输。从投资效果看，在运输量比较大的地区之间建设铁路比较合理。

2. 公路运输的技术经济特征

汽车现已成为公路运输的主要载运工具，所以现代公路运输主要指汽车运输。下面从公路运输的技术经济角度介绍公路运输的主要特性及其适用范围。

1)公路运输的优势

(1)送达速度快。汽车运输活动空间领域大，不仅可以沿公路网运行，还可以深入工厂、矿山、车站、码头、农村、城镇街道及居民区，这一特点是其他任何运输工具所无法比拟的，因而汽车运输在送达速度和直达性上有着明显优势。

(2)灵活方便。汽车运输既可自成体系组织运输，又可作为其他运输方式的衔接运输。目前随着运输网点的发展及运输组织与管理水平的提高，许多干线基本实现了根据货主需求随到随走；并且汽车载重量适应范围广，对客货批量的大小具有很强的适应性。

(3)普通公路投资少，修建公路的材料和技术比较容易解决，易在全社会广泛发展，可以说是公路运输的最大优点。

除此之外，汽车运输操作人员容易培训；近距离运输中少量的货物运费较少；也是抢险、救灾和战时最有效的运输方式。

2)公路运输的不足

存在的问题主要是单位运输成本较高,运行的连续性较差;和火车运输相比运输能力小;油耗大,环境污染比其他运输方式严重;客运的舒适性较差;交通事故的发生率较高。

3)汽车运输方式的适用范围

基于上述特点,公路运输比较适宜在内陆地区运输短途旅客和货物。可以与铁路、水路联运,为铁路、港口集疏运旅客和物资;可以深入山区及偏僻的农村进行旅客和货物运输;在远离铁路的区域从事干线运输。近年来,由于高速公路网的逐步建成,汽车运输将会逐渐形成从短途运输到短途、中途和长途运输并举的格局。

3. 水路运输的技术经济特征

水路运输是指利用船舶在江河、湖泊、人工水和海洋上运送旅客与货物的一种运输方式。水路运输大体可划分为远洋海运、沿海海运、内河水运和大湖及圣劳伦斯水道航运四种形式。其中,内河水运使用的是浅吃水船舶,而另外三种水运都基本上使用深吃水船舶。

1)水路运输的优势

(1)运输成本低。水运是各种运输方式中成本最低的一种,尤其是大宗货物的长距离运输,成本更低。我国沿海运输成本只有铁路的40%,美国沿海运输成本只有铁路运输的12.5%,长江干线运输成本只有铁路运输的84%,而美国密西西比河干流的运输成本只有铁路运输的25%～33%。

(2)载运量大。在五种运输方式中,水路运输能力最大。船舶的最大载运量为几十万吨。各种新型船舶的出现和发展,使水运的运输能力又有新的提升。

(3)平均运距长。据统计,海洋运输的平均运距较长,分别是铁路运输的2.3倍,公路运输的59倍,管道运输的2.7倍,但次于航空运距,是其值的68%。

(4)水运建设投资省。水运主要是利用天然航道,除了必须投资购置船舶和建设港口,沿海航道几乎不需其他投资,整治内河航道也仅只有铁路线路投资的20%～30%。

(5)通过能力强。这是海运航道最突出的特点,如马六甲海峡可供20万吨级的巨轮通过,内河航道的通过能力虽不及海运,但也十分巨大。

2)水路运输的不足

(1)船舶平均航行速度较慢。

(2)受自然条件影响较大,呈现较大的波动性和不平衡性。内河航道和某些港口受季节影响较大,冬季结冰,枯水期水位变低,难以保证全年通航。

(3)直达性差,一般需要与其他运输方式配合才能完成运输全过程。

3)水路运输方式的适用范围

水路运输适合运距长、运量大且时间性不太强的各种大宗货物运输。承担大批量货物,特别是集装箱运输;承担原料、半成品等散货运输,如建材、石油、煤炭、矿石和粮食等;承担国际贸易运输,是国际商品贸易的主要运输方式之一。

4.航空运输的技术经济特征

航空运输是一种现代化的运输方式，它与海洋运输和铁路运输相比，主要有以下特点。

1)航空运输的优势

(1)运行速度快。这是航空运输最大的优势，现代喷气式客机的巡航速度为800～900km/h，比汽车和火车快5～10倍，比轮船快20～30倍。距离越长，航空运输所能节约的时间越多，快速的特点也越显著。

(2)安全性高。航空运输诞生初期，安全性较低，随着技术的进步，航空运输的安全性已大幅度提高，虽然航空运输发生安全事故的严重性最大，但按单位客运周转量或单位飞行时间死亡率来衡量，航空运输的安全性是很高的。

(3)实效性强。航空运输的时间价值高，使航空运输显示出独特的经济价值，在各种运输方式中占有的市场份额将呈现上升趋势。

2)航空运输的不足

(1)运输成本和运价高。从经济方面来讲，航空运输的成本及运价均高于铁路、公路和水运，是一种价格较高的运输方式，因此在各种运输方式中占有的市场份额相对较小。

(2)受气候条件的限制。因飞行条件要求高，航空运输在一定程度上受气候条件限制，影响其正常性和准点性。

(3)可达性差。航空运输难以实现门到门的运输服务，需要借助其他运输工具转运。

3)航空运输方式的适用范围

航空运输比较适合500km以上的长途、国际乃至洲际客运；适合时间性强、鲜活易腐以及价值较高或紧急物资的运输；邮政运输；多式联运等。

5.管道运输的技术经济特征

管道运输是利用管道，通过一定的压力差完成液体或气体货物运输的一种运输方式。

1)管道运输的优势

(1)运量大。一条输油管线可以源源不断地完成输送任务。根据其管径的大小不同，每年的运输量可达数百万吨到几千万吨。

(2)运输安全可靠，连续性强。可以实现封闭运输，减少损耗，避免对空气、水源、土壤的污染，实现可持续发展。由于管道密封且多埋于地下，几乎不受气候的影响，可以确保运输系统长期稳定地运行。

(3)能耗小，成本低，效率高。在各种运输方式中，管道运输能耗最小，每吨千米的能耗不足铁路运输的1/7，在大批量运输时与水运接近。又由于管道运输属于一种连续不断的作业方式，几乎不存在空载，因而运输成本低。理论分析和实践经验证明，管道口径越大，运输距离越远，运输量越大，运输成本就越低。

(4)占地少，建设速度快、费用低。管道埋于地下部分占管道总长度的 95%以上，铺设完毕后其上面的土地可以恢复原先的用途，因此土地费用在管道运输成本中只占很小比例(约建设费用的 3%)。管道建设只需铺设管线、修建泵站，建设周期短，建设费用低。

2)管道运输的不足

不如其他运输方式灵活，管道运输功能单一，不容易随便扩展管线。

3)管道运输方式的适用范围

适用于单向、定点、量大的流体状货物的运输。主要是以下三类货物：天然气、原油和成品油(主要是汽油和柴油)。

3.3　运输业的规模经济、范围经济与网络经济

在经济学中，规模经济(economies of scale)指产出增加的比例大于投入要素增加的比例的经济现象；范围经济(economies of scope)指同时生产几种产品的成本要比分别生产它们更少的经济现象。现代运输活动也存在着规模经济和范围经济的现象，但由于运输业网络特性、运输生产及产品计量方式的复杂性，作为运输产品的每一个客货位移都具有不同运输对象、不同运距和起讫点等要素，而运输产品的计量单位只是把重量和距离复合在一起的吨千米(或人千米)，因此，在运输产品的总计中往往包括了很多不同的运输产品。运输生产过程又要分别体现在可移动的载运设备和作为运输基础设施的固定网络、线路及各个节点上面，因此运输行业的规模经济和范围经济密不可分，共同构成了运输业网络经济。

运输业的规模经济、范围经济，密度经济和幅员经济之间的关系如表 3-3 所示。

表 3-3　运输供给的规模经济与范围经济性

规模经济与范围经济的划分	密度经济与幅员经济的划分	网络经济的具体表现	
规模经济	运输密度经济	线路通过密度经济	特定产品的线路密度经济
			多产品的线路密度经济
		载运工具载运能力经济	
		车(船、机)队规模经济	
		港站(枢纽)处理能力经济	
	幅员经济	线路延长	运输距离经济
范围经济		服务节点增多	幅员扩大带来的多产品经济

资料来源：荣朝和，《西方运输经济学》，经济科学出版社，2002 年 11 月第一版第 8 页。

运输业的规模经济是指随着网络上运输总产出的扩大，平均运输成本不断下降的现象。运输业的范围经济，是指与分别生产每一种运输产品相比较，共同生产多种运输

产品的平均成本可以更低的现象。运输业的规模经济和范围经济概念与一般工商业的规模经济和范围经济的区别在于这个特殊的多产品行业使得其规模经济与范围经济几乎无法分开，并使它们通过交叉方式（表3-3中用相互覆盖表示）共同构成了运输业的网络经济。相关定义有以下几点。

（1）运输业的网络经济，定义为运输网络由于其规模经济与范围经济的共同作用，运输总产出扩大引起平均运输成本不断下降的现象。网络经济也可以看成由运输密度经济和幅员经济共同构成。

（2）运输密度经济（economies of density），是指当运输网络在幅员（以线路长度及服务节点数等衡量）不变的条件下，运输产出扩大引起平均成本不断下降的现象。它包括线路通过密度经济、载运工具载运能力经济、车队规模经济和节点处理能力经济，主要属于规模经济的范畴。

（3）运输幅员经济（economies of size），是指在网络上的运输密度保持不变的条件下，与运输网络幅员同比例扩大的运输总产出引起平均成本不断下降的现象。除了在一定程度上产生运输距离经济以外，主要体现为范围经济。

（4）线路通过密度经济，是指在某一条具体线路上由于运输密度增加引起平均运输成本不断下降的现象。

（5）载运工具载运能力经济，是指随着单个载运工具的载运量增加而平均运输成本逐渐降低的现象。

（6）车（船、机）队规模经济，是指随着车队规模扩大平均运输成本逐渐降低的现象。

（7）港站（或枢纽）处理能力经济，是指随着运输网络上港站吞吐及中转客运量、编解列车、配载车辆、起降飞机、停靠船舶等能力的提高引起平均成本逐渐降低的现象。

（8）运输距离经济，是指随着距离延长平均运输成本不断降低（即递远递减）的现象。

第4章　旅客运输需求和货物运输需求

4.1　旅客运输需求

运输需要的概念比运输需求要大，需求是有支付能力的那部分需要。普遍认为，交通运输应该具有社会服务的性质，因此有观点认为它应该满足的是社会需要，而不仅仅是市场需求。任何一个国家或地区，都会有一些低收入者，还有残疾人、老人和儿童，这些人相比之下需要一些特殊的运输服务；任何一个国家也都会有一些地区的经济开发水平较低且交通条件较差，需要外界提供一些它们自己难以实现的运输服务，这些运输服务仅靠市场上自发的供求平衡力量往往无法满足。因此，需要被认为是既包括可以用市场满足的需求，同时也包括要依靠市场以外的力量去满足的那些基本要求（如公益性运输或普遍服务）。1977年英国运输部公布的运输政策中这样定义社会运输需要，“它包括人们作为现代社会成员所必需的工作、采购、休闲和其他活动的运输需要”。

旅客运输需要是指旅客希望实现空间位移的要求；而旅客运输需求是在一定时期内及一定的价格水平之下，愿意并有能力实现空间位移的数量。

旅客运输按照运输方式可以分为铁路客运、公路客运、航空客运和水上客运；按照出行目的可以分为公务出差、旅游度假、探亲访友、外出工作和其他；按照旅行距离可以分为短途客运、中途客运、远途客运和国际客运。旅客运输需求一般可分为两类：生产性旅行需求和消费性旅行需求。生产性旅行需求是与人类生产、交换和分配等活动有关的需求，包括机关和企事业单位以政务、公务和商务为目的的各种运输需求。消费性旅行需求包括非生产性旅行的各种运输需求，如探亲、旅游、购物和各类休闲旅行。

4.1.1　客运需求的影响因素

1. 经济发展水平

社会经济发展水平是影响客运需求变化的主要因素之一。社会经济的发展是客运需求产生与变化的前提，并决定了客运需求变化水平。社会经济的发展导致生产规模的扩大，而经济协作与合作的加强，也会使各种经济实体的联系更加密切，两个方面都会使人们出行的机会增多，出行的频率增加导致客运需求的增长。同时，随着社会经济的发展，人们生活水平也得到逐步提高，探亲、休养、旅游和访友等需求迅速增长，与此相联系的客运需求也将随着生活水平的提高在数量和质量上发生变化。从表4-1和图4-1可以看出，旅客运输量与GDP基本呈现正相关的关系，即在经济增长较快的时期，客运量增长也较快；当经济紧缩时，客运量增长率也处于比较低的水平。

表 4-1 历年经济增长与客运量的关系

年份	GDP/亿元	客运量总计/万人
1998	84 402.28	1 378 717
1999	89 677.05	1 394 413
2000	99 214.05	1 478 573
2001	109 655.17	1 534 412
2002	120 332.69	1 608 150
2003	135 822.76	1 587 497
2004	159 878.34	1 767 453
2005	183 084.8	1 847 018
2006	210 871	2 008 000
2007	246 619	2 237 000

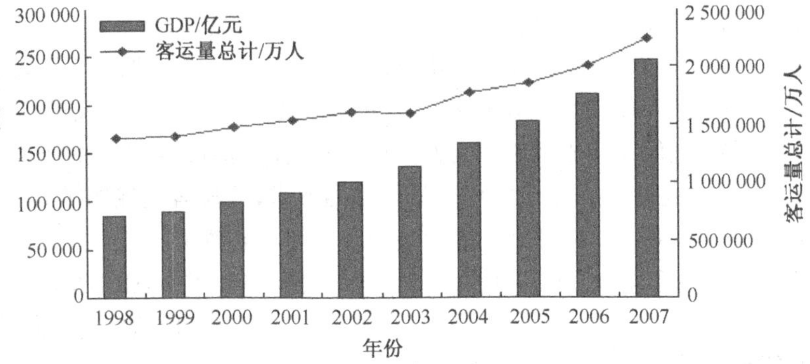

图 4-1 历年经济增长与客运量的关系

2. 人口因素

人口因素是决定运输需求的重要因素，它包括人口数量、人口分布(城市化程度)和人口结构等多个方面。旅客运输的主体是人，所以，旅客运输需求自然受到人口数量的影响。一般人口越多的地方，旅客运输的需求也越大，但两者的增长变化比例可能是不一样的。在一定的人口数量下，客运需求的变化受人口分布的影响。人口分布的不平衡，决定了客运需求分布的不平衡。人口密集的地区，客运需求较大。另外，城市化程度是影响旅客运输需求的另一个因素，因为城市人口人均出行率比农村人口高，所以城市化程度越高，客运需求越多。

图 4-2 是中国客运周转量与人口增长关系示意图，明显可以看出，客运周转量快速增长的速度远远超过人口的增长速度。据分析，客运周转量的快速增长除了受人口增加的因素影响之外，还受到①平均每个人的出行次数增加；②出行距离越来越远两个因素的影响。

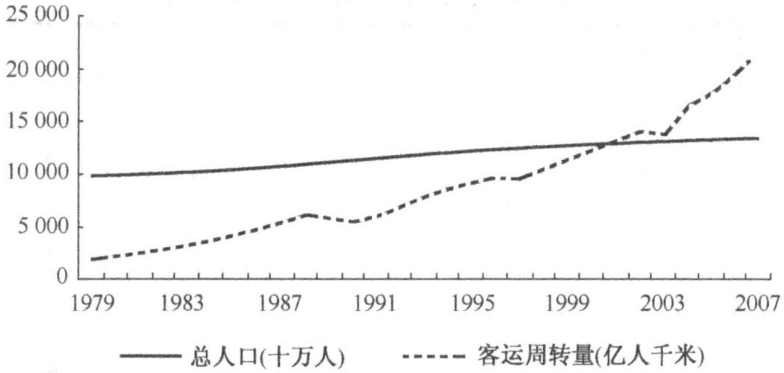

图 4-2　中国客运周转总量与人口增长关系示意图

资料来源：中国国家统计局《统计公报》1979～2007 年

3. 收入水平

旅客运输需求是有能力支付的旅客运输需要，所以人们的交通需求与收入水平之间有一定的联系。居民收入决定居民的购买力，进而决定了居民的消费水平。当人们的生存需求得到满足后，就会产生社交等需求，客运需求由此产生。因此，随着人们生活水平的提高，消费结构的调整，探亲、旅游、访友等需求必然增加，与此相联系的客运需求也将在数量和质量上发生变化。研究表明，人们的平均出行时间和次数都随收入水平的提高而增加。不少学者对同一国家不同收入水平的家庭，或不同人均收入水平的国家进行过对比分析，结论基本都是相同的。

根据《中国统计年鉴 2010》，2010 年我国城镇居民人均消费性支出比 1990 年提高了 6.79 倍，2010 年农村居民人均生活消费性支出比 1990 年提高了 4.47 倍。城乡居民各项消费性支出在总消费性支出的百分比也有较大的改变，具体数据见表 4-2 和表 4-3。从表中可见，城镇居民的文化娱乐、交通与通信和居住三项的比例大幅度提高，而农村居民的医疗、交通通信和文教娱乐三项服务性支出的比例有所增加。

表 4-2　我国城镇居民消费结构的变化　(单位：%)

年份	1995	2000	2005	2010
食品	50.09	39.44	36.69	35.67
衣着	14.55	10.01	10.08	10.72
家用	7.44	7.49	5.62	6.74
医疗	4.11	6.36	7.55	6.47
文娱	9.36	14.40	14.82	12.08
居住	8.02	11.31	10.18	9.89
交通	5.18	8.54	12.55	14.73
其他	4.25	4.44	4.50	4.71

表 4-3 我国农村居民消费结构的变化 (单位:%)

年份	1995	2000	2005	2010
食品	41.10	36.14	36.11	34.03
衣着	10.33	7.41	6.83	6.82
家用	7.92	6.79	5.20	6.05
医疗	4.94	6.82	7.87	8.45
文娱	11.91	14.53	14.84	9.50
居住	17.20	17.98	16.04	20.76
交通	4.92	7.25	11.48	11.95
其他	2.68	4.08	2.54	2.44

表 4-4 是 1989 年英国按收入水平分组的家庭开支分类表,可以看到,收入水平越高的家庭,在交通需求上的投入比例也越多。因为人们在满足了衣食住行的基本需要之后,才会使用剩余的可支配收入进行其他需要的消费,而出行需要就在其中。所以,旅客运输需求受到收入水平,尤其是人均可支配收入的影响。

表 4-4 1989 年英国按收入水平分组的家庭开支分类表 (单位:%)

每周收入/英镑	食品	住房	水电	烟酒	服装	日用品	交通	其他
低于 60	27.2	14.1	10.0	8.0	5.2	12.5	6.8	14.1
60～99	25.4	21.6	9.6	6.3	5.4	11.2	8.4	12.0
100～149	24.0	22.2	7.2	7.0	6.6	10.5	9.3	14.2
150～199	20.1	20.1	5.9	6.2	5.6	9.8	14.6	17.7
200～349	20.5	19.5	5.6	7.5	6.2	10.9	14.8	15.0
250～299	19.2	17.1	4.6	6.7	6.6	14.6	16.7	15.4
300～349	19.3	17.1	4.8	7.0	6.8	11.5	17.0	16.3
350～399	18.7	16.0	4.9	6.6	6.5	11.5	17.5	19.3
400～524	17.7	15.6	4.9	6.5	7.1	11.8	18.4	19.0
525 以上	15.8	16.4	4.1	5.7	7.9	12.1	18.3	20.7
平均	18.8	17.4	4.8	6.5	6.9	11.7	16.2	17.8

资料来源:转引自 K. J. Button. Transport Economics. p. 9。

需要注意的是,虽然可以认为交通在总体上属于经济学中的优质品,即消费随收入增加的物品,但也有人认为如果分更细来看,其中的私人交通特别是人们对小汽车的需要与收入增加的相关性更加明显,而对市内公共交通的需要却可能是在减少的。

4. 时间性

但凡出行必然涉及时间的选择,人们出行的需要包括对时间和起讫点的双重要求。因此,旅客运输需求在很大程度上要受到时间性的影响。一般来说,时间性对出行需求影响的大小取决于人们出行的目的，例如，通勤客流对每天早上和下午上下班时间的出行需求很大，这个时段出行的可获得性会极大地影响总需求。而外出旅游的乘客需求一般在一天的时段上没有什么特殊需求，但是在节假日会出现一个较大需求，此时出行时间性对需求有极大影响。

5. 出行偏好

需求分析中应该要考虑个人偏好(preference)。个人偏好对运输需求具有广泛和重要的影响。即使在同样的收入水平上，有人可能爱好外出旅游，但也有人可能更偏重文艺和体育方面的享受，有人出远门喜欢乘飞机，但也有人就喜欢坐火车，有人热衷于拥有并随时使用新型轿车，甚至把这作为自己身份或个性的标志，但也有人宁愿多骑自行车，以便实现自己环保的意愿，这就是人们喜好或嗜好的不同。同时人们在交通行为中的喜好也是会发生变化的，例如，随着收入提高和闲暇时间的增多，大多数人还是愿意享受私人小汽车所能给人带来的更多自由和方便。也有学者更强调喜好所具有的惯性，认为尽管存在从众心理，但人和人毕竟不一样，这导致了人们在出行行为选择上的多样化。还有学者甚至分析了人们在交通行为的喜好上存在着“路径依赖”现象，认为一旦做出初始选择，如个人在大城市郊外购买了住房并使用私人小汽车作为主要交通工具，他就很难再改变一种相对固定的日常交通模式，这种现象对一个城市的交通规划和布局也是类似的。

偏好也体现在对运输服务质量的反应方面。例如，公共运输需求对于服务质量的变化很敏感，特别是对速度的降低或班次的增加很敏感。一项对英国中西部地区的市场研究表明，只有27.1%的人认为降低票价是对当地公共交通的最大改进；其余的人都希望改进服务质量，例如，14.6%的人希望提高可靠性，10.4%的人希望增加班次，10.4%的人希望设立更多的公共汽车候车亭，10%的人希望有更清洁的车辆等。

6. 运价水平

运输价格对需求的影响是显而易见的，价格越高，支付需要的能力越有限，需求越小，反之亦然。运输服务价格的变动对旅行需求的影响较大，尤其是对消费性旅行需求影响更大。运输服务价格不是简单的票价，它大大超过了以车票形式支付的简单货币成本，必须包括为获得运输服务所付出的所有其他成本(其中时间成本通常被认为是最重要的)。可以根据运价水平的变化考察运输需求量的变化，但需求曲线的位置却是由运输价格以外的因素决定的，如人口增加、收入水平提高和人们出行偏好等。

表4-5是美国1960～1995年客运周转量及当年平均每人英里运输费用(包括私人小汽车、公共汽车、火车和航空各种运输方式)，可以很清楚地看到，随着人均英里价格的不断降低，客运周转量在不断上升。从20世纪60年代初一直到80年代中期，美国平均每人英里的运输费用变化不大，然而同期全美国的客运周转量却增加了1倍以上。从20世纪80年代中后期开始，平均每人英里的运输费用有了一定幅度的下降，应该说，运价和其他因素对客运需求都产生了比较大的影响。

表 4-5 美国 1960～1995 年客运周转量及平均运输费用

年份	客运周转量（10 亿人英里）	平均每人英里费用（美元，1995 年价格）
1960	781	0.40
1970	1181	0.38
1975	1355	0.39
1980	1486	0.43
1981	1469	0.43
1982	1490	0.40
1983	1524	0.41
1984	1577	0.43
1985	1636	0.43
1986	1724	0.40
1987	1807	0.39
1988	1877	0.39
1989	1936	0.38
1990	2034	0.36
1991	2069	0.33
1992	2143	0.32
1993	2197	0.33
1994	2286	0.32
1995	2363	0.31

资料来源：Kenneth Boyer. Principles of Transportation Economics. 1997。

4.1.2 旅行时间价值

旅行时间价值（values of travel time）是人们对旅行时间的评价，是由旅行者在旅途中耗用的时间存在机会成本所产生的价值。通常可以将旅行或运输时间的节约看成改进运输效率计划的主要组成部分，所以人们进行了大量有关旅行时间价值的研究。

西方学者对旅行时间的价值计量一直分为两种情况对待。①工作时间的旅行，就是把旅行作为工作的人的旅行，如运输工具驾驶员和服务员的在途工作，出差等商务或公务旅行也包括在这一类。其时间价值一般认定是旅行者工资的 100%。但这里面有这样一些假定，每个人的工资都等于他所创造的边际产品；工资包括了他的全部劳动所得；分析范围不包括涉及重大政治、军事或商业事件时的情况等。②非工作时间的旅行，包括以通勤、通学、购物、社交、旅游、娱乐等为目的的旅行，一般认为非工作旅行的时间价值要低于工作旅行的时间价值，相当于旅行者工资的某一个百分比。

关于旅客时间价值的计算主要有三种方法，即工资法、表述性偏好法(stated preferences)和显示性偏好法(revealed preferences)。

(1)工资法是一种很传统的方法。该方法认为，人们的时间价值等于他们的单位工资水平，即人们通过运输方式的改变节约了运输时间，便能利用节约的时间生产出更多的产品，这些产品的价值将等于雇主多支付的工资(即边际工资)。这种方法的主要问题有两个：①它假设旅行时间的减少必然带来工作时间的增加，但该假设并不准确；②它假设增加工作时间中完成的工作价值等于工资，该假设亦不准确，有人认为增加工作时间中完成的工作价值可能远高于或远低于工资。

(2)显示性偏好法是应用行为科学的方法，注重观察和研究已经做出的选择，即利用显示出来的偏好分析反映旅行者为了节约时间愿意付出一定代价的平衡点。

(3)表述性偏好法是应用调查研究的方法，向人们发放调查表，设计各种可能影响旅行时间和旅行费用的情况，针对旅行时间价值，让旅客自己做出明确的选择，最后进行统计归纳。该方法的主要问题有两个：①旅客的选择结果受很多意外因素影响，离散度较大，准确性难以把握；②单纯地进行统计分析难以科学揭示旅客旅行时间价值原理。

至今为止，学者对旅行时间价值的估计值各不同，但可以相信旅行时间的确是有价值的，而且会由于以下各种影响因素的不同而有差别。

(1)收入的影响。收入不同的旅行者时间价值不同，同一个出行者在不同的收入水平下旅行时间价值也可能不同。收入越高的旅行者，旅行时间的价值越大；反之，收入较低的旅行者，其旅行时间价值较低。

(2)旅行时间或者距离的影响。旅行者花在旅行上的时间或者出行距离的不同，旅行时间价值也会不同。由于出行时间或者距离的增加，可能旅行者在旅行过程中的疲劳感也会增加，进而影响旅行的时间价值。另外，如果旅行者在旅行上花的时间比较长，由于时间是稀缺的，自然会影响旅行者配置时间的情况，安排时间的自由度也就受到影响，可能旅行时间价值就比较高。Wardman(1998)回顾和评论了英国旅行时间价值的研究，在论述旅行时间价值和旅行距离的关系时，认为旅行距离增加10%，旅行时间价值大约增加2%似乎是合理的，不同的交通方式可能不同，并总结了旅行时间价值与旅行时间和距离的关系，见表4-6。

表4-6 不同时间/距离汽车旅行时间价值

Hague/Accent 的研究			回归模型研究			
时间	通勤	其他	距离	通勤	距离	其他
10～30min	3.8	2.9	10	4.52	10	3.97
31～60min	5.6	3.0	25	5.48	35	5.17
61～120min	8.5	5.2	50	6.34	80	6.15
121～180min	15.6	5.8	100	7.34	150	7.01
＞180min	—	8.4	—	—	210	7.53

(3)旅行目的的影响。旅行目的是交通需求模型中重要的变量,极有可能也是影响旅行时间价值的重要因素。不同出行目的可能影响旅行者对时间的评价,这是导致旅行时间价值变化的重要因素。如工作出行与非工作出行,旅行时间价值可能就不同。紧急情况下对时间的要求就特别高,旅行时间价值可能就越高。许多实证研究都对旅行目的进行了区分,其中一些区分为工作出行和非工作出行,一般认为商务旅行的节省时间价值高于非商务旅行,有的研究进一步区分通勤和休闲性旅行,认为通勤的旅行时间价值稍高于休闲性旅行。Mackie 等(2003)分析结果显示,商务旅行时间价值(汽车)比休闲旅行时间价值高 163%,通勤旅行比休闲旅行高 11%。Axhausen 等(2004)得出的瑞士旅行时间价值也说明了旅行时间价值由于旅行目的的不同而不同,见表 4-7。

表 4-7 不同旅行目的的旅行时间价值 (单位:瑞士法郎)

目的	汽车	公共交通
通勤	29.9	23.9
购物	25.5	19.4
商务	25.8	22.3
休闲	17.2	13.5

注:Axhausen 等指出商务旅行是居于很少的数据样本,因此可能不能反映真实情况。

(4)交通方式的影响。一般来说,不同交通方式,旅行者在旅行过程中的感受是不同的,例如,与采用舒适性相对好的交通方式旅行相比,采用舒适性较差的交通方式旅行时旅行者更希望旅行时间缩短。当然,选择不同交通方式的旅客有不同的个体差异,如收入不同,旅客的旅行时间价值也就不同。一些研究结果也很好地说明了不同交通方式节省旅行的时间价值,表 4-8 是由 Wartburg 等统计的 1999 年的研究结果。

表 4-8 不同交通方式节省旅行时间价值之比

旅行目的	汽车	火车	公交/有轨电车
通勤	1	0.75	0.69
商务	1	0.64	0.43
其他	1	0.88	0.83

注:设汽车的节省旅行时间价值为 1。

影响旅行时间价值的因素远不止上述几种,旅行环境的社会经济因素、零碎的和整块的时间节省、旅客个体差异因素等都是影响旅行时间价值的变量。

4.1.3 客运需求弹性分析

1. 客运需求弹性

通过第 2 章和第 3 章的论述,已经比较清楚地知道了运输需求与运输价格之间的相互关系,就可以在价格与需求坐标系中画出一条运输需求曲线,可以根据运价水平的变化考察运输需求量的变化。当然,这只是理想条件下的,现实条件下客运需求分析中所使用的变量往往不应该简单处理,例如,价格可能并不仅是乘客所支付的票价,而是包括了其他许多有关又相互影响的因素,时间成本就是其中最重要的一项,还有安全、舒适和方便等。但由于这种综合性的运输成本不容易准确掌握或计算,所以,在现实中,很多情况下人们还是利用容易取得的价格资料进行运输需求分析。这当然会带来一些问题,其中一个就是对运输需求的价格弹性计算结果往往与人们预料的相差很多,而且一般都是偏低。例如,20世纪70年代以来很多学者对美国、英国和澳大利亚等国城市内或城市间客运以及跨北大西洋航空客运分析出来的运输需求价格弹性都比较低,从最低的−0.08到最高的−0.61不等。

2. 客运需求弹性的影响因素

与货运需求弹性的计算结果类似,客运需求弹性也因计算者、计算目的、使用数据来源、计算期间和分析范围的不同而差异很大。运输需求弹性的计算如果过于笼统,它与特定和现实的运输需求特性就会背离较大。于是有学者建议要注意分类对运输需求弹性的分析,他们认为至少可以从以下几个不同层面观察客运需求的价格弹性变化。

(1)出行的目的不同。人们的出行目的大体可归类为出差、旅游、探亲、访友、购物和其他几类。一般认为公务出差的旅行需求对运价的弹性要低于以旅游度假及探亲访友为目的的旅行,前者倾向于选择更加快速、成本较高的运输方式,因为前者的机会成本通常要高于后者。

美国学者的分析结果见表4-9,相对于旅行费用而言,开私人小汽车度假的旅行需求弹性值为−0.955,长途公共汽车的需求弹性值为−0.694,铁路为−1.2,航空为−0.378;而对于公务旅行来说,小汽车的弹性值为−0.7,公共汽车为−0.3,铁路为−0.57,航空为−0.18。相比之下,公务旅行的需求价格弹性要小于度假旅行。公务旅行需求的价格弹性要比个人出行小得多,因此航空公司就可以依此而制定不同的定价策略以增加收入。当然,出行目的本身不能孤立地对方式选择发生作用,而是与其他因素综合作用于方式选择的全过程。

表4-9　美国客运需求弹性系数随出行目的而变

	私家车	公共汽车	铁路	航空
私人旅行	−0.955	−0.694	−1.2	−0.378
公务旅行	−0.7	−0.3	−0.57	−0.18

(2)费用支付方式的不同。例如,私人小汽车的燃油等直接费用相对于既包括燃油,又包括保险、保养和折旧等间接费用的全成本只是一部分,这使得驾车人的需求弹性按燃油费用与按全成本计算相比就有差别;而公交车票又分别有一次性票、按时间的期票和按里程的累积优惠票等,结果使需求的价格弹性也不同。

(3)长短期的弹性不同。例如,人们对市内公交车票涨价的反应,在短期内往往是需求明显减少，但一段时间以后，当人们的心理逐渐适应，这种反应会软化，因此表现为需求价格弹性短期较高而长期较低。然而燃油价格对人们驾车行为的影响却是一种相反的情况，当20世纪70年代石油危机导致燃油价格上升时，在短期内人们的驾车距离似乎没有很大变化（人们可能寄期望于油价在将来有所回落，同时，对车辆的投资是种固定成本），但在更长的时期内它对人们选择居住和上班地点及选择车型都发生了影响。

(4)运输距离或支付总额的差别。都是20%的上涨率，但5元票价和500元票价两种基数却会使人反应不同（因为上涨的金额相对于普通人的收入具有明显的差别），研究结果是休闲旅行需求在长距离的价格弹性要大于短距离的价格弹性。例如，一项研究认为，美国航空旅行需求的价格弹性在400英里时为－0.525，而在800英里为－1.0。

4.2 货物运输需求

货物运输需求(freight demand)是一个广义的概念，泛指社会经济活动提出的货物空间位移需要。货物运输需求产生于人类生活和社会生产的各个环节，个人、企业、部门、区域或国家都有可能提出空间位移的需要。货物运输量可以反映为所运送货物的货运量或是货运周转量。货运需求的影响因素包括如下几个方面。

1. 经济发展水平

1)总货运需求与经济增长关系

货物运输需求是派生需求，这种需求的大小取决于经济发展水平。各国在不同经济发展阶段对运输的需求在数量和质量上有很大区别。

从西方发达国家的交通运输发展过程看，在国民经济增长或工业化初期，运输需求的增长幅度超过经济总量的增长幅度，而到了工业化的中后期，运输需求的增长一般会开始放慢，但运输需求越来越多样，在方便、及时、低损耗等运输质量方面的需求越来越高。出现这些变化的深层次原因在于，随着国家工业化水平的提高，产业结构发生变化，劳动密集产业（产品）的比重减小，技术（知识）密集型产业（产品）比重增大，货物种类和货运服务特性的改变，使货运需求发生变化。

在货运需求分析中，最大的一组运输服务可能要算把一个国家所有的货运吨千米的加总了，即把所有不同始发到达地点之间、通过不同运输方式、不同批量和不同品类的货物位移的合计。图4-3是我国1979～2007年总货运周转量随国内生产总值变化与增加的示意曲线。从图中可以看到，如果用实际发生的货运吨千米代表货运需求量，中国的GDP增长了约39倍，而货运周转量的增长仅为8倍；当20世纪80年代末GDP出现波动时，货运周转量仍然保持了稳步的增长。那么在这一时期大体上它与国民经济是一起增长的，甚至增速更快。但货运周转量与国民经济的增长变化又并不是完全同比例的。

相比之下，发达国家的货运需求与国民经济的增长变化与图4-3情况不完全相同，运输需求的增长比例要更平缓些。出现这种变化的原因主要是，经济结构中一开始重工业所占的比重较大，重工业所引起的原材料、燃料及产成品的运输量都比较大，而工业化中后期经济结构中附加价值较高的高新技术产业和服务业比重增加，这些产业单位产值所引起的货物运输量比较少。

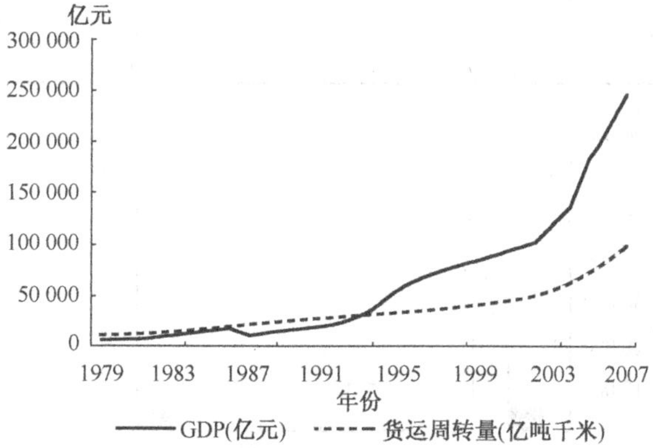

图4-3 中国总货运周转量与GDP增长关系示意图

2)不同运输方式与货运需求的关系

从不同运输方式的货运需求的变化来看，铁路、公路、水运和管道承担了大部分货物运输；航空货运正在崛起，但承担的运输总量相对还比较小，即使在航空运输最发达的国家，航空所占的货运比重也很小。图4-4是中国在1952～2008年不同运输方式货物运输市场份额变化示意图。

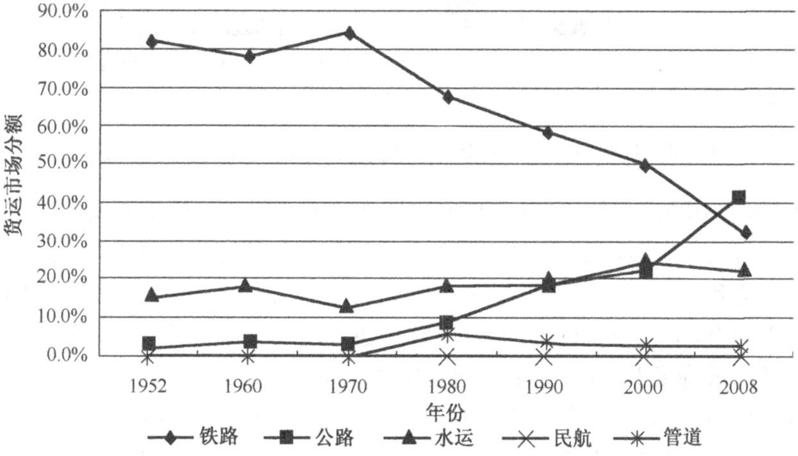

图4-4 不同运输方式货运市场份额变化示意图

另外，不同运输方式运输货物量与其价值之间的关系见表4-10(以1993年美国为例)。

表 4-10 1993 年美国各种交通方式货物运输量及价值比重 (单位:%)

运输方式	货物运量	货物价值
铁路	13	4
公路	53	72
沿海、内河及大湖水运	18	4
管道	11	3
航空	1	9

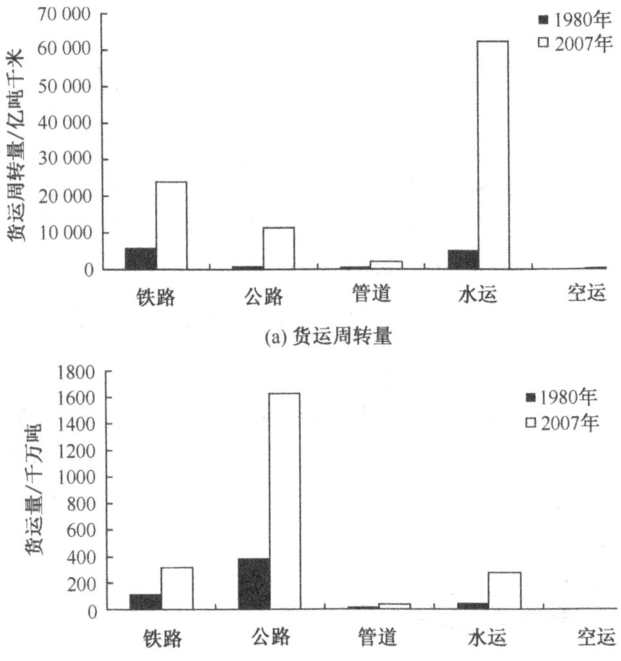

图 4-5 1980～2007 年中国不同运输方式货物运输量的增长变化

图 4-5 是中国在 1980～2007 年期间不同运输方式货物运输量的增长变化示意图，其中图 4-5(a)是货运周转量的变化，图 4-5(b)是货运量的变化。可以看出，在此期间铁路、公路、管道和水运的运输量都有较大增长，特别是公路和水运的增长更加明显；航空货运是从无到有，增长速度很快，但目前数量还较少。实际上，从 1980～2007 年，我国铁路货运量比重持续下降，在整个交通运输体系中的地位以平均每年 2.2%构成比的速度一直跌落；管道货运比重也以每年 2.0%构成比的速度向下滑坡；而公路货运量稳步上升，在整个交通运输体系中的地位以平均每年 0.5%构成比的速度不断上涨；水运货运量以每年 0.6%的构成比速度不断上升；航运总量增加速度很快，虽然在占总量比例上不多，但其在货运中的地位是不容忽视的。将图 4-5(a)、(b)对比还可以看出，水运

货运周转量的增长明显高于其货运量的增长，可反映出我国由于对外贸易的繁荣，远洋运输增加了水运的平均运输距离；铁路货运周转量的增长也明显高于其货运量的增长，这主要是由铁路运输的平均距离比较长所致；而公路货运量增长明显高于周转量增长，主要是由公路短途运输比重加大所致。

3)货物类别与货运需求的关系

不同工业部门对运输业的依赖程度是不一样的，表4-11是美国若干类工业品的平均运输距离、每吨产品平均价值和运输费用占价值比重对比表。从该表可以看出，初级产品的平均运输距离较短，而运输费用占产品价值的比重却较高，最终产品则正好相反，平均运输距离较长，但运输费用占产品价值的比重较低。

表4-11 美国若干类工业品的平均运距、每吨产品价值和运输费用比重

产品分类	平均运距/mile	货物价值/(美元/吨)	运费占价值比重/%
皮革制品	909	21 093	3
电气及电子设备	650	13 630	4
光学仪器	624	23 080	4
服装	659	19 249	4
一般机械	559	12 954	5
橡胶及塑料制品	488	3 348	7
运输设备	560	7 447	8
布匹	458	4 128	8
初级金属材料	365	858	9
纸张和纸制品	464	898	11
家具	591	4 193	12
食品	315	997	13
化工产品	434	977	14
木材	182	191	18
成品油	152	191	24
建材和玻璃制品	105	114	27
煤炭	432	21	—
非金属矿石	87	12	—

2. 运输价格

运输价格和运输商品的市场价格变动，也会引起运输需求的变动。一般来说，运价下降，运输需求上升，而运价上涨时，短期内运输需求会受到一定抑制；两地市场商品价格差别增大，会刺激该商品两地间的运输需求，而商品价格差别缩小，则会减少两地间该商品的运输需求。另外，燃油、运输工具等价格变动会引起运价的变动，从而导致运输需求的变动。

1)货运需求的价格弹性

对货运市场进行需求分析的意图之一，是想确定某一种或几种运输方式的运输需求对于运输价格变化的弹性。有学者认为这是运输需求分析最重要的目的，比预测总的运输需求更有实用价值，因为在现实中运输企业需要根据对运输需求弹性的分析决定自己在运输市场上的价格水平，政府也需要了解和掌握如社会运输需求对提高燃油税措施的反应等动向。国外学者曾经做过不少这方面的研究工作，但不同研究者得出的结论差别很大。例如，美国曾有人对铁路和公路货运的需求价格弹性进行计算，其结果是铁路为－0.6，而公路为－1.8。这两个数字的含义是，当这两种运输方式的平均运输价格分别上升10%时，铁路的运输周转量将下降6%，而公路的运输周转量下降18%；另一些计算的结果却是铁路与公路的货运需求弹性都处于－0.2～－0.5；还有专家对铁路与公路之间货运需求的交叉价格弹性进行过实际分析，结果是两者之间的交叉价格弹性值远远小于各自的需求价格弹性。这些结论遭到很多专家的质疑，认为人们普遍感觉到的是铁路的需求价格弹性应该大于公路，因为如果一种运输方式的市场份额比较大，那么它的需求价格弹性值应该比较小。

为什么实际的弹性分析与计算结果与人们感觉到的有差距呢？有些解释认为是计算方法有误，也有认为计算的假设条件设立有问题，当然也有解释认为弹性计算所根据的运输市场概念过于宽泛，也就是说用于确定运输市场范围的那“一组运输服务”包括的内容过大，因而提出用划小运输市场范围的方法提高运输需求弹性计算的准确性。有几位美国学者在20世纪80年代采用以划分货物品类细分市场的办法，单独挑出新鲜水果和蔬菜这一类货物，对铁路和公路运输的交叉弹性进行了分析，当时美国这类货物绝大多数是由公路承运的。虽然新鲜水果和蔬菜这个货物品类从某种程度看仍然很大，因为它又包括很多种不同的水果和蔬菜，其中每一种的运输需求弹性都可能是不一样的，而且分析计算所搜集的数据资料包括了很多不同的始发到达地点、不同的运输批量和运输质量，也就是说新鲜水果和蔬菜这一单独品类的货物运输仍旧不能算是同质的，但分析结果还是比之前很多类似的研究有了改进。当时计算的结果是这样的：当铁路运价提高10%时，铁路的需求减少4.4%，公路的需求上升1.9%；当公路运价提高10%时，公路的需求减少5%，而铁路的需求上升10%。这一结果与前述“一种运输方式的市场份额如果比较大，那么它的需求价格弹性值应该比较小”的判断逻辑就比较接近了。

还有一个例子，是几位美国学者对更为专门的运输需求所做的价格弹性分析。他们收集了1973～1983年，从北达科他州运往明尼苏达州的硬红小麦的相关资料，在一系列尽可能符合实际的假设下，用计量经济学模型计算了铁路和公路的运输需求弹性值。根据他们的计算结果，在这十年间，铁路和公路运输这些小麦的平均需求价格弹性分别为－1.18和－0.73，它们之间的平均交叉价格弹性则分别为2.30和0.70。这些计算结果说明,当这两种运输方式分别提价的时候,铁路自身的需求弹性和交叉需求弹性都大于公路。这一分析结果当然又引起了一些争议。实际上,每一种货物运输由于运输对象、地理条件和其他因素的影响,其真正的需求弹性是非常复杂的,不同的人从不同角度或使用不同的分析方法都可能得出不同的结果,因此要想十分准确地计算任何一组运输需求的价格弹性都几乎不可能,只能从大体上把握每一种运输需求弹性的变化范围,并进行必要的比较。

即使运输需求弹性值计算准确,又能在多大的程度上将其推广使用呢?某一年的运输弹性是否能代表该时期以前和该时期以后的运输市场情况,某种货物的运输弹性是否能代表其他货物的运输弹性,某地的运输需求弹性是否能代表其他地区之间或者全国的运输需求弹性,显然都不能。每一个特定运输市场(即一组运输服务)中的运输需求条件都是唯一的,不能武断地随意把特定案例中的运输需求弹性值用在其他的运输环境里。这并不是说运输需求弹性的分析没有真正的实用价值,而是说这种弹性分析必须根据研究目的和各种给定的条件非常细致地进行,否则就达不到预期的分析目的,甚至会得出错误的结论。需求弹性的概念很简单,但需求弹性分析即使在其他产业中也不是轻易就能给出结论的,在运输行业中只是由于情况比较复杂而要求作结论时更谨慎一些。

很多从事多年运输工作的管理者或有多年研究经验的运输经济学者,由于长期的观察和经验的积累,可能对运输弹性有更大的感性把握程度,也就是说,他们可能凭经验估计出运输价格或费用变化可能对实际运输需求的变化产生多大程度的影响。尽管这种感觉上的估计有时比复杂的定量分析还要准确,但还是不能用感性知识代替理性的知识,因此运输经济学在运输需求弹性分析上还必须做出更大的努力,取得更多有实际说服力的成果。

另外,当某一条特定运输线的运价水平发生变动时,它所影响的可能不只是该线路上的运输量,所有有关的产品供给地都会重新调整自己最合适的运输终到地点,也就是说,所有可能的始发到达地的产品供给曲线和需求曲线都会对新的运输均衡产生影响。因此,在网络上考虑运输需求问题情况十分复杂,原来已经存在的特定运输服务组别可能会发生变化,而且运输距离使运输市场的范围都改变了。例如,从1960～1995年,美国铁路每吨英里的实际货运收入从7美分降至2.5美分,而同期美国铁路货运的平均运距增加了37%。另一个例子则是,当决定采用零库存生产组织方式时,美国的汽车制造厂商就需要放弃过去距离比较远的零部件供应渠道,而在更近的距离内采购,以便使零部件的适时制供应更加可靠。因此,在运输领域应用一般经济学分析方法的时候应该比较谨慎,要注意运输需求对价格变化的敏感反应,往往不是体现在货运吨数的增减或运输方式之间的转移上,而是体现在运输距离的远近上。

表4-12提供了一系列不同商品和服务的需求价格弹性估计值。

表 4-12 不同商品和服务的需求价格弹性估计

商品	需求弹性
低弹性	
盐	0.10
牙签	0.10
航空旅行,短期运行	0.10
汽油,短期运行	0.20
汽油,长期运行	0.70
咖啡	0.25
烟草产品,短期运行	0.45
医生服务	0.60
汽车,长期运行	0.20
近似单一弹性	
电影	0.90
住房,长期运行	1.20
私人教育	1.10
轮胎,短期运行	0.90
轮胎,长期运行	1.20
具有弹性	
餐厅吃饭	2.30
国外旅游	4.00
航空旅行,长期运行	1.20～1.50
汽车,短期运行	4.60

资料来源:Anderson, McLellan, Overton, and Wolfram, 1997。

2)货运的非价格成本

有些必须考虑的影响因素是“运输的非价格成本”(non-rate cost to transport)或非价格的运输成本,也可称为附加的用户成本。运输的非价格成本本身不是运输价格的组成部分,但是一旦产生这种成本并且其水平达到某种高度,那么它所起的作用与提高运价水平是相似的,也会减少运输需求(或使运输需求曲线向左移动)。例如,某产品的产地价格是9元/千克,其销地价格是10元/千克,两地之间的正当运输费用是0.5元/千克,在这种情况下可能就会有经销商愿为获得剩余的那平均0.5元/千克的利润,而将该产品从产地运到销地销售。但如果出现平均为0.6元/千克的额外非价格运输成本,那么产地价加上运费和非价格运输成本的总计就会超过销地价格,经销商则无疑会对该种产品的运销失去兴趣,结果是运输需求下降。

某些产品的性质使其属于易腐坏、易破损或易被偷盗丢失的货物,那么在运输这些产品时，货主就需要多付出额外的费用，例如，保证活牲畜运输中的饲养和清洁条件并安排专人押运，易破损货物的特殊包装条件，易损易盗货物的保险费用等，这些额外费用就属于运输的非价格成本。又如运输是需要时间的，而在市场经济中“时间就是金钱”的概念已经普遍接受。在运输过程中的货物对货主有相应在途资金被占用的问题，货物本身价值越高，运输所耗费的时间越长，被占用资金所需付出的代价(至少等于同期的银行利息)就越大，而这笔代价也是由运输引起但却不包括在运输价格中的。还有，在市场经济还不完善的情况下，很多货主在运输中受到承运方工作态度或服务水平较差的影响，例如，不能按合同提供运输车辆、运输被延误、货物出现不应有的损害、出现责任事故后不能及时得到应有的赔偿等情况，给货主带来的损失显然也是运输的非价格成本。无论上述的哪一种情况，运输的非价格成本越高，运输需求就越受到限制。

3. 运输网络的布局与运输能力

运输网络的布局与运输能力直接影响对货源的吸引范围和对运输需求的适应程度。例如，国际航线的开辟，为鲜活易腐货物的国际运输需求提供了质量保证；优越的交通地理位置、高质量、高效率的运输网络不仅能满足本地区的运输需求，而且还可吸引过境货物、中转货物。中国香港和新加坡的港口是名列世界前茅的集装箱运输大港，其特点是半数以上的集装箱吞吐量来自其他港口的中转箱。由此可见，完善、合理的运输网络布局，以运输能力为保障的方便、快捷、高质量的运输服务，无疑会刺激运输需求；而滞后的运输网络与运输能力会抑制运输需求。

对于某种运输方式的旅行需求，其他运输方式的开通、运价水平和服务质量直接影响其运输需求。例如，英、法两国之间跨越英吉利海峡的交通过去主要是利用轮渡，1992年轮渡运送了3450万乘客和580万辆汽车。然而1994年5月6日开通的英吉利海峡隧道和海底铁路，无疑以其更加方便和迅速的优势吸引大批原来的轮渡运量，并同英国与欧洲大陆之间的中短程航空展开竞争，大大影响旧的运输结构。

4. 顾客偏好

货物运输中，随着国民经济结构的改变，人们将重点从运输价格转移到运输服务的其他方面。运输需求对运输服务质量的变化更为敏感。然而对于经济计量分析来说，运输质量的概念目前却很难发挥更多的作用，原因在于很难给出运输质量的准确定义并进而收集到能够进行定量分析的实证数据。

1)发货人对运输企业的要求

每一种运输服务都存在着很多方面的特点，对某些发货人来说运输能力的大小可能是最重要的，对另一些发货人来说运输速度可能更重要，而第三类发货人可能更看重运输的可靠性如正点服务，还有很多发货人可能对承运人的形象和服务态度十分注重等。表4-13是英国价格协会对发货人进行的一次调查结果，可以看出，随着经济结构的转变，货物运输的轻型化、小批量、时间紧、安全可靠等特点越来越突出，因此无论区内运输还是跨区运输，货主都把车型合适与发货迅速摆在最突出的位置。

表 4-13 英国发货人对公路运输公司的各种要求 （单位：%）

类别	区内货运	跨区货运
车型合适	38	43
发货迅速	29	36
装载及时	10	12
声誉良好	15	5
手续方便	8	1

资料来源：转引自肯尼思·巴顿，《运输经济学》（第二版），1993年。

2）自备运输问题

在经济生活中还有一种现象，就是尽管专业受雇运输公司的能力越来越大，服务也不断改善，但还有很多一般的工商企业保留了自备运货车或车队。也就是说，这些企业或多或少要把一部分运输能力控制在自己手里，除了必需的内部运输和短途接运，有些还要用于完成中远距离的运输任务。这种情况在各国都很普遍。照理说维持自备车队的成本可能会高于利用专业运输公司，那么为什么企业愿意保留自己的运输力量而不完全依靠专业运输呢？表 4-14 是英国运输部对有关调查归纳出的结果，可以看出企业在更可靠、更容易控制、有利于与客户建立更好的关系、更快和更有灵活性等因素上的考虑都超过了对常规运输成本或运价的考虑，此外，满足特殊服务需要、专门化、反应和适应性、安全等因素也都是需要顾及的内容。因此，综合起来看，只要专业运输公司的服务尚无法在这些方面超过自备车辆，就算运价可以更低，对运输质量越来越挑剔的客户还是要自己保留一手的。

表 4-14 英国生产企业保留自备车队的若干原因

原因	选择比例/%	原因	选择比例/%
可靠性	14.9	有特定的服务要求	6.5
可控性	14.0	专门化的运输能力	5.5
与客户建立更好的关系	9.4	反应快	5.1
发货迅速	9.2	适应性好	4.6
灵活性	7.8	始终如一	4.5
成本与运价	7.4	减少货损货差	4.4
满足时间上的特殊需要	6.6	更安全	2.6

资料来源：转引自肯尼思·巴顿，《运输经济学》（第二版），1993年。

但不同产业或部门对自备车辆或自有运输的依赖程度是不一样的，表 4-15 是 20 世纪 90 年代中期美国有关产业的运输总费用和其中使用自有运输与受雇运输的比例。从表中数据可以看出，各产业平均使用自有运输与受雇运输的比例分别是 52%和 48%，自有运输比重略大；但金融保险业、电信业和运输总费用最大的制造业对自有运输的依赖较小，其比例分别为 7.9%、11.9%和 21.4%；而农林渔业、建筑业和商业对自有运输的依赖却很大，分别达到 69.7%、74.6%和 82.7%，其他服务业的比例也有 66.2%。

表 4-15　美国若干产业中使用自有运输与受雇运输的对比

产业	运输总费用/亿美元	自有运输比重/%	受雇运输比重/%
农、林、渔业	188.97	69.7	30.3
采掘业	66.80	57.9	42.1
建筑业	522.35	74.6	25.4
制造业	1020.54	21.4	78.6
电信业	99.90	11.9	88.1
商业	517.83	82.7	17.3
金融、保险业	114.22	7.9	92.1
其他服务业	635.17	66.2	34.8
平均		52.0	48.0

资料来源：转引自肯尼思·巴顿，《运输经济学》(第二版)，商务印书馆，1993 年。

4.3　运输需求与经济区位的关系

4.3.1　生产地的区位决定因素

1)地理因素

包括气候条件、土地和矿产资源的分布、可通航的水域等。由于这些不可控制的地理因素，人类生产和经济活动的分布在历史上就自然形成了，如种植业和采矿业的地理位置、水运航道的走向等，人们的运输活动只能适应这些已有的地理分布。但很多产销地点的布局与运输条件和运输价格之间是相互影响的，特别是一些制造业的选点和城市布局与交通运输的关系非常密切。例如，美国汽车工业早期主要集中在其北部偏东的密歇根州，这与当时美国东北部的钢铁、煤炭、木材和其他原材料工业在周围分布、水路交通方便以及人口集中有很大关系。

2)加工过程中原材料或产成品减重或增重的程度

凡加工过程中减重程度较大的产业，应该设立在原材料集中的地点；而加工过程中增重程度较大的产业，则应该设立在靠近市场的地点。前者有造纸厂和糖厂等，绝大多数都设立在原料产地。例如，加拿大和北欧国家有丰富的木材资源可以造纸，但它们大量出口的是加工过程中已经减重很多的纸张或纸浆，而不是造纸的初始原料，制糖厂也大都建在甘蔗或甜菜产地。而后者如饮料业，则大多设立在靠近消费地的地方，最明显的例子就是全球最大的饮料厂商——美国可口可乐公司为了节约运输成本，而把自己的分装厂建立在全世界几乎所有被它打开市场的国家。

4.3.2 运输条件影响一个地区或产业规模经济的实现

运输条件对生产中存在的规模经济能在何种程度上真正实现产生着实际的影响。可以从图4-6中看到这种影响。图中所示某一种产品的长期平均生产成本曲线随着产量的增加不断下降，直到差不多最右端，说明该产品的生产具有较明显的规模经济，当生产量较大时是经济合理的。然而另一方面，随着产量的增加，产品销售范围也越来越大，空间运输距离的延长会增加单位产品的运输成本，因此是一条逐渐上升的单位产品平均运输成本曲线。

假定产品的市场销售(供货)成本只包括生产成本和运输成本，于是产品的平均供货成本曲线就是上述平均生产成本曲线和平均运输成本曲线相加而形成的，它的形状是先下降，在中部到达最低位置然后开始上升。在不考虑运输成本的情况下，由最小平均生产成本决定的最佳产量在 q_1 位置，而在考虑运输成本的情况下，由最小市场销售成本决定的最佳产量却在 q_2 位置，q_2 小于 q_1。这说明运输条件对生产中存在的规模经济能在何种程度上真正实现产生着实际影响。

现实经济中的各种产业都存在程度不同的规模经济，有些产业的生产甚至可以达到很大的规模，如汽车和彩电、冰箱等家电产品年产几十万以上甚至数百万台，如此大量的销售所付出的运输费用也是相当可观的，于是汽车和家电厂商在扩大产量占领更大市场甚至世界市场的同时也往往寻找更靠近消费市场的生产地点。例如，日本汽车厂商早就把制造厂设在了美国和欧洲，中国的海尔等公司也开始把自己的家电工厂设立在欧美国家。

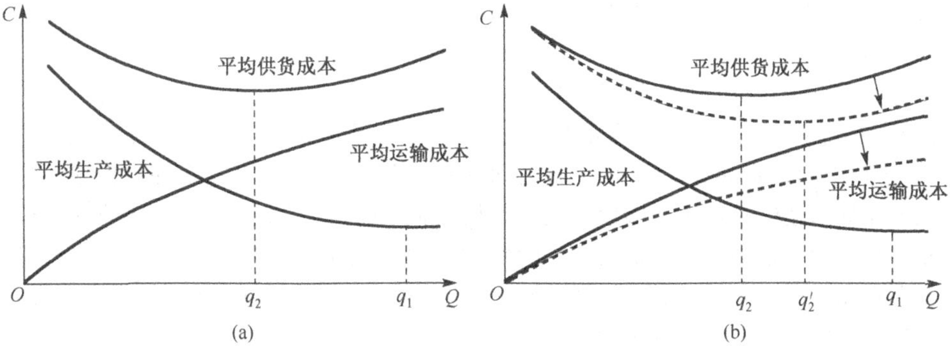

图4-6 生产的规模经济与运输成本的平衡

如图4-6(b)所示，产品的平均生产成本曲线没有变化，但由于平均运输成本曲线的降低，使得产品的市场销售成本曲线也发生了变化，由最小市场销售成本决定的最佳产量移到 q_2' 的位置，相对比较靠近生产的经济规模。

结论1：如果由于运输条件的改善，单位运输成本水平下降，或者产品可以更经济地运到更远的市场，那么厂商原本所具有的规模经济就可以更好地实现。

结论2：国家在公共基础设施包括交通运输领域的投资可以从社会经济的发展中

获得很高的回报，原因是运输条件中蕴藏着促进地区专业化和更好地发挥产业规模经济优势的良性机制。

结论 3：从提高社会福利的角度，运输条件改善和运输成本的降低可以增加各种产品和服务的供给，允许更大的选择性。

4.3.3　经济区位理论

区位(location)理论是关于人类经济活动的空间分布及空间相互关系的学说。早期的古典区位理论包括农业区位论(代表人物杜能 J. H. Thunen，1826 年)与工业区位论(代表人物韦伯 A. Weber，1909 年)，它们共同的特点是立足于单一的农场或工厂，着眼于成本，特别是运费最省。

1)农业区位理论

该理论是在假设均质的大平原上，以单一的市场和单一的运输手段为条件，研究农产品生产地到农产品消耗地的距离对土地利用类型产生的影响。按照 19 世纪的运输条件，杜能证明了易腐产品和重量大、价值低从而不利于运输的产品应该靠近市场生产，而不易腐坏和每单位重量价值较高、相对较易运输的产品则可适当远离市场进行生产。这样，以市场为中心就会形成一个呈同心圆状的农业空间经营结构，即所谓的“杜能环”(图 4-7)。杜能的分析虽然很形式化，他的假设条件距离现实也很远，但他的开创性工作为区位理论的形成作出了巨大贡献，也成为后来农业区位、土地和地租分析进一步发展完善的基础。

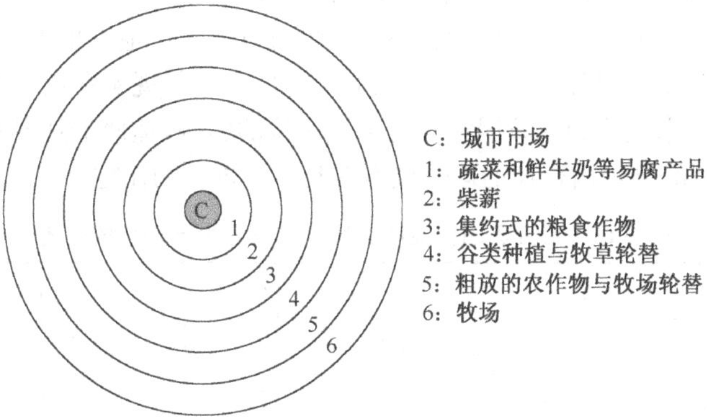

图 4-7　杜能环

2)工业区位理论

韦伯认为，工业区位的形成主要与运费、劳动力费用和生产集聚力三个因素有关，其中运费具有把工业企业吸引到运输费用最小地点的趋势，而劳动力费用和生产及距离具有使区位发生变动的可能。在分析上运用了“区位三角形”和“等费用线”等几何方法，研究上述三因素对区位形成过程的影响。

找出生产成本最低的点作为工业企业的理想区位。其中运费对工业的基本区位起着决定作用，而劳动力费用和生产集聚力的影响，则归为对运输决定的工业区位的第一次和第二次变形。

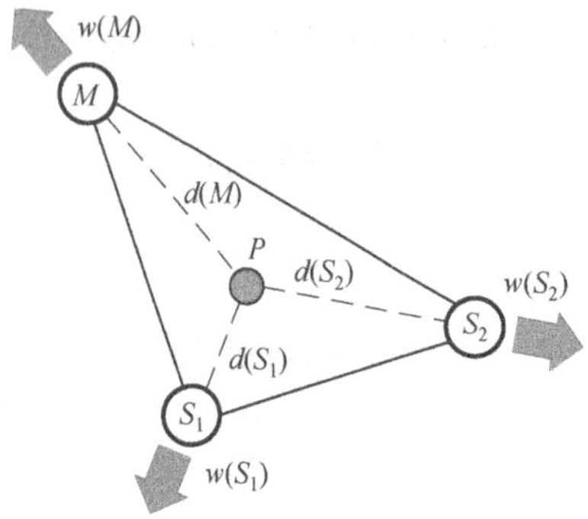

图 4-8 区位三角形法

如图 4-8 所示，所有潜在的顾客都定位于 M，而制造厂所需的两种原材料分别位于 S_1 和 S_2。假设所有其他生产因素在所有潜在生产地都可自由地获得，并且从地形学来说，假设所有活动都在一个均匀平面上运行。假定运输费用与间隔的距离和所运货物的重量成正比。因此制造厂的选址，取决于不同原材料所在地和市场的相对拉力。于是，问题在于为制造厂寻求总成本为最小的地点，换句话说，就是能使 TC(运输总成本)达到最小的地点 P，即

$$\text{Min}: \text{TC}=w(M)\times d(M)+w(S_1)\times d(S_1)+w(S_2)\times d(S_2) \quad (4\text{-}1)$$

式中，$w(M)$为在 M 处所消费的最终产品的重量；$w(S_1)$为生产最终产品 $w(M)$所需的在 S_1 处能得到的原材料的重量；$w(S_2)$为生产最终产品 $w(M)$所需的在 S_2 处所能得到的原材料的重量；$d(M)$、$d(S_1)$和 $d(S_2)$分别为选址地点距市场 M、原料产地 S_1 和 S_2 的距离。

韦伯基本模型中运费对生产地点起着决定作用，当考虑劳动力费用时，运费决定的工业区位就发生第一次变形。生产地点的选择有可能放弃运费最小的地点而移向劳动力费用较低的位置。当考虑生产力集聚因素的作用时，运费和劳动力决定的工业区位会发生第二次变形，即由集聚形成的经济效益也可以使生产地点出现偏移。

但该理论中有不少假设，如运费构成、完全竞争条件与现实存在距离，同时，忽视了决策者的差异、技术变化和政策因素等对工业区位的影响，降低了其现实有效性。

如表 4-16 是部分美国行业的运输成本占其生产价格的比重。

表 4-16 部分美国行业的运输成本占其生产价格的比重

行业	低	行业	中	行业	高
皮革及皮革制品	3	橡胶与塑料产品	7	家具	12
电气与电子设备	4	运输设备	8	食品	13
印刷与出版物	4	杂品制造	8	化学品	14
服装与其他纺织品	4	金属装配产品	8	木材和木制品	18
仪器	4	纺织产品	8	石油产品	24
非电气电子机械	5	初级金属工业	9	石料、黏土及玻璃	27
烟草生产商	5	造纸及相关产品	11		

表 4-17 是现代高新技术产业选址的区位影响因素。

表 4-17　现代高新技术产业选址的区位影响因素

区位类型	基本的	重要的	次要的	区位类型	基本的	重要的	次要的
接近市场		★		优良的通信网	★		
接近供应商			★	舒适的生活条件	★		
接近国际机场	★			文化娱乐设施			★
接近国内机场			★	地区财政资助			★
接近首都		★		大学支持		★	
优良的道路网	★			愉快的工作环境	★		
通往首都的铁路		★					

从该表可以看出，优良的运输基础设施对于吸引高新技术产业十分重要，特别是优良的道路网和靠近国际机场更是科学园区成功的基本因素。

4.3.4　城市功能区与交通条件的关系

在较短时期内，城市运输需求取决于已经确定了的各种功能区的布局、居民的居住地点和上班地点、商业中心和娱乐场所的位置，以及交通运输设施的分布等。

在较长时期内，以上这些区位因素都是有待确定或可以调整的。

城市功能区的区位决定和居住地选择与运输需求有密切关系。一般距离市中心较近地点所需要的交通时间短，但由于地价高，住房的价格或租金也相对较高；而距离市中心较远的地点住房比较便宜，但交通所需要的时间和费用却相对较高。因此城市居民必须在比较宽敞的住房面积，以及可以享受比较方便的购物和服务，与每天比较少的上下班交通时间之间进行权衡与选择。图 4-9 是美国芝加哥市在 20 世纪 80 年代做的一个统计分析。

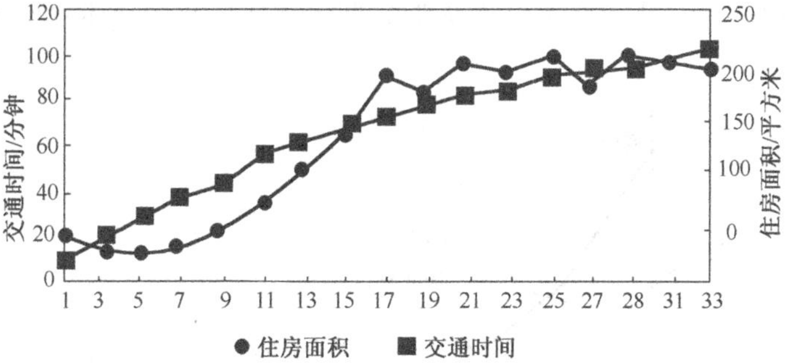

图 4-9　美国芝加哥市 20 世纪 80 年代统计分析

城市除了居住，还包括工业、商业和其他各种服务业，这些经济和社会活动的区位显然也与交通有关。巴顿(Kenneth Button，1993)提出了有关国家交通条件与城市区位关系的变化理论。该理论中假设城市土地的使用者只有三个群体，即商业、穷人和富人。如图 4-10 所示，横轴代表不同地点与城市中心的距离，纵轴代表城市土地的租金价值。商业要土地用来开商场,穷人和富人则主要是解决住房问题。竞租线表示各群体能够承担的土地租金的范围或程度,竞租线的斜率与交通成本有一定关系,交通成本越低,竞租线越平缓,表示人们可以接受更远的位置和地点。图4-11中一条粗折线把三条竞租线相交以后形成的相对最高竞价水平结合,该折线称为最高竞价线,而两条相邻直线相交位置所决定的距市中心距离,也成为城市不同区位的分界点。

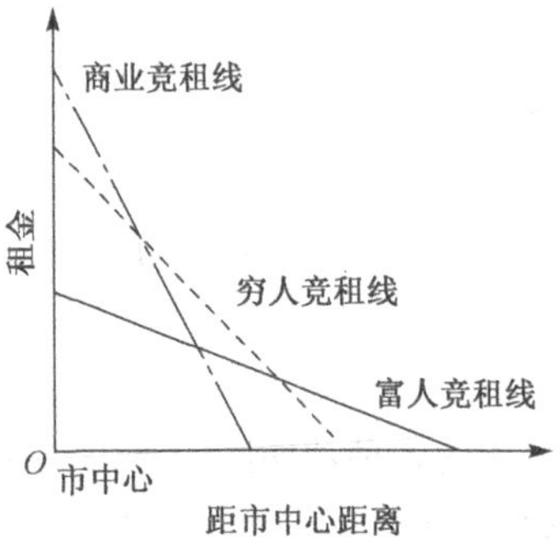

图 4-10

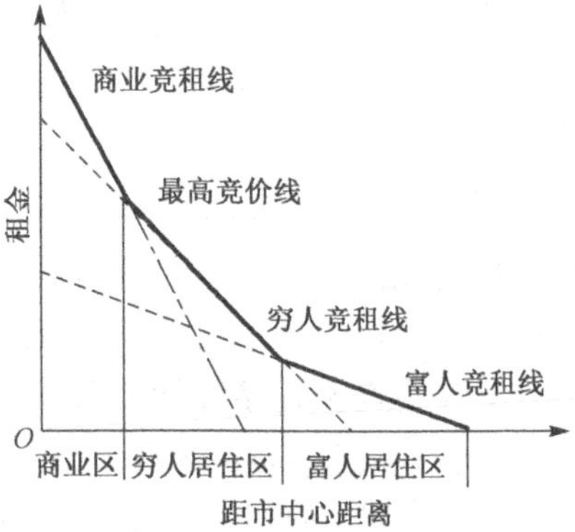

图 4-11

图4-12表示,若建设大范围的城市道路网,则有可能改进提供给小轿车拥有者、富裕居民的出行便捷程度,使他们的竞租曲线向上和向右移动,由富人占用的土地圈因而扩展,超出原来的城市边界。而图4-13表示,若引入票价极低而质量提高的公共运输,则很可能会使贫穷家庭愿意出价居住在离中心商业区较远的地方,因此竞租线上移,居住区扩大。但在一些西方国家,由于一部分富人不愿意和穷人居住在一起,一旦地铁等公共交通把收入水平较低的新居民吸引过来,他们就会搬到更远的地方去住。

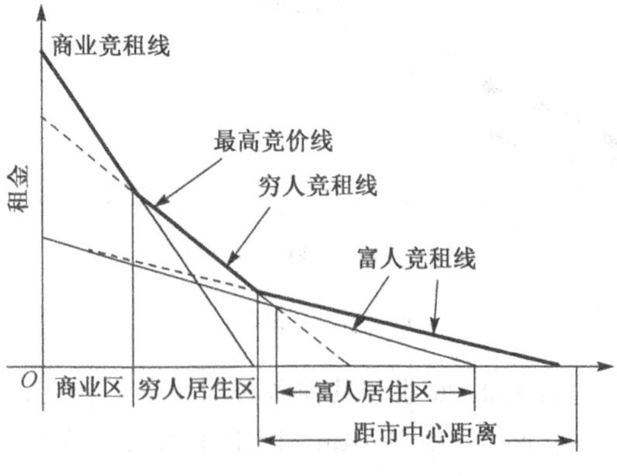

图 4-12

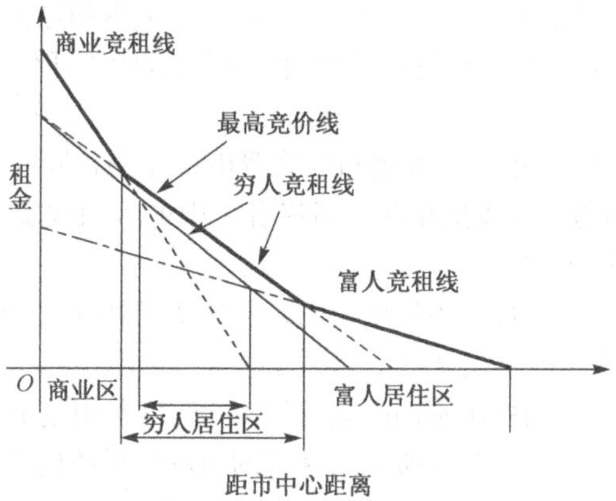

图 4-13

图 4-14 表示的是由于大城市交通问题日趋严重，导致政府在市中心采取严格的交通管制政策。这种情况对商业的影响最大，其竞租线甚至因此变成了一条折线：因为市中心的车辆通行能力和停放在一定程度上受到限制，所以商业在市中心的竞租线变陡，表示竞价能力下降；而在市中心以外的一些地区，商业竞租线却由于交通相对方便而上升到很有利的位置。于是，原来集中在市中心的商业现在逐渐在城区四周开辟了一些新的大型商业区，这也正是近些年来在国内比较普遍出现的一种趋势。

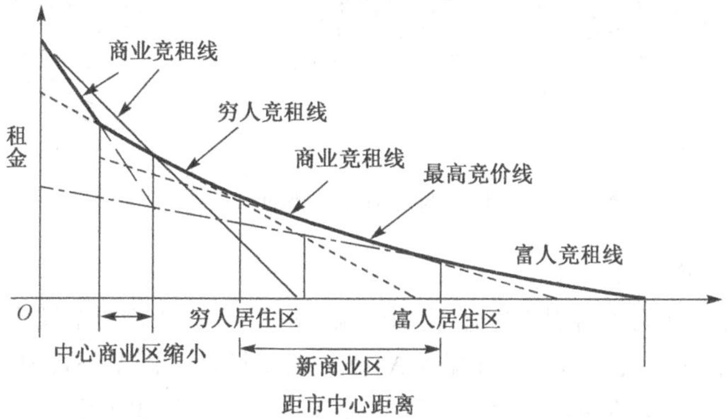

图 4-14

4.3.5 市场区位与国际贸易

1. 费特的市场区位理论

美国经济学家佛朗克费特曾对两个生产者之间的市场划分进行过分析，假设如下：

(1)任何供货者与客户之间都有同样的直线交通。

(2)货物运价均按重量和距离计算。

(3)供货成本是生产成本与运费之和。

(4)购货人的需求是有弹性的，即当价格增加时购买数量就减少，直到价格涨到一点也卖不出去。

(5)同心圆是围绕每个生产者的总成本(包括生产成本和运输费用)等值线。

(6)产品完全同质,消费者只选择价格较低的产品,所以任何一个销售者都无法越过界限销售。

当两个生产者 P_1 和 P_2 把生产费用和运输费用都完全相同的产品出售给均匀分布的消费者时,两个市场的分界线是在两个销售者正中的等值线交叉点连接起来的那一条直线,如图 4-15(a)所示。

当运输费用相同但生产成本不同时,假设 P_2 比 P_1 的生产费用高 2 个单位,市场分界线靠近并弯向生产成本较高的 P_2 点,如图 4-15(b)所示。

当生产费用相同但运输费用不同时,假设 P_2 的运输费用是 P_1 的 2 倍,此时环绕 P_2 的等值线的密度加大,如图 4-15(c)所示。这里的市场分界线向 P_2 的弯曲程度更大,原因是运输费用按每单位距离成比例增加。

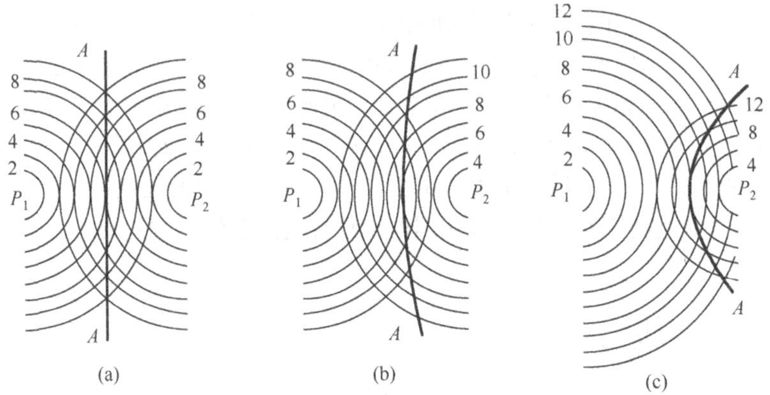

图 4-15 两市场边界变动示意图

2. 瑞利的零售引力定律

理论描述:瑞利的零售引力定律,是用于解决位于 X 和 Y 两个城市中间的零售商 Z 如何将货物量按照人口和距离分配到 X 和 Y 两个城市。模型公式为

$$\frac{Z\text{向}X\text{的销售额}}{Z\text{向}Y\text{的销售额}}=\frac{X\text{的人口}}{Y\text{的人口}}\times\frac{(Y\text{与}Z\text{的距离})^2}{(X\text{与}Z\text{的距离})^2} \tag{4-2}$$

模型分析:模型中一个区域或城市的规模产生一个需求拉力,而距离则带来一个供给阻力,销售额与城市的人口成正比而与距离的平方成反比;运距对销售额产生的阻力大于人口对销售额产生的拉力。

3. 廖什的市场区位理论

德国学者廖什 1940 年出版的《经济的空间分布》对市场区位的理论作出了重大贡献。

如图 4-16 所示,把 PFQ 平面以 PQ 为轴旋转一周可得一锥形体,此时 PF 为横轴表示与生产地点的距离,纵轴 PQ 代表销售量,该锥形体的体积就是商品的销售总量,它的底面就是该生产者的市场区,是一半径为 PF 的圆。

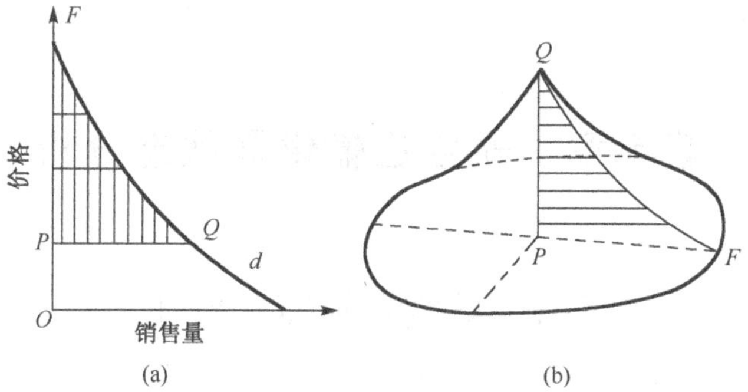

图 4-16

4. 哈什等提出的跨国企业理论模型

A 国企业向 B 国输出产品的条件是：

$$\begin{cases} P_A + M < P_B + K \\ P_A + M < P_B + C \end{cases} \quad (4\text{-}3)$$

A 国企业向 B 国直接投资的条件是：

$$\begin{cases} P_B + C < P_A + K \\ P_B + C < P_A + M \end{cases} \quad (4\text{-}4)$$

式中，P_A 和 P_B 分别表示 A 国和 B 国的生产成本；M 是产品输出的各种成本；C 是海外活动的综合成本；K 是企业特有的资产收入。

从式(4-3)条件可知，只有在 A 国的生产成本比 B 国生产成本低的情况下，A 国企业才有可能向 B 国输出产品；而从式(4-4)条件可知，只有在 A 国的生产成本比 B 国生产成本高的情况下，A 国企业才有可能在 B 国直接投资。

第 5 章　航空运输供需状态分析

5.1　航空运输需求概述

5.1.1　航空运输需求的概念

航空运输需求是指消费者愿意而且能够购买的航空运输产品和服务质量。它与航空运输需要有着密切的联系，但并不等同于航空运输需要。航空运输需求的内涵包括两个方面：①消费者需要航空运输产品和服务；②消费者有支付能力。

就运输对象来看，航空运输需求可以分为：旅客运输需求和货物运输需求。由于旅客和货主对旅客运输和货物运输的要求不同，这两种运输从需求量分布、运输方向要求、时间需求等方面都不相同，下面将详细分析。

就运输范围来看，航空运输需求可以分为国内运输需求和国际运输需求。国际运输需求受整个国际经济环境影响较大，而国内运输需求则更多受国内各地区环境影响，所以也有必要进行区分。

5.1.2　航空运输需求特点

航空运输市场需求与其他商品需求相比，有其特殊性，这种特殊性表现在下述几个方面。

1. 派生性

运输需求根据其直接性可分为两大类：①直接性需求，或称本源性需求；②间接性需求，或称派生性需求。在经济生活中，如果一种商品和服务的需求是由另一种或几种商品或服务引出来的，则称该商品或服务的需求为派生需求，引起派生需求的商品或服务称为本源需求。民航运输的需求基本都是由社会经济生活派生出来的——人们乘坐飞机都是为了实现某种工作和生活目的，除非有人为了体验乘飞机而产生民航运输的需求。因此，在研究民航运输需求时，必须以社会经济活动为基础。

运输需求就是一种派生性需求。旅客乘坐交通工具并不是其最终目的，而是通过乘坐交通工具实现空间位移的改变，最终满足其工作、学习、探亲、访友或其他目的的需要。

货主的运输需求也是如此，运输并不是最终目的，而是为了满足其生产或将生产的产品运到市场上消费。例如，某地对某种紧缺救急物资(如紧密仪器、药品等)迫切需要，就对航空货运产生需求。由此可以看出，运输需求的产生和变化是被动的，没有与运输需求相关的本源性需求，就不会有运输需求。每当与运输需求相关的本源性需求发生变化时，运输需求也会随之发生变化。

需求的派生性具有一定的相对性。例如，人们为了领略乘坐飞机的感受而特意去乘坐飞机，那么这种意义上的运输需求可以看成本源性需求，但这类运输需求在运输市场上所占份额毕竟非常少，绝大多数人乘坐飞机是为了工作、学习、旅游、探亲和访友等，此时，工作、学习、旅游、探亲、访友是本源性需求，而运输则是派生性需求。

2. 广泛性与多样性

现代人类生产和生活的各个方面、各个环节都离不开物和人的空间位移，除了一部分由个人或企业、团体自行完成以外，大部分运输需求的满足都来自运输服务的专门提供者。

运输需求的种类繁多。从客运需求和货运需求来看，可以分为不同的类型。

在货运需求中，由于货物的种类、需要运送的目的地和距离、对事件的要求不同，形成了不同的运输需求，如普通货物运输需求、特种货物运输需求(包括贵重物品、危险货物、鲜活易腐货物)、长途运输需求、短途运输需求、快运市场需求等。

在旅客运输需求中，由于旅客的旅行目的、年龄、收入水平、职业等不同而形成不同的客运需求，如旅客的旅游运输需求、通勤运输需求等。

3. 波动性：时间分布和空间分布的不均衡性

运输需求的波动性是指运输需求在一定时期内，所呈现的时间分布和空间分布的不均衡性。例如，在一天、一周、一年，甚至更长时期内，运输需求存在淡季和旺季之分，运输需求量在某一市场上存在来回程不均衡性等特点。

航空运输季节性需求高峰受体制和气候的影响。学校假期时间安排、工厂和公司每年假期的模式、圣诞节、中国新年、主要文化活动和体育赛事的安排等都是重要影响因素。在体制和气候影响因素相结合的地方，季节性高峰就非常显著。在欧洲，传统的学生和员工的暑假与地中海盆地的气候情况相一致，所以，在夏季的月份里，有大量的客流从北欧南移。这对于航空公司的高峰期的影响是非常大的，尤其是对于为了满足这种需求的非定期航班。在北美，圣诞假期时，加拿大和部分美国地区正好处于非常冷的冬季，而佛罗里达州和加勒比地区却能晒着温暖的太阳光。这使得每年的 12 月末 1 月初有一个到加勒比地区的高峰需求。

每天或者每周的高峰期跟工作时间和一周中的工作日有很大关系。以商务旅客而言，其在时间的需求上有较大的波动性，通常对当日最早与最晚的航班需求较高，以衔接商务处理的时间，但是商务旅客在季节需求上没有明显的差异。休闲客流高峰需求通常在周末，尤其是节假日期间。

表 5-1 选择了 2008 年从英国始发的航线月客流量。两条远程航线是到新加坡和纽约，另外三条是到欧洲的中短航线。

表 5-1 季节性问题——2008 年部分伦敦航线的月客流量最值表

伦敦始发/到达		最少旅客月份及旅客数(000)		最多旅客月份及旅客数(000)		增长率
短航线	雅典	2月	55.9	7月	121.9	+122%
	慕尼黑	1月	95.5	7月	127.2	+33%
	帕尔玛(仅客运包机)	2月	0.2	8月	111.1	n.a.
长航线	新加坡	2月	76.3	8月	93.6	+23%
	纽约	2月	281.9	7月	422.9	+50%

资料来源：根据民航管理局(CAA)2009 年公布的数据整理所得。

高峰问题最突出的航线是到主要的假日目的地——西班牙的帕尔玛，尽管夏天的几个月包机客流超过 10 万，8 月的高峰达到 11.1 万，在 2 月份里就跌到了数百人。这是很典型的与气候有关的假日航线高峰模式。与之相比，伦敦—法兰克福航线，虽然夏季也会有高峰，但是波动要小很多。尽管伦敦—雅典 2008 年在高峰月的交通量是最低月的两倍，但是在伦敦—慕尼黑航线上高峰月只比最低月多出 33%。这是因为伦敦—慕尼黑航线的商务旅客比例高，而休闲交通流更容易受良好的沙滩气候影响。两条长航线的对比也显示出了不同的模式。伦敦—新加坡航线上没有太大的季节性波动。而伦敦—纽约航线在夏季有很明显的高峰。

与旅客运输一样，航空货物运输也在时间上存在一定波动性，根据所在城市的航空货物属性，航空货物在时间上存在周期性和季节性。但是，不同于航空客运市场的波动规律性，货运市场的波动一般很难找到一个通用的规律，各个地方的货运波动性不一，一般取决于某地土特产的丰收期或某类货物的需求高峰期。

与旅客运输不同的是，货物运输的不确定性要小很多，因为一般货物运输都是提前订舱，并提前交付航空公司货仓或机场的货仓进行检查和存储，临时变更的可能性较小。而货物运输并不与旅客运输一样，跟距离有一定的相关关系。货物运输是靠时效性和安全性取得竞争优势，例如，鲜活易腐物品，即使距离较近的运输，也可能会由于求得货物的保鲜而采用航空运输；一些贵重物品，如钻石、精密仪器等，考虑其安全性(除了航空运输本身严格检查控制的安全性外，运输时间越短也意味着越安全)，也可能会采用航空运输，所以，航空货物运输需求的大小与距离没有明显的相关关系。

运输需求量的另外一个特点就是在很多航线上存在方向不均衡性，在一个方向上的需求高峰期可能是反方向上的非需求高峰期。这种不均衡性通常是航线两端市场体制不一样引起的，例如，每年节假日的时间。这些方向不均衡在一些长航线上特别明显，例如，那些北美和欧洲之间的航线或者欧洲到澳大利亚的航线。

在较长时期内，不同年份的运输需求会呈现出周期性波动，这种周期性波动主要是宏观经济的周期性波动引起的。因此，正确把握运输需求的波动性这一特征，对分析和预测运输需求的变化有着十分重要的作用。

4. 不对称性

这是航空货物运输需求最大的特点，也是与旅客运输最大的不同之处。由于货物与旅客运输不同，货物是单向运输，而旅客一般是双向运输，所以，在一条航线的两端很有可能出现截然不同的货物运输需求。这主要取决于两端城市的经济发展水平和主要出口货物属性。例如，深圳—成都航线往返程货运量的差异比较大，每一年从深圳运往成都的货物都比运回深圳的货物多 30%以上。

5. 替代性：其他运输方式替代航空运输

不同的运输需求在一定范围内可以相互代替。这是因为从运输需求的发生来看，无论客运还是货运需求者，所需要的都是改变旅客和货物的空间位置。而将旅客或货物由一地运往另一地，既可以通过铁路、公路和水运，也可以通过航空运输来实现，既可以由甲企业运输，又可以由乙企业运输。当然，这种替代性只能在一定范围内存在。由于不同运输方式的技术经济特征不同，在不同范围内，运输的经济效果不同，所以使运输需求有了一定的划分。在同一运输方式内的不同运输企业之间，也会因服务质量、运费水平的不同而形成差异，这在一定程度上降低了不同运输需求的替代程度。

民航运输需求的可替代性指空间的位移可能通过其他途径完全实现。例如，被发展的高速铁路和公路替代。也指民航运输需求可能因为新技术的出现而消失。例如，商务客流可能因为网络和可视电话系统的出现而减少。

5.1.3　航空运输需求影响因素

1. 航空旅客运输需求影响因素

1）经济发展水平

经济发展速度和水平对航空运输需求的影响是比较大的。从对 1990～2005 年客运周转量和 GDP 的统计分析中，可以看到客运周转量对 GDP 的平均弹性系数为1.48，不难看出航空运输，尤其是客运周转量跟国家经济发展指标 GDP 有着非常明显的相关关系。经济发展水平对商务和休闲两类旅客都有很大影响。首先，经济发展水平影响企业商业活动的活跃程度，从而影响了商务旅客出行的频率；其次，经济发展水平还会影响国民的收入水平和生活方式，进而影响休闲旅客的航空运输需求。很明显，我国近年快速增长的经济形势为航空运输提供了一个良好的外部环境。例如，我国东南沿海地区经济发达，航空旅客需求量高；相反，凡是经济发展比较落后的国家和地区，航空旅客运输需求水平就低，我国的西部地区经济发展相对比较落后，航空旅客运输需求量明显偏低。从动态来看，经济高速发展的时期，旅客运输需求增加较快，大量人员因为生产和工作需要而外出频繁；相反，一旦经济处于较低的发展时期，人们出行的数量和频率相应会降低。此外，经济发展水平还通过影响人们的收入水平和消费水平而影响生活性的客运需求。因此，经济发展水平是影响航空旅客运输需求的一个总量性因素。社会经济发展水平越高，不同地区之间的经济与社会联系越广泛，人们对于航空运输的需求量也越大。

如图 5-1 所示，世界 GDP 的年增长率和以客千米收益衡量的航空运输的增长率有着高度相关性。从图中左右两个纵轴上的标度显示出两者的规模是不同的，在航空需求和世界GDP之间有着2∶1的关系，也就是说，需求的增加或者降低是GDP变化的两倍。

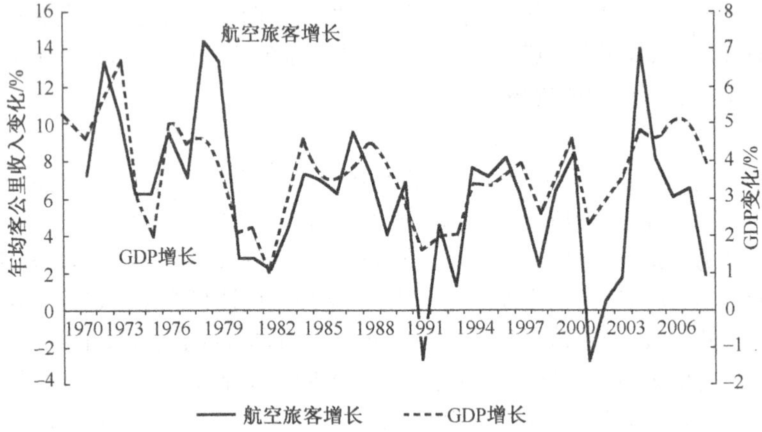

图5-1 1970～2006年世界国内生产总值与客公里收益年均变化图

2)人均收入水平的高低

人们的收入水平与交通需求之间有一定的联系，一般来说，收入水平的提高会使人们出行更远的距离或在交通上花更多的钱。假如其他条件相同，消费者(包括个人或企事业单位)收入增加，就可能更多地选择航空运输方式旅行；反之，消费者收入下降，就可能减少航空旅行，消费者收入与航空客运市场需求存在正相关关系。这种需求量与消费者收入同向变化的特性，是大多数商品和服务都具备的特性，称为正常物品。而那些不具有这种特性的商品和服务，则称为低档物品。

在航空旅客运输需求中，除生产性和工作性的客运需求外，一个很大的部分就是生活性客运需求，如探亲、访友、旅游、外出学习、疗养等所产生的旅客运输需求。这些需求受到收入水平的制约。当人们的收入水平提高时，旅游运输需求及其他社会交往方面的出行需求会增加。

3)运价水平的高低

运价在影响航空旅客运输需求方面的作用是显而易见的。价格就像一个杠杆，或者用亚当·斯密的话说是一只"看不见的手"在调节着运输需求。对商务旅客来说，运价水平变动所引起的运费支付要计入企业的生产成本，对企业的经济活动效果直接产生影响；对休闲旅客来说，运价水平高低直接影响他们的生活开支。如果在运输需求满足方面的开支过大，在收入既定时，必然会影响他们在其他方面的需求满足。因此，在提高运价时，旅客运输需求自然是会减少的；相反，降低运价时，旅客运输需求会有一定的提高。另外，运价水平对个别运输企业的市场占有率，也就是旅客对某个企业的需求，影响作用很大。

例如，航空运输方式或航空运输企业提高运价，运输需求会转移到其他未提价的运输方式或企业，该种运输方式或该运输企业的市场占有率降低；相反，如果航空运输方式或航空运输企业降价，也会吸引更多的运输需求，提高其市场占有率，如表 5-2 所示。

表 5-2

某航空公司纽约—洛杉矶往返票价	旅客需求量	旅客需求量(其他竞争者提升票价时)
$200	735	960
$500	690	915
$1000	615	840
$2000	465	690
$3000	315	540
$5000	15	240

4)替代品

对于航空运输业来说，铁路、公路等替代品的价格和速度变化对其有一定的影响，尤其是高速铁路的开通对航空客运输业提出了挑战。一般同等距离下，高速列车的票价要低于飞机票价。以法国巴黎到瑞士日内瓦客运市场为例，一位旅客乘坐高速列车往返只需花费 50～194 欧元，乘坐廉价航空公司 EASYJET 的航班需花费 67～529 欧元，而乘坐法航班机则需花费 116～551 欧元。经济性是旅客选择客运方式的一个重要影响因素，因此高铁相对较低的价格会吸引更多的旅客，影响航空运输的需求量。

从国内现实情况看，若以里程划分，500 千米左右航线，受高铁冲击程度超过 50%以上，有的地方已形成"颠覆性"冲击，很难赚钱；对于 800～1000 千米左右的航线，约 20%左右受到冲击；在 1500 千米以上航线基本没有影响，但在各个领域中仍存在着对市场的争夺。例如，北京到广州的 2300 千米运输线上，如果航空延误过多或票价过高，加上铁路提速，航空运输的部分市场有可能被铁路夺走。

5)人口的结构和数量

人口结构和数量对航空运输需求的影响主要体现在不同社会层次的不同需求。从一般意义上来讲，人口密集的国家或地区，航空旅客运输需求就高；人口稀疏的国家或地区，航空旅客运输需求就低。另外，人口结构越复杂，处在社会上层的人口所占比例越大及与其他地区紧密联系的人口越多，便会催化出高的航空运输需求，例如，在伦敦机场，银行和金融业不到 10%的员工构成了由英国始发的非常高比例的商务旅行(约 25%)(CAA，2000)。行政首府也产生了大量的与政府有关的旅行。法国和摩洛哥、阿尔及利亚或突尼斯之间的大量的需求，与大量移民人口到法国生活和工作有关，而在北美和英国之间拜访亲友的交通量却几乎没有。另外，大量的中国、新加坡或马来西亚的学生去澳大利亚、英国或美国学习，从所在国到留学国的学生流也是航空需求中很重要的一部分。

6)供给水平

供给与需求之间不仅通过价格机制相互作用,不同的供给情况也会影响需求。短期来说,频率、座位可占性、离港和到港时间、中途中转点数量,以及其他供给特征会影响需求的水平和竞争航空公司之间的需求分布。长期来说,速度的提高和航空运输便利性的提高对需求有最重要的影响。例如,起始机场的运营能力是航线市场供给方面的分析,但是航线供给能力和服务水平的提高往往能吸引更多的旅客需求。这一点在机场竞争比较激烈的地区表现尤为明显。例如,某旅客的计划乘机路线是从天津至深圳,天津机场每天只有四个这样的航班;而相邻100千米左右(大约两小时车程)的首都机场每天有接近20个去深圳的航班,极大地扩展了旅客在航班时刻上的选择范围,而航班时刻是旅客乘坐飞机所考虑的因素中比较重要的一个,因此这部分旅客需求很可能就会从天津—深圳航线转移到北京—深圳航线。

7)消费者偏好

航空客运市场需求是千万消费者的需求量的总和。这些消费者的消费行为既有共性,也有个性。不同类型的旅客对票价水平、快捷性、安全性、舒适性、开行间隔、准时性和服务水平等因素的偏好都各不相同,会影响航空运输市场需求。2006年,从英国到大部分地中海目的地的航班取消了,飞往土耳其的乘客减少了4%。但是2007年土耳其是从英国出发的需求量增长最快的目的地,上升了14%,其中大部分是包机飞行。虽然具有竞争力的节假日价格、新的宾馆和货币贬值让土耳其更加受人喜爱,但是也同样是喜好改变的问题。

8)航空运输服务质量

航空运输服务质量可以从速度、安全性、准点性、舒适性、便捷性、经济性等多个角度进行衡量,航空运输服务质量是航空运输产品竞争力的体现,越快速、安全、舒适、延误少、方便、经济的运输,越能吸引旅客需求,越具备市场竞争力。

事实证明,自从航空运输引入了大型喷气式飞机和飞机提速,航空运输的市场占有率有了很大提高。在20世纪60年代和70年代平均速度提高非常快的中长航线上尤其如此,这使得地面铁路、道路或海洋运输无法与之竞争。

9)旅游业的发展

旅游业对运输需求的影响非常大,对于国外游客,航空运输是首选方式,而对于国内游客,选择航空运输的比例也会增大。随着社会经济的发展,尤其是人民生活水平的提高,旅游需求在社会生活需求中的比重会越来越高,这在总体上增加了运输的需求。近年来的实践证明,旅游运输需求比一般客运需求更具潜力。因此,在分析一个国家或地区的旅客运输需求的发展变化时,也要重视对本地旅游业发展的考虑,其中不仅要考虑本地旅游资源的数量,也要考虑旅游资源的等级,以判别其对国内外游客的吸引力大小。

10)航空安全状况

航空行业是“重大传染病”、“战争和骚乱”、“恐怖袭击”等事件的特别高敏感的行业，一旦全球或者某些地区出现类似的事件，可能对航空行业和航空公司的经营产生重大的或者一定的影响，同时对于需求量也产生比较大的影响。例如，2002年4～5月，中国民航连续发生了2起重大空难事故（国航4·17空难和北航5·7空难），这两起空难事故对国内航空运输造成的影响相当明显，5、6、7月份国内航线客运增量增长率比上年同期下降了9.4%，作为潜在责任单位的国航和北航客座率和旅客运输量的下降幅度更是惊人。2009年7月5日新疆乌鲁木齐发生打砸抢烧严重暴力犯罪事件，对新疆民航运输带来严重的影响，旅客运输量大幅下降。2001年9月11日，美国发生的“9·11”恐怖事件，据国际航空运输协会估计，该事件发生后一周，世界航空运输业有4000架飞机停飞，减少收入100亿美元，额外增加支出100亿美元。从历史情况看，空难事故带给航空运输业的负面影响通常是短期的，会随着安全形势的好转和旅客恐惧心理的淡化而逐步消除，但这一过程给航空公司经营带来的影响和损失将是巨大和难以弥补的。此外，航空安全还存在另一种含义，就是人们出行的安全性，如全球性疫情的爆发等都会造成旅客出行安全的威胁，从而极大降低了航空旅客运输需求。

2. 航空货物运输需求影响因素

从“2010年民航行业发展统计公报”中得知，航空货运在航空客货运输结构中的比例已由1978年的6%增长到2010年的33%；而且在各种货物运输方式中，民航货物运输在2010年的增速水平是最高的，为25%（图5-2），高于其他运输方式至少2倍，从表5-3可以看出，亚太地区的航空货运变化最为巨大。因此航空货运在航空运输系统和货物运输系统中的作用已经越来越不能小觑。

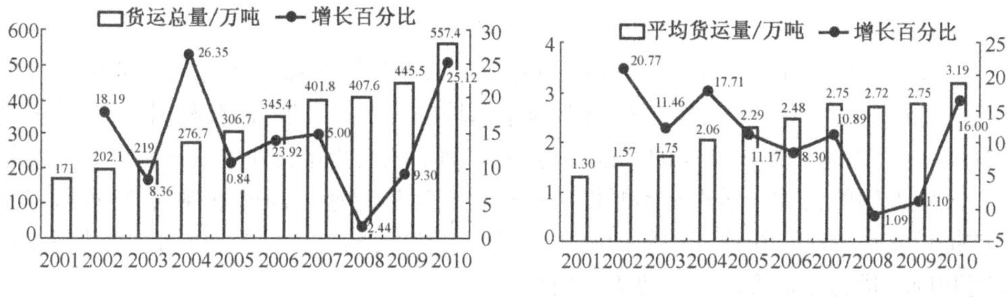

(a) 货运总量与增长百分比　　(b) 平均货运量与增长百分比

图5-2　货运总量与平均货运量及其增长趋势

从表5-4可以看出，在2007年全球定期航班的运输中约30%是航空货物和邮件，邮件自身所占比例很小，旅客运输占据剩下的70%。在国际航线中，航空货运发挥了作用，其吨千米数超过了全球吨千米总数的1/3，而且有进一步增长的趋势。相反，在国内航空服务中货运所占的份额就非常低，这是因为在国内货运市场中地面运输（如公路、铁路）更具有竞争力。

表 5-3 定期国际航空货运量地区分布变化表

航空公司注册地区	国际航空货运地区所占份额	
	1972 年 /%	2007 年 /%
欧洲	45.8	27.0
北美	29.0	15.5
亚洲和太平洋	12.3	46.0
拉丁美洲/加勒比海	5.8	2.3
中东	5.0	8.0
非洲	3.1	1.3
全球	100	100

资料来源：根据国际民航组织(ICAO)1990 年和国际航空运输协会(IATA)2008 年公布的数据整理所得。

表 5-4 全球航空公司 2007 年定期航班的交通量和收益比例分布表

	2007 年实现的吨千米		2007 年实现的收益	
	国际航线/%	国内航线/%	全服务/%	全服务/%
旅客	63.9	85.4	70.5	87.4
货物	35.3	15.9	28.7	12.0
邮件	0.8	0.7	0.8	0.6
总计	100	100	100	100

资料来源：根据国际民航组织(ICAO)公布的数据整理所得。

1)经济发展水平

货运需求作为派生需求，经济发展的速度和水平是影响航空货运需求的决定性因素。自 20 世纪 80 年代以来，全球经济、航空运输的飞跃式发展，以及我国 GDP 总量的快速扩张、高增速进出口贸易的急剧拉动，都带动了航空货运行业的快速发展。尤其是最近几年人们的物质生活水平不断提高和对货物运达时速的高度重视，航空货运以其能够提供安全、高效、快捷和优质的服务，在各种货物运输方式中脱颖而出，尤其是在长距离和国际货物运输方面的优势更加明显。

随着经济的发展，物质生产部门的产品数量增多，商品流通规模和范围增大，这些都会对航空货运需求产生广泛的影响。事实上，凡是经济发展较快的年份，所形成的航空货运需求量就明显大于经济发展较慢的年份。从 1978～2002 年，国内 GDP 年均复合增长率 9.4%；从 2002 年至今，年均复合增长率均在 10%左右，成长比北美、欧洲和亚洲其他国家都快。而中国航空货运周转量(FTK) 从 1978～2002 年的年均复合增长率达到 18%，所以总体上，航空货运需求的增长速度高于国内 GDP 的增长幅度。

经济环境包括世界经济环境与国内的经济环境。国内的经济环境是世界经济环境中的小环境，世界经济环境的变化将影响国内的经济环境，因此，货运随世界经济震荡起伏。据统计，世界经济总量每增长1%，世界贸易总量增长约2%，航空货运的增幅则大于2%。因此，在世界经济增长的同时可以推动国际贸易的增长，进而带动航空货运业务的增长，而且即使较小幅度的世界经济增长也会在较大程度上推动航空货运业务的发展。

2)产业结构及变化

所谓产业结构是指不同产业在整个经济中的比例关系，如农业、轻工业和重工业的比例，第一、第二和第三产业的比例等。产业结构对货运需求的影响主要表现在不同产业结构必然引起不同的产品结构，而不同的产品结构意味着不同的货物结构。

随着国家对外贸易的发展和经济结构调整的进展，中国成为世界制造中心的趋势日趋明显，以信息技术为代表的高新技术产品和高附加值产品(如精密机械产品、电子产品和通信产品等)在进出口商品中比例逐渐增加，成为航空货运市场的主力，商务部与发改委统计数据表明，高新技术产品占出口比重稳步上升，2006年高新技术产品的出口增长29%，占全部出口的比重已达29%，此外还有快件、邮件及鲜活产品(鲜花、海鲜、水果等)。目前，在苏州、无锡，有80%的IT产品都通过飞机在48小时或者72小时之内运到世界各地。我国航空货运特别是国际航空货运将会产生更大的需求。从长期的趋势看，航空货运在高新技术产品市场中将会占有越来越多的份额。

3)科学技术发展水平

科学技术发展水平是影响航空货运需求的重要的长远性的因素。航空技术发展带来了运营成本的降低和安全的改善，得益于新材料、新工艺、新概念的运用，航空运输的主要生产工具——飞机的经济性能、舒适度不断提高，而运营成本却相对不断降低，航空运输企业的供给能力提高。计算机、网络技术的进一步应用，也使得销售渠道效率提高。自动化系统、卫星导航系统的不断完善也使得机场运营、空管导航等航空运输保障服务水平提高。航空货运信息系统(Cargo Community System，CCS)的建设拓展了航空货运的延伸服务，加速了航空货运融入现代物流的供应链一体化运作，提高航空货运服务质量，进而会增加航空货物运输的市场竞争力，抢占更多的市场份额。总之，科技的进步为提高航空运输的供给能力和服务水平带来了新的机遇。

4)运价水平

与客运一样，货物运输的需求也与运输价格有很大的关系，运输价格在调节着整个货运市场的运输需求。航空运输价格会直接计入货物的销售成本当中，运输价格的提高，对运输需求有一定的抑制作用，运输需求会随着运输价格的上涨而减少。消费者会减少在运输方面的支出，导致了运输总需求的减少。由于运输服务具有外部替代性，当面临权衡取舍时，人们会做出对自己更有利的选择。因此当航空货运的价格上涨时就会使一定的货源分流到公路、铁路和水运等其他运输方式上，导致航空货物需求量的下降。与此相关的价格政策同样会影响运输需求。运输价格管理是国家运输政策的一个重要方面，而国家对运输价格与其他商品价格的干预，包括对不同运输方式比价的干预，都不可避免地影响货物运输需求。

5)人口数量的变化

人口数量的变化对货运需求也有很大的影响,因为人口增长快,必然引起粮食、油料、副食品、日用工业消费品等供应的增加,引起对货运需求的增加,而在此过程中由于航空货物运输会占有一定的市场份额,必然也会促进航空货运量的变化。随着城市化程度的提高,大量人口流入城市必然引起城市消费能力的增加、消费结构的改变和消费质量的提高,也会引起大量的鲜活食品、高新技术产品和奢侈品等运往城市,由于此类货物具有高附加值和时间特性,非常适合航空运输。因此人口数量的变化与航空货物运输量的变化存在着正相关的关系。

6)竞争环境

市场的竞争无处不在,航空货运业的竞争来自两部分:①来自行业外部,与其他运输方式的竞争,高速公路的建成使用、铁路运输的提速,加大了航空货物运输的竞争。②行业内部各个运输企业间的竞争。前者直接影响整个航空货运在运输市场的份额,后者影响市场中各个企业的分担率。首先,与其他运输方式的竞争中,尽管航空货物运输以快速、安全系数高等优点获得很大优势,但是却由于运营成本高、受客机腹舱限制、机场处于郊区等问题不断减弱其优势,特别是在中长途运输中,铁路货运优势日渐增强,这些因素都可能会导致航空货运竞争优势的降低,减弱社会经济对航空货运的需求。一般来说,以500千米距离左右运输的货物采用汽车方式;以1000~1500千米距离利用铁路运输,这两种运输方式不同程度地影响航空的货运量。另外,对于行业内部竞争,随着空运市场规模的不断扩大,航空公司之间的竞争越来越激烈,各个航空公司为争夺市场份额,纷纷在价格和服务上实行差异化经营,这必然会带来整个航空货运价格水平的调整,并因此影响需求。

此外,航空货运的内在发展和外在需求也都带动了航空货运的发展,使得航空货运的运营范围、业务范围越来越宽广,如目前有越来越多的电子企业驻厂到机场、零部件的全球化供应、产品的频繁更新换代、各产业部门努力压缩库存、时间方便快捷的门对门快递的发展(如世界著名的快递公司FedEx、UPS、DHL开始进军中国市场),直接带动了航空货运需求量的快速增长。

5.2 航空运输供给概述

5.2.1 航空运输供给的概念

供给是与需求相对称的概念。需求是对消费者而言的,供给是对生产者而言的。航空运输供给是指在给定的时间和给定市场中航空运输企业愿意并且能够售出的航空运输服务量。这个定义的内涵包括两个方面:①生产者有销售航空运输服务的愿望。②生产者有提供航空运输服务的能力。如果运输生产者不愿意销售航空运输服务,或者没有能力提供航空运输服务,都不能构成航空运输市场供给。

航空运输供给包括以下两个方面的内容。

(1)航班运力。航班运力一般用来表示运输供给的能力大小,通常用航班可以服务的吨千米数来表示。旅客运输的航班运力乘以平均客座率就是市场上的航空旅客运输需求,因此,航空公司运力的提供一般是根据预测的市场需求和期望的客座率进行规划的。而货物运输由于一定程度上依赖客机腹舱进行运输,运力供给上受到一定限制。

(2)航线网络布局。航线网络布局用来表示航空运输的供给分布情况。航线网络不仅能够表示基础设施的分布状况,还从一定程度上反映出需求的分布情况。旅客运输的航线网络布局和货物运输的航线网络布局存在很大的差异。旅客运输网络推荐多中转,采用枢纽结构,集中地方需求发挥规模经济性;而货物运输追求快速和安全,要求少中转或直达,一般采用点对点式。

5.2.2　航空运输供给的特点

航空运输需求具有季节性。为了适应季节性,航空公司需要在既有航线上扩大运输能力,或者有空闲的可用容量来执行更多的航班。虽然航空公司由于执行季节性时刻表增加的成本可以通过增加的收益弥补,但是航空公司由于供应刚性很难在短期内调整供应。这种在供应上的刚性限制了航空公司有效地平衡供需的能力。

一般来说,航空公司需要至少提前 6 个月制定时刻表,接受提前一年的预定,因此航空公司必须遵守制定的时刻表或者面临重新制定时刻表的相关费用;并且,与时刻表无关的固定成本,如在枢纽机场基础设施的投入、飞机租赁、劳动合同的支付,使航空公司不适合在短期内减少其能力。

需求的季节性与供应刚性之间的矛盾是大多数航空公司,尤其是运营枢纽辐射式网络的航空公司必须面临的一个问题,而其他运营非枢纽网络的航空公司,如美国西南航空公司,在供给上灵活性相对较大。

航空运输供给具有如下特点。

1. 不可存储性

航空运输提供的产品是旅客或货物的空间位移,具有无形性,生产与消费同时进行,因此具有不可存储的特点。由于运输需求的波动性,一定时期内相对稳定的运输能力难以与运输需求实现完美的匹配,再加上航空运输供给的这一特点,给运输企业均衡生产和服务质量控制带来了很大困难。

2. 供给的整体性和稳定性

运输供给的整体性是指运输基础设施与运载设备、运载工具的能力相互匹配,运输线路、机场、港口、车站等基础设施的建设必须统一规划、相互配套,共同形成生产能力,形成不可分割的整体。如果设计和规划时没有整体观念,就会造成在一些区域或线路上的能力紧张,成为运输供给的"瓶颈",从而影响整个网络的供给能力。航空运输是一个双向的运输供给,尽管需求在方向上存在着差异,有的甚至截然不同,但是出于飞机过夜、维修等多方面原因,航空运输的供给是双向均衡的,一条航线的两个方向的运输是一个整体。另外,需求在时间上也存在着较明显的波动性,但是航空运输的供给(定期航班)是根据航班计划进行安排的,即使在特定时期会临时增加或减少运力,但在一个航季内,运力的供给具有相对稳定性。

3. 部分可替代性

运输供给是由多种运输方式和多个运输企业的生产能力共同构成的。由于每种方式都可以实现旅客或货物的空间位移,各种运输方式之间存在一定可替代性,尤其是同一方向、具有相似运输质量的方式之间。

同时,由于运输产品在时间、运输方向、运输距离等特征上存在差异,旅客、货主对运输产品服务的经济性、便捷性、速度等质量的要求不同,使得不同运输方式间或同一运输方式中不同运输企业间运输产品的替代性受到限制,这种限制又使得每种运输方式间或同种运输方式中具有差别的运输服务都可能在某一领域的运输供给上形成一定程度的垄断。因此,运输供给的替代性和不可替代性是同时存在的,运输市场的供给之间既存在竞争也存在垄断。

4. 供给的外部性

如果某人或企业从事经济活动时给其他个体或社会带来危害或利益,而它们并未因此支付相应的成本或得到相应的报酬,经济学将这种现象称为存在外部性(externalities)。航空运输无疑会带来很大的外部性,既有正外部性——临空经济的拉动等,又有负外部性——环境污染和交通问题等。这些在第8章将进行具体分析。

5. 运输供求的平衡难以控制

由于航空运输需求具有很强的波动性,在一定时期内相对稳定的运输生产能力很难与运输需求完全匹配,导致运输供给与需求的不均衡,相应地造成航空运输企业均衡生产和服务质量控制的困难。

航空运输需求的季节性不平衡,导致运输供给在时间上出现高峰与低谷性变化,因此造成运输供给量在时间分布上的不平衡。

航空运输需求在空间上存在方向性(来回程运输需求的不均衡性),造成运输供给和需求的不匹配,因而形成了运输企业生产的时空差异性。航空运输企业为了实现供需的时空结合,经常要付出空载行驶的代价,导致运力浪费。掌握市场信息,依靠科学技术提高运输能力的协调与分配是运输业解决运输生产与需求时空矛盾的关键。

5.2.3 航空运输供给的影响因素

1. 经济发展水平

经济发展水平是总体上影响运输供给的决定性因素,国家或地区的经济状况是运输供给发展的基本条件。经济发展使运输需求增加的同时,也会增大对运输供给的投入。所以,经济发达国家或地区一般也是运输基础设施比较完善、运输网络密度较大、配套水平较高、运输供给能力较强的地方;相应的经济比较落后的地区,运输供给能力也较低。

2. 航空运价

运价是影响航空运输供给的最重要因素之一。根据供给法则,在其他因素不变的情况下，供给运力和价格呈同增同减的变动关系，在航空运输产业中可简单地描述为由于票价的增长，航空公司愿意提供更多的座位数，表 5-5 为纽约到洛杉矶航班票价与供给数量对照表，可见如果航空运输服务价格上升，航空运输企业能够获得更多的利润，就会增加运力投入，增加航空运输服务的供给；反之，如果航空运输服务价格下降，生产厂商的利润减少，就会减少运力投入，减少航空运输服务的供给。但是由于航空运输业的价格受到管制（虽然已有放松管制的趋势），航空运输供给弹性比较复杂。

表 5-5　纽约到洛杉矶航班票价与供给数量对照表

纽约到洛杉矶往返票价/ $	供给数量（以服务的旅客数为表征）	纽约到洛杉矶往返票价/ $	供给数量（以服务的旅客数为表征）
200	15	2000	615
500	315	3000	690
1000	465	5000	735

3. 生产技术

生产技术状况能够影响航空运输服务量增加的规模和速度，对于航空运输供给量的影响是巨大的。与此同时，生产技术的提高还能够保证航空运输处于安全运输的环境。效率更高、油耗更低的机型投入运输生产，会使航空公司的航空运输成本降低，航空公司就会在一定价格水平上提供更多的航空运输服务，例如，B747 和 A380 的问世使得单个航班服务的旅客数增多。生产技术的不断提高使得超远距离飞行的客机投入运营，如 B777-200LR 和 A340-500，实现了如新加坡—洛杉矶和纽约—迪拜等超长航线的直达航班服务。

4. 生产要素的价格（即运输成本）

航空运输成本也显然是影响运输供给的一个重要因素，因为航空运输成本会直接影响航空运输价格和航空公司的收益。一般而言，生产要素包括劳动、土地和资本三大基本要素。生产要素的价格发生变化，航空运输服务的供给量也会发生变化。假定其他条件不变，生产要素价格上涨，航空运输企业的利润减少，这些企业就会减少航空运输服务的供给量。航空运输服务的供给量与生产要素的价格之间存在负相关关系。例如，美国早期的航空快线公司在其经营的航空快线上曾保证无论客人多少都会按照航班计划提供航班飞行，并且保证如果航班满座，则马上临时增加一个航班，以保证未登机的旅客迅速出行。但是近年来由于飞机、员工工资、航空燃油和航空器材等生产要素价格上涨，这些公司仅按照航班计划飞行，不再提供额外的航班来满足额外增加的旅客需求，因为现在保留备份飞机对航空公司来说代价太高昂。

5. 竞争因素

竞争因素是影响航空供给的又一重要因素，航空公司为争取市场份额而彼此竞争，无疑会对供给产生影响，航空运输市场上有多个生产厂商，航空运输市场供给是所有厂商的供给数量的总和，如果一些厂商由于种种竞争而削减航班、改换小机型运营甚至退出航空运输业，最终都会导致航空运输供给量的减少。

另外，随着高铁的网络不断完善、安全性能的不断提高和稳固，航空运输产业受到了巨大的冲击，最直接的影响就是迫使航空公司减少航班甚至放弃航线的运营，如2010年2月6日，被誉为中国中西部绿色推进器的郑西高铁正式开通；3月25日起，西安—郑州(474km)航班停飞。

6. 运输政策

运输政策是影响航空运输供给的重要因素。运输政策是国家发展运输的准则，是经济政策的组成部分。运输政策通常规定了运输业发展的方式、速度、规模、结构等，对一个国家运输业的发展产生重大影响。就目前而言，虽然政府对经济放松了管制，但在安全和运营方面还保持着较高的管制，这在某方面势必会延缓甚至阻碍航空公司在部分航线上投入运力。

除上述主要因素外，安全、环保等自由因素也能影响航空运输的供给，如美国的9·11事件。综上所述，各个因素之间的作用影响着航空运输的供给。在航空运输产业中，供给通常是指可用座英里数(ASM)或者可用吨英里数(ATM)。这里可以用一个隐函数来表征航空运输供给的影响因素

$$Q_s = f\{P, P_{\mathrm{RES}}, \mathrm{Tech}, \mathrm{Comp}, \mathrm{Rand}, \mathrm{Govt}\} \tag{5-1}$$

式中，P 为航空运价；P_{RES} 为生产要素的价格(即运输成本)，包括飞机的购置成本、燃油成本、机组成本、维修成本等；Tech 为生产技术；Comp 为竞争者行为；Rand 为自由因素；Govt 为政府管制。

5.3 航空运输业的规模经济、范围经济和网络经济分析

第3章已经界定了运输业规模经济、范围经济和网络经济的概念，并对它们之间的相互关系进行了阐述，在此将该理论应用于航空运输领域，分析航空运输业的规模经济、范围经济和网络经济特征。

航空运输业拥有一个空间分布的航线网络，航空公司提供的是网络服务。航空运输的本质是向旅客提供起讫点对之间的空间位移服务，旅客的出发地和目的地城市的机场构成网络上的节点，节点之间通过航线连接，空中管制系统和导航系统是支撑航线网络运营的基础。因此，航空运输业属于网络型基础产业。

5.3.1 航空运输业的规模经济性

对于航空运输业来说，航空公司产量增长之后，它的单位产品的生产成本可以降低，从而获得业务增长带来经济效益，这种由于生产规模的扩大而实现的经济效益称为航空运输业的规模经济。在航空运输中的规模经济主要是通过运输密度经济(economies of traffic density)和部分幅员经济(economies of size)实现的。航空运输业的密度经济是指在现有航线网络规模下，运输服务的增加使单位成本下降的现象。航空运输

业的幅员经济是指在航线网络上的运输密度保持不变的条件下，与运输幅员同比例扩大的运输总产出引起平均成本不断下降的现象。如线路通过密度经济(economies of traffic density along a route)，指在某一条具体航线上由于运输密度增加引起平均运输成本不断下降的现象。飞机载运密度经济(economies of aircraft's capacity)，即指随着飞机载运量增加而平均运输成本逐渐降低的现象。机队规模经济(economies of fleets)，即指随着机队规模扩大而使平均运输成本逐渐降低的现象。

航空运输的规模经济主要体现在以下几个方面。

1)航班频率密度经济

是指随着航空公司在某航线上航班频率的提高而使单位成本下降的现象。例如，某航线上，原来一周只有一个航班往返，现在增加一个航班往返，那么对于频率增加后的成本，飞行成本可能增加了一倍，然而由于两个航班可以共用机组、共用管理资源、共用设备、共同承担飞机折旧等，间接运营成本和直接运营成本中的维修和折旧费用的增长小于一倍。所以对于每个航班来说，平均成本是下降的，形成了航班频率的密度经济性。

2)机场容量密度经济

对于机场来说，根据其通过能力，提高航班起降频率和数量，会降低机场的平均成本。机场容量的密度经济性是非常明显的，因为机场的成本中，固定成本比重较大，而这部分成本都是要分摊到各个航班各个航空公司的，参与分摊的数量越多，对每个航班的收费就越低、越经济。这也从一定程度上导致了机场的“马太效应”，也就是航班越多的机场，航班数量会越来越多，航班数量少的机场，只会越来越冷清。所以，很多时候为鼓励航空公司在偏远地区开设航线，或者在支线机场起降，政府会出台相应的扶持政策降低机场成本或对在这些机场起降的航空公司给予一定的优惠政策。

3)飞机容量密度经济

有研究表明，大型飞机的座千米成本要明显低于小型飞机的座千米成本。这一方面是大型飞机能够装载的旅客数量多，对航油的分摊较多，另外一方面，在飞机频率不变的条件下，飞机载运率的提高也会引起平均成本的下降。

4)飞行距离幅员经济

航空运输成本有着“递远递减”的现象，随着飞行距离的延长，平均运输成本是不断下降的。产生这种现象的主要原因在于飞机爬升阶段油耗的比例很大，而巡航的油耗比例较小，所以，只要起降次数不增加，只延长飞行距离，平均飞行成本是下降的。

5)维修管理规模经济

无论对于飞机的维修还是对整个运营情况的管理，都存在着较为明显的规模经济性，尤其是飞机维修。由于飞机维修成本在运营成本中占有一个不小的比重，所以这部分成本的规模经济性也多为航空公司发掘和利用。当航空公司拥有的飞机数量增加时，尤其是增加同种机型的飞机，航空公司的飞机维修效率会有很明显的提高。因为飞机的维修零件和人员一般都是配以一种或两种机型的，具有一定的排他性，所以同种机型的数量增加，可以共用机务人员、共用某些配件，还可以便于安排维修计划，产生“乘数效应”。

1997年,欧姆(Oum. T. H.)等对美国航空运输业进行了实证研究,得出结论:飞机平均载重与完成的运输量,平均运距与网络规模大小有明显的相关性,规模经济系数为1.155。鲍依尔(Boyer)在其1997年出版的《运输经济学原理》一书中通过模拟运算指出,航空公司可通过提高设备利用率(如提高航班客座率)获得规模经济。据鲍依尔测算,客座率每提高1%,单位成本可降低2.64%。

5.3.2 航空运输业的范围经济性

范围经济是指单个企业的联合产出超过两个各自生产一种产品的企业所能达到的产量。产生范围经济可能是投入要素或生产设备的联合运用,以及联合市场计划等能降低成本的共同管理因素造成的。一般而言,单一产品的生产不存在范围经济,只可能存在规模经济;但在多产品或多工厂生产中,则随着产品数量和品种的增加,不但平均成本趋于下降,而且由一家企业生产的总成本也可能低于多家企业生产的总量,这时既存在规模经济,又存在范围经济。

航空公司的范围经济是指,航空公司在既有网络或枢纽辐射式运行网络上增加一条新的航线的成本比一家新的航空公司提供同样航线服务的成本低。对航空公司而言,其运输产品具有复杂性,O-D流上的每一个运量可以具有不同的运输方向、不同的目的地、不同的运距,因此可以认为航空公司在不同航线上提供的运输服务就是不同的产品,而相互衔接的航班可以看成联合产品。对于航班这一产品的主要投入设备是飞机,飞机利用率越高,对航空公司越有利。如果相互衔接的航班是由同一家航空公司经营的,那么在时刻允许的情况下,同一航空公司的同一飞机就可以执行相互衔接的数个航班,其耗费的成本要远低于数个单独的航班分别运营的情形,从而大大提高生产效率,减少资源浪费,符合范围经济的特征。并且对于航空公司来说,在承运旅客同时还要承运一部分货物。这样,在一架飞机上同时运送旅客和货物的运输成本要低于使用两架飞机分别运送旅客和货物的成本,这虽然看起来是个常识性的问题,但实际上正是范围经济在起着作用。

航空公司增加通航城市,由于共用很多资源,增量成本是较小的,而且由于飞机平均利用率的提高、航班密度的增大等多种因素,会使得航空公司的总成本呈现弱增性。

如图5-3所示,假设N个轴心城市各有一航空公司,任一公司在其轴心与其他轴心之间每天只有一个往返航班飞行,每个航班运输量为1单位。当轴心城市数为N时,总运输量$Q=N(N-1)$单位;每增加一个轴心城市,总运输量将比原来增加$2(N-1)$单位。

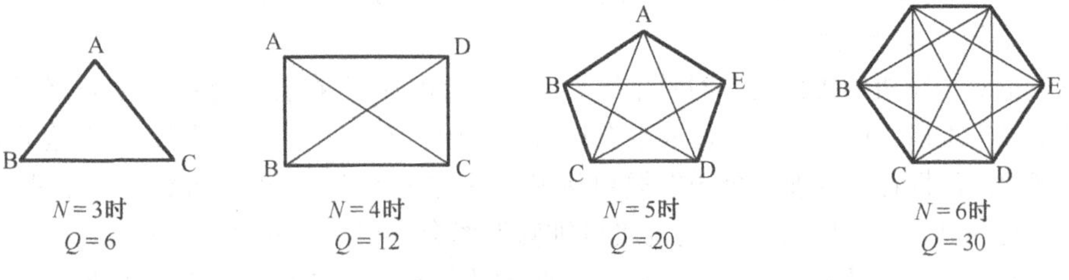

图5-3

当一个企业在多个航线上提供运输服务时，就表现出明显的范围经济效应(Economies of Scope)，即随着航线的增加，每一航线上的平均运输量会相应增加，并使总运输量以递增的速度增长，这时由于飞机利用率的提高和使用更大机型等将使航空公司的单位运输成本下降，甚至当由一家企业经营所有航线比多家企业分割市场的总成本更小时，就会形成该公司有效率的独家垄断经营。航空运输的这种范围经济性主要体现在服务节点增多的幅员经济性。

一般认为枢纽航线式网络是比较具备范围经济性的，因为其选择融合多条支线航空客流，集中于枢纽航线上，实现了其密度经济性。而这种网络的实质是同时生产多个支线产品，实现了资源和设备的共用和节约，获得了相对较低的平均成本，所以具备范围经济性。

而航空运输还有一个特别的现象也属于范围经济性，就是航空公司之间的代码共享。代码共享是不同的航空公司航班号之间共用的现象，旅客乘坐A航空公司的航班很有可能是B航空公司在实际飞行。代码共享的实质是A航空公司认为该条航线产品自己生产的成本过高，而考虑到上述的幅员范围经济性，开设该航线会获得很大的效益；而B航空公司可能由于自身航线产品的相关性，飞这条航线的增量成本较低，同时生产自己原先的航线产品和现在A航空公司共享的航线成本可能要低于双方共同生产的总成本，所以也同时具备范围经济性。于是双方便达成了协议，同时满足了双方的利益。

5.3.3 航空运输业的网络经济性

航空运输业在空间上是由航线网络构成的，航空公司向旅客提供的是航线节点之间的网络服务，由于起讫点的不同，可以提供多种航空运输产品。这个特殊的多产品行业使得其规模经济与范围经济很难分开，并使它们通过交叉方式共同构成了航空运输业的网络经济。因此，航空运输业属于网络型产业。航空业的网络经济(Economics of network)定义为在规模经济(Economics of scale)和范围经济(Economics of scope)的共同作用下，运输总产出扩大引起平均运输成本下降的现象，并体现为其航线的密度经济(Economics of density)和幅员经济(Economics of size)。实现航空网络经济性，一方面通过把不同方向的不同运输量合并，以便充分利用机场设施和飞机的载运能力(后者包括利用更经济的大型飞机和提高载运率)；另一方面，增加航线和航站，扩大航线网络幅员(图5-4)。

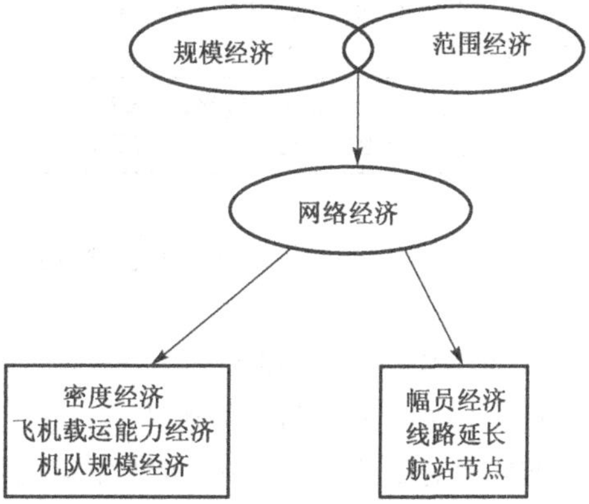

图5-4

在单个市场内部或多个区域性市场之间，随着机场的不断建设，通航城市的数量会不断增加，航线和航班的数量也随之增加，使得航空运输呈现出网络式的结构。这种网络结构可以提高航空运输的便捷性，促进市场容量以几何递增的速度增长，从而使整个产业的总成本得到节约，这就是民航运输业的网络经济效应。网络经济的特征之一就是每一个网络节点可以增加与其他网络节点的联络通道，网络中总服务量的增加会使单个节点的边际收益递增。特征之二是合并运量和共用固定设施与载运工具，达到降低成本和提高效率的作用。

在国际航空运输市场，一个航空公司或某一航空枢纽（轴心）不可能与所有的轴心城市建立直接的运输联系。但是由于航空运输的网络经济效应，通过中转运输，可以使某一轴心与其他所有的轴心城市建立间接联系，并且在密度经济的作用下，这种中转运输也可能十分便利。轴心大小的不同，使航空运输市场呈现出层次性的特点。随着市场需求量的迅速增长，网络节点间的分工协作对效率提高的作用也就越大。这在一定程度上解释了当今世界各航空公司在保持自身独立性的前提下，加强相互协作，建立战略联盟的客观必然性。

规模经济、范围经济和网络经济效应是航空运输业基本经济属性的不同侧面，三者都源于分工和专业化的深化与发展，网络效应在民航运输业中发挥着基础性的作用，决定着这一产业的市场规模和范围，也影响企业生产经营活动的规模和范围。规模经济和范围经济也反作用于网络经济，三种效应之间紧密联系、相互依存、共同促进了民航运输市场容量的扩大，直接决定市场的结构特点，使该产业在不同的需求条件下呈现出由垄断向竞争的动态演化。表5-6列举了航空运输业规模经济和范围经济，密度经济和幅员经济的具体应用分析。

表5-6 航空运输业的经济性分析

<table>
<tr><th colspan="2">规模经济与范围经济</th><th colspan="2">密度经济与幅员经济</th></tr>
<tr><td rowspan="2">规模经济</td><td>航空公司联盟后联合购买飞机、航油、航材和联合维修，大大提高了航空公司的市场谈判地位和能力，节约成本</td><td rowspan="2">不同航线的旅客合并到一个航班，提高飞机的载运率</td><td rowspan="2">密度经济</td></tr>
<tr><td>吞吐量增加带动商业性开发的利润升值</td></tr>
<tr><td rowspan="2">范围经济</td><td>航线网络辐射范围扩大，增强常旅客计划的吸引力</td><td rowspan="2">代码共享机制可以扩充航线网络、协调航班计划，并且相互参与常旅客计划，共用航材、机场设施等，从而能够吸引更多的旅客，降低单位成本</td><td rowspan="2">幅员经济</td></tr>
<tr><td>对于轴辐中转型航空网络，每增加一条航线，就将成倍地增加通航点，产生乘数效应</td></tr>
</table>

5.4 航空运输供需状态分析

5.4.1 航空运输需求弹性

1.航空运输需求的价格弹性

航空运输需求的价格弹性指航空运输市场需求量对于航空运输价格变化的反应程度，等于航空运输需求量变化百分比除以航空运输价格变化百分比。

例如，某一航线上的机票价格上升 10%，使得该航线上的旅客需求减少 15%，那么该航线上的旅客需求的价格弹性就是

$$\varepsilon_p = \frac{15\%}{10\%} = 1.5$$

在航空运输市场上，不同类型的消费者的需求价格弹性有较大差别。一般情况下，旅客运输需求中商务旅客的需求价格弹性较小，特别是旅客中有相当部分是公务等形式的公费出行，这部分旅客对于机票价格的变化并不敏感，他们更加看重的是航空运输的可达性、正常性和舒适程度，所以需求价格弹性值较小，而自费旅游和探亲访友的旅客对于机票价格的变化则比较敏感。另外，由于旅客运输需求受收入水平的影响，人均收入高的国家或地区，运输费用占收入比例小，价格弹性要小一些，低收入地区，运价的变动对旅客的影响要大些，价格弹性较大。

对于航空货物运输来说，货运需求的价格弹性往往与货物的价值有关，价值小的货物运输价格弹性大，价值大的价格弹性小。价格弹性的大小还与货物的季节性和市场状况等有关。当某种货物急于上市销售或易腐易坏不宜久存时，货主的选择余地较小，宁愿选择运价高、速度快的运输方式，其价格弹性较小。

不同客货运输市场的价格弹性有很大差别，例如，在运力紧张的航线或航向上，运输价格需求弹性就显然较小，运价变动，特别是提价对需求量影响较小。而运力充足的航线或航向上，需求对价格的弹性就较大。

航空运输总收入与航空运输需求的价格弹性如下。

在航空运输市场上，供给者的总收入就是购买者的总支出，它等于航空运输价格乘以消费者的购买量，在需求曲线图上，表现为以需求曲线上的某一点所对应的价格为高度，相应的需求量为宽度所围成的矩形的面积(图 5-5)。

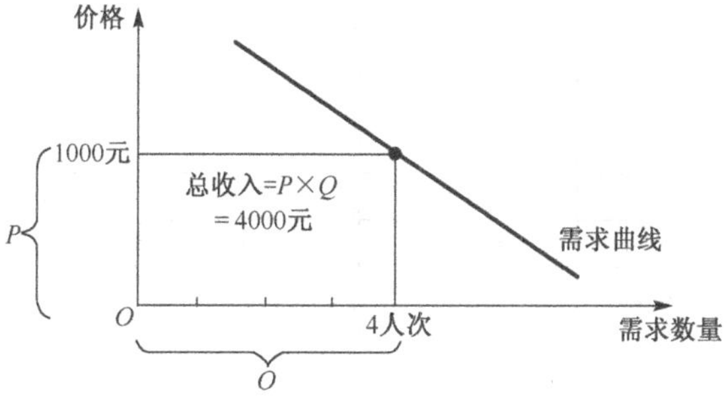

图 5-5

从图 5-5 可以看出，价格的变化不仅影响矩形的高度，而且根据需求定律，它还影响矩形的宽度，即需求量的变化，从而影响航空运输总收入的大小。当价格上升或下降而引起需求量减少或增加时，航空运输总收入的增减还要根据需求的价格弹性而定。

当需求曲线比较陡峭，也就是需求缺乏弹性时，需求变化百分比小于价格变化百分比，这时价格上升，总收入增加，价格与总收入同向变化。反之，当需求曲线比较平缓，

也就是需求富有弹性时，价格的微小变化会引起需求量的大幅度变化，这时价格上升，总收入减少，价格与总收入反向变化。如果需求是单位弹性的，需求变化百分比等于价格变化百分比，那么当价格变化时，总收入不变。

在实际工作中，航空公司的市场营销人员常把降价作为扩大市场份额和增加收入的法宝。运用需求价格弹性理论分析这种现象，不难发现其中的误区。在不同的航空运输市场上，消费者的需求的价格弹性是不一样的。当需求缺乏弹性时，价格与总收入同向变化。价格下降，总收入也下降，价格上升，总收入反而增加。如果需求是单位弹性的，那么当价格变化时，总收入不变。只有当需求富有弹性时，价格与总收入反向变化，这时价格下降，才能够增加收入。因此不能简单地认为降价一定能够增加收入，而把降价作为促销的唯一手段。

2. 航空运输需求的收入弹性

航空运输需求的收入弹性是指航空运输市场需求量变动对于消费者收入变动的反应程度，等于市场需求量变动百分比除以消费者收入变动百分比。总体上看，航空运输服务属于正常物品，消费者收入增长，航空运输需求增加；反之，消费者收入下降，航空运输需求减少。航空运输需求量与消费者的收入同向变化，需求的收入弹性是一个正值。因旅客运输需求量和居民收入水平一般是同方向变动，呈正相关关系，也就是消费者收入增大时，休闲旅客出行需求就增多，反之亦然(表 5-7)。需求的收入弹性大小一般和社会消费观念有关，有提前消费观念或者提倡消费的社会环境中，需求的收入弹性就较小；消费观念保守的社会环境，需求的收入弹性较大，一旦收入情况发生变化，需求的变化将会更大。

表 5-7 1978～2009 年民航客流量与国民总收入指数(以 1978 为 100)对比表

年份	民航客流量/万人	国民总收入指数	年份	民航客流量/万人	国民总收入指数
1978	231	100.00	1994	4038	452.00
1979	298	107.60	1995	5117	494.20
1980	343	116.00	1996	5555	544.50
1981	401	122.00	1997	5630	596.90
1982	445	133.30	1998	5755	640.60
1983	391	148.20	1999	6094	691.50
1984	554	170.80	2000	6722	750.60
1985	747	193.40	2001	7524	811.10
1986	997	209.90	2002	8594	888.50
1987	1310	234.10	2003	8759	983.10
1988	1442	260.60	2004	12123	1085.40
1989	1283	271.40	2005	13827	1206.50
1990	1660	282.50	2006	15968	1348.30
1991	2178	308.20	2007	18576	1568.40
1992	2886	351.50	2008	19251	1718.84
1993	3383	399.60	2009	23052	1878.70

运用一元线性回归模型得到民航运输客流量与国民总收入指数之间的回归方程：

$$y = 12.459x - 1638.870 \tag{5-2}$$

并通过检验发现该方程具有较高的显著性特征，可以对二者的相关关系进行很好的描述。

3. 航空运输需求的交叉弹性

由于运输服务具有部分可替代性，所以引入交叉弹性以反映航空运输中某个特定航线、某个特定航空公司的需求量对其他运输方式、其他航线和其他航空公司变化的反应程度。一般采用可替代的运输服务价格变化率引起该运输服务需求量的变化率来表示，即

$$E_{pyx} = \frac{\Delta Q_y / Q_y}{\Delta P_x / P_x} \tag{5-3}$$

式中，E_{pyx}表示 x 的价格变动引起 y 需求量变动的反应灵敏程度；Q_y和 ΔQ_y表示被替代的第 y 种运输服务的原需求量及其变化量；P_x和 ΔP_x表示可替代的第 x 种运输服务的原价格及其价格变化量。

不同的交叉弹性值具有不同的经济意义：

(1)交叉弹性为正值，即 $E_{pyx}>0$，说明运输服务 x 的价格变动将会引起运输服务 y 需求量的同方向变动，说明这两种运输服务具有可替代性。例如，当航空运输价格提高时，会使铁路、公路需求量增加。

(2)交叉弹性为负值，即 $E_{pyx}<0$，说明运输服务 x 的价格变动将会引起运输服务 y 需求量的反方向变动，说明了这两种运输服务具有互补性。例如，航空运输价格的提高会使得前往机场的出租车需求量减少。

(3)交叉弹性为零，即 $E_{pyx}=0$，说明运输服务 x 的价格变动对运输服务 y 需求量没有影响，既不具备替代性又不具备互补性。例如，航空运输价格的提高，对于公路长途运输需求量没有影响，就长途运输而言，航空运输与公路运输两者互不影响。

本书选取竞争性较强的铁路与航空运输，测算其交叉弹性，用交叉弹性 $E_{航-铁P}$ 表示铁路平均运价的变化引起航空客运量变化的灵敏程度。有关统计数据如表 5-8 所示，按照式(5-3)测算每年的交叉弹性(表 5-9)。

表 5-8 1990～1997 年铁路和航空完成实绩

年份	铁路		航空客运量/万人
	客运量/万人	平均运价 P/(元/千米)	
1990	94 888	0.042	1 659.6
1991	94 208	0.043	2 178.1
1992	98 788	0.044	2 886.4
1993	104 580	0.046	3 383.2
1994	108 009	0.048	4 039.4

续表

年份	铁路		航空客运量/万人
	客运量/万人	平均运价 P/(元/千米)	
1995	102 081	0.057	5 117.1
1996	93 551	0.071	5 555.4
1997	91 919	0.074	5 629.7

资料来源:《中国交通年鉴》1992,1994,1996,1998;《中国经济年鉴》1996,1997;《铁路统计资料汇编》1996,1997;"平均运价"是按当年的客运收入和客运周转量计算所得。

表 5-9　弹性测算结果

年度	$E_{航-铁P}$	年度	$E_{航-铁P}$
1990～1991	13.12	1994～1995	1.42
1991～1992	14.00	1995～1996	0.35
1992～1993	3.79	1996～1997	0.32
1993～1994	4.46		

通过计算铁路与航空的交叉弹性 $E_{航-铁P}$,计算结果(表 5-9)为:交叉弹性值为正,但数值上呈逐渐减少的趋势,表明铁路与航空有较强的替代性,但其替代性的敏感程度逐渐减弱。这在某种程度上说明:两种客运方式"营销"观念越来越强,即应尽可能为旅客提供"完整的服务"、"特色服务"、"旅客至上"等来抢占市场。

4. 需求的派生弹性

上述三种弹性只是针对影响需求较大的三个影响因素进行了弹性系数的分析,实际上,经济学家在分析整个航空业发展情况或者航空公司在拟定其长远计划时,还会用到一些派生的需求弹性。

1)生产派生弹性

运输需求的生产派生弹性是指运输需求量对工农业生产总值的变化的反应程度,即

$$E_G = \frac{\Delta Q/Q}{\Delta G/G} \tag{5-4}$$

式中,G 是工农业生产总值;ΔG 是工农业生产总值的变化量。

E_G一般是正值,说明运输需求量与工农业生产总值同方向变化,即当工农业生产总值提高时,运输需求量也是增长的,反之亦然。但在特殊情况下,也会出现负值。如工农业生产总值出现负增长或运输需求量出现负增长,其中任何一个变量出现负值,其弹性必然是负值。

2)商品派生弹性

在客货运输市场中,运输需求的商品派生弹性是指运输需求量对商品需求变化的反应程度,即

$$E_C = \frac{\Delta Q/Q}{\Delta C/C} \tag{5-5}$$

式中,C 是商品需求;ΔC 是商品需求变化量。

运输需求很大程度上受成本的影响，成本中的燃油、飞机等商品的价格就会间接影响航空运输需求。一般来说，如果是计入成本的商品，如燃油、飞机、航材设备等，商品派生弹性的值为负值，随着这些商品价格的上涨，运输需求量是下降的。如果是需要运输的商品，如鲜花、精密仪器、特产、古董等，商品派生弹性的值为正值，这些商品价格的上涨，反而会促使货主选择安全系数和速度都最高的航空运输，运输需求量是增加的。

5.4.2　运输需求函数和运输供给函数分析

1. 运输需求函数

为了定量地研究运输需求受各种因素影响的弹性大小，还需要引入运输需求函数。运输需求函数用函数形式表示运输需求量与影响因素之间的数量关系。

这里，运输需求是指在特定时间、空间和一定的条件下，运输消费者愿意购买运输服务的数量。由于研究目的和范围不同，从时间上，可以是一年、一季、一月或一日的运输需求量。从空间上，可以是一个国家、一个地区、一条航线或者一个航向的运输需求量。

既然运输需求量受到诸多因素影响，从数学上讲，运输需求就是影响它的各因素的函数。运输需求函数是运输需求量与影响这一数量的各因素之间关系的一种表达式：

$$Q_{\mathrm{D}} = f(P, I, G, C, H, Y, A, Z, \cdots) \tag{5-6}$$

其中，Q_{D}为运输需求量；P 为航空运输票价；I 为人均收入；G 为工农业生产总值；C 为关键商品价格；H 为可替代服务价格；Y 为国民经济产业和产品结构；A 为生产和运输布局；Z 为人口增长及其构成。

但是这种需求函数仅是运输需求函数的抽象形式，并没有表示出自变量与运输需求量之间的具体数量关系。只有通过经济分析及数量计算，才能得到可以实际应用的运输需求函数。这个过程主要有以下几个步骤。

(1)选择代表性影响因素。如上所述，影响航空运输需求的因素很多，而各个因素之间又相互关联相互影响，应当根据运输需求分析的目的，选择最具代表性的影响因素，而理想的情况下，应当选择相互独立的影响因素，或者相关性较小的影响因素，避免函数中各个自变量之间自相关的现象。

(2)选用适当的指标。对于各个自变量，要选用合适的指标将其进行量化。如代表航空运输票价的因素，是选用某个航空公司的票价还是全行业的票价，是采用全年的票价还是高峰月的票价，是全价票价还是实际的折扣票价？这些都可以因为分析的主体和分析的目标不同进行调整和改变。

(3)获取和处理数据。对选择好的因素指标要通过适当的方法获得比较可靠的数据。数据的获得可以通过查找历史统计资料，也可以通过适当的经济推算或者实际的调研。由于有些数据的统计口径、指标范围、指标含义不同，数据获得之后要进行适当的加工处理，之后才可以用来进行需求函数的建立。

(4)参数估计。采用获得的自变量数据进行数学求解，对函数中的参数进行估计，获得运输需求函数，并对其进行统计检验。

在实际应用时，可针对具体问题选择合适的模型。常用模型有线性模型、半对数模型和对数模型。模型建立中一般只选取价格和非价格因素变量中的任意一个或若干个。通过具体的经济分析和数据统计，进行数量计算，以求得出确切的函数表达式。由于同一数据来源不同，模型计算的结果会有较大差别，通常可以选择几个模型试算挑选其中之一。

例如，从纽约到洛杉矶航班的需求函数可以表示为

$$D_{\text{NY-LA}} = f(P_X, P_Z, Y, H) \tag{5-7}$$

式中，P_X是票价；P_Z是竞争者票价；Y 是年收入；H 是综合考虑其他因素，如服务、顾客忠诚度和随机因素。

航空运输需求函数通常可以表示为对数模型，即

$$\ln Q_D = \beta_0 + \beta_1 \ln P_X + \beta_2 \ln P_Z + \beta_3 \ln Y \tag{5-8}$$

式中，β_0 是一个常数；β_1 、β_2 和 β_3 是相关系数。

航空公司的管理者可以根据以上原理构建单个市场、单个市场中的细分市场和每个航班的需求函数。不同的始发航班可以用不同的需求函数来表示。需求函数可能包括了价格、个人可支配收入（对于休闲旅客）或是出发地贸易或经济活动的衡量标准（商务旅客）、旅游者或目的地的经济潜力、两个区域之间的种族联系，以及计划的广告和促销运动。

价格和收入通常认为是需求函数中最重要的因素（Battersby 和 Oczkowski，2001），当然，需求函数中的一些其他自变量也起到一定的作用。很显然，服务质量也是一项需要重点考虑的因素；对于某些市场（特别是中短程市场）的某些旅客群体，航班排班和准点率是影响其购买行为的关键性服务品质。相比商务旅行人士，休闲旅客群体对频率的敏感度稍低（Clark，2001）。

当采用这种方法推出个别航空公司而不是整个行业的需求函数时，需要加入更多的决定性变量来协助评估竞争对手行为的影响——特别是对他们的定价策略、服务创新计划和广告支出。如果考虑单个航班的需求函数，由竞争对手在相同航线上提供的替代性服务的价格将会对需求产生影响。

建立需求函数的目的是从假定的自变量中找出哪些对需求（和市场份额）产生影响。需求函数构造得越精确则越实用，但是仍会在现实中面临一些挑战。

2. 运输供给函数

与航空运输需求函数一样，为定量地研究运输供给受各种因素影响的弹性大小，在这里引入运输供给函数

$$Q_{\text{provide}} = f(P, C, H, Y, A, Z, \cdots) \tag{5-9}$$

式中，P 为航空运输价格；C 为关键商品（在这里尤其是指影响成本的商品）价格；H 为可替代服务价格（也反映了竞争情况）；Y 为国民经济产业和产品结构；A 为生产和运输布局；Z 为人口增长及其构成。

当然，这也只是一个抽象的函数表达形式，也还是要根据上述的 4 个步骤进行供给

函数的建立，影响因素也会因为具体的情况而异。例如，5.2.3 节中的式(5-1)是航空运输业的一个供给函数模型。

5.5　航空运输需求预测

预测是航空运输管理非常重要的一个方面：①是系统投资、规划的需要。机场新建和改、扩建以及航空公司机队调整等项目是否值得投资，什么时候投资，投资规模如何，必须根据未来的航空运量决定。②是系统经济评价的基础。民航运输系统的各组成部分的投资规模、寿命期内的营运成本，以及寿命期内的经济效益均取决于未来航空量的预测。如果没有科学、合理的运量为基础，就必然不能正确地衡量系统的经济成本和经济效益，致使经济评估失去真实性。

通常航空公司为规划能够满足需求的供给而进行需求预测。广义上说，战术或运营决策都源自短期的 6～8 个月运输需求预测，并且这个预测包含在航空公司的运营计划中，为当年或下一年作预算。甚至飞机日程安排、维修计划、广告和销售活动，以及新销售点的开拓都最终依赖这些短期预测。还有大量与航空公司的合作计划及战略决策是由长期预测产生的。航空公司几乎所有的战术或战略决策最终都是由预测产生的。同时，预测却是最容易出错、确定性最低的领域。在预测里没有绝对的真理，没有保证准确率的最佳方法。航空公司预测人员使用任何一种不同精确复杂度的预测技术，每一种技术都有其优点和缺点，没有谁能够保证一个不变的精确度。但由于如此多的决策依赖它，所以还是要进行预测。

航空需求预测一般包括客运和货运预测两个方面。客运预测包括旅客出行产生预测和旅客出行分布预测。货运预测包括货运发生预测和货运吸引预测。同时，按照预测时间的长短，航空需求预测又可分为长期预测、中期预测和短期预测。预测期限的长短，应按照预测目标的要求来确定，服从于决策的需要，并且应参照预测期的长短、数据量的多少选择预测的方法。

航空需求预测的主要方法按其性质可以划分为三类：定性预测方法、定量预测方法和综合分析判断法。

所以，这不是一个详尽的回顾，因此可能会存在一些很少被航空公司使用的预测工具未提及。一些广泛使用的预测方法经常会联合使用，随着复杂度的递增，预测可以分为三类：定性的方法、时间序列、因果分析或经济计量法。

5.5.1　定性预测方法

定性预测方法是基于经验和判断对预测对象作定性分析，一般不单纯依赖当前的系统数据。主要有专家判断法、市场调查法和德尔菲法。

1. 专家判断法

航空公司使用的大量不同预测技术中，专家判断是最为广泛使用的技术之一，经常用来修改和调整那些更为数学化的预测。这些判断建立在一个人的洞察力和评估能力之上，他们可能不是预测专家，但是他们对正在讨论的航线或市场有丰富经验。例如，航空公司经常会要求区域经理对他们管辖区域的航线进行交通量增长的预测。

他们的经验包括对近期和当前交通增长、对影响未来需求的经济和其他发展的了解。他们对自己的市场掌握了第一手资料。他们对相关因素综合考虑，所以他们的判断和预测会建立在一个很好的基础之上，但是这种方法基本上是未经加工的，会不科学。预测越是详细越是长期，专家的判断可能就越不充分。

另外，利用专家判断进行预测有两个比较突出的优点：①它快速，几乎立即就可以做出这种预测，不需要任何细节评估或数据。②进行预测的人可以发现影响一条航线上未来需求的外部和特殊因素，而这是基于数据分析技术所无法做到的。因此，许多航空公司利用一些关键管理人员和专家判断对基于数据预测的结果进行修改。

2. 市场调查

大量市场调查技术都可以用来分析旅客和货物的需求特征。这些技术包括对旅客及那些不乘坐飞机旅行的旅客态度和行为调研，也涉及对宾馆和其他旅游设施的调研，对旅行社和商业中心的调研，对商业的分析等。这些研究可以委托给专业的市场调研公司或者由航空公司自己设计。许多大型航空公司会对自己旅客进行日常和系统性调查以建立他们的需求和特征框架。其他的会在针对一个具体需要解决的问题时制定出一个特定的调研。航空公司也会通过他们的订座系统，尤其是直接的网上预订和常旅客计划来搜集数据建立市场知识。这些调研的主要目的就是凭经验得出在不同人群或者货运在不同行业的细分市场中的需求变化情况。获取的知识可以与其他社会、人口或者经济的预测技术相结合对未来需求水平进行预测。

许多情况下，用以经验为主的方法进行预测可能会比经济计量方法更合适。在一条旅游航线上，如果目的地宾馆床位数超过航空运输需求，对于目的地宾馆和旅行基础设施的研究可能是一个比过去交通趋势分析更好的未来交通预测指标。同样地，航空货运需求的预测也经常使用市场调查研究，特别在那些货物流相对较少的航线上。在许多航线上，航空货运的不稳定和不正常增长会造成使用时间序列分析或其他经济计量技术难度的增大。航空货运预测模型一般没有航空旅客需求预测模型成功。在大多数航线上，只有数量有限的商品可以进行货物空运。从发展中国家的航空出口通常限制为一到两种商品，而进口却不一样，尽管还是有限制，但有很大的范围。所以，航空货运中对一些关键商品的贸易发展利用市场调查分析进行预测可以得到好的成果。

当过去的交通数据不充分或者根本不存在，无法使用时间序列或者可能的经济计量预测方法时，市场研究作为一项预测工具特别有用。许多发展中国家的航线经常采用该方法预测，而且该方法对于全新的航线也完全适用。在这些情况下，市场调研可能是评估未来需求量的唯一方法。市场调研也同样能帮助航空公司预测供给条件发生变化和航空公司新加入一个细分市场时需求的变化情况。

3. 德尔菲法

德尔菲法(Delphi techniques)要求在能预计未来趋势的专家个人意见的基础上建

立一个一致的预测。这是个互动的过程，可能包括了好几轮的磋商。简单来说，一组专家可能要求给出他们对于一个地区或市场的增长预测，这些预测集中整理后发给专家，使他们可以根据其他专家的预测，修正自己原始预测。经过几轮的意见反馈，意见较统一后，询问即结束。该方法简单易行、可靠性好、节约经费，适用于没有足够信息资料的中长期预测。但该方法的缺点是受人的主观因素影响较大，预测所需时间较长。

5.5.2　定量预测方法

定量预测方法是根据历史数据的统计资料，利用数学的方法，推测出预测对象未来的发展趋势。具体方法有时间序列预测法和回归分析预测法。

1. 时间序列预测法

时间序列或趋势分析是国际航空公司最广泛使用的预测技术。这个技术主要是利用已经发生的事情对未来进行推断。它假设不管什么因素无论过去或未来都以同样方式在影响航空运量。唯一影响运量的自变量是时间，随着时间的推移，交通运量发生改变。

要建立交通量(因变量)和时间(自变量)之间的关系，就需要有相关航线准确而详细的交通量数据。没有这些数据，时间序列法将无法使用。预测过程的第一步就是在图表上画出时间序列数据，表示每月或每年交通量。通过各点画一条光滑的曲线来表示该航线上的交通量是指数型的还是线型的，见图 5-6。

一个指数型趋势就是单位时间内交通量以一个常量按比例增加。这就意味着每段时间内旅客数量的增加净值或货物吨位的增加净值要比前一段时间的增量大。指数型曲线的公式为

$$\text{Traffic}(y) = a\,(1+b)^t \tag{5-10}$$

式中，a 为常量；b 为增长率；t 为时间。

一个线性或直线型趋势就是单位时间内交通量以一个固定的量增长。表达式为

$$\text{Traffic}(y) = a + bt \tag{5-11}$$

式中，a 和 b 是常量；t 是时间。

由于单位时间内的变化是常量，总的交通量持续增加，增加的比例逐渐降低，所以一个指数型增加趋势和线性趋势对交通量增加的预测的影响有着本质性的区别。指数增长意味着即使增加的比例可能或多或少是常量，但是每年或每月的交通增量越来越大。线性增长则指示了一个以固定数目的增长。判断哪一种趋势线最能够代表一条航线的发展会对预测尤其是长期预测产生重要的影响。

航线上增长情况还可能在早期是线性的，然后变成指数型，反之亦然。这就增加了一个问题，有时很难决定是一个线性还是一个指数型的趋势更加适合数据，而选择不一样会产生不一样的预测。

有些航线或市场在几年的快速增长之后，达到一定的高度，增长就开始平缓。通常假设当市场成熟之后或者达到一定饱和之后就达到了稳定水平。如果一条航线上已经达到了这种状态或者正要达到这种状态，过去交通量数据趋势最好渐进地接近上限，如

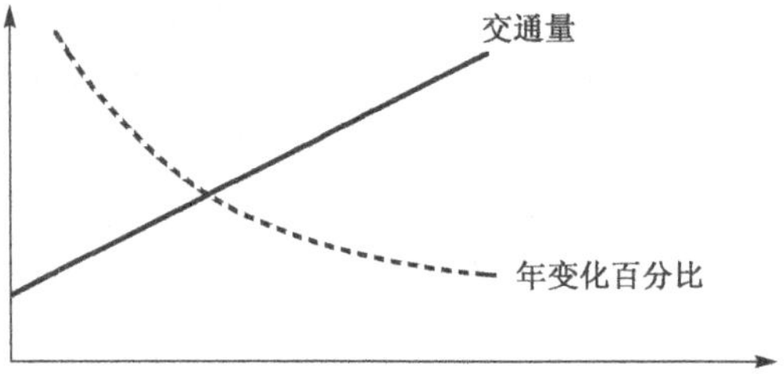

(a) 线性:$y=a+bt$

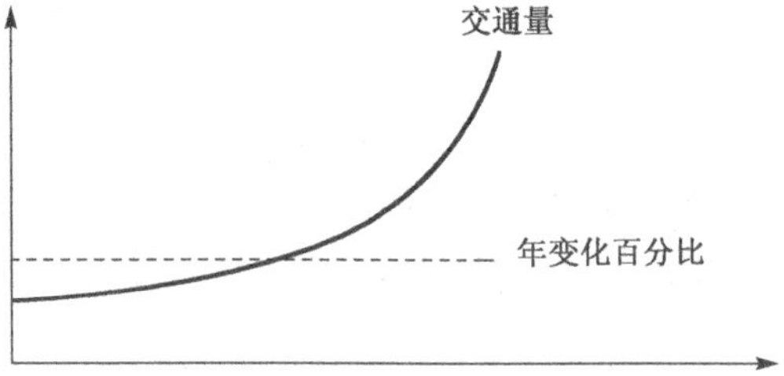

(b) 指数:$y=a(l+b)^t$

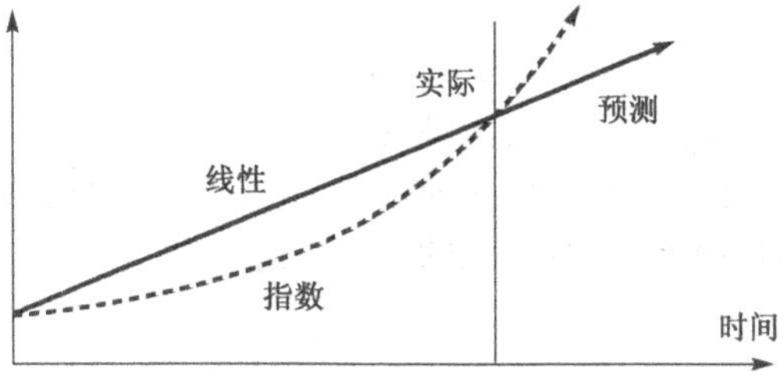

(c) 预测：线性和指数型

图 5-6　运输量增长类型

用 Logistic 曲线或一条龚帕兹曲线(Gompertz curve)来描述。这些都是 S 形曲线，表明了当市场趋近成熟时增长率的下降和相对增长趋势。实践中，国际航空公司不习惯用 Logistic 曲线或龚帕兹曲线进行预测。大部分时间序列预测是指数型或线性的。前者应用更加广泛，既因为它简单，也因为过去的交通趋势通常呈现指数型。下面对时间序列预测中的指数预测进行分析和说明。

1)平均增长率/量

许多航空公司，尤其是一些小型航空公司和那些数据量较少的、运营时间相对较短的航线，会基于平均增长率进行预测。这个方法比较简单，即将每一年的增长比率相加再除以一个总年份，得到平均年增长率/量，公式为

$$y = a(1+b)^t \text{ 或者 } Y = a + bt \tag{5-12}$$

式中，a 为初始年份的实际交通量；b 是平均增长率或平均增长量；t 为预测年份数量；Y 为最后一年实际交通量，然后使用初始年份、最后一年数据和间隔年数就可以得到平均增长率/量。

2)移动平均增长率/量

理论上,利用年均增长率预测时,数据序列应该足够长以反映随机变动和移动趋势。当时间序列不是特别长而且每年交通量增长有非常明显的波动时,一些预测人员会使用移动平均值对原始交通波动进行平滑。为此,通常将 3 个或者更多观测量相加,计算平均值。然后作为实际观测量 3 年(或月,如果用的是每月数据)中间点的数据。移动平均观测量数目的选择取决于各个预测人员,他们的目标就是在不损失长期变化的情况下消除那些短期突发的交通变动。但移动平均不能用于很少的数据列,因为这种方法首尾都会损失一些数据。

3)指数平滑

一些预测人员相信年份越近,对未来的预测会越准确。所以,越近的观测量权重越大。从数学的角度来看,这种技术与移动平均方法类似,但是对近年和之前的年份观测量的比重进行调整。表达式为

$$\gamma_{+1}=\alpha\gamma+\alpha(1-\alpha)\gamma_{-1}+\alpha(1-\alpha)^2\gamma_{-2}+\alpha(1-\alpha)^3\gamma_{-3}\cdots \qquad (5\text{-}13)$$

式中,α 是平滑指数($0<\alpha<1$);γ 是 γ 年的旅客人数;γ_{+1} 是第一年预测值。

α 值越大,最近的观测值所占的比重就越大。预测员可以决定 α 值的大小。公式相对简单,但是平滑技术可以很复杂。最有名的就是 Box-Jenkins 模型(Nguyen Dai,1982),这是一个需要大量观测值的复杂模型。尽管航空公司的预测员会参照 Box-Jenkins 模型,但是很少实际使用。还有一些可用的更简单的公式,其中就有布朗的双指数平滑模型和霍尔特-温特斯模型(Holt-Winters model)。两者都使用了平滑技术来处理时间序列的趋势波动。尽管指数平滑技术已经广泛应用于一些其他的行业,但是这些技术还是基本限制在航空运输业的。

可以借助不同时间序列技术预测一条真正的航线客流量。选择从伦敦(London)到尼斯(Nice)的一条短行程的定期航班,如表 5-10 所示,这条航线上包机很少并且借助巴黎或其他城市中转的旅客也很少。若在 1984 年希望预测 1988 年该航线的客流量。

表 5-10 1972～1983 年伦敦(London)—尼斯(Nice)总客流量

年份	航站楼旅客数 $\times10^3$	年变化/%	三年内平均年移动量 $\times10^3$	年变化/%
1972	140.6			
1973	148.5	+5.6	143.8	
1974	142.4	−4.1	151.6	+5.4
1975	163.8	+15.0	158.6	+4.6
1976	169.6	+3.5	166.9	+5.2
1977	167.4	−1.3	174.0	+4.3
1978	185.0	+10.5	187.4	+7.7
1979	209.9	+13.5	206.7	+10.3

续表

年份	航站楼旅客数 $\times 10^3$	年变化/%	三年内平均年移动量 $\times 10^3$	年变化/%
1980	225.1	+7.2	225.4	+9.0
1981	241.2	+7.2	245.0	+8.7
1982	268.8	+11.4	259.3	+5.8
1983	268.0	−0.3		

资料来源：英国机场：年客货运量，英国民用航空，2000(a)。

采用五种不同的时间序列预测技术对伦敦—尼斯航线在1988年旅客流量的预测值进行计算，结果见表5-11。在预测值的最高值和最低值之间的差距是每年大约58 000位旅客，等价于空客A320以65%的客座率一周内运行5个往返飞行。这个范围值很宽，足以影响任何一个航空公司的战略机队规划决策。相比而言，指数技术的预测值常会高于线性趋势技术，在航空公司更经常采用指数技术，预测较为乐观。

表5-11 时间序列法预测1988年伦敦(London)—尼斯(Nice)总客流量(1984)

	预测方法	预测旅客数量
指数预测	年平均增长率	362 000
	移动平均量	384 800
	指数平滑	326 200
线性趋势预测	单一趋势	327 800
	平均移动趋势	329 500
最高预测和最低预测差值		58600

事实上，在1988年从伦敦—尼斯这条航线的客流量是392800。对比表5-11预测值，该市场的客流量增长是指数型而不是线性的。

总之，时间序列预测法简单易行，同时又充分考虑到了偶然因素的影响产生的随机性。但其准确程度较差，且不能向外延伸进行外推预测，只适用于短期预测。

2. 因果分析或经济计量法

所有这些方法的一个重要原则就是旅客需求或航空运输需求与一个或多个经济、社会或者供给因素有关，并受其影响。经济理论表明任何商品或服务的需求主要依赖它的价格，竞争商品或服务的价格，产品的自然特性和消费者需求等级，个人年收入和消费者喜好等。其中任何一个变量发生变化都会影响需求。经济计量模型尝试测量那些因果关系来进行预测或预测任何一个变量变化时对需求水平的影响。

因果关系建模的第一步是识别并选择因素作为自变量，来预测代表旅客或货运交通量水平的因变量。第二步是决定自变量和因变量之间的关系，也就是细化要用的模型形式。通常对航空公司的预测来说，会选择一个回归模型。其他模型如引力模型也用于运输业的其他领域，但是很少用于航空运输。预测过程第三步包括模型校准，检验自变量和因变量之间的数学关系表达式。如果检验结果表明模型建立的关系很重要并且统计上是可靠的，那就可以进行最后一步。它包括预测自变量或者用其他人的预测来得出航空交通量预测。

1)回归模型

回归分析预测法是根据事物变化的规律，确定因变量和自变量之间的关系，来预测事物未来的发展趋势。大多数航空交通量的经济计量预测都建立在简单或多元回归模型基础上，交通量是一个或多个自变量的函数。最常使用的两个变量是航空票价和一些人均收入标准。

一般可以考虑的模型形式如下：

$$T = f(F, Y, t) \tag{5-14}$$

式中，T 是年旅客数；F 是实际的平均票价；Y 是 GDP 或人均消费者支出等个人收入标准；t 是一些重要的时间趋势。票价水平、收入水平或者其他经济变量都要对通货膨胀进行调整，用常量或实际价格表示。价格的选择是至关重要的。

理想情况下应该考虑最低票价的变化，因为只有这个会影响整体市场，其他价格的变化只会影响市场组成。因为在许多航线最低票价的座位数被严格限制，所以这点不明晰。许多分析员会选择平均收益而不选择最低票价作为价格变量。收入水平中，确认哪些是可用的影响需求的收入又是另一问题。是用统计的国家人均收入还是地区人均收入呢？如果调整了通货膨胀的价格水平，还需要调整某条航线所在地区或国家货币的价格。这类问题会让预测员为一条航线根据始发地建立两个独立的定向模型。

大部分航空公司预测模型假设自变量之间是乘法关系，也就是说每一个变量对交通趋势的影响都是相乘的而不是相加的。自变量对需求的影响必须截然不同，不然不可以用乘法关系。因变量和自变量的乘法关系可以通过对数形式转化成线性的：

$$\log T = K + a\log F + b\log Y + c\log t + \mu \tag{5-15}$$

式中，μ 是误差；a、b、c 都是模型参数，它们的值越高，相应的自变量对交通水平的影响就越大。模型不一定需要是对数线性的，但是根据需求的经验研究已经发现这是一个非常有用的形式。

(1)参数估计：最小二乘法。

已经将回归模型具体化，自变量在开始也包含在内了，模型要对过去的交通水平和自变量的变化进行校准。通常会使用过去一段时间的时间序列数。在普通最小二乘法估计基础上进行重复，回归模型得到一个常量(K)和参数 a、b、c 的值。

(2)参数检验：多重决定系数。

已经拟合了数据并设置了常数 K 的值和参数，预测人员需要了解他们的模型是否健全。只有当他们对模型中建立的管理的可靠程度非常确信时，才将之作为预测工具。大量的统计检验可以用来实现这个目的。最直接的就是多重决定系数($\overline{R}^2$)，它可以测量时间序列数据和回归模型契合程度。非常契合得到的系数接近1.0，而较低的系数，如0.5或更低表示契合度较差。使用时间序列数据，如果想要在一定置信度上使用这个模型进行预测，理想地会希望得到一个0.9或更大的系数。这个$\overline{R}^2$系数也用来选择不同组合变量的模型。

(3)其他检验系数。

尽管$\overline{R}^2$的值能够告诉预测人员交通的变动和自变量变动的拟合程度，但是它却无法告诉他们交通量是如何与每一个自变量分别关联的。这要由偏相关系数得到，这些衡量交通量如何在其他变量保持恒定是与其中任意一个自变量产生关联。

其他的用来衡量模型有效性和其中主要关系的重要性的检验包括t检验和F检验。后者可以用来代替多重决定系数，通过比较可以解释的数据不一致和无法解释的数据不一致得到。详细讨论如何进行检验和不同统计检验的重要性不是本书的目的。具体可以参考统计学教科书。

(4)回归模型中存在的问题。

①自相关。多元决定系数不能保证因果关系或自变量和因变量之间的紧密联系。如果回归方程产生的误差是一种模式，也可能产生高的决定系数。这称为自相关，当有效自变量剔除之后或当因变量出现一个明显的循环波动就有可能出现自相关。可以用Durbin-Watson统计量d来检验。d的值可以用来评估是否有和观测值及自变量的数目相关的自相关。作为一般规则，如果Durbin-Watson统计量低于1.5或高于2.5，预测人员就要考虑可能的自相关了。阿尔及利亚-巴黎模型上的Durbin-Watson统计量为3.24，表明了存在一个连续的负相关。

②多重共线性。除了可能出现高的决定系数，另外一个问题就是多重共线性。如果自变量不是彼此统计独立，那就有可能会出现这个问题。例如，航空票价和燃油价格可能或多或少同向移动。所以自变量可能会导致多重共线性并难以说明回归系数。而且，它们不能再严格地认为是弹性的。可以用表示自变量之间的相关性矩阵检验多重共线性。相关性达到0.86或者更高的变量不应该出现在同一个模型中。自相关和多重共线性的存在是航空公司运用经济计量模型进行预测的两个关键问题。而在具体的案例中，还要处理其他更多不明显的问题。

(5)回归模型实例。

尽管理论经济学家已经发展了很多比较可靠的经济计量模型来预测航空交通量，航空公司还是倾向于使用一些简单的模型，尽管理论上可能不如人们希望的那样可靠。1977年阿尔及利亚航空公司就为预测阿尔及利亚和法国之间的交通量建立了这样的一个模型，模型形式如下：

$$\log T = K + a\log \mathrm{GNP} + b\log F + c\log S \tag{5-16}$$

式中，T是阿尔及利亚和巴黎之间阿尔及利亚航空公司的旅客人数；GNP是法国和阿尔及利亚的实际GNP进行根据人数比例加权之后的标准；F是阿尔及利亚—法国航线上平均客千米收入；S是所有阿尔及利亚—法国航空服务的平均速度。

其有效自变量是收入、价格和服务质量，也就是速度。模型依赖的时间序列是1968～1975之间的8年。这是一段很短的时间，类似这种预测两个国家之间的总航空量一般需要10年的数据基础。采用普通最小二乘法，计算出的系数如下：

$$\log T = 1.0963 + 1.4476\log GNP - 1.4135\log F + 0.2471\log S \quad (5\text{-}17)$$
$$(0.7890) \qquad (8.3352) \qquad (-2.3490) \qquad (0.6656)$$

这里分别t检验的值已经用括号加在公式下面。$\overline{R}^2=0.9732$，标准差为0.0381，$F(3.5)=60.60$，Durbin-Watson统计量为3.24。

模型在阿尔及利亚—巴黎的航线上的价格弹性为-1.4，收入弹性为$+1.4$。由于t检验的值很高说明系数的显著性。而该模型曾用来进行10年的预测，并据此进行机队规划。

回归模型可以非常详细和复杂，尤其当预测人员将市场分成非常多的细分市场时，例如，在20世纪90年代早期，英国民用航空公司基于不同类型目的、居民所在地和航线类型将伦敦机场的交通量分为了11个离散的细分市场。每个细分市场都有自己的因果模型，分别进行交通量预测。例如，BAA在英国运营7个机场，包括伦敦3个最大的机场。预测伦敦地区市场的交通量时，BAA将其旅客预测分为了14种航线或市场区域，例如，国内、欧洲、欧洲其他地区、北大西洋、亚洲和太平洋等。这里面每个航线区预测时再细分为4个细分市场，也就是，英国商务居民、英国休闲旅行居民和商务或休闲旅行的外国居民。结果产生一个14×4的预测矩阵或单元（14条航线区，每个里面分4类旅客部分）。

2）货运回归模型

货运需求具有波动性和单向性的特点，影响航空货运的因素很复杂而且经常变化。在任意一条航线上都有很多的商品货运率，而这些概率比旅客价格还要不稳定。因为这些复杂性，将过去的货运增长与一个或多个自变量联系是有困难的，尤其是与单个航线联系，尽管一些早期的研究确实建立了联系货运吨千米和货运率、美国产业总值指数和时间趋势的模型。

发展起来的因果关系货运模型很少用于预测全球货运需求或者大市场的需求，而更多的用于单个航线预测。例如，美国飞机制造商麦克唐纳·道格拉斯就是用了简单的回归模型进行区域间方向性货运的预测。例如，在北大西洋westbound模型中，货运吨千米就与德国马克—美元之间的兑换率和美国实际的GDP正相关，而与实际的货运收入负相关（道格拉斯，1989）。另外一个制造商，空客公司利用120个方向性空中货流市场的经济计量分析得出了全球航空货运交通量的长期预测，用吨千米进行衡量。影响航空货运的自变量包括经济增长、国际贸易、空中货运收入和行业产量。

ICAO利用经济计量模型进行世界定期航空服务的长期预测（ICAO，1997）。例如，使用1960～1991年的数据，ICAO建立了两个独立的模型：一个预测旅客交通；另一个预测航空货运。货运模型形式如下：

$$\log FTK = -0.41 + 1.58\log EXP - 0.37\log FYIELD \quad (5\text{-}18)$$

$$(20.3) \qquad (5.1)$$

式中，FTK是货运吨千米；EXP是实际世界出口；FYIELD是每货运吨千米的实际收入，括弧内的数据是 t 统计量，$R^2=0.996$。很明显，航空货运对世界贸易的增长比货运关税更加敏感。

大多数货运航线预测的建立综合了执行者评价、市场调查和合适的时间序列预测等方法。这些预测建立在贸易商品的基础上，因为在任何一条航线上通过货运的个人商品数目通常是受限的。在20世纪70年代末，英国航空公司也尝试建立了货运流的经济计量模型，但是没有成功，后来更加侧重时间序列的分析和影响商品流的特殊因素评估。与尝试对特殊航线总货运流建模相比，对单独商品流的因果模型的发展最终被证明更有价值。

3）引力模型

当预测新的航线上的交通量时，时间序列分析或回归模型都不常用，因为没有多少历史交通数据或者这些航线上的流量数据记录不充足或完全不存在。通常，这类问题都是综合市场调查和专家判断法来处理的。另外一个可行的方法就是使用引力模型。这是交通预测最早的因果模型，航空上用得较少，尽管引力公式在许多道路交通预测和指派模型中是一个至关重要的部分。

引力模型最早由1858年亨利·凯里阐明，后来成为了人力相互作用的引力概念。他表明社会现象和物理现象有着相同的根本法则，与物质世界一样，这里的引力是质量和距离之比。将这个首次应用到运输业的是Lill(1889)，在1889年她一直研究奥地利的国家铁路的运作。随后，这个概念被高速公路的工程师采用，他们开发引力模型进行道路交通的预测。第一次应用到航空领域是在1951年，D'Arcy Harvey服务于美国民航管理局时，开发了引力概念来计算两个地区之间的航空运输流（D'Arcy Harvey，1951）。

将这个概念引入航空领域，即两点之间的交通量与其人口成正比，与两点之间的距离成反比

$$T_{ij} = K\frac{P_i P_j}{D_{ij}} \quad (5\text{-}19)$$

式中，T_{ij} 是 i 市和 j 市之间的交通量；K 是常量；P_i 和 P_j 是两个市的人口；D_{ij} 为两个市之间的距离。

表达式是一个用人口规模和距离作为影响交通流的自变量的简单因果模型。后来模型进一步发展，例如，考虑航空票价水平作为阻力来取代距离，也有人考虑用消费能力、人口经济活动特性等修改原始人口数量。

早期的一项研究是用每个相关城市的总航空运输量取代公式中的人口数（Doganis, 1966)。他认为总机场运输量能更好地衡量一个地区收入水平及当地和机场区域经济活动类型。使用机场交通量就不需要在模型中混入其他的经济变量。研究发现，当计算结果与实际的交通水平不一致时，给距离增加一个指数而不是求和会改善模型的相关性。模型采用如下形式：

$$T_{ij} = K\frac{A_i A_j}{D_{ij}^p} \tag{5-20}$$

式中，T_{ij} 、K 和 D_{ij} 与之前一样，但是 A_i 和 A_j 是航线两端机场的交通量；p 是距离增加的指数，在 1～1.5。

1989 年，欧洲委员会预测欧洲委员会南部地区机场之间的航空量，这些地方有的没有直接的航空连接(威斯敏斯特，1989)。大量模型公式都用 1987 年存在的 47 条航线服务进行校准。其中产生最高相关度 0.97 的模型公式如下：

$$T_{ij} = K\frac{A_i A_j Q^{3/4}}{F^{1/2}} \tag{5-21}$$

式中，K 为常数；A_i 和 A_j 是两个机场定期航班旅客量；$Q^{3/4}$ 是服务质量的 3/4 次方；$F^{1/2}$ 是普通经济舱票价的 1/2 次方。服务质量变量(Q)等价于对中转和飞机类型有限制的周航班频率的标准。每周一次的不经停的喷气机航班的 Q 值为 1.0，中转一次值为 0.5，涡轮螺旋桨航班值为 0.7。航班中转 2 次及以上的都忽略不计。

引力模型的计算值表明了它预测新航线需求量的能力，所以使用此模型，可以预测如威尼斯到马德里这样 1989 年还没有航空服务的两个城市之间的旅客需求，将当年每个机场的总航空交通量、经济舱票价和可能提供的服务类型带入方程式中。接下来是服务质量变量，还包括反复检验达到交通和服务水平的最优。尽管在引力模型中使用机场交通量作为一个生成变量会改善模型的健壮性，但是这种模型还有一个主要的缺点就是它无法在航线一端或两端没有机场交通量的情况下使用。这种情况下，就必须要重新使用收入水平加权后的人口规模了。

引力模型的优势是它能预测过去没有交通流量的机场之间的需求量。例如，Lufthansa 咨询公司已经开发了一个复杂的引力模型预测欧洲新航线的旅客量。模型中的生成变量是人口、国内生产总值、两个区域之间的旅游人数和机场服务的总旅客量(Solomko, 2009)。

4)经济计量模型的评估

经济计量模型是在空运需求与影响需求的社会经济活动水平和服务水平之间建立需求模型，而后通过对影响变量的预测，由需求模型得到运输需求的预测。它不仅提供预测值，而且给出影响预测结果的主要因素及其影响方式和影响程度的分析。它的主要步骤是：确定并选择影响预测对象的主要因素作为自变量；建立因变量和自变量之间的回归方程；检查回归方程的有效性；预测自变量的未来发展；得出预测对象的预测值。该方法需要采集各方面的数据，建立的模型也较复杂。

从事长期预测的世界大型航空公司都非常看重计量模型——特别是当一种自上而

下的方法用于分析全球、地区间和地区内的市场时。ICAO、ITAT、各种各样的区域性的贸易组织、主要的飞机和引擎制造商等都基于计量模型得到总体预测。

因果预测方法的优点是它是有逻辑性的，它将需求与可能影响需求的因素的变化相联系。所以除了决定系数的统计检验之外，模型的选择也必须有逻辑性。如果一个模型有很高的决定系数，但是自变量是错的，那就不可以使用这个模型。预测人员通过市场调查获得对市场情况最直接的经验和知识，这些调查可以让其对需求行为有深入了解，可能最终比统计分析和数学相关更有用。使用的模型必须有一定逻辑，如果有逻辑，那么一个人可以在预测3年或更多年的自变量时，得出比单纯使用与时间变化相关的时间序列法误差更低的长期交通量预测。因果预测有优点，也有缺点。为了更符合逻辑的一致性，实现更高的准确率，使用因果模型时，预测人员的困难出现了转变。他们现在不用去预测航空交通量，但必须使用其他人对自变量的预测，而如果没有这些数据，他们必须自己进行预测。许多政府、中央银行和其他机构都会对GDP、消费者支出、贸易额和其他可能用做自变量的经济指标进行预测。这些经济预测也不总是可靠的，预测时间也不总是足够长的。多个机构预测某个特殊的变量时，预测结果往往不一致。如果使用航空票价作为一个自变量，理论上预测应该简单一些，因为这是航空公司可以控制的。在实践中，航空公司预测2～3年的票价水平是很困难的，因为预测的石油价格或者其他因素都会影响未来票价。

因果分析技术还有一些其他问题，与时间序列分析一样，它也依赖历史数据。很明显，校准特殊的回归模型不仅需要高质量的航空交通量数据，还需要模型中自变量的多年充足准确的统计数据。在大部分发达国家这些数据都是可以获得的，在许多第三世界国家这些数据是难以获得或者不可靠的。即使能够获得数据，如果航空公司希望对关键市场或主要航线单独预测，需要单独建模，建模工作的复杂度也是很吓人和耗时的。

5.5.3 预测技术的选择

从前面的分析中可以看到，没有完全准确的预测。没有预测工具可以保证它的预测准确性。即使非常相近的预测方法的预测结果也会产生很大分歧。不管有多么大的不确定性，航空公司还是不能不进行预测，因为有太多的决策是由预测产生的。他们的预测人员必须从大量的已知预测技术中做出一个选择，以下几个因素会影响其选择。

1)预测目标

是预测交通量的增长，还是预测需求对一些新变化如票价上涨或航班频率变化的反应，或者预测一条新航线上的交通需求，这些预测目标会对预测方法的选择有很大影响。几乎所有的技术都可以在一般条件下进行运输需求增长的预测，只有一小部分可以进行运输需求相互作用的预测或新航线上需求的预测。如果一家航空公司计划开设一条新航线，定性或定量技术的选择范围就很小。

2)预测速度、数据的可获得性和预测成本

预测速度和数据的可获得性是评价这些技术并考虑是否选用的比较关键的因素。执行者评价和直接时间序列法是比较快速的预测。时间序列法需要一段合理的时间范围内精确和详细的交通量数据。回归模型除了需要所有这些数据,还要有模型中自变量的充足数据。如果交通量数据或各种社会经济变量的数据无法获得或没有,预测人员就要被迫换成定性的方法。成本也是重要的考虑因素。小型国家航空公司可能没有为市场调查准备很多资金,因果预测可能需要用到咨询师,但是咨询师也并不便宜。实际上,许多小型航空公司历来使用飞机制造商的长期预测或将 IATA 预测和自己的执行者判断相结合进行短期规划。

3)精确性

如果速度、数据可获得性和成本没有约束,航空公司会在预测精确性的基础上对已知的预测技术之间进行选择。精确性很难评价,各种技术都列在表 5-12 中,它们的短期、中期和长期预测精确度用 3 个级别——较差、一般和很好来表示。但是等级有一定的范围,受个人经验和评价的影响。不同的预测人员会使用不同的等级。大多数技术的短期预测都很精确,有的对 2 年长短的预测也很合理。超过这个时间阶段就有一些疑义了,定性或因果技术会更加精确一些。这些技术也可以识别和预测增长趋势中的转折点。理论上,因果模型会产生更好的结果,但是一些民航专家认为没有证据表明经济计量技术一定是一种更简单直接的获取更精确交通量的预测方法。

表 5-12

	定性预测法			时间序列法				因果分析法	
	准确的判断	市场调查法	德尔菲法	平均年增长	指数平滑	线性趋势	平均移动趋势	回归分析	重力模型
精确度:									
0～6 个月	好	好	一般/好	一般/好	好	一般/好	好	好	好
6～24 个月	一般	好	一般/好	差/一般	一般/好	差/一般	一般	一般/好	一般/好
5 年	差	差/一般	一般	差	差/一般	差	差/一般	差/一般	差/一般
预测对象的适宜性:									
运输需求的增长	好	好	好	好	好	好	好	好	好
运输需求的反应	一般	好	一般	不适用	不适用	不适用	不适用	好	差
新路线的运输	差	一般	差	不适用	不适用	不适用	不适用	一般	好
识别转折点的能力	差/一般	一般/好	一般/好	差	一般	差	差/一般	好	差
数据的可用性	好	差/一般	差	好	好	好	好	差/一般	一般
预测天数	1～2	90＋	30～180	1～2	1～2	1～2	1～2	30～90	20～60
成本	很低	很高	适中	低	低	低	低	高	高

大多数国际航空公司使用了大量的预测技术。对于不同的规划要求,航空公司会同时进行中短期和长期预测。前者倾向于建立在时间序列法的基础上,通过执行者评价和市场调查进行修改。每个航空公司使用的预测技术与自己的经验和它的预测人员的判断有关。评估新航线时,航空公司更倾向于使用市场调查方法而不是预测潜在需求。对于超过一年或两年的长期预测,许多小型航空公司会继续使用时间序列法,尽管这种方法在进行长期预测时的准确率受到质疑。最后,外部和不可测因素也可能会影响航空运输需求,超过3～5年的预测只能是试探性的。

第 6 章　航空运输成本

6.1　航空运输成本分类

运输业所使用的资本分为固定设施和移动设备两大部分，这对运输成本的类别划分具有关键性的意义。运输业的固定设施一般是指运输基础设施，如铁路、公路、场站和港口等，它们一旦建成就很难再移动，这些基础设施一般不能直接提供运输服务；运输业的移动设备是指移动性的运输工具，如火车、汽车、船舶、飞机等，这些载运工具一般用来直接提供运输服务，它们显然是可以根据需要在不同的区域或市场中进行转移的。运输业资本的这种特殊性质，使得运输成本的分类与其他行业有所不同，即运输成本划分为运输固定设施成本、载运工具的拥有成本和运营成本。

6.1.1　固定设施成本

固定设施是指那些不能移动的运输设施，由于航空运输的航路是空中交通管制系统在空中划定的空中路网，并不需要航路建设费用，在航空运输中固定设施主要指的就是机场。机场建设成本主要包括飞行功能区（主要是飞机跑道）、塔台、航站楼、办公楼建设，飞行区设备、空管设备、地面运行控制设备、办公设备等。在机场固定成本中最主要的部分还是土地资源成本和飞机跑道、航站楼的建设成本。

固定设施成本的特点主要包含以下几点。

1）机会成本巨大

机会成本（opportunity cost），不同于一般意义上的会计成本，它不一定是做某件事的时候实际发生的账面费用支出。它是指为了得到某种资源或进行某种生产而放弃另一些资源的价值。由于机场建设成本都是数以亿计，期间牵涉的土地或其他资源，机会成本非常巨大。而且航空运输的固定设施一旦建成，就无法移动，服务年限较长，所以投入的资本很容易成为沉没成本。沉没成本（sunk cost）是指由于过去的决策已经发生了的，而不能由现在或将来的任何决策改变的成本。机场建设成本的这些特性导致了航空运输业的门槛较高，投资决策需要较慎重的决定。

2）成本难以归依

运输基础设施成本分析的另外一个难点是运输费用的难以归依性（non-assignable）：无论航站楼等这些基础设施的建设成本还是设备的购置费用，都很难归依到某一位旅客或者某一批货物的运输上，甚至是归依到某一个航班上。这无疑为航空运输成本的核算和分摊带来了很大的困难。

3)存在规模经济性

规模经济(economies of scale)是由于生产专业化水平的提高等,使企业的单位成本下降,从而形成企业的长期平均成本随着产量的增加而递减的经济。航空运输基础建设也存在着规模经济,尤其是建设成本中比较重要的跑道建设。据分析,一个四条跑道的机场比一个两条跑道的机场更经济,因此机场在跑道数量方面具有规模经济,但是这种规模经济必须与航站楼的规模经济平衡,因为随着航站楼的扩大,旅客出入流量大幅增加使得寻找和通过登机门变得越来越困难和麻烦。所以,一个机场的规模大小应该同时考虑并权衡跑道数量的规模经济和航站楼的规模不经济。

一般将很容易分摊到特定产品中的成本称为可分离成本,例如,航空运输成本中的航班配餐、乘务员薪资和销售成本,这些都可以很容易地分摊到乘客身上。在理想状况下,它们还应当分配到不同的机舱产品(如头等舱、商务舱或经济舱)和不同的市场中。

不可归依的成本有两种:联合成本(union cost)和共同成本(common cost)。在西方运输经济学中,联合成本的出现是由于联合产品(或服务)的存在,而联合产品是指两种产品(或服务)以某种无法避免和改变的比例关系生产。例如,一架150座的客机,在为机上任何一个客座提供飞行服务时,也就同时提供了其余149个客座的飞行服务,这无法随意改变,因为这一个客座与其余149个客座的飞行服务是联合产品,而这150个客座的飞行成本也是不可分割的联合成本。共同成本与联合成本有相似之处,但是共同成本并非绝对不可分割,例如,一列运货火车有50节车厢,这列火车的运输成本对这50节车厢是共同成本而不是联合成本。共同成本可以使其中的某一部分增量成本找到相应的对象,而联合成本中的任何一部分都不可能分离出来。

6.1.2 载运工具拥有成本

载运工具的拥有成本大体可以分为两个部分,即载运工具的添置费用和其折旧费及利息。

飞机是一种高技术、高资本密集型产品,其价格十分昂贵。而且随着科学技术的不断进步,飞机的机载电子设备越来越先进,制造飞机的工艺和材料也在不断改进,大量的高科技复合型材料(主要是碳纤维蜂窝状复合材料)应用于机身的各个部位,使得飞机的科技含量越来越高,飞机价格也不断呈上升趋势。例如,1985年,一架B737-200飞机的价格是1500万美元,而到2008年,一架B737-600飞机的价格已接近6000万美元。表6-1给出了2008年波音家族客机和空中客车家族客机的购买价格。

表6-1 2008年波音飞机和空客飞机购买价格

空客家族			波音家族		
机型	座位数	平均价格/百万美元	机型	座位数	平均价格/百万美元
A318	107	56～62.1	737-600	126～149	51.5～58.5
A319	124	63.3～77.3	737-700	126～149	58.5～69.5

续表

空客家族			波音家族		
机型	座位数	平均价格/百万美元	机型	座位数	平均价格/百万美元
A320	150	73.2～80.6	737-800	162～189	72.5～81.0
A321	186	87.7～92.8	737-900ER	189～215	76.0～87.0
A330-200	293	176.2～185.5	747-400/-400ER	416	234.0～266.5
A330-200F	293	180.6～187.7	747-400/-400ER Freight	全货机	238.0～268.0
A330-300	335	195.9～205.7	747-8	467	293.0～308.0
A340-300	295	211.8～219.2	747-8 Freight	全货机	301.5～304.5
A340-500	313	233～241.1	767-200ER	181～255	127.5～139.0
A340-600	380	245～253.7	767-300ER	218～351	144.5～161.5
A350-800	253	205.9～211.5	767-300ER Freight	全货机	155.0～166.0
A350-900	300	238.2～242.9	767-400ER	245～375	158.0～173.0
A350-1000	350	267～272.2	777-200ER	305～440	205.5～231.0
A380	525	317.2～337.5	777-200LR	301	237.5～263.5
			777-300ER	370	257.0～286.5
			777 Freight	全货机	252.5～260.5
			787-3	289	150.0～155.5
			787-8	217	161.0～171.5
			787-9	257	194.0～205.5

注：空客公司两次调价：①2010年年初所有2010年之后接受的订单机型上调5.8%；②2011年年初A380上调8.4%，其他所有机型上调4.4%。

一般飞机的设计寿命在20～30年，所以如果航空公司选择购买飞机，一架飞机每年的折旧也会达到500万美元左右，对于航空公司是一笔很大的费用。但是飞机的使用寿命或折旧年限一般在10年或10年以上，机龄超过10年的飞机无论在维修成本还是安全因素方面都会给航空公司带来一定的压力，这类飞机就已经称为“老飞机”。大型航空公司都倾向于使用年轻的飞机，而向一些没有能力购置新飞机的小型航空公司以出租、出售等各种方式处理掉这些老飞机。即使如此，航空公司租赁一架飞机可能要比购置一架飞机理想，既可以使用很少的初始资金获得较年轻的飞机，降低每年的利息支出，又便于进行战略规划的调整，不受巨大沉没成本的约束。

从表6-2可以看出,欧美航空公司购置飞机和租赁飞机的比例差不多为50∶50,其中融资租赁的一般年限为10年或10年以上,已基本接近飞机的使用寿命或折旧年限;经营租赁租期一般在3~7年,我国航空公司经营租赁飞机的租期大多在8年左右(指新飞机)。

表6-2 2002年美国主要航空公司和2003年欧洲主要航空公司机队构成情况

航空公司	机队总数	平均机龄/年	公司拥有飞机		租赁飞机			
			架数	比重/%	融资租赁/架	经营租赁/架	合计/架	比重/%
美国主要航空公司								
美利坚	819	11.0	468	57	70	281	351	43
美联航	567	9.0	267	47	59	241	300	53
美西北	575	15.1	324	56	18	233	251	44
三角航	831	9.0	473	56.9	45	313	358	43.1
大陆航	579	5.8	145	25	—	—	434	75
合众航	413	9.3	161	39	—	—	252	61
美西南	375	9.2	278	74	7	90	97	26
西部航	143	—	5	3.5	5	133	138	96.5
合计	4302	—	2121	49.3	204	1291	2181	50.7
欧洲主要航空公司								
英航	330	7.5	210	63.6	—	120	120	36.4
汉莎	344	8.3	296	86	41	7	48	14
法航	367	—	135	36.8	66	166	232	63.2
KLM	219	9.5	82	37.4	72	65	137	62.6
SAS	314	—	113	36	20	181	201	64
合计	1574	—	836	53	199	539	738	47

无论飞机购置或租赁方式,还是资金筹措方式,都对航空公司载运工具成本有着相当重要的影响。通常航空运输企业要根据自身资金能力,合理地选择购置飞机或租赁飞机,是融资租赁或经营租赁,以及采用贷款或融资的方式进行资金筹措,以求降低飞机的折旧和利息成本。

6.1.3 运营成本

从航空公司整体运营的角度来分析,国内外航空公司常用的运营成本分类方法是将其分为直接运营成本和间接运营成本两大类。直接运营成本也称为航班飞行运营成本,通常与飞行小时相关,同时包括了维修成本和维修管理成本的分摊,它是航空公司在执行航空运输业务过程中可以直接计入某一具体航班的成本。间接运营成本由两部分组成:一部分与地面运营服务有关的地面运营成本,包括在机场为旅客和飞机提供服务而发生的成本，如订座、出票等服务发生的成本。另一部分是除了地面运营成本之外的其他间接运营成本，是与总体投入相关的先期投入成本。而在实际当中直接运营成本和间接运营成本往往区分不那么严格和清晰。有些特定成本，如维修管理或机舱人员成本被一些航空公司分类为直接成本，被另一些航空公司分为间接成本。航空公司运营成本的传统分类见表 6-3。

表 6-3　航空公司运营成本的传统分类

直接运营成本(DOC)	间接运营成本(IOC)
1　飞行成本： 机组工资和费用 燃油费用 机场收费和航路费 飞机保险费用 航班设备/机组租凭费用	4　场站和地面支出： 地勤员工 建筑、设备和运输 支付给其他人的处理费用
2　维修检查： 工程人员成本 备件消耗 维修管理(可以是 IOC)	5　旅客服务： 舱内机组人员工资和费用(可以为 DOC) 其他旅客服务成本 旅客保险
	6　票务、销售和推销
	7　一般管理
3　折旧和分摊： 飞行设备 地面设备和资产(可以是 IOC) 额外依旧(不只是历史成本折旧) 发展成本和员工培训分摊	8　其他运营成本

1. 直接运营成本

1)飞行成本

飞行成本毫无疑问是运营成本中最大的支出。

(1)航班机组成本。这不仅包括直接的工资及飞行和中转的成本，还包括津贴、养老金、保险和其他社会福利。现在大多数喷气式飞机有两名驾驶员，他们的工资通常取决于飞行类型。出于安全原因，驾驶员和副驾驶员在任何阶段只允许飞一种机型。作为一般规则，大型飞机有较高的薪资，因此驾驶员的费用根据飞机而定。然而，像空客 319 和空客 320 这种机舱具有通用性的情况下，一些航空公司的驾驶员可以驾驶两架机型。飞行人员费用可直接按路线计算，或更多是按每飞行小时收费。在后一种情况下，特定航线或者服务的飞行成本可以用飞行时间乘以单位小时机组成本计算。

(2)燃油。这同样取决于不同飞机的大小或不同推力的发动机类型。实际飞行时，由于航线长度、飞机的重量、风况、巡航高度等不同，实际耗油量相差很大。所以，单位小时燃油成本要比单位小时机组成本高得多。通常是按航线考虑燃油消耗。另外，除了航空燃油，飞机也要使用一些润滑油，但是润滑油的消耗是可以忽略不计的，不需要根据航线计算。通用经验是对每一种类型的发动机计算一个单位小时油耗。在特定航线上，润滑油消耗是用飞行路线上飞机发动机的数量乘以这类发动机单位小时油耗再乘以航行时间。燃油和润滑油成本也可以包括支付给机场的加油费、支付给燃油供应商的燃料处理费和其他由政府征收的相关燃油税。

(3)机场收费和航路费。航空公司必须要向机场支付跑道和机场设施的使用费。机场收费通常有两个方面：与飞机重量有关的着陆费，通常与最大起飞重量相关；以及按照到港旅客人数征收的旅客服务费。许多第三世界国家机场不向航空公司收取旅客服务费用，但会向每个离港旅客直接征收服务费。通常在值机柜台收取，但这与IACO推荐标准相悖，IACO希望旅客相关费用都由航空公司来支付，将其包括在票价里面。旅客离港时直接支付机场费用，这个成本就不算作航空公司的成本。大部分机场的免费停机的2～6个小时包含在基本飞机停场费用中。如果飞机停泊超过免费时间，航空公司还需要支付一个额外的飞机停场时间或机库费用。与基本停场费和旅客费用相比较，这些费用都相对较小。

(4)航程导航费。这其中包含航程中飞机使用的导航辅助成本，实际的导航收费与飞机重量和飞行高度有关。机场对此收费，这项收费与旅客无关，导航服务收费根据机型的不同而不同，所以可看成直接运营成本。与旅客相关的费用一般都与机型无关，这也一定程度上解释了ICAO坚持到港和航程收费都作为间接成本，尽管只有很少的航空公司这么做。由于不同的机场和国家的到港和航程收费不尽相同，每条航线或航班的成本必须要分开计算。

(5)飞行设备的保险。这在飞行成本中是相对较小的成本，保险主要是由航空公司对每架飞机进行投保，按照飞机购买价格的一定比例进行计算。每年保险金在1.5%～3%，取决于各个航空公司、投保飞机数量和运营的飞机数量。如果航空公司希望保险中包括所有的战争危机，希望包含反恐行为，或者航空公司在武装冲突地带运营，可能还需要增加2个百分点的保金。在2001年美国“9·11”恐怖袭击之后，第三方保费大幅飙升，促使了各国政府同意为自己的航空公司提供这部分额外的成本。年保费是固定的，可以根据飞机使用情况细分成小时保费。

(6)飞机租赁或出租费用。许多航空公司可能还要向其他租赁或出租公司支付飞机租赁或出租费用。租金通常认为是飞行运营成本的一部分。许多小国家航空公司开始会使用租赁飞机，在过去20年中，即使在大型航空公司，租赁也已经越来越普及。经营租赁是飞机租赁的主要模式之一，租期一般为5年或更短，出租人出租飞机的所有权，10年或以上飞机的所有权转让给航空公司。这种情况下，出租或租赁的费用很高，提高了航空公司的飞行运营成本，因为租赁费用通常包括折旧和出租人收取的利息。反过来，严重依赖出租设备的航空公司会有一个比较低的折旧费用，因为它们通过租赁费用间接地抵消了折旧费用。因为租赁费用包括大部分折旧，美国的做法是将租赁费用分到折旧费用中，而不是当做航班运行成本。出租成本和折旧费用可以一起作为飞机拥有成本（即载运工具成本）。

（7）其他。还有一些与航班运营相关的成本，这些成本不属于上述任一类别。这些额外成本可能包括机组人员培训费用或航线开发费用。但是，如果培训成本分摊超过两年或三年，就可以将其与折旧一起作为一类成本。

2）维修检查

飞机维修成本按照财务类型可以分为工时费用和材料费用，也就是劳动力成本和配件消耗成本，其中劳动力成本包括所有机务人员工资费用和所有与维修工作间接相关人员的支出。配件消耗相关的费用成本由于消耗快速而昂贵，这些配件的使用寿命通常采用工作小时数或飞行循环次数（也就是起降周期）进行测定。飞机维修成本按照维修活动类型可以分为航线维护、C 检、D 检（C4/SI）和零部件维修。就飞机维修直接成本而言，发动机维修约占 55%，机体维修占 45%。

影响飞机维修成本的因素一般有机龄、航程和维修方式。一般而言，机龄越长其定检维修费用就越高（图 6-1），飞机在 4～10 年的机龄中，维修成本是相对稳定的，称为成熟期，而小于 4 年和大于 10 年的飞机，随着机龄的增加，飞机维修成本呈上升趋势。就航程而言，不同航空公司的每飞行小时维修成本随航线长度变化曲线各不相同，总的变化趋势是：随着航线长度的增加，每小时维修成本不断减少，直到航程时间大于 5 小时以后，维修成本趋于一个相对稳定水平（图 6-2）。就维修方式而言，航空公司由于自身能力的限制，必然会有部分深度维修和特殊工艺维修工作外包给其他专业厂商完成。外包修理能够保障备件、提高维修质量和财务计划的均衡性，已经越来越广泛地采用。而如果一家航空公司将维修业务进行外包，这类费用支出也还是要算作维修和检查费用的。

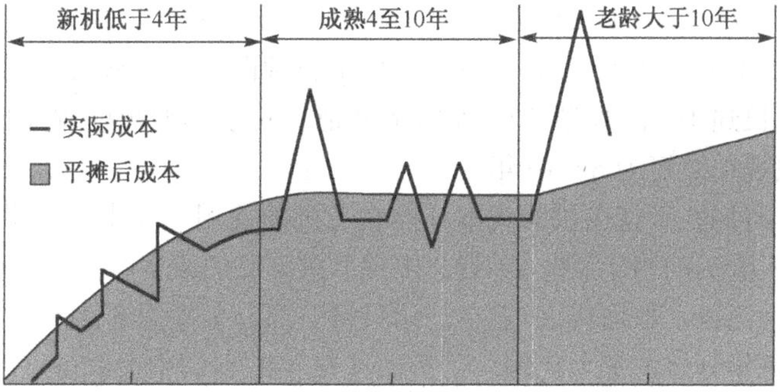

图 6-1　机体年龄曲线

3）折旧和分摊

飞行设备折旧也是直接运营成本的一部分，因为这部分费用直接与飞机相关。航空公司一般倾向用一个固定时间长度，留有 0～15%的残值进行直线折旧。残值用飞

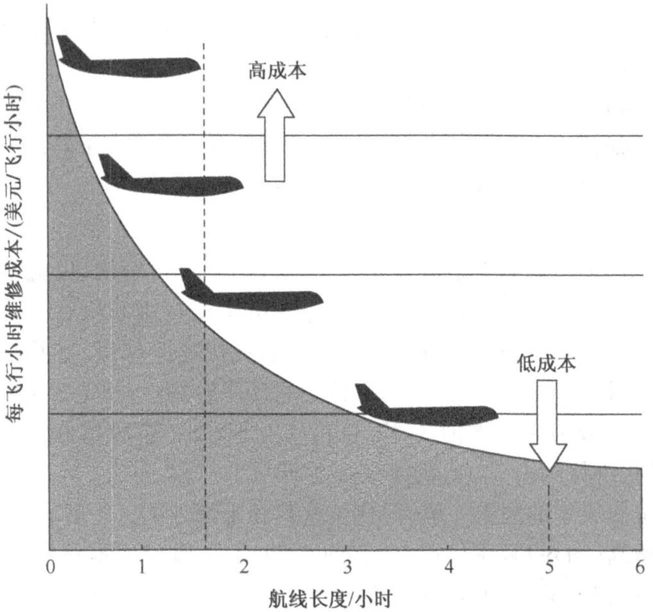

图 6-2 每飞行小时维修成本与航线的关系

注：每飞行小时成本等于每航段维修成本除以航程航线长度

出自《飞机维修成本标准化控制初探》航空维修与工程冉隆吉/厦门航空公司—2009

机在折旧期末的转售价格进行预测或假设。直至 20 世纪 70 年代中期，折旧年限一般为 12 年或更短。随着宽体喷气式客机的引入，折旧年限开始增长。因为，首先这类飞机的价值要远高于原先进行折旧的飞机；其次，航空运输的相关技术发展到一定瓶颈，现在更难预测技术对这类宽体喷气机带来的负面影响及它会怎样缩短飞机的经济寿命。飞机的经济寿命取决于飞机不同组件的强度寿命和技术寿命，而不会因技术的进步逐渐淘汰。由于上面两个原因，航空公司越来越倾向延长这些大型宽体喷气机的折旧期限，一般延长到 16 年，保留 10%左右的残值。对于小型短航程飞机，尤其是涡轮飞机，折旧年限现在缩短为 8～10 年。

折旧有两个目的：①将飞机的成本分摊在飞机的使用寿命中。如果一架新飞机的全部成本全计入购买的当年，那一年就会出现严重膨胀的成本和微薄的利润，尤其如果那年购置了一批飞机。取而代之，航空公司只将一部分全额成本计入每一年，折旧原则的选择决定了每年分摊的那个比例。②折旧从每年的利润中会扣除一部分资金，变为储备资金。这些款项，连同剩余利润，可用于偿还购买飞机的贷款和利息。如果航空公司用自己的现金全额或部分付款购置飞机，也可以进行折旧，使用累积折旧储备支持新飞机的置换。

航空公司的年折旧或机队中某一架飞机的折旧取决于折旧期的选择和残值的假设。航空公司在 2000 年购买一架波音 747-400 可能需要支付 17 000 万美元的飞机价格和3000万美元的零件，也就是一共需要支付20 000万美元。假设折旧期为16年，留有10%的残值，则每年折旧费用为1125万美元。

年折旧费用＝(飞机和零件价格－残值)/折旧期
＝(20 000－20 000×10%)/16＝1125

如果航空公司选择一个较短的折旧期，年折旧成本就会增加。例如，直到2001年新加坡航空公司都采用了10年的折旧期，留有20%的残值。在这个基础上，2000年购买波音747-400的年折旧费就从1125万美元增加到1600万美元，而提高折旧成本的直接影响就是增加了年运营成本。

那么既然会增加运营成本，为什么新加坡航空公司或者其他航空公司要选择一个快速折旧的方法呢？如果一家航空公司希望有一支年轻机队并且每3～5年置换其机队，那这种快速折旧法就比较适合，因为在这些年轻的飞机出售时会有更高的非运营收入。例如，对上述的波音747-400采用传统16年的折旧年限，四年后飞机在航空公司的账面价值为15 500万美元(20 000－4×1125)。而对于快速折旧法，四年后的账面价值为13 600万美元(20 000－4×1600)。如果一个机龄为4年的飞机有一个市场价值，这个市场价值更接近用普遍使用的折旧得出的账面价值。也就是说，这种飞机再加上其零件，价值在15 000～16 000万美元。如果航空公司希望出售这架飞机来换置新的飞机，那相对于账面价格，航空公司是盈利的。如果以16 000万美元的价格出售，那么航空公司将获得2400万美元的收入。短期内较高的折旧成本在四五年之后就可以用飞机销售利润抵消了。如果航空公司在进行新的投资时有税收津贴降低税费，他们就更加愿意采用这种战略。新加坡航空公司就是如此，尽管其单位折旧相对较高，但是一直从出售相对较新的飞机上赚取了大量非运营利润。

一旦确定了折旧方法，年折旧成本就成为一个固定成本。但是单位小时折旧成本还取决于飞机每年的飞行小时。单位小时折旧成本可以用固定的年折旧成本除以飞机的年飞行时间。所以，如果波音747-400的飞机每年飞行3260小时(跟1999年沙特阿拉伯航空公司的波音飞机一样)，单位小时折旧成本就为3450美元(1125万美元除以3260)。如果年使用率增加到5000个小时(泰国航空公司1999年的数据)，单位小时成本就可以缩减到2250美元(1125万美元除以5000)。这就是提高年使用率对于航空公司如此重要的原因。飞机每天飞行时间越长，单位小时折旧成本就越低。很明显，在折旧期，残值或年使用率的变化都会影响单位小时折旧成本。

航空公司财务经常面临的主要问题是到底使用飞机的历史购买价格还是当前换置价格来计算年折旧成本。采用后者进行折旧可能要比前者高很多，尤其对于那种使用了五六年的飞机。当前或置换成本折旧可能会导致年折旧费用升高，很少有航空公司采用这种方法，尽管如此，一些航空公司在收入较好的年份会增加额外的折旧费用，这可以帮助他们预留更多的钱用于机队更新。

IACO的做法是将地面资产和设备的折旧作为直接运营成本的另外一个项目。

这个做法存在一定的问题，这些折旧收费，除了某些特殊机型与地面专业设备相关，都不是直接与飞机的运行相关的，所以，除非航空公司更换飞机，否则该费用是不变的。

许多航空公司将机组培训费用及与新航线的开辟或新飞机的引入相关的发展和预运营成本进行了分摊。本质上这意味着这些成本会存在好几年，而不是只在收取费用的当年存在，所以这些分摊成本也作为折旧成本的一部分。

2. 间接运营成本

1)场站和地面支出

场站和地面成本是在机场为航空公司提供服务的成本，而不是那些到港服务费或者其他机场收费。这类成本包括航空公司在机场进行飞机、旅客或货物处理、服务的员工工资和支出。这类成本还应该包括所有与航空公司商务或头等舱旅客候机相关的成本。另外，还有地面处理设备、地面运输、办公室、写字楼及相关设施，以及每个场站的维修和保险费用。航空公司可能还要对使用的土地资源支付一定的租金。显然，最大的场站和地面支出出现在航空公司基地。

在一些机场，尤其是小型机场，航空公司会决定将一些或全部的值机和地面处理服务外包。第三方收取的处理费用应该作为场站支出。航空公司可能会外包一些业务，如旅客值机、行李和货运处理、上下货、飞机清洁等。这些可能会按照飞机类型进行整体收费，而如果向代理机构或其他航空公司按照机型或大小支付处理费，那这些处理费用可能视为直接运营成本。

一些飞机的维修可能会在航空公司基地外的别的场地进行，这些维修工作的成本就可能视为直接运营成本，分在“维修和检查”成本中。但是维修支出通常很难从场站成本中分离出来，而经常作为场站和地面成本的一部分。

2)旅客服务

旅客服务成本中最大的一部分来自服务旅客产生的费用，这些成本是支付给与飞机机舱员工和其他旅客服务相关的人事的工资、津贴和其他支出。这些成本可能包括酒店和其他与过夜停场和机舱员工培训相关的费用(这里不进行分摊)。与驾驶员不同，机组人员可以在任何一种机型上服务，不限制在一或两种机型上，所以机组人员成本与飞机类型无关，而另一方面，机组人员数量可能随机型不同而出现变化，一些航空公司又将机组人员成本视为飞机运营成本，也就是作为直接运营成本。

旅客服务成本的另外一部分是那些直接与旅客相关的费用，包括舱内餐饮成本、经停旅客住宿成本、安抚旅客的饮食成本、其他设施成本和延误或取消航班成本。

最后，由航空公司支付的旅客责任险和旅客意外险也包括在里面。保险费取决于航空公司安全记录，比例基本在人千米收入的35‰～55‰范围内。

3)票务、销售和推销

这部分成本包括与票务员工、促销活动相关的开支、工资和津贴、所有办公室成本和那些活动带来的成本等。国内外的票务零售处成本，电话服务中心、电子订票系统和航空公司网络运营成本也应该包括在内。通常尤其是对于国外的分支机构，这个支出是作为场站和地面支出还是作为票务、销售和推销支出是很难抉择的。

这部分成本中还有个重要部分就是为销售机票支付给旅行社的佣金或费用。航空公司同样还要因票务销售向国际分销系统和信用卡公司支付佣金。最后，促销支出包括广告成本和其他促销形式的成本，如向旅行社或旅游杂志的宣传等。

4)一般管理

一般管理成本通常对于航空公司整个运营成本是一个相对较小的成本。因为管理成本可以直接与具体航空公司的职能或活动相关。所以，严格来说，管理成本应该只包括那些航空公司的一般管理费用而不应该归依到具体某项活动中。航空公司内部这些一般费用的比较是没有意义的，因为每个航空公司的财务有不同的处理方法。一些航空公司尝试尽可能地将其不同方面的成本进行集中，其他航空公司却不这么做，或者是政策的原因，或者是他们的财务程序不够先进的原因。

5)其他运营成本

航空公司无法归依到上述任一种成本中的费用，可以将其归类到“其他运营成本”中。如果某些航空公司的这个类别成本数额比较大，通常是航空公司成本控制失衡并且/或缺乏良好的财务流程的标志。

3. 航空公司运营成本变化趋势

根据 ICAO 公布的各大航空公司成本分布情况，如表 6-4 所示，现在世界上有超过一半以上的航空公司直接运营成本在不断上涨。这是一个普遍的趋势，大多数航空公司的直接运营成本在 45%～60%，但是在各个航空公司内部成本结构各异。经营长距离航线的航空公司，如新加坡航空公司或维珍航空公司的直接运营成本一般在 50%以上，而短航线航空公司一般在 50%以下。一般只有非定期航空公司的直接运营成本超过 60%，有可能会达到 75%～80%。低成本航空公司也会出现这样的情况，例如，美国的美西南航空公司、欧洲的瑞安航空公司或易捷航空公司。因为包机航空公司和低成本航空公司都是通过控制间接运营成本盈利的。

表 6-4　国际民航组织(ICAO)成员运营定期航班的成本结构(1994～2007 年)

	1994/%	2000/%	2007/%
直接运营成本(DOC)			
航班运营总成本	32.8	38	46.5
机组(包括培训)	8	8.6	7.5
燃油	11.4	14.4	25.4
机场和航路费用	7.1	7	6.6
飞机租赁、设备等	6.4	8.1	7
维修	10	10.6	10.3
折旧	6.1	5.5	5.1
直接运营总成本	49	54.1	61.9

续表

	1994/%	2000/%	2007/%
间接运营成本(IOC)			
地面站点费用	12	11.3	10.5
旅客服务(含空乘)	10.8	10	8.7
机票销售、促销	15.8	12.7	8.5
管理和其他成本	12.4	11.8	10.4
间接运营总成本	51	45.8	38.1
总运营成本	100	100	100

资料来源:由ICAO数据整理所得。

过去二十多年影响整个成本水平和成本结构的最大因素就是航空燃油价格。如图6-3所示,燃油价格从1982年开始急剧下跌一直持续到1986年,燃油价格的大幅下跌使得航空公司的运营成本下降,有助于改善航空公司的财务绩效。在1994年航空燃油价格的总体下降使得运营成本同比下降11%,并保持下降势头至1998年,这就是航空公司在1997年和1998年创收益纪录的原因。之后,伊拉克战争使得石油需求旺盛,燃油紧张促使燃油价格直线飙升,2006年每桶的价格同比1998年翻了近三倍,2008甚至创历史新高每加仑4美元的价格,这使得航空公司燃油成本大幅增加,占据总成本的25%以上,这是导致2008年航空公司损失的重要因素。总体趋势上,在1986~2003年平均燃油价格有波动但变化不大;但是在2003年之后,尤其是2007~2008年增加非常明显。

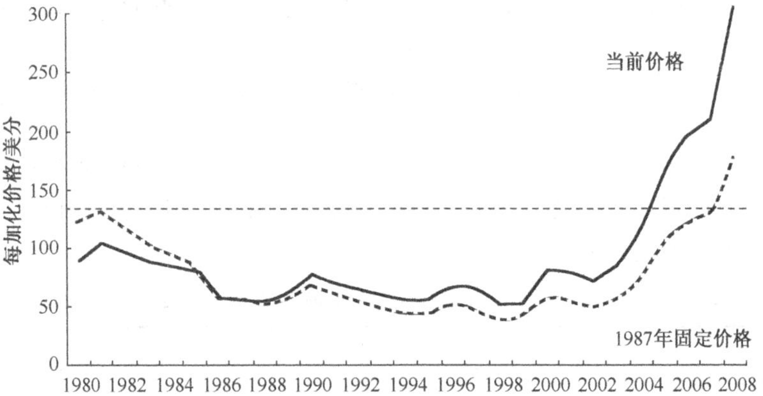

图6-3 美航年支出的燃油价格曲线(1980~2008年)

资料来源:根据Airline Monitor(2009)数据整理所得。

直接运营成本的另外两部分——维修成本和折旧,不像其他机场运营成本一样受到成本膨胀的影响。20世纪80年代和90年代,随着宽体喷气客机的广泛使用,这些成本,尤其是折旧得到了降低。维修和折旧在总成本中的比例相对比较稳定。

国内航空公司运营成本结构和国际航空公司有所不同。表6-5是《民航统计年鉴》给出的国内全行业成本结构数据,可以看出,国内航空公司的成本结构严重偏向直接运营成本，其比重高达 80%。其中飞行成本就达到了 65%，尤其是航空燃油在整个运营成本中达到了 40%，在 2009 年已达到 45%。间接运营成本在此阶段一直控制在 20%左右，略有上升趋势。

表 6-5　国内全行业成本结构

					2007 年成本/万元		2008 年成本/万元		2009 年成本/万元	
直接运营成本	飞行成本	飞机保险	飞机发动机保险		60 562	84.06%	63 509	82.83%	56 234	83.52%
		飞机租赁	经营性租赁		1 126 471		1 450 428		1 608 872	
		飞机起降	起降费	国内	1 285 863		1 361 947		1 513 443	
				国外	599 085		669 399		707 178	
		航油	航油		5 773 765		6 549 211		8 720 222	
		其他	飞行训练		130 759		159 540		148 839	
	折旧与摊销		摊销		160 616		94 683		117 545	
			发动机折旧		1 174 977		1 537 067		1 671 762	
	飞机维修		发动机大修		825 030		768 085		837 429	
			发动机日常修理		392 955		336 199		317 267	
			航材		141 302		136 050		138 122	
间接运营成本	场站和地面支出		基础设施		394 087	18.63%	394 864	20.41%	416 390	19.51%
	旅客服务		餐饮	国内	274 055		302 109		332 509	
				国际	113 956		136 870		144 589	
			客舱服务		62 804		67 080		64 220	
			行李货物邮件赔偿		6 670		19 238		21 388	
			工资奖金津贴		296 134		594 734		663 123	
			空勤伙食		25 325		35 622		49 825	
			地勤伙食		3 893		533		2 377	
			飞行小时费		222 537		123 702		221 623	
			福利		36 537		13 161		17 031	
			制服		6 450		6 180		6 806	
	一般管理		间接		770 190		1 027 406		1 185 996	
	其他				373 910		513 709		574 329	

4. 一般航空公司与低成本航空公司成本结构对比分析

美西南航空(Southwest Airlines)是一家总部设在达拉斯的美国航空公司，在载客量上，它是世界第3大航空公司，在美国它的通航城市最多，被全球比喻成低成本航空运营模式的鼻祖。深圳航空公司是我国的一家地方航空公司，纵观其发展历史，深航始终在逐步探索建立具有中国特色的低成本航空公司，试图模仿美西南航空公司的成功模式，但国内航空企业的现实经营环境是与美西南航空公司大相径庭的，不可比较。所以表6-6是对美西南航空公司与深圳航空公司的运营成本进行的一个对比分析。

表6-6　深航与美西南航2003年成本费用对比表

<table>
<tr><th colspan="3">运营成本</th><th colspan="2">深航(万元人民币)</th><th colspan="2">美西南(万美元)</th></tr>
<tr><td rowspan="4">直接运营成本</td><td rowspan="2">1 飞行成本</td><td>航油</td><td>47 711(22.00%)</td><td rowspan="2">35.67%</td><td>83 000(15.12%)</td><td rowspan="2">21.90%</td></tr>
<tr><td>起降</td><td>29 635(13.67%)</td><td>37 200(6.78%)</td></tr>
<tr><td>2 维修检查</td><td>飞机维修</td><td colspan="2">26 697(12.31%)</td><td colspan="2">43 000(7.84%)</td></tr>
<tr><td>3 折旧和分摊</td><td>利息</td><td colspan="2">53 201(24.53%)</td><td colspan="2">60 100(10.95%)</td></tr>
<tr><td rowspan="5">间接运营成本</td><td>4 场站和地面支出</td><td>业务代理</td><td colspan="2">7 165(3.30%)</td><td colspan="2">4 800(0.87%)</td></tr>
<tr><td>5 旅客服务</td><td>旅客服务+工资</td><td colspan="2">22 889(10.55%)</td><td colspan="2">22 2400(40.52%)</td></tr>
<tr><td>6 票务、销售和推销</td><td rowspan="3">其他</td><td colspan="2" rowspan="3">29 568(13.63%)</td><td colspan="2" rowspan="3">98 300(17.91%)</td></tr>
<tr><td>7 一般管理</td></tr>
<tr><td>8 其他运营成本</td></tr>
</table>

资料来源：根据《低成本航空公司成本量化分析》整理(谢云双，2004)。

相应的成本分析如下。

(1)飞行成本。这里统计的时候，飞行成本包括了航油成本和飞机起降成本(其中包括机场收费和航路费用)，而没有涉及机组人员成本，将其看做间接运营成本，归于旅客服务成本中。从2003年两家航空公司数据的对比可看出，深航的飞行成本约占其总成本的35%，而作为低成本代表的美西南航空公司却仅为20%左右。可以从内部细分的成本进行分析，美西南航空公司航油成本大约为15%，而深航航油成本却达到22%，这一方面与我国的航油管制有关，国内航空公司的飞机燃油供给是由中航油一家垄断的，造成油价偏高，燃油的销售价格比国际水平平均高出30%；另一方面，美西南航空公司是一家善于燃油期货运作的公司，虽然2003年航油价格上涨了6.3%，但由于美西南航燃油期货的成功运作，美西南航当年燃油节约成本1.71亿美元。因此，美西南航的燃油单位成本还是比较低的。起降费用上，美西南代表的低成本航空公司的比例不足7%，而传统航空公司的起降费用接近14%，这主要与航空公司航线战略有关。以美西南航空公司为代表的早期低成本航空公司强调选择次要或者偏远的二线机场作为起降机场。这些机场一般收费较低，有些机场还因为发展当地经济的需要而由地方政府提供补贴，因此航空公司的起降成本非常低。另外，低成本航空公司不同于传统航空公司，他们的航线大多是以点对点的短程航线为主，这样，就减少了中转的次数，同时也降低了起降费征收的次数。所以低成本航空公司的飞机飞行成本比例要比我国传统航空公司低很多。

当然，现如今的低成本航空公司也开始尝试建立枢纽型航线网络，而低成本航空公司的枢纽往往规模小、数量多、不刻意追求波峰，用较少的中转机会和较长的中转时间换取较低的中转成本。美西南航空公司在美国业内已经有“半网络型航空公司”的称号，它不仅把握机会建立枢纽，开辟了美国的东西海岸之间的航线，而且打破低成本航空公司不代码共享、不与其他航空公司中转的戒律，于2004年和ATA航空公司进行了代码共享。

(2)维修检查成本。与传统航空公司相比，美西南航空公司的维修成本不足8%，而传统航空公司达到12%。在上述维修检查成本中已指出，维修成本的影响因素主要是机型的选择，与传统航空公司不同，美西南航空公司只拥有波音737这一种机型，最大限度地提高了飞机的利用率，飞机配件和机务人员完全通用，降低了维修和检查的成本。同时美西南航空公司又将飞机大修、保养等非主要业务外包，以达到地勤保障和机务人员集约化管理的目的。

(3)折旧和分摊。美西南航空公司的折旧费用约为10%，而我国传统航空公司的折旧费用却达到25%左右。前面已经分析过，影响折旧和分摊费用的因素除了飞机购买计划以外，还有折旧方法的选择。美国的航空公司的折旧费用一般在8%～12%，改变折旧方法会将这个比例改变1%～2%。而我国传统航空公司折旧费用如此之高，可能还要归咎于机队的非合理规划上。另外，美西南航空公司只选择一种机型，在购置时可以实施大批量采购，增强了其在谈判过程中讨价还价的能力，可以获得较高的采购折扣，降低采购价格，从而降低了折旧和摊销成本。

(4)场站和地面支出。在这里，场站和地面支出成本主要统计了这两家航空公司的业务代理费用。这方面美西南航空公司的成本比例不足1%，远低于传统航空公司。其主要原因是低成本航空公司首先选择对旅客服务的项目就比较少，再加上资金上不允许，低成本航空公司多选择自己处理地面业务。另外，由于低成本航空公司一般不与其他航空公司进行代码共享等交流合作，交付第三方代理和其他航空公司代理的业务都较少，所以，这方面成本较低。而相应的，自己的工资成本就较高。

(5)旅客服务。这里统计的旅客服务成本，包括航空公司因服务旅客产生的费用和工资性成本(其中包括机组人员工资)。这部分成本在传统航空公司大约占到10%，而在低成本航空公司却高达40%。一部分原因是上文提到的，低成本航空公司与第三方及其他航空公司的合作较少，所以，自己投入的人力资本较多。另外一方面，也是比较主要的原因就是，人力资本的价值差异。

(6)其他运营成本：在统计数据中，“其他运营成本”包括票务、销售、一般管理和其他运营成本等，并没有进行细分。我国传统航空公司和美国西南航空公司这部分成本比例差不多，都在12%～18%。从销售成本上来看，美西南航空公司以直销为主，从1996年起美西南航空公司就首先推广使用网上订票系统，推出电子机票后，美西南航的售票方式,逐渐从以旅行社为主转移到以自有订票中心订票特别是网上售票为主。到2002年,美西南航收入的50%来自网上订票,自有订票中心30%,来自旅行社的订票收入在20%以下。根据2003年的统计,美西南航的收入中已有55%来自网上售票,这一比例是各大公司中最高的。采用网上销售可以大大降低销售成本,减少给旅行社代理人的代理费用。从其他成本上来看,国内外航空公司并无多大差异。

6.2 航空运输成本管理

成本管理在企业的发展战略中占据着极其重要的地位,航空运输企业面临着高额的运营成本,只有降低了成本,才可能降低价格,获得更广泛的需求,给企业带来更大的收益。成本管理首先是全过程的控制,不仅仅是控制产品的生产成本,还应控制产品生命周期的全部成本,即不仅包括运营成本,还应当包括固定成本的分摊和移动载运工具的成本。航空运输成本管理目的就是通过一系列的措施降低运输企业各项可控成本,在保证满足运输需要的前提下,提高资金使用效率,实现运输企业长期可持续利润最大化。

成本管理有两个基本方面:①除了为目标市场提供服务的必要成本之外,航空公司要避免产生其他的成本;②明确必要成本背后的驱动因素,进行积极管理。

成本管理的实质在于确保顾客得到想要的服务并为之支付费用,确保航空公司以最低的成本为顾客提供符合明确质量标准的服务。从这个角度考虑,成本管理就会成为一种强有力的竞争武器。

成本管理并非难事。根据阿拉斯加航空公司2000年提供的成本报告,仅从可用座英里单位成本中减少0.5美分就可以从其18亿总运营成本中减少8650万(即0.5美分乘以可用座英里数),而8650万相当于该航空公司一年中的全部“折旧和摊销”成本,超过如“起降费和其他租金”、“佣金”及“食品和饮料费”等费用。

这一节首先讨论成本规避的可能性,随后探讨近来航空公司成本管理方面的举措。

1. 成本的可规避性

成本是资源分配决策的产物。就航空业而言,可以从决策的四个层面考虑。

(1)行业进入决策。进入航空业的决策意味着需要进行基础设施建设,而这项建设会产生高额分摊的固定设施费用。

(2)产品设计决策。这些项目将产生固定的机队、机组、维修和航站成本,以及市场营销和航班的基础设施费用。

(3)航班运行决策。实际的运行情况导致不同的变动运行成本,如燃油、空中地面服务、可变的机组和维修成本。

(4)服务管理决策。从产品设计到航班运行再到售后管理,这些过程中都会相应地产生一些服务管理费用,如旅行社代理费、全球分销系统费、广告费用、售票费和餐饮费等。

在上述任一层次上，当存在备选决策时，成本是“可以避免的”：不成立航空公司，不设计某条航线，不运营特定航班，不按照选定的网络或时刻飞行，以及不运载散客。然而，在关于成本的分析中已经了解到，航空公司很大部分成本在短期内都不可避免地成为固定成本。成本的可避免性在任一情况下都取决于当时的时间范围和相关航空公司的成本结构——即总成本在当时时间范围内视为固定成本的比例。例如，“9·11”恐怖袭击以后，美国大陆航空公司宣布削减 20%的航班，其总裁承认，总运营成本仅会因此而降低 10%。另外，取消一个航班或航线可节省可变成本，但不能立刻减少的固定成本将不得不通过减少后的产出分摊——这就会给单位成本造成压力，直到固定成本同样被削减。企业基础结构庞大的传统航空公司通过复杂的枢纽提供昂贵的服务，而规模较小的竞争对手仅通过点对点的网络运营航班并外包许多业务。相比之下，短期内前者总成本中可避免成本的比例要低于后者。

2. 航空公司成本管理举措

航空公司要构建科学的成本管理体系，应从价值链、成本动因、业务路程等方面进行综合的分析和研究。可以从价值链分析入手，消除企业的不增值作业。

航空公司的价值链分析包括以下三个层面的内容。

(1)行业价值链分析。就是航空公司在整个航空作业中处于哪一段，上游供应商和下游购买商分别是什么。例如，飞机制造商和航材提供商都属于航空公司的上游供应者，而代理人或旅客则属于其下游购买者。航空公司对行业价值链的分析，就是对与供应商和购买商之间关系的分析，从而发掘与供应商和购买商进行战略合作的机会。如供应商发货频繁可以降低航空公司的库存需求；而临时旅客要比那些稳定的长期旅客成本高。

(2)企业内部价值链分析。企业内部既有各业务单位之间的价值链，也有各业务单位内部的价值链。每个价值链既会产生价值，也会消耗资源。进行价值链分析首先要找出基本价值链，然后将其分解为单独的价值作业，再比较各个作业的成本与效益。例如，航材库存在对航空公司运营起到有备无患的预防作用，少量库存或零库存会给企业带来巨大的风险甚至经济损失，但其存在并不能使企业运营产品价值增加，所以航空公司应采用科学方法找到最佳库存量，在风险和效益间作出权衡。通过企业内部价值链分析，可以发现企业的不增值作业并找到消除这些作业的办法。

(3)竞争对手价值链分析。在航空业的价值链中，各航空公司的价值链与其竞争对手的价值链处于平行位置，通过对其他航空公司价值链的分析，测算出竞争对手的成本并与之进行比较，根据企业的不同战略，确定扬长避短的策略，争取成本优势。如在分析时，可以制作成本分析比较表，找出与竞争对手在作业活动上的差异，选择适合本企业的竞争战略。

3. 通过成本动因分析，重构价值链，建立企业竞争优势

成本动因是企业成本发生的原因，每一个创造价值的活动都有一组独特的成本动因，它用来解释创造价值活动的成本。因此，每一项价值活动都有独特的竞争优势来源。成本动因可分为结构性成本动因和执行性成本动因。

1)结构性成本动因

结构性成本动因是指与企业基础经济结构如长期投资等相关的成本动因,其形成需要较长时间,而且一经确定往往很难变动,同时,这些因素往往发生在生产运营开始之前,因此,必须慎重行事,在支出前进行充分的评估与分析。另外,这些因素既决定了企业的产品成本,也对企业的产品质量、人力资源、财务、生产运营等产生极其重要的影响。对结构性成本动因的选择可以决定企业的成本态势。结构性成本动因主要包括以下几个方面。

(1)规模:指对研究开发、生产运营、营销等活动投资的规模。要控制规模,应通过兼并、扩展产品种类、扩大市场营销活动等方式来增大规模,以降低成本。

(2)范围:指企业价值链的纵向长度和横向宽度。前者与业务范围相关,后者与经济规模相关。在航空公司进行价值链范围选择时,要着重考虑地理位置、人力资源分布、社会文化习俗等因素。

(3)经验:指熟练程度的积累,即企业是否有相关的生产运营经验。航空公司应结合竞争战略制定学习战略目标,比较学习的速度,并突破地理和内部竞争的阻碍,形成共享学习机制。保持学习的专有性,降低学习向竞争对手的溢出,并同时向竞争对手学习。

(4)技术:指企业在每一项价值链活动中所采取的技术处理方式。航空公司应加强技术投资,建立低成本流程,推动信息化和自动化。

2)执行性成本动因

执行性成本动因是企业执行作业程序相关的成本驱动因素,它是在结构性成本动因决定后才成立的,而且这些成本因素多属于非量化的成本动因。这些动因若执行成功则能降低成本,反之则会使成本提高。执行性成本动因包括以下几个方面。

(1)生产能力运用模式。主要通过固定成本影响企业的成本水平。航空公司的固定成本在相关范围内不随运输量的增加而改变。例如,航空公司的机队规模所对应的固定成本——飞机拥有成本在达到运力饱和之前,其成本总额是一定的,不会随着运输周转量的增加而增加。正因为如此,当飞机利用率提高、运输周转量增加时,单位周转量所负担的固定成本相对减少,从而引起航空公司吨千米或座千米成本的降低。对于规模较大的航空公司,固定成本所占比重较大,生产能力运用模式将对其产生重大影响,周转量的上升将会带来单位成本的明显下降。

(2)企业内部联系。企业内部各种价值活动之间的联系遍布整个价值链。例如,航空运输与维修活动的联系,一线作业与后勤的联系,品质控制与客户服务的联系等。针对相互联系的活动,航空公司可以采取协调和最优化两种策略来提高效率或降低成本。所谓协调,是指通过改善企业内部各部门相互间的关系,使作业活动配合融洽,信息充分沟通,从而提高整体作业效率。最优化则是通过工作流程重整和工作品质的提高,提高工作效率,进而降低成本。

(3)垂直联系。反映的是企业活动与供应商和销售渠道之间的相互依存关系。与上游供应商的联系主要是供应商的产品设计特征、服务、质量保证程序、运送程序等,这些都会影响企业的成本结构。例如,航材供应商的供应频率和及时性会影响航空公司的航材库存。不适当的供应节奏会导致航材库存过量从而带来资金和储备成本的浪费,或是航材短缺引起飞机延误、故障甚至停场,除了紧急订货的高额费用外,还有间接的旅客流失、航空公司品牌受损等潜在风险。同样,航空公司与其下游销售之间的联系也会影响其成本结构。例如,航空公司在欠发达地区建立代销网络,可在一定程度上使航空公司摆脱因资金和人力资源限制对销售网络发展产生的制约,以求扩大市场、降低成本;而在发达地区建立直销网络,可以减少中间环节,降低营销成本。此外,发展网上售票、自动售票、电话直销等销售方式则是未来的发展方向。航空公司应当充分识别联系和恰当整合价值链内部的成本因素,以改变成本状况。加强和供应商、销售渠道的合作,利用纵向联系,使各自价值链得以优化并共享收益。

4. 建立全员、全过程、全方位的成本管理模式

成本是一个系统性的问题,要走出传统的顾此失彼的成本管理误区,就要坚持全面管理理念,建立全员、全过程、全方位的成本管理模式。

(1)全面质量管理。与传统质量管理不同,全面质量管理强调质量管理应是全过程的质量控制。企业的每一位员工都要承担质量责任,以最少的质量成本获得最优的产品质量,并且最低的质量成本可以在缺点为零时达到,因为对错误的纠正成本是递减的,所以总成本会保持下降的趋势,直至最后的差错被消除。所以全面质量管理的改进总是能降低成本,对于质量成本较高的航空公司,全面质量管理能够带来降低成本的重大机会。

(2)优化航线网络结构和机队结构。机队规划和航线规划是航空公司重要的战略决策之一,其决策的成败将影响航空公司运营的整个过程,应采用科学的方法进行优化配置。航线网络结构要与优化机队结构结合进行,可以根据航线结构状况优化机队结构,也可以根据机队结构来调整航线、航班,应通过详细的成本测算与分析,来确定机型与航线的搭配。例如,大中型飞机适宜飞行中长航程的航线,而小型飞机则适宜飞行中短程航线。另外飞机的机型和构型也应与航空公司的市场细分和定位紧密结合,如果主要市场来源为普通旅客,则机舱内过多的头等舱设置和豪华配备必然成为很大的浪费;而如果定位为高端的商务旅客,则情况正好相反。对于航空公司中已经存在的不适合中国国情的机型,应通过出售、转租、置换等方式处理,调整机队结构。

(3)增强员工对企业的向心力,防止人才流失。企业的行动是众多具体个人行动的总和。各部门的每一位员工都与成本直接相关,只有依靠全体员工的互相配合、共同努力,企业才能将成本置于真正的控制中,才能实现成本管理目标。员工对企业的向心力对成本的影响具体归结为两个方面:①显性成本,如物耗高、服务质量下降;②隐性成本,如人员不团结、情绪低落、对企业漠不关心。传统成本管理以可计量、按照成本核算制度计算的成本为核心内容,以物治人。现代成本管理则要求重视人的因素,强调以人为本,以人治物,充分调动员工的积极性和创造力,提高员工对企业的向心力,从而达到充分降低成本,取得竞争优势的目的。

总之，航空公司要建立自己的竞争优势，首先要建立独特的成本优势，而非传统意义上的“降低成本”。航空公司成本管理的首要任务是关注成本战略空间、过程、业绩，即将成本信息贯穿于企业管理的整个循环过程之中。通过对价值链、成本动因的分析，优化和重组业务流程，通过对成本结构、成本行为的全面了解、控制与改善，以及对内外资源的整合利用，让成本管理的领域不断延伸、扩展，树立起强大的核心竞争能力，航空公司才能在激烈的航空市场竞争中立于不败之地。

6.3 航空运输企业成本控制

航空运输的主要经营企业是航空公司和机场，也就是航空运输成本控制的主体。航空公司和机场经营方式与成本结构相差较大，本节重点介绍航空公司的成本控制。

航空公司是航空运输的最主要经营主体，主要承担航空运输运营成本和载运工具拥有成本，如前文所涉及的：飞机购置或租赁费用；飞行燃油费用；飞行、机务、乘务和地面服务人员薪资及其他管理费用；机票销售费用等。航空公司成本控制可以从两个角度考虑：载运工具成本控制和运营成本控制。

1. 载运工具成本控制

关于载运工具的成本，航空公司主要从机队优化的角度进行成本控制（机队优化的方法详见第11章）。航空公司的机队是指航空公司所拥有的飞机总称，包括飞机的数量和不同型号飞机构成比例关系，即机队规模和机队结构。机队规模影响航空公司的运行利益，机队结构则直接影响航空公司的运行成本。机队规划是航空公司在拟定其市场计划时制定的，属于航空公司战略层次的规划。航空公司机队的组建和规划过程可以分为飞机购置、飞机置换和飞机排班三个部分。

1）飞机购置成本的控制

飞机购置成本的控制，可以从飞机购置方式、飞机选型方面着手。购置方式可以参考《飞机租赁》，成本控制的方式是尽量采用合适机型，机型选择是航空公司根据各种飞机的容量、油耗等性能，以及将要开辟的航线和运力需求，选择即将购置或租赁的飞机类型，一般推荐使用单一机型。因为不同机型配备的航材、维修器材，以及飞行、机务和服务人员都不一致，无法通用；庞杂的机队结构会导致航空公司面临高额的航材、维修成本和人员薪资成本，无法实现这些与机型相关要素的规模经济性。

2）飞机置换成本的控制

飞机更换是指航空公司处理旧飞机和购买或租赁新飞机的活动，机队置换计划是航空公司根据机队规模和机队结构，制定的规划期内机队置换的计划，目标是满足机队规模和机队结构的要求，控制总营运成本。一般根据飞机的机龄、期望年收入和运营成本，以及引进费用和购置费用，对航空公司的机队进行动态的规划。

3）飞机排班

飞机排班是指航空公司根据航班计划、飞机维修计划和每一架飞机的技术状况，为每一架飞机安排一连串需要执行的航班，即飞机路线。飞机排班是航空公司飞机管理工作中的一个非常重要的部分，合理的飞机排班不仅有利于航班安全正点运行，还能够提高飞机的利用率，有效降低运营和维护成本。飞机日利用率是指全年平均每架飞机的每天有效飞行时间，该指标反映航空运输企业对飞机和航班的调度能力，提高飞机日利用率可以在租机或购机成本相同的情况下获得比竞争对手更多的飞机可提供座位数，从而减少对飞机数量的需求，达到有效减少成本的目的。

2. 运营成本控制

根据前面对航空运输运营成本内容的分析，具体提出运营成本控制的基本策略和思路。

1）航线网络优化，实现航班规模经济

运营成本中最大的部分是飞行成本和维修成本（也就是飞机运行成本），约占到65%，国外低成本航空公司也占到了 30%以上，所以进行运营成本控制，最主要的方面就是对航班进行优化，使得航线网络能够最大限度地使用飞行能力，挖掘运输需求，实现网络上的规模经济。优化的网络减少了平均燃油的消耗，能够较为合理方便地安排维修，降低飞机运行成本（详见第 10 章）。

2）代码共享，减少航线开辟成本

代码共享是民用航空运输企业拓展市场的一种新的营销策略。在航空公司成本的角度，实行代码共享的航空公司可以降低市场的开发成本。如果开发新的市场，将要投入人力、物力和财力，而且周期比较长，由于代码共享，双方在花费很少的情况下，可将市场拓展到对方的市场中。这无疑有利于航空公司在开拓新市场方面克服开发费用不足的缺陷，有效地降低航空公司的销售成本。同时，在代码共享的航空公司之间，还可以进行联合销售，共用机场设施、地面服务等，这将减少直接运营成本，有利于公司增加利润。实践已经证明，通过代码共享的方式合作，双方能够通过协调运营销售，优势互补，达到增加运量、降低成本、扩大市场占有率的目的。更多的外国航空公司将进入中国市场，对国内航空公司的经营将是一个巨大的挑战，国内的航空公司应该寻找一个相互合作、共同发展的平台有效地进行航空公司之间的资源利用。在国内规模较大的几个航空公司之间形成结盟，合作运营各自所拥有的航线。这不仅能够使实行代码共享的航空公司之间合作实现双赢而且能更有效地规范航空市场，使国内的航空公司在客观上形成统一战线与国外航空公司抗衡。

3）信息系统开发，节约人力资源

在管理成本控制方面，航空公司主要通过加强信息系统的建设，提高信息资源开发利用效率和扩大信息资源开发利用范围，使航空公司能以低信息成本实现共享管理成本，并随着管理规模的扩大形成规模管理效应，以及实现人力资源的节约。

4）多种融资方式，减少财务支出

财务成本控制的方法主要是鼓励航空公司扩大经营规模，对资金的选择和融资方式的采用，取决于自身经济实力、客观环境和资本市场筹集资金的难易程度。航空公司可以通过增加股东投入，提高自有资金的比例，降低资产负债率，减少财务费用支出。一般情况下，短期负债的利率低于长期负债，所以应尽量多利用短期资金融通，同时提高资金使用效果，可以降低企业资金成本，提高收益率。

5)加强渠道控制，减少销售费用

目前我国国内航空公司的机票销售渠道主要还是通过电话预订、代理点售票和旅行社等进行间接销售，以上几种销售方式存在的最大不足是销售成本较高。如采用直销方式，不但可以减少中间环节、节约开支，还可加强公司对销售渠道的控制力度，杜绝将中间环节的费用转嫁给消费者，向顾客让利更多的价值，让顾客获得更大的满足感。具体方式包括以下两种。

(1)强化计算机订座系统，重构销售体系，实现航空公司对销售渠道的控制。对于CRS系统的拥有者，在市场销售过程中占有更多的优越性。它具有很高的航班显示优先权控制能力，可以提高航班的出现频率，从而在市场销售中拥有较高的成交可能性。通过计算机订座系统，航空公司可以预先了解客流信息，及时依据市场需求作出准确的判断，对旅客人数的构成进行分析，制定最佳的营销策略，有效地控制营销过程中所花费的成本。

(2)使用电子客票，让购票过程、支付手段更加便捷、高效。电子客票的好处就是可以把旅行销售业务的一部分由代理人分销渠道转移到航空公司自身的直销渠道中，这不仅省去了支付中间代理人的手续费，而且免去了纸质机票的打印、邮寄、结算处理等人力成本。例如，美国西南航空公司通过自己的网络销售每张机票的成本费用为1美元，通过旅行社销售为6美元，也比自己的有地址的直接销售(电话预订中心或售票处)低5倍。可见，网上售票相对于传统的销售方式来说成本最低廉。另外，从旅客的角度，可以买到更便宜实惠的机票。若推行电子客票的航空公司涉足旅行社的传统业务，即酒店、旅游业，推出“机票＋酒店＋旅游”套餐，旅客还可从中获得更多元化的服务。

6.4 低成本航空公司的成本控制案例分析

低成本航空公司的特点是低成本、低票价，其主要通过以下措施保持成本的低廉。

1. 降低营业成本

(1)飞行行程路线以短程为主，多为临近地区。

(2)机队单一化：采购飞机的机种统一化，避免多机种。短途航线通常以空中巴士A320系列或波音737系列机种为主。

(3)机队单一化之后，购机时价钱较低廉，且后续的保养维修单纯，可降低成本。

(4)机队单一化后，可减少机师训练时间并降低训练费用，亦方便调度。

(5)减少使用大型机场，改为使用城市周边的小型机场，以节省机场使用费。

(6)减少租用机场内较昂贵的设施，如接驳乘客往飞机的流动乘客通道(登机桥)，改为安排接驳车辆和小型登机梯。

(7)空勤和地勤员工的薪水降低,有些改以约聘(契约)方式雇用,以降低人事成本。

(8)尽量往高处飞,以降低油耗。

2. 简化机内服务

(1)简化机舱内的清扫(同时在机舱座位等物料上配合,如选用较易清洁的物料),减少飞机停留时间,以多开班次载更多旅客。

(2)机内饮食简化,有些航空公司甚至改成付费制。

(3)积极贩售机内商品,以增加运费以外的收入。

(4)不提供机上杂志和报纸,以减少成本。

3. 降低票务成本

(1)客舱等级单一化,以多搭载旅客。

(2)积极推展网络订票和电子报到,不提供划位服务,改以自由入座,降低票务和柜台的人力成本。

(3)依飞行时段有不同票价,冷门时段的票价便宜,以降低空席率。

(4)强调点对点方式的服务并减少转机服务。此举能减少飞机延误带来的影响,如等待转机的乘客等。

(5)不使用传统硬纸板式带磁条的登机牌,改用类似超市收银条的登机牌,进一步降低成本。

低成本低票价的特点为乘客带来了福利,也为低成本航空公司带来了成本的优势,图 6-4 比较了低成本航空公司与枢纽航空公司的成本。根据资料,在相同飞行小时,航线距离大致相同的情况下,低成本航空公司的飞机运行成本比传统航空公司低 16%左右。低成本航空公司与其他类型航空公司的竞争正在逐步改变航空运输的效率与市场结构。在美国,20 世纪 90 年代中期以来,低成本航空公司还没有与大型主干公司带来大的竞争,而且其市场份额都在 10%以下,但是 90 年代后期以来,这种情况发生了巨大的变化,其在 5000 个最大的城市对航空市场中的份额已经从 1998 年的 32%上升到 2003 年的 46%,而在整个航空市场中的份额也从 1998 年的 23%上升到 2003 年的 33%,而且 2000 年以来低成本航空公司一直保持赢利水平,而其他航空公司则陷入连续的亏损状态,低成本航空公司已经成为美国航空运输市场的重要竞争者。

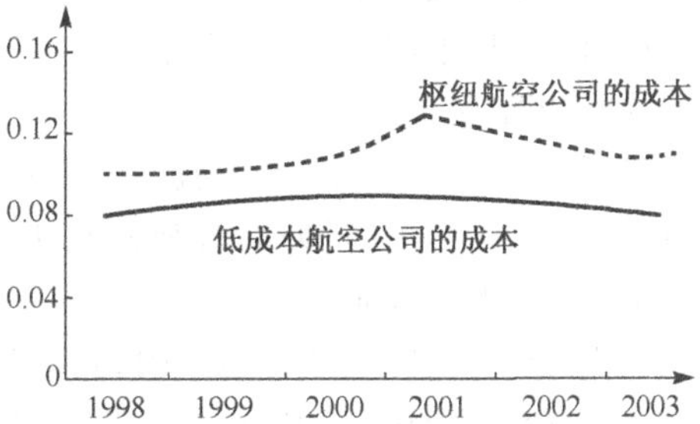

图 6-4　低成本航空公司与枢纽航空公司的成本比较(1998～2003 年)

注:纵轴为单位成本(美元),横轴为时间

资料来源:GAO(2004)

第 7 章 航空运输价格策略

7.1 航空市场价格管理发展历程

1938～1978 年美国民用航空法为了避免航空业内部过度竞争和不公平竞争，对航空业进行了控制运价和收入的管制，使得票价居高不下，财务状况恶化。

1978 年通过航空客运放松管制法强调政府减少对航空业的控制，采取放开票价的政策，民航委员会不再对航空公司票价实行管制。

巴西、德国、日本等国家自 20 世纪 90 年代起，开始放松对民航运价的政府管制。放松管制一般经历三个阶段：第一阶段，由各航空公司严格执行政府定价，改为允许航空公司在附加限制条件的情况下，对部分旅客实行优惠折扣和票价，限制条件由政府规定或审批。第二阶段，过渡到不再规定限制条件，而由政府规定幅度范围，航空公司自主有限浮动的票价制度，并逐步扩大航空公司自主浮动范围。第三阶段，取消对航空公司自主定价的幅度限制。

目前，发达国家国内航空客运已基本实行市场调节价，允许航空运输企业根据市场供求状况和营销需要，自主制定价格。

我国自 1949 年以来，国内航空市场的价格管理经历了不同的发展阶段，从最初的政府统一定价，到后来的政府管制定价，再到现在的政府指导定价。不同发展阶段的国家政策也是有显著不同的。

从 1949～1974 年，政府对国内的航空客运机票进行统一定价，这一阶段的航空公司经营情况良好，保持盈利，市场中几乎没有竞争气氛，整体的航空客运量和货运量都比较小。

从 1974～1984 年，政府仍然统一定价，但是结合收入背景和出行目的，针对境内和境外旅客进行了区别定价，乘坐国内航班实行两种价格，面向境外旅客的票价略高，航空公司的盈利状态保持良好。

从 1984～1997 年，政府进一步调整了统一定价的手段，开始对中国公民给予折扣票价，而对境外旅客仍然实行公布的票价，此时的航空公司继续保持盈利。

从 1997～1999 年，政府对机票进行管制，对特定航线设定一种票价，但是航空公司可以根据经营的需要，提供不同的折扣，从此刻开始，国家逐渐放松了对机票价格的严格限定。此后，部分航空公司开始亏损。

从 1999～2003 年，政府继续管制机票价格，但是为了抑制航空市场中泛滥的价格战等手段，出台了“禁折令”、“航线联盟”等新政策，随后航空公司逐渐恢复盈利。

从 2004～2014 年总体看，民航国内航线旅客票价形成机制几经改革，票价市场化程度明显提高，各航空公司引入欧美成熟的收益管理系统，设定多级票价，通过各种手段区分消费者，实现了旅客和航空公司双赢，对促进民航业发展发挥了重要作用。

2014 年，民航运价市场化改革继续深化。考虑到国内高铁的快速成网，高铁在短程航线对民航运输的冲击巨大，政府提出将进一步放开相邻省份之间与地面主要交通运输方式形成竞争的部分短途航线旅客运输票价，由现行政府指导价改为实行市场调节价。

所以，对于航空公司来说，真正实现这种自行的价格行为是在 2004 年以后。在定价的过程中无论航空公司还是机场都逐步采用了很多有效的定价方法和技巧收回成本、获得收益，本章将主要介绍基本定价原理和航空运输业中运用较为广泛的定价策略。

7.2　基本定价原理

1. 定价的作用与目标

定价(pricing)，是一种资源配置的方法。不存在所谓“正确的”价格，只有可以实现预期目标的优化定价策略。例如，为达到利润最大化的优化价格，可能不同于使福利最大化或保证最高的销售收入所需要的价格。在某些场合，制定价格并非试图把什么东西最大化或最小化，而只是为了实现较低水平的目标(安全、最小市场份额等)。进一步，定价可能是为了实现运输供应商在福利方面的某些目标(这是私营运输企业的情况)；但在另外一些情况下，定价可能是为了增进消费者的福利(这是某些国营运输企业的情况)。其中的区别是很细微的，甚至许多企业认为运用定价机制达到他们的目标也将自动地与顾客的利益相符合。因此，讨论实际定价政策的一个首要问题是确定“目标”到底是什么。

例如，对于港口定价问题，“欧洲”的定价理论与“英国”的定价方法之间曾存在较大的差异，前者旨在推动港口后面内陆的经济增长，而后者试图确保港口能收回自身的成本，如有可能还要盈利，不顾虑对较广大的地方经济的影响。但无论哪一种目标，企业理论都假定供给者意在使自己的福利最大化，无论把福利定义为利润还是较高层次的追求。

2. 价格与市场的均衡

根据西方经济学的理论，市场运作的核心就是价格机制，也就是亚当・斯密所谓的自由市场中有一只看不见的手指挥市场运作。如图 7-1 所示，D 为市场需求曲线，S 为市场供给或成本曲线，当价格在 P_1 时，对应的价格大于成本，较高的定价 P_1 可以吸引更多的企业同时刺激生产；当市场满足需求时，出现供大于求的情况，价格又开始降低，降低到 P_2，周而复始，最终由于价格和市场之间的博弈，价格会在 P^* 处稳定。这个价格稳定的过程可以用图 7-1 的蛛网式模型表示，然而如果市场供给曲线或成本曲线的弹性系数绝对值小于市场需求弹性系数绝对值，则市场的价格呈现出一种无法稳定的状态，如图7-2所示。当然这种情况在垄断式行业出现较多，而在竞争行业，生产对价格的敏感程度很高，价格最终会在与市场的博弈中趋于稳定。

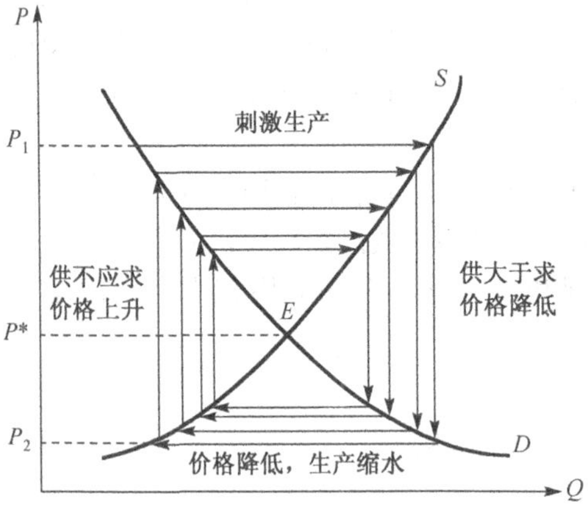

图7-1 价格与市场的均衡过程1

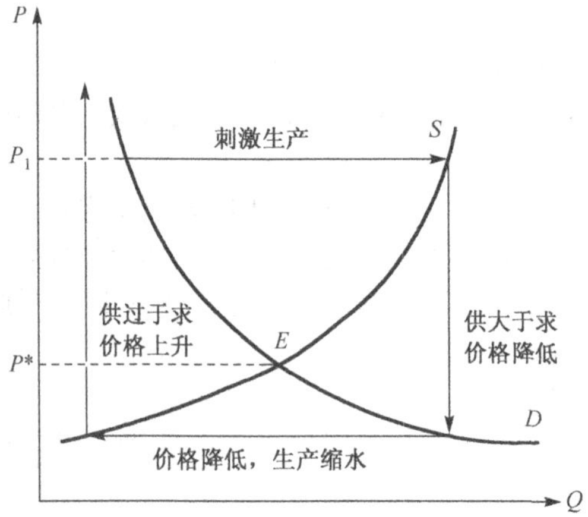

图7-2 价格与市场的均衡过程2

而在该图中的市场供给或成本曲线可以是企业的长期/短期生产成本曲线、长期/短期边际成本曲线或者变动成本曲线等，选择的类型不同，其定价的决策也不一样。

3. 企业定价的标准状况

利润最大化是私营企业传统的动机。这种情况下的实际价格水平取决于市场中竞争的程度。在竞争相当激烈的地方，没有单独一个企业可以操纵价格水平，价格水平取决于整个市场中供给与需求的相互作用。在这一完全竞争的环境中，任何运输供应商不可能长期获得超额利润，因为这种利润的刺激将使新的企业进入市场并增加供应总量。因此，从长期来看，价格将与每个供应者的边际和平均成本相等。

相反，一个真正的垄断供应商可以自由地制定价格或者规定其所准备提供的服务水平，而不担心新的进入者增加运输服务的总供给。对垄断者的有效约束是需求，它可以组织产出和决定价格。然而，鉴于假定没有竞争和垄断者享有的自由程度，几乎可以肯定，利润最大化的价格将导致收费超过边际成本和平均成本(唯一的例外是完全弹性市场需求曲线的出现，但这种情况几乎不可能发生)。这就是政府总是趋向于管理具有垄断特征的铁路、港口和其他运输企业的原因之一。

可是，对标准状况的这种简单描述，确实掩盖了运输市场的某些独特性。因为实际供应单位——运输工具是活动的，所以运输市场有可能看起来基本上是竞争的，但各个供应商制定价格时，却好像是垄断者，或似乎至少能发挥某种垄断力量(不受管制的市内出租汽车市场就是这方面的一个例子)。

7.3　效率定价原理

对运价进行评价的标准首先应该是经济效率原则，一个好的运价结构必定是鼓励运输消费者和生产者有效利用其所得到的资源。如果一家航空公司的运营活动导致了过多飞机空座飞行，那肯定存在着无效率；如果飞机维修只需要 40 个机务人员，公司却雇佣了 50 个，也肯定是浪费了资源。运输活动中的经济效率原则不仅适用于减少空座，还涉及社会经济生活中应该生产哪些产品和服务，以及这些产品或服务的供求水平是否合理。例如，发生机场拥堵就是导致人力和资本严重浪费的例子，而交通拥堵就产生于对拥堵机场和空域时间的过度需求，如果人和飞机不在机场一再耽搁，这些时间和资源完全可以在其他领域或用途上产生更大的社会福利。

而很多经济活动中的无效率都与价格水平的不适当有关。价格是同时引导消费者和供给者的最有效信号：过低的价格会导致某些产品或服务的需求过于旺盛，但生产者却没有兴趣增加供给；而过高的价格又会引起生产者在缺少足够社会需求的产品或服务上投入过多的资源。此原理在运输市场完全适用，因为身在其中的运输消费者和供给者也是根据运输价格做出的判断，是价格在引导他们做出选择，运价决定了运输市场上运输服务的种类与数量，也决定了需求者的满足程度。

效率原则认为，对某一特殊产品或服务愿意支付最高价格的人可以享有消费的优先权。例如，从 A 地飞往 B 地的航班起飞前只剩最后一个座位，但是有两位乘客，其中甲愿意为获得这个座位支付 500 美元，乙只愿意支付 200 美元，在这种情况下航空公司显然应该把座位卖给甲。虽然这种原则强调消费者个人偏好的重要性，而支付意愿是与收入水平相关的，这种原则容易有偏袒富人的嫌疑，不过经济学家认为社会生活中存在的收入分配不平等问题不能仅靠某一个部门如运输业的价格制定去扭转，应该通过税收对工资、租金、利息和利润进行调节，在市场经济中是价格决定生产哪些产品或服务和由谁来消费这些产品或服务。

为了实现资源的有效利用，价格应该等于所提供产品或服务的机会成本，这一原理是普遍适用的。只有运价等于提供运输的机会成本，社会为该运输所付出的资源数量才是最合理的。例如，小汽车从 A 地到 B 地的机会成本是 10 美元，但是如果驾车者仅需支付 5 美元，那么驾车者就会得到关于资源稀缺与否的错误信息，即他们的驾驶成本只有 5 美元，而实际被占用的社会资源价值 10 美元。两地之间的车流中，有些愿意为他们的出行支付 10 美元或以上，有些只愿意支付 5～10 美元，由于价格只有 5 美元，后一部分驾车者也加入，而这一部分驾车者其实浪费了社会资源，他们的决策是在 5 美元的价格上做出的，如果价格正确，这些人可能不出行或选择其他方式，社会资源便会节省，道路上的拥挤程度也不会那么厉害。因此使运输活动经济效率最大化的定价原则之一是

$$运价=短期边际成本 \tag{7-1}$$

或者说价格应该等于每一次做出运输或出行决策的短期边际成本。做出每一次运输或出行决策的机会成本称为短期边际成本，之所以称为短期，是因为在做出决策之前，目前的运输基础设施已经建成，或者车辆已经配置好。但是式(7-1)只提供了使社会福利最大化的一半条件，另一半条件是对接受某项服务的所有客户而言的：

$$\text{总的支付意愿} \geqslant \text{所用资源的机会成本} \tag{7-2}$$

对于某项运输服务，所有客户总的支付意愿与提供该服务所用资源的机会成本之差，应该是社会剩余(或社会净福利，即消费者剩余与生产者剩余之和)。因此式(7-2)表明社会福利最大化的第二个条件是要求提供某项运输的社会剩余不能为负。

上述社会福利最大化的两个条件应该同时得到满足，其中第一个条件决定谁是有效率的供给厂商，以及由对使用效用评价足够大的那些用户获得使用的优先权；第二个条件是从社会总的角度决定哪些设施应该予以建设或保留。为保证可比性，未来的收益与成本需要进行折现，因此式(7-2)可以表示为

$$\text{总支付意愿的折现值} \geqslant \text{所用资源机会成本的折现值} \tag{7-3}$$

如果条件不能满足，运输服务的提供可能就是不合理的了。图7-3是上述效率最大化定价原则的图示。图中向右下方倾斜的运输需求曲线 D 和提供运输服务的短期边际成本曲线 MC 相交于 C 点，它所决定的有效价格和有效供求数量分别为 p^* 和 q^*。对该运输服务的总意愿是图中 $OBCq^*$ 的部分。提供该服务的边际成本总额应该由两部分组成：一部分是图中的 $OACq^*$，另一部分未在图中显示出来，即固定成本，这部分应该加到面积 $OACq^*$ 之上以便用总成本进行分析。

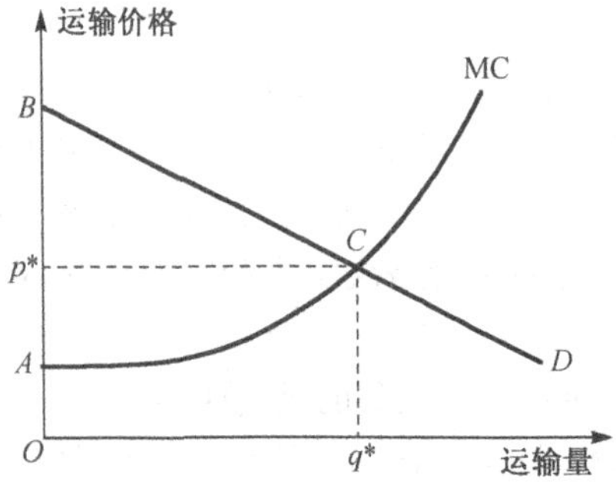

图7-3 效率定价示意图

从运价与载运工具拥有成本的关系来看，基于拥有载运工具机会成本的有效性表现在它对市场配置稀缺资源的重要作用。例如，假定一架大型客机上每个座位每天的机会成本是100美元，客机的拥有者如果出租该客机，租用者差不多要为每个机座日支付100美元。在客机拥有者自己经营的情况下，每天每个机座的收入如果可以达到100美元，那么它的定价应该是合理而有效率的。但如果有另一家航空公司愿意以高于每个机座日100美元的租金租用该客机，那么出租飞机应该更合理，因为另一家公司肯定发现了愿意支付更高价格的乘客群，或是遇到了超过每机座日100美元的收入机会。价格对载运工具拥有者的保有和维护行为有着很大影响。当市场上的运价较高以至于载运工具的租赁价格也较高时，这些拥有者一般就会加紧对自己的机队或车队的维修，以保证尽可能充足地向市场提供载运工具；而当运价和租赁价格都较低时，维修工作一般也要减少，甚至机队或车队的规模都可能萎缩。以机会成本为基础的价格会使载运工具拥有者在决定维修费用和机队或车队的规模时做出正确的权衡。

7.4　效率定价的应用

1. 重载方向定价(peak-load pricing)

运输业者往往需要载运工具在完成运输任务后回到起始位置,而实际的运输业务在往返两个方向上存在着不平衡的现象,尤其是在货物运输上,可能几乎是一个单向运输。因此,运输需求在方向上的不平衡会引起满载方向和回程方向的成本分配问题,这也需要由有效的运价解决。

例如,A 地的主要航空货物是鲜花,B 地主要是服装,航线上对航班数需求存在不均衡现象,D_{main}和 D_{back}分别是主要运输方向 A 到 B 和返程方向和 B 到 A 的运输需求曲线,由于返程方向可以利用主要方向货物卸空后的舱位,因此可以把这两条需求曲线在纵向方向上叠加成为对飞机座位循环往返的总需求曲线 D_{total};图 7-4 中还有一条表示一个循环周期飞机租金加运营成本费用的水平线,这条机会成本曲线也可以看做 A、B 两地之间的运输供给曲线。在这里形成载运工具一次循环的两个运程是联合产品,因为满载方向的运输成本不可避免地会引起对回程的需要。图中总需求曲线上有一个拐点,该点对应着回程方向运价为 0 时的运量需求,即 q^*;当航班数量少于 q^* 时,两个运输方向都有为正值的运价水平。而飞机租赁费用水平由飞机租赁市场上的需求和供给情况决定。

在图 7-4 中,航班频率的均衡数量为 X^*,它是由 A 到 B 主要运输方向上的运价水平 P_{main}和 B 到 A 返程方向上的运价水平 P_{back}共同决定的。在这一均衡水平的运价和航班频率使有关各方的利益都得到满足,即主要运输方向的客户需求在他们愿意接受的运价上得到满足,回程方向的客户需求也是在他们可以接受的运价上得到满足。在竞争性的航运市场上,市场力量会自动地使主要运输方向的运价水平高于返程方向。这就是有效率的运价。如果返程方向上的运价水平被拉到和主要方向相同,可能会出现空返现象,造成运力浪费。

当然在现实中返程运量不足的情况也是很常见的,用图 7-5 进行分析,与图 7-4 不同的是,返程的运量很小,该方向运输需求小到回程方向运价为 0 时,其运输需求 q^* 仍小于航班频率 X^*。此时运量不平衡,返程的舱位多数不能满载,有的甚至只能空返。这种情况一旦出现,那么航班一个循环的全程成本就需要由主要运输方向来承担,而不管回程方向是否搭载了部分货物。这种定价方法称为“重载方向定价”。由于多个承运人会竞相压低运价来承揽那些数量有限的回程货物,因此回程运价也只能定得很低,这时候对航空公司来说,再低的运价也比空返要合算。这种定价方式在其他运输上也非常常见,例如,计程出租车对某些前往偏远地点的乘客会加收回程车费,一些城市轨道客运公司针对每天市中心到市郊住宅区之间方向上的不均衡客流,会很自然地让重车方向的乘客票价能够同时抵偿重空车两个方向的成本。

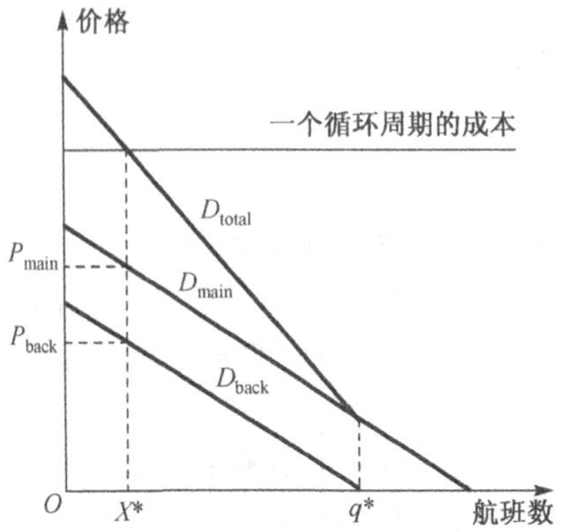

图 7-4　重载方向定价示意图

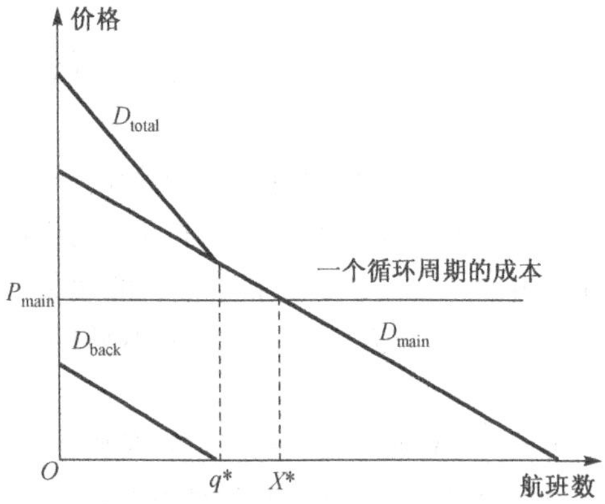

图 7-5　返程容量不足的重载方向定价

2. 拥挤收费(congestion toll)

效率原则也同样要求运输使用者为运营的边际成本付费，虽然这个原理十分简单明了，但在具体实践中由于拥挤等现象的存在，其应用还是会遇到一些困难。当交通运输发生拥挤的时候，运营成本就会随着使用者的增加而迅速上升，这种情况下，有效的运价应该是实行拥挤收费。

前面已经讨论过机场和空域资源的紧缺会导致拥堵，所以航班的数量不应超过一个合理的水平，否则航班越多延误越大，资源浪费越多。有效运价要求每一位资源的使用者都支付由其引起的边际成本，这就意味着除了支付燃油费、维修费等一些第6章讲过的运行成本，新加入的航班还应该承担它所引起的其他航班的时间损失。这种损失并不是机场当局的实际花费，而是由于航班延误给社会带来的。拥挤收费可以抑制对空域的需求，因此可以减少航班流量，减少延误，节约乘客时间。

图7-6是在拥挤空域上征收最优拥挤费用的示意图。图中平均变动成本曲线AVC是根据汇总所有航班的直接运行成本和时间成本，再除以航班总数得到的。当发生拥挤时，航班开始等待，出现延误，平均运行成本开始上升，但边际成本曲线MC上升得更快，并高于AVC。在不考虑拥挤收费的情况下，对每个航班而言，价格就是图中需求曲线D与平均变动成本曲线AVC的交点E所对应的价格p'，该价格对应的交通量是q'。q'交通量大于最优的交通量q^*，这说明由于没有对航班按照边际成本收费，所以产生了无效率，导致过多资源投入而引起的拥挤。如果对航班征收相当于图中FC的拥挤费用，就可以把车辆数减少到q^*的水平。这时候的价格等于平均运行成本与拥挤费用之和，在这种交通量水平上，航班延误可以大大减少。

所有航班中，对乘客时间成本估计最低的，对延误的损失估计也最低，也最不愿意支付拥挤费用；而在不征收拥挤收费的情况下，这些航班实际上又是最不怕发生延误的。一旦开始征收拥挤费用，对时间价值估计较低的航班就会因为选择不交费而放弃对空域的占用，留下那些愿意交费而避免延误的航班来更有效地使用空域。

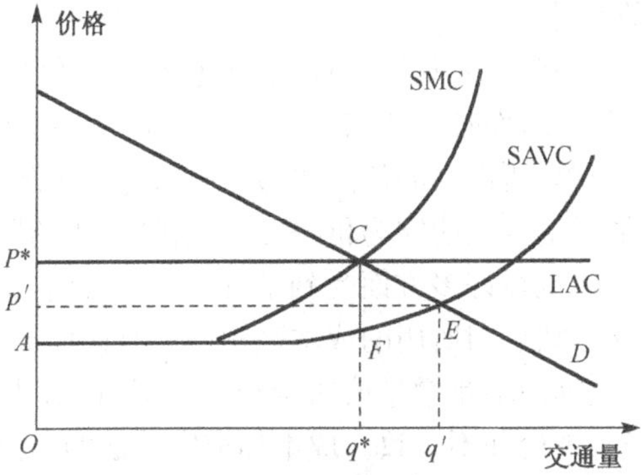

图 7-6　最优拥挤费用的征收

机场实行拥挤收费尤其是针对机型进行不同等级的收费是一种很有效的控制流量的方法，由于小型飞机特别是私人飞机一般不会像大型飞机那样有能力支付额外的跑道费用，因此大型飞机就容易拥有大型机场每天最优时段起降的优先权。

7.5　航空票价定价方法

7.5.1　成本加成定价法

1. 成本加成定价法的含义

传统的经济理论假设企业谋求利润最大，而这一目标是通过把产量定在边际收入等于边际成本和根据需求曲线确定价格来实现的。但在实践中许多运输企业使用的却是成本加成定价法(cost-plus pricing)。这一方法是指，所定的价格应能够涵盖取得或生产产品的成本，再加上足以使企业按目标回报率获得的利润。

成本加成定价法包括两个步骤。首先，必须确定购买或生产产品或服务的成本。要计算的是平均成本，即

$$\mathrm{AC}=\mathrm{AVC}+\mathrm{AFC}=\mathrm{TVC}/Q+\mathrm{TFC}/Q \tag{7-4}$$

式中，AC 是平均总成本；AVC 是平均变动成本；AFC 是平均固定成本；TVC 是总变动成本；TFC 是总固定成本；Q 是产量。

使用上述公式在计算时存在一个问题：计算价格时要用到产量，但产量又是由价格决定的。为了避免这一问题可以用一个假定的产量，一般情况下，这一产量可以根据企业生产能力的一定百分比确定。例如，多年来通用汽车公司使用成本加成定价法时，常根据销售额是生产能力的 80％的假设来计算平均成本。

成本加成定价法的第二步是确定成本加成。如果要赚得的总利润为 X 元，或者利润率为 r，则价格可定为

$$P=\mathrm{AVC}+\mathrm{AFC}+X/Q \tag{7-5}$$

即

$$P=(\mathrm{AVC}+\mathrm{AFC})(1+r) \tag{7-6}$$

2. 成本加成定价的优势

成本加成定价法具有一些受人欢迎的优点：①它有利于价格稳定。这是人们所需要的，因为价格变动会很费钱，而且可能引发竞争者做出对自己不利的反应。②成本加成定价法的计算公式很简单，所需要的信息比边际收入等于边际成本定价法要少，因而用起来很方便；③成本加成定价法能够为价格变动提供"正当的"理由。

但是，成本加成定价法也在许多方面受到了批评。一方面，它是根据成本计算出来的，并没有考虑需求。这一缺点因所用的成本数据可能有误而加重，因为成本加成定价法使用的是历史或会计数据而不是增量或机会成本。另外，成本加成定价法似乎与以利润最大化为假设的经济理论并不一致。成本加成定价法的广泛使用也会给人一种感觉，似乎根据边际收入等于边际成本的决策规制来做的分析基本上没多大实际用处。但实际上，这些矛盾只是表面上的。使用成本加成定价法是企业追求长期利润最大化目标的一个手段，并且成本加成定价法与边际收入等于边际成本定价法有密切的联系，虽然二者并不等同。

为了比较这两者，首先来看成本。尽管成本加成定价法根据的是平均成本而不是边际成本。但长期边际成本与平均成本往往差别不大，特别是在普通公路货运等行业中。因此，可以把平均成本定价近似为边际成本定价。下一步的比较是看目标回报率，如何确定加成应该是10%还是20%呢？一般来说，决策应该基于对需求弹性和竞争条件的估计。如果需求弹性较大，竞争很激烈，加成就较小。

如果成本加成是根据需求条件来确定的，成本加成定价法就与利润最大化可能相互一致。这可以用公式来说明，边际收入是总收入对运输量的导数，因此

$$\mathrm{MR} = \mathrm{d}(TR)/\mathrm{d}(Q) = \mathrm{d}(PQ)/\mathrm{d}(Q) = P + \mathrm{d}P/\mathrm{d}Q \times Q \tag{7-7}$$

其中，$P + \mathrm{d}P/\mathrm{d}Q \times Q$ 可改写为 $P(1 + \mathrm{d}P/\mathrm{d}Q \times Q/P)$，注意，$\mathrm{d}P/\mathrm{d}Q \times Q/P$ 就是 $1/E_p$，这里 E_p 是需求的价格弹性，于是

$$\mathrm{MR} = P(1 + 1/E_p) \tag{7-8}$$

利润最大化要求 MR＝MC，为了使问题简化，假定 MC＝AC，因此，利润最大化价格就是下列方程

$$P(1 + 1/E_p) = \mathrm{AC} \tag{7-9}$$

的解，解 P 得

$$P = \mathrm{AC}(E_p/(1 + E_P)) \tag{7-10}$$

式(7-10)可解释为成本加成定价的公式，即价格是根据平均成本上的加成来定的。这个加成即 $E_p/(E_p+1)$，是需求价格弹性的函数。当需求变得更有弹性时，加成就会变得更小。例如，如果 $E_p = -1.5$，其加成为3.0；但如果 $E_p = -4.0$，加成只是平均成本的1.33倍。

可见，成本加成定价法只是运输业者追求最大利润的一个手段。多数业者只能获得有限的需求和成本信息，而要获得能准确估计边际收入和边际成本所需的信息是很费钱的，甚至是不可能的。因此，成本加成定价法可能是谋求最大利润的最现实的一种方法。

7.5.2　差别定价方法

差别定价，也可称为价格歧视(discrimination pricing)，指的是一家企业在出售一样的产品或服务时，对不同的顾客索取不同价格的现象，有时候差别定价是指对成本不同的产品制定统一的价格，更多的差别价格是指成本基本相同而价格不同，其目的都是增加企业的总利润。实施差别定价需要满足三个条件：①企业对价格至少有一定的控制能力(垄断能力)，而不是只能被动地接受既定的市场价格。②企业能够根据价格弹性的不同把企业的产品市场划分为几个不同的市场，即企业必须能够分清应该向谁索取高价，向谁只能索取低价。③企业的市场必须是能分割的，即企业必须能够阻止可以支付高价的顾客以低价购买商品。满足这三个条件，企业就能实施价格歧视，并从中谋取到更大的利益。

1. 差别定价的分类

差别定价可采取许多形式，但通常分为三类，它们的共同点是允许企业利用统一定价获取给予消费者的部分消费者剩余。

(1)一级差别定价也称为完全差别定价，是指生产者和经营者完全了解各消费者的特征，并确切了解每个消费者的保留价格，企业能够对每单位产品或服务索取最高可能的价格。一级差别价格是差别价格最极端的形式，由于每个单位的产品或服务都被索取了最高价格，所有的消费者剩余都被获取，所以完全差别定价是企业最能赢利的一种定价方法。如图 7-7 所示，企业根据不同的需求，完全获得原来 ABM 部分消费者剩余(相当于图中各个长方分割无限小，弧形部分被全部摄取)。然而一级差别价格在现实中几乎是不可能的，因为生产经营者关于消费者的个人信息是不完全的，而且市场中还存在套利因素。比较接近的可能是某些城市私车牌照拍卖制度，管理部门要求每一个可能的买者进行投标，凡超过最低标价的投标都被接受，投标人就有义务按投标的报价购买车牌。通过这一过程，就有可能向每个准车主索取他愿意支付的最高价格。

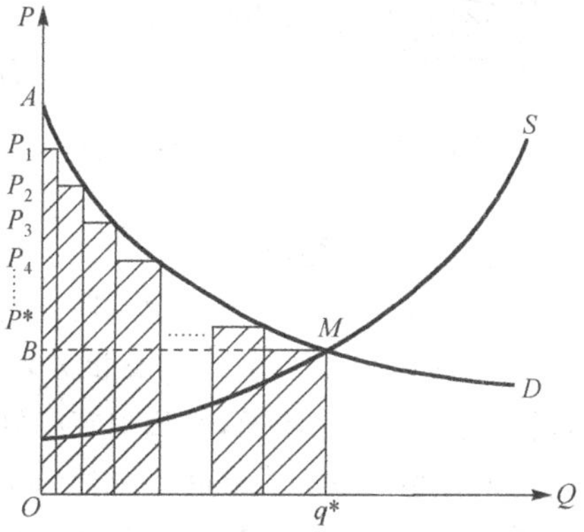

图 7-7　一级差别定价示意图

(2)二级差别定价是指生产经营者在关于消费者个人偏好信息不完全情况下，利用现代信息经济学理论，通过设计自我选择机制来不完全榨取消费者剩余。这种机制下，采用数量和服务差别来自动实现对消费者的激励(如图 7-8 所示，企业给消费者一个较低的价格 p'，但同时要求旅客达到一定的消费量 q'，赚取利润，这个利润可能比采用高价获得的利润还要大)。例如，一些铁路旅客票价的单位里程运价随乘车总里程的不同而发生变化，乘车总里程越长，单位里程的旅客票价越便宜。某些城市公交采用月票制和季票制，通常季票比月票更“划算”，因为这样可以鼓励消费者购买更多的产品。

(3)三级差别定价最为常见,三级差别定价与二级不同的是,二级差别定价是企业通过消费者自己主动选择消费包来选择消费者,而三级差别定价则是企业利用消费需求的间接信号来选择的。它要求按需求价格弹性的不同来划分顾客或市场。这种划分可以根据市场的不同地理位置来定,也可以根据用户的特征来定。三级差别价格对需求弹性较小的顾客或市场制定较高的价格 P_2^* ,而对需求弹性较大的顾客或市场制定较低的价格 P_1^* ,如图 7-9 所示。

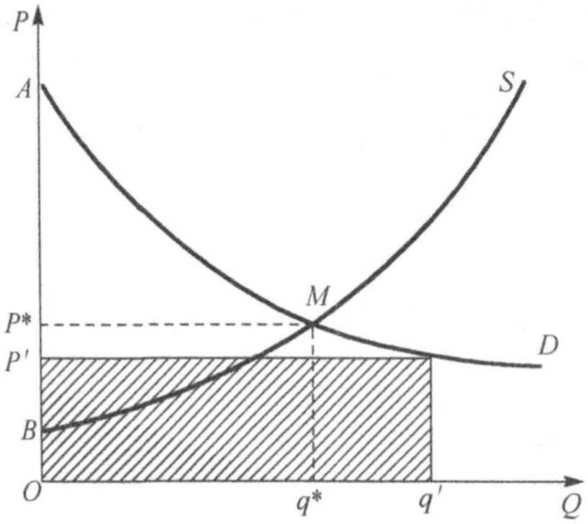

图 7-8 二级差别定价示意图

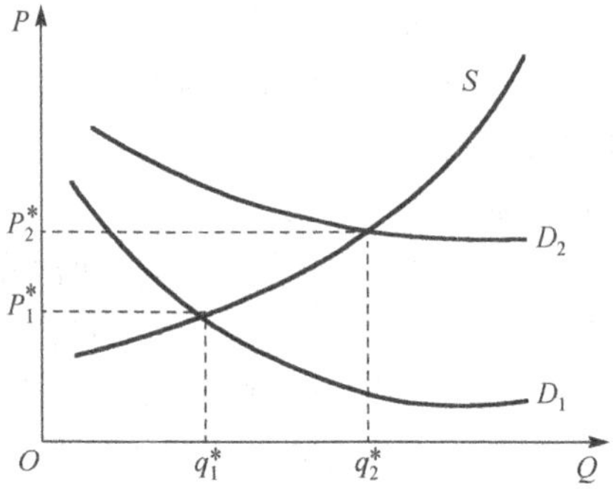

图 7-9 三级差别定价示意图

案例:民航客票的定价

在民航客票定价中,航空公司将潜在的乘机者划分为两种类型(相当于将客票销售分割成两个市场)。一类是因公出差人员、私企高级职员等。他们对乘机时间要求较高,对票价不计较。因而,对他们可收取相对高的票价,而在时间上给予优惠,允许他们提前一天订票。另一类是收入较低的旅行人员、淡季出游者等。这部分人群对时间要求不高,但在乎票价。对于他们,在票价上可相对较低,而在时间上要求对航空公司有利。这样,可以充分利用民航的闲置客运能力,增加公司收益。若不进行市场分割,实行单一的较高票价,就会把这部分潜在的消费者推出客运市场,公司的闲置客运能力便不能产生效益,这对公司是不利的。美国航空公司一名主管价格和航班计划的副总裁曾说过:“当某人愿意付 400 美元时你不会以 69 美元卖给他一个座位。”与此同时,航空公司是愿意以 69 美元卖掉一个座位而不愿让它空着的。

案例:优惠券的发放

优惠券的发放也体现了三级价格歧视分割市场的效应。一些食品或化妆品的生产厂商经常会发一些附着在产品广告或报纸杂志上的优惠券,消费者剪下它们,再次购物时即可享受优惠,相当于对这部分消费者降低了价格。为什么不直接降价,而要采用优惠券发放呢? 原因在于,并非所有的消费者都会这样做,只有对价格反应敏感的消费者才会这么做,即他们的需求价格弹性较高。这样,厂商便对其中需求价格弹性较高的一组,实施优惠措施,从而把潜在的消费者变成现实的客户,扩大了销售,增加了收益。

2. 服务质量歧视

有时候，价格歧视不仅体现在成本或价格上，在服务质量上也有极大的区别。一家公司常常会降低其顶级产品或服务的级别来生产性能较差的产品或提供质量较差的服务，这样它就可以以较低的价格出售这些产品从而赢得低端的市场。例如，通过加入特殊的芯片，IBM 公司让其激光打印机的速度从每分钟 200 页降低到每分钟 10 页，从而可以用较低的价格出售这种产品，同时并不会影响顶级产品的销售。又如，火车硬座和软座的服务质量差别很大，主要目的未必是降低硬座的运营成本，更可能是阻止软卧客户购买硬座票。“这伤害了穷人，但并不是因为想伤害穷人，而只是为了吓走富人。”

3. 差别定价的效率

那么，差别定价或价格歧视的经济效率在哪里？令人惊讶的是，它们常常会提高经济福利。为了理解这一点，回顾一下垄断者通过提高价格和降低销量来增加利润。他们这样做会赢得急需其产品或服务的顾客，同时也会失去那些犹豫不决的顾客。通过区分愿意支付高价的顾客（向他们收取高价）和只愿意支付低价的顾客（他们可能愿意以较低的价格获得低级的产品），分别制定不同的价格，垄断者就可以同时提高利润和消费者的满意度。

4. 航空公司差别定价法的使用

航空公司差别定价结构的首要目的是：

(1)从现在的市场中尽量获得消费者盈余。

(2)吸引那些消费意愿不强的消费者，这些消费者通常被航空公司提供的简单的统一价格或者被有限价格体系排除在外。

(3)把那些时间偏好不强的旅客从高峰时段转移到客座率较低的航班上。

航空公司为了实现差别定价，通常对市场需求从两个互不相斥的层面进行细分。

1)旅客的不同时间偏好

“高峰价格”是经济学上用于描述一个高峰期/非高峰期价格结构的术语。实际上很少有航空公司尝试去获得消费者的盈余，而更多的是通过把握消费者在高峰期不得不出行的机会制定高价，这时的价格反映的是当整个系统运营的运力达到极限时提供服务的边际成本(Pindyck 和 Rubinfeld，2001)。航空业下面三大特征使最高峰时的价格成为首选(Shy，1995)。

(1)需求中的时间间隔的差异（如一天中的某时、一周中的某天、季节等）。

(2)保证提供包括高峰期在内的长期需求的运力，换句话说，保证足够的运力去应付高峰需求。

(3)产品的易腐性，这个因素阻止航空公司将需求低迷时期的产出用来满足需求高峰期的需求。

实际上，除了与高峰期定价相对的高峰期边际成本是航空业的一个特征。通常重点应用的是利用低谷时期的价格吸引消费者在需求低迷时期进行消费；但是在一些舱位和市场(如长航段的公务舱和头等舱)在高峰或者低谷时期价格很少或者几乎没有变化。

2)旅客的不同需求弹性

细分不同旅客对相同服务支付不同价格的意愿是为了保证制定高价能尽可能地接近旅客认同的服务价值(如旅客的“预定价格”),同时还需要利用较低的运价接近支付意愿较弱的旅客认同的服务价值。

航空公司一般用两种方法实现不同旅客的差别定价。

(1)需求辨认。航空旅客通常根据其出行目的分为休闲旅客和商务旅客,这两个市场对应的需求弹性有着很大的差异,休闲旅客对价格比较敏感,商务旅客对时间和服务比较敏感,航空公司通过对这两类旅客的特征辨认,获得这两类旅客的需求特征,根据该类型旅客的需求曲线,有针对性地分别制定不同价格,获得最大收益。如图 7-10 所示,休闲市场和商务市场存在不同的需求弹性,而定价原则认为各个市场的最优定价应该使得平均边际成本等于边际收入,即图中商务市场定价为 P_B,休闲市场定价为 P_L。很明显,商务市场由于旅客对价格不敏感,价格要比休闲市场高一些。

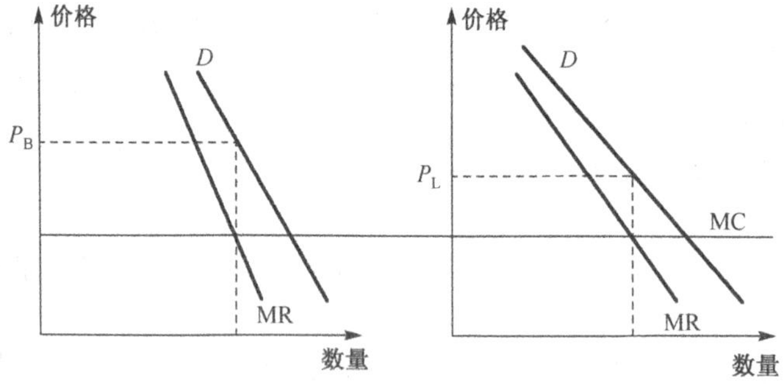

MR:边际收入; MC:边际成本; P_B:商务市场价格; P_L:休闲市场价格

图 7-10 两种不同市场的定价

(2)行为辨认。由于航空公司划分的旅客类型无法使用明确的方式或规定进行区分,一般是通过对不同类型旅客的行为特征来进行识别和差别收费的。这些行为通常包括预定时限要求和在出发前提前付款,周末目的地过夜的要求(通常是针对短程航线市场的制约)、在目的地停留最短和最长时间的限制,还有接受其他的关于航空出行方面的旅客行为特征,例如,取消和退票、变更航班、串联往返航线(指旅客订往返程机票,但是返程的始发地并不是去程的目的地)、中途停留、改签其他航空公司航班和/或者转机。不同类型的旅客在这些行为上有着不同的要求,航空公司通常会提高价格来满足旅客的行为要求。

5. 关于差别定价的法律问题

关于差别定价,学者有不同的观点。Stigler(1987)认为两个或者多个类似的商品以相对于其边际成本而言的不同价格销售就是价格歧视。在《国民财富的性质和原因的研究》中，亚当·斯密(1776)提到了两种情形的价格歧视：①指出商品外销价格低于内销的事实。②在分析公共工程和公共机关的费用，讨论道路通过税的问题时提到差别定价。Galera(2003)提出，应放宽差别定价提高社会福利的条件。他认为，增加产出作为必要条件是以垄断市场结构为分析前提的，而在具有一定竞争性的市场结构中，差别定价使得消费均衡破坏造成的效率损失可以通过厂商间竞争带来的产出结构优化来弥补。也就是说，不完全竞争市场结构下不能因为产出下降而判断价格歧视造成福利减少。

有的学者认为，旁观者界定企业是否构成差别定价有时候非常困难，售价的不同可能仅反映运输成本差异，这不能称为价格歧视，所谓价格歧视是指一个商品的两个亚种(由同一个卖主)以不同的净价格出售给两个购买者的定价情形。这里的净价格是指经过成本差异调整过的价格，如考虑了运输或者仓储成本。厂商不同的定价可能恰恰是反映了成本的差异，这不属于价格歧视的范畴。看来，对是否构成差别定价争论的根源是成本认定的分歧。这也是法学界判定价格"歧视"违法的困难所在。

1)美国限制价格歧视的立法

美国作为发达市场经济国家，有比较完善的反价格歧视立法。例如，《谢尔曼法》(the Sher-man Act)第二条关于图谋垄断的规定，《联邦贸易委员会法》第五条关于不正当竞争方法的规定。特别是 1914 年，美国国会批准克莱顿法案(the Clayton Act)，它成为认定价格歧视非法的第一个法律依据。当然，国会出台该法的本意是对掠夺性定价的限制，而不是价格歧视本身。因为一些大的厂商能够凭借实力在短期内以低于边际成本的定价向零售商供货，造成其他小厂商退出市场。值得注意的是，终端消费者并没有成为该法案保护的对象。该法案同时认为并非所有的价格差别都应该认定为非法，毕竟准确认定是非常困难的事情。20 世纪 30 年代以后，随着全国性大型连锁企业在各地开业，地方小零售商处于更不利的地位。1936 年美国国会又通过了罗宾逊-帕特曼法(the Robinson-Patman Act)，试图强化对价格歧视的控制，保护这些地方小零售商对抗全国性的大连锁分店，防止他们在向上游供货商谈判时依据实力和规模要求给予折扣降低商品进价。例如，联邦贸易委员会依此起诉 Morton 盐业，因为该公司给予全国最大的 5 家连锁商店 15%的折扣，还有 1951 年印第安纳州的标准石油公司与联邦贸易委员会之间的诉讼。无论是 Morton 盐业还是标准石油公司，辩解的理由有：①他们之所以向零售商要价不同是因为供应成本不同。②提供证据表明不仅本公司向零售商进行差别定价，其他的竞争性厂商也是如此，所以不会造成竞争环境的破坏。

经济学分析的对象是垄断厂商和最终的消费者。美国限制价格歧视的法律尤其关注的是中间品市场，而非终端消费者。罗宾逊-帕特曼法(该法后来并没有得到严格的执行)的目标是小企业在面对大买主所拥有的"不公平"劣势时能够得到某种保护。正如试图限制那些能够从供应商那里获得比当地其他商店更低折扣价格的连锁店。但是以终端消费市场为分析对象的经济理论不能直接用于中间品市场。其原因之一是中间商的需求是相互依赖的。连锁店向垄断者购买的数量不仅取决于他向终端消费者制定的价格，还取决于其他地方经销商制定的价格。原因之二是连锁店比经典经济学分析的终端消费者更可能对产品实行后向一体化，如可能决定自己生产商品。

2)我国关于价格歧视的立法实践

我国关于价格行为立法探索和借鉴的过程，是伴随着经济体制改革的进程逐渐成形的。价格改革以计划经济体制下主要农产品收购价的大幅度提高和八类副食品销售价的调整为开端。1984年国务院颁布了《价格管理暂行条例》。1987年，国务院又总结价格改革八年来的经验，颁布实施《价格管理条例》。在借鉴发达市场经济国家有关价格立法经验的基础上，结合社会主义市场经济的初步建立，经反复研讨，1997年12月第八届全国人民代表大会常务委员会第二十九次会议审议通过《中华人民共和国价格法》并于1998年5月1日起正式施行。以此作为价格法规体系的母法，有关部门又起草规定了一系列法规、规章和规范性文件。如规范政府定价行为方面，出台《政府价格决策听证办法》、《政府制定价格行为规则》等；在价格监督检查和价格行政处罚方面，有《价格违法行为举报规定》、《价格违法行为行政处罚规定》、《责令经营者暂停相关营业的规定》等；在实施价格宏观调控方面，出台《价格监测规定》。根据2003年"非典"时期部分医疗器械、药品价格异常波动的管理经验，国家发展和改革委员会制定《非常时期落实价格干预措施和紧急措施暂行办法》并于2004年1月1日起实施。与本文差别定价有关的、规范经营者行为方面，有《制止低价倾销行为的规定》、《禁止价格欺诈行为的规定》、《制定价格垄断行为的暂行规定》、《商品和服务实行明码标价的规定》和《中介服务收费管理办法》等。

《中华人民共和国价格法》第十四条规定"提供相同商品或者服务，对具有同等交易条件的其他经营者实行价格歧视"属于不正当价格行为。对以上《中华人民共和国价格法》的解读可以发现：判断价格歧视的着眼点是商品和服务的买者是否为经营者。如果买者不是经营者而是消费者，卖主对其实行不同的价格则不能视为违法。尽管国家发展和改革委员会于2003年11月1日发布《制止价格垄断行为暂行规定》。其第八条对价格歧视进行了解释：经营者凭借市场支配地位，在提供相同商品或者服务时，对条件相同的交易对象在交易价格上实行差别待遇。看上去，法规的保护对象从"其他经营者"扩展到所有的"交易对象"，但是交易条件是否"同等"仍然会构成判别歧视成立的难点。如果在交易方式、交货方式、交货地点或运货距离、结算方式、付款期限或售后服务等交易条件不同，那么差别价格也不能简单地视为违法。

目前有关修订意见主要集中在以下几个方面。

①对原《价格法》中的价格垄断、低价倾销、价格歧视、价格欺诈等不正当价格行为进行补充、完善，使之更加具体、更有操作性。②修订陈旧计划经济用语，尊重市场形成的价格机制，限制政府定价的形式、权限和范围。③写入有关规范国家机关收费的内容。④增加政府在通货紧缩时期宏观调控措施，并修改农产品价格保护的规定。

有趣的是，基于以上原因，对我国价格立法有启发意义的美国，近年来提起的价格歧视诉讼已经大为降低，被判价格歧视违法的公司数量从1960～1965年的每年7.4%

下降到 1966～1970 年的每年 5.6%，而从 1975～1986 年只有 7 例(Pepall，2002)。尽管有关"价格歧视"诉讼的公司还有很多，但是诉讼数量确实在下降。

6. 航空公司的差别定价

寻找最低的飞机票价可能是一件使人眼花缭乱的事。任何一天，都可找到上万种不同的票价。对于有 150 个座位的飞机在美国两个城市之间的飞行，一个座位有 30 种不同的票价也不是少见的。有时候这些价格差别至少部分反应服务质量上的差别。例如，头等舱乘客有更多的伸腿空间和更丰盛的餐食。但另一些时候，同样的旅行经历却付出了不同的价格。2007 年夏天，从上海到北京，"正常的"普通舱票价为 1000 元，但航空公司的促销票价有时候只有 400 元。一上飞机，服务水平是完全相同的：一样狭窄的座位、一样乏味的餐食和一样不方便的洗手间。

许多年来，航空公司用所谓收入管理来增加他们的利润。这一做法包括差别定价和市场营销两个方面。差别定价就是根据不同顾客的不同价格弹性来定价。一般来说，公务乘客的价格弹性较小，因为他们必须满足供应商和顾客对具体时间和地点的要求。通常这种旅行一接到通知马上就要动身。航空公司利用这种情况向他们要高价，不要求他们必须提前购买。相比之下，假期旅行者可以在许多目的地之间进行选择(包括不坐飞机旅行)并在很久前就预先做好计划。由于这些自由旅行者自行做主的旅行需求对价格变化很敏感，如果乘客能提前 7 天到 30 天买票，航空公司对有些机票就可以定低价。

收入管理策略的市场营销部分是确定有多少低价座位可供出售。虽然要求航空公司至少留出一些座位按促销价出售，但在确定每个航班上应准确分配多少，仍有很大决策余地。经常客满的航班不应有很多低价座位，而对那些经常负荷不足的航班，航空公司应当多提供一些这样的座位以吸引更多乘客。确定最有利的票价组合是航空公司的一项复杂而又经常性的工作。计算机根据最新的资料，不断评价和改变票价的最优组合。一名潜在的顾客有可能在星期二打电话给旅行社，被告知某个航班没有促销票价；但另一名顾客在星期三打电话给旅行社却买到了同一航班的低价票。

虽然航空公司确定票价的做法很像差别价格，但这里也要考虑其他因素。许多低价票规定有许多限制，如规定要在两星期以前订票，又规定必须在目的地度过一个甚至两个周末等，并且不能退票。正常的二等舱票价就没有这些限制。因此，有人认为这些票代表了不同的服务水平，正常票的较高票价反映这种票能给顾客更多的方便。

7.6　固定成本分摊定价方法

1. 边际成本定价的问题

对于公路这样的运输基础设施，有效率的边际成本定价(收费)是要做到让驾车人意识到其出行的社会边际成本，而不是他所引起的道路当局的开支。此时，道路当局通过征收拥挤费得到的收入有可能弥补道路开支，但也可能弥补不了。例如，只有当道路通过能力不足而发生拥挤的时候才需要征收拥挤费，而当道路通过能力大于车流量因此没有拥挤现象时，是不需要征收拥挤费的。因此，这里面确实存在着矛盾：如果根据可以制定较高拥挤收费的标准扩建或者新建了道路，而工程竣工的结果却是拥挤现象消失，那么原来收费的企图就达不到(或者必须降低收费)，原本合理的投资基础也就改变了。现行的公路财务体制与实行拥挤收费的原则有很大差距，某些路段、桥梁或隧道被允许收费，一般都是为偿还其建设资金，一旦建设资金偿还完毕，收费就会取消。在这种体制下，往往车辆越少收费越高，车辆越多收费反而越低，这与实行拥挤收费的有效定价原则正好相反。另外，公路当局的其他财政来源如车辆牌照费和燃油税，也都不是根据发生拥挤的时间和路段确定的。这里的问题就在于，根据定义，边际成本定价法是不考虑固定成本的，因此，边际成本定价法无法弥补固定设施的成本。

在补偿道路投资或分摊固定设施成本与提高效率这两个目的之间能否建立起合理的联系呢？结论是可以的，这里先就一个理想假设条件下的情况进行说明(图 7-11)。

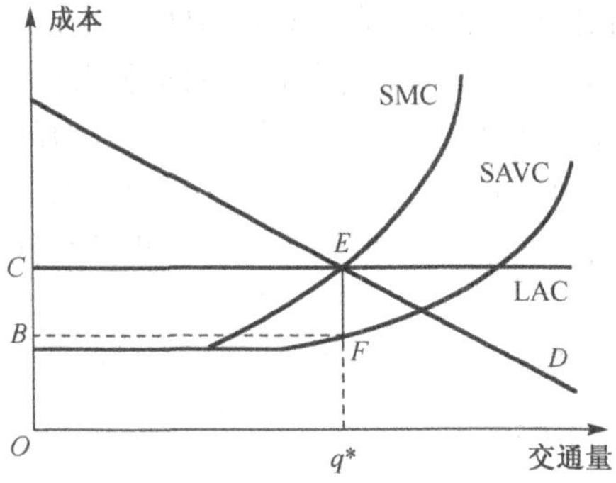

图 7-11 拥挤收费恰好弥补道路开支的情况

该图的假设条件包括：道路能力的增加是连续而不是突变的，对未来交通量的预测十分准确，而且能够做到道路能力的增加与交通量的增加完全匹配(存在一定程度的拥挤，因此可以收费)。图中 SAVC 和 SMC 分别代表该道路上行车的短期平均变动成本和边际成本曲线，LAC 则代表长期平均成本曲线，该水平的长期平均成本曲线表示在该时期内道路的扩建都是恰到好处的，不会出现能力过剩。需求曲线 D 正好在最有效的通过能力上与 LAC 交叉，而每一次短期边际成本曲线 SMC 也同时通过交点 E。由于存在拥挤现象，道路的拥挤费标准应该定在 BC(或 FE)的水平上，而这恰恰也正好是平均固定设施成本(在这里代表道路投资)的数值，于是出现了正好用征收的拥挤费弥补道路投资的结果。

2. 运输基础设施定价的作用

在现实中，对于已有但经营不好的固定设施是否值得维持继续运营，私营公司往往容易过快地做出放弃的决定，而政府则反之，往往容易过迟地做出放弃的决定。对于政府兴办的基础设施，如果某些潜在使用者了解到他们不必付出足额的私人代价，就会热情地支持该项目的兴建，而政府则可能在利益集团或舆论的导向下，把原本通不过有效定价标准的固定设施项目付诸实施，并长期营运。在图 7-12 中，是否应该继续固定运输设施运营的经济决定，应该是对比经营者的收益 Op^*Eq^* 与消费者剩余 p^*BE 之和是否大于维持该设施的机会成本，而私营公司考虑的往往却是其收益 Op^*Eq^* 是否大于其经营成本 $OACq^*$。如果像图上表示的收益小于成本，私营公司就可能会要求放弃经营(当然由于现时的收益仍大于变动成本，也有可能在短期内维持经营)。

私营企业的经营决策在很多时候是以财务成本而不是以机会成本为基础的，这中间的主要差别是是否考虑沉淀成本。这也是可以理解的，因为经营者在开始时往往是靠贷款开办运输业务的，固定设施形成以后即使已经成为沉淀成本，但贷款还是要偿还的。这样，在运输基础设施建成后的决策评估中就有了两个不同的成本标准：①不包括沉淀成本的机会成本标准。②包括沉淀成本的财务成本标准。在前面也谈到过，由于运输投资的沉淀特性，私人资本往往不愿意投资这一领域。相对应地，政府不是仅以经营收入为基础来做出经营是否有利的判断，因此往往不愿轻易做出放弃已有基础设施的决策。

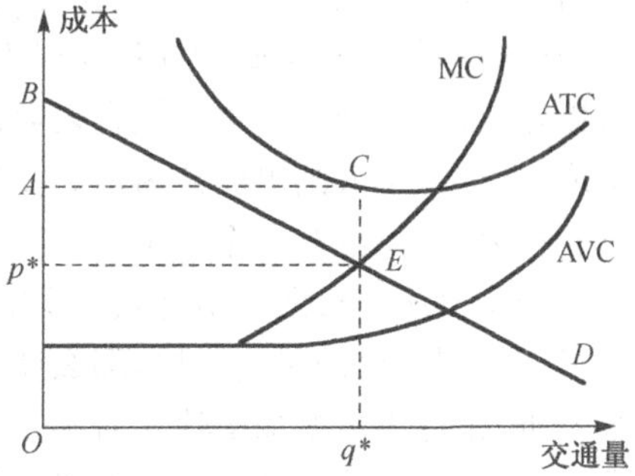

图 7-12　固定设施是否应该废弃的分析

因此，对运输设施的使用制定有效价格，是要使使用者的支出与其造成的边际成本一致，它会导致对运输设施的最有效利用。在十分理想的情况下，对超量使用者征收的拥挤费正好可以用来弥补道路拥有者的道路成本，然而由于运输设施所需要的投资数量巨大、回收周期长和运输能力增加的非连续性或突变性等，用这种办法来回收运输设施投资是相当困难的。例如，某一使用寿命为 75 年的运输设施，在开始使用的 25 年中预计根本不会出现拥挤状况，那么所设计的有效拥挤收费就要在设施建成的 25 年以后才开始征收。因此，为了“鼓励这方面的投资”，显然就需要使用其他不是仅按照效率原则设计的收费办法了。此外在前面也谈到过，很多运输设施投资的财务评价指标并不好，但由于其外部效应的存在，却可以获得很好的社会经济评价结果，如有利于环境保护、开发落后地区、具有国防意义等，这就使得运输设施的建设不会仅遵循经济上有效的原则。这些原因的存在使有效率的定价并不能保证所有运输设施的投资都获得补偿，因此需要政府也有必要的资金投入。这里要说明的是，尽管有政府参与的必要，还是需要研究如何利用资本市场为运输基础设施筹集基金，具体来说就是研究固定设施成本如何在不同运输使用者之间进行合理分摊。

几乎所有的运输基础设施都是由很多使用者共同利用的：卡车和小汽车共同使用公路，客机和货机共同使用机场，客运列车和货运列车共同使用铁路，而货运列车上又装载着不同货主的货物等，为运输固定设施制定价格常常被认为就是其成本的分摊问题。那么每一个或每一组使用者应该分摊到多少固定设施成本呢？“均摊法”、“高峰定价法”、“互不补贴定价法”和“拉姆齐定价法”是几种比较有效且常用的分摊方法。

1）均摊法（the fully-allocated cost standard）

“均摊法”是一种最简单的平均计算方法，即把全年用于机场的所有开支总额除以所有服务的航班数。例如，某机场跑道每年的运营成本为 2000 万元，全年服务的航班总数为 200 万个，则平均每个航班的固定设施成本为 10 元。有人认为这种方法简单明了，也容易理解。但是，不同的人在使用均摊法的时候却可能得出不同的结论，这一下子就使得原本似乎很准确的计算变得不那么可信了。例如，第一个人是用上面说的航班数作除数，第二个人认为用旅客人数作除数更合理些，因为大型飞机应该承担更多的固定成本；第三个人则可能认为最大业载更有代表性。而均摊法的指标哪一个更可信，更具有代表性，还没有一个定论。

使用均摊法定价还会引起效率上的问题。例如，如果以航班数作为定价的基础，大型飞机与小型飞机的付费一样，那么就会导致大型飞机的使用更多，并使得跑道的损坏更加严重，跑道成本增加更快。对某一项运输固定设施而言，如运河，如果大小船只的收费一样，就可能使感到吃亏或难以承担该价格的小型船舶逐渐退出对该设施的使用，结果固定设施成本就会全部转移到大船身上，而当它们也感到承担不起的时候，该运河的使用者就会越来越少。对另一些运输设施，用均摊法又可能导致定价过低，结果引起该设施的过度使用或不断加剧拥挤现象。总之，简单使用均摊法定价不能鼓励有效率地利用运输基础设施。

2)“高峰定价法”(peak-load pricing)

高峰定价法也是用于不同使用者共同利用基础设施的成本分摊方法。高峰定价粗略地说就是对一天的不同时段制定不同的价格，它的基础是由于交通量在不同时段存在着很大差别，拥挤时段要根据明显上升的边际成本收取拥挤费。在不拥挤的时间，驾车的边际成本与平均变动成本相等，因此不收费。从图 7-13 可以看到，在不拥挤时段驾车人只承担 OA 水平的自我驾车成本，不必为固定设施付费。而一旦需求曲线右移到分别与 MC 和 AVC 有不同的交点，就应该开始收费了。在这里，高峰定价法和重载方向定价法实际上是一种方法从两个角度考虑，重载方向定价法是对载运高峰量进行特殊定价，高峰定价法是对高峰小时进行特殊定价。高峰定价法和拥挤收费其实也有重合的概念，在这里，高峰定价法是针对拥挤时刻进行收费的(类似于差别定价原则)，拥挤收费法是针对造成拥挤的容量进行收费(使总收费等于边际成本的效率法则)。

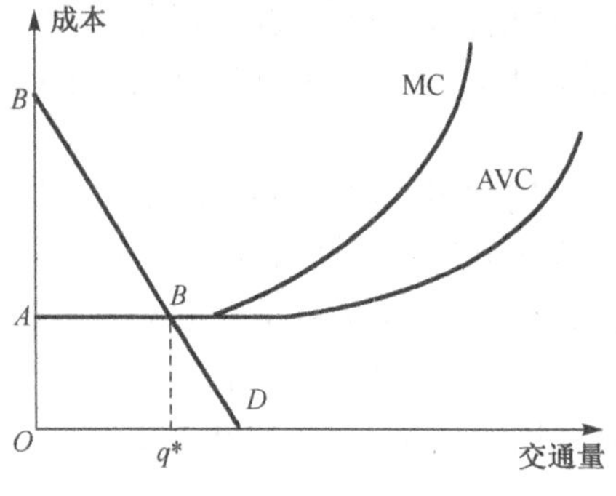

图 7-13　没有拥挤时不收拥挤费的情况

但是需要注意的是，对在交通高峰期收取拥挤费的高峰定价法的使用也得比较谨慎，因为如果要依靠这种办法全部分摊运输基础设施成本，它所要求的适用条件是非常严格的，很少有能够完全满足条件的情况。例如，机场跑道一直处于不拥挤状态，那么增加航班对跑道和其他航班所引起的边际成本就很小或者没有，也就不需要收费，结果固定设施的投资成本就根本无法收回。于是，运输经济学家还必须讨论运输设施成本分摊的其他方法，如向每一类使用者付费时都不会产生对其他类别使用者提供实际补贴的“互不补贴定价”方法。

3)“互不补贴定价”(subsidy-free pricing)

互不补贴定价源于这样一个原则,即某一运输设施的所有使用者作为一个整体,应该补偿该设施的全部成本。如果做不到这一点,那么肯定就会出现由其他人对他们提供补贴的情况。因此,从道理上讲,所有公路的使用者就应该支付公路的机会成本,而所有铁路的使用者也就应该支付铁路的机会成本等,以此类推。

但当一个使用者的整体恰好支付了运输设施的全部机会成本时,在该群体内部也会存在一部分人比另一部分人支付得更多些的情况,也就是说在群体内部存在着一部分人补贴另一部分人的现象。但在这里只把注意力集中在使用者的类别或群体上。一种价格结构如果做到了使任何一个使用者群体都不能通过取消其他使用者而使自己对运输系统的利用状况变得更好,那么就可以称为互不补贴定价。换一个说法则是,如果一个使用者群体需要支付的固定设施成本可以由于取消其他使用者群体而降低,那么前者就是对后者实施了交叉补贴。也就是说,互不补贴的价格结构可以做到使每一个使用者群体都最少能够支付由他们所引起的运输系统的增量成本。增量成本与边际成本存在一定区别,虽然都是由于增加产量或服务引起的成本,但边际成本主要是指增加的最后那一个产量或使用者所引起的成本,一般情况下仅包括变动成本,而增量成本更像是指最后增加的那一批产量或一个使用者群体所引起的成本,在通常情况下增量成本还需要包括固定成本,因此增量成本比边际成本更接近于提供一种或一组新的服务所需要的全部成本。

互不补贴定价的概念是在使用者群体的基础上扩大了前述有效率定价的原则。有效定价需要满足的条件:①价格等于使用者的边际成本。②总支付意愿(已经支付的价格加上消费者剩余)要大于或等于所用资源的机会成本(包括固定设施成本)。互不补贴定价把这些标准扩大到多个使用者形成的群体和多项服务,要求总收入大于或等于总成本。这种概念扩大对于运输业是很重要的,因为运输业在通常情况下都是共用设施的,如果所有被观察的使用者群体都支付了他们所引起的增量成本,那么此时的价格就可以认为是互不补贴价格。对于私营运输公司,因为公司经营的目的是盈利,所以是否满足互不补贴定价的标准比较容易判断,如果出现亏损,只要分析中止哪些服务就能够扭转亏损,即比较可能的成本节约和收益损失就可以了。但对于政府经营的企业则会存在一些问题,因为政府在很多情况下并不是或并不应该以利润最大化为目标,特别是在提供基础设施方面,所以公营企业的价格并不一定都满足互不补贴定价的原则。还应该说明,实行互不补贴定价仍然存在着不公平的现象。这是因为作为一个群体的使用者偿付了他们引起的增量成本,但该群体中的个体之间还是存在差别,所以很难完全避免使用者个体的支付与其真正引起的成本消耗并不一一对应,还是存在某种程度上的交叉补贴。

互不补贴定价原则所决定的固定设施成本分摊方法,大大减少了由于多个使用者共同使用基础设施所导致的成本计算的不确定性和任意性。与有效率原则的定价相比,互不补贴定价原理的适用条件放宽了一些,但它也还是只能适应长期成本与短期成本的区别不是十分清晰，固定成本与沉淀成本的区别也不是十分清晰的情况，它对交通量与运输基础设施能力可及时随价格变化而协调也有比较严格的要求。然而在现实生活中，对交通量的预测往往并不能做到很准确，运输能力和交通量的反应也往往显得迟钝，因此仍然需要像收取拥挤费用一样，对互不补贴定价原则的使用也允许有偏差。

对于现实不可能像以上理论所要求的瞬间完成市场调整的情况，如高速公路上行驶重型卡车的例子，由于现有的高速公路可能当初并不是为这些大型车辆设计和修筑的，所以这些重型卡车对道路路面造成了很大的破坏，很多人主张对重型卡车征收较高的通行费用。但如果当时设计和修筑高速公路时能够把路面的厚度增加几英寸，路面的损坏就不会像现在这样严重，较高的重型卡车通行费只不过是一种惩罚性或补救性的短期措施。而从长期来看，对道路今后的维修和建设计划是要根据目前的交通量来制定的，那么由于过高惩罚性收费导致的车流量扭曲又可能会造成投资判断的失误，所以短期均衡也许会引起长期的低效率。

交通设施确实应该根据预期的交通流量进行设计和建设，通行重型卡车的道路路面必须较宽较厚，路上的桥隧也必须更加坚固，通行深水船舶的航道则必须达到相应的深度等。根据互不补贴定价原理，引起这些更大固定设施成本的交通工具，像重型卡车和深水船舶就有责任补偿相应的额外成本。如果一种运输方式仍处在扩张时期，即仍需要新建或扩建设施，而新的设施标准可以根据目前交通流量的信息指标确定，那么每一类交通量显然就应该为自己所引起的增量成本负责，这些增量成本不仅包括现有设施的维修费，也应该包括新的投资。但还是有很多情况是反方向的，运输设施建设时制定的标准对于现有交通量来说过高或过大，运输设施的能力得不到充分利用，例如，目前一些高速公路的车流量已经很小，显然也不能制定很高的收费让公路的使用者去补偿当初为满足大量车流而修建高速公路的投资。根据西方国家的经验，互不补贴定价方法在公路这样仍在高速发展的运输领域有更好的应用效果。

4)“次优定价法/拉姆齐定价”

互不补贴定价法在不同使用者群体之间确定了费用分摊的上下限标准，这些标准往往不是针对使用者个人，而是针对使用者群体的。此外，互不补贴定价法常常也不能把成本全部分摊完毕，因此仍不能完全解决固定设施成本的回收问题。任何偏离边际成本的定价都会导致资源配置的低效率，如果目标是高效率，就需要有一种“次优”的定价方法。为了克服固定成本分摊的武断性并尽可能地增进社会福利，有学者提出了“次优定价法”(second-best pricing)，又称“拉姆奇定价法”(Ramsey pricing)。

该方法是指在最优(最有效或福利最大化)定价无法实行的情况下，采取次优方式分摊固定设施成本，具体地说，是利用不同使用者群体的需求价格弹性差别作为分摊固定成本的基础。根据拉姆奇定价法，每一个使用者群体都要支付一部分固定成本，其中需求弹性最小(也就是其他选择可能最少)的使用者群体承担的比重相对最大。该理论的解释是，任何偏离边际成本的定价(此时已无法避免)都会引起运输设施使用中的无效率，对于那些需求弹性较大的使用者，价格上升引起的退出使用的无效率也会较大，而为了尽可能地减少这种无效率，就只好对需求弹性较小的使用者提高价格。拉姆奇定价法的计算公式如下：

$$\frac{P_i - C_i}{P_i} = \frac{\lambda}{e_i} \tag{7-11}$$

式中，P_i是对使用者 i 群体收取的单位运价；C_i是对使用者 i 群体引起的边际运输成本；e_i是对使用者 i 群体的需求弹性；λ 则是对所有使用者群体都相同的常数，其数值由所需要的收入目标决定。

5）次优定价的优势

一些学者认为拉姆奇定价法只能应用于剩余固定设施成本的分摊，也就是说，应该先利用互不补贴定价将固定设施成本的主要部分在不同使用者群体之间进行分摊，分摊不完的部分再使用拉姆奇定价法。其实，拉姆奇定价法运用的领域很广。例如，许多非营利性企业从税收或慈善机构的捐款中接受补贴。在这种有补贴的企业里（如地铁公司），拉姆奇定价法仍然有用。即使有补贴，把价格定在边际成本上也不一定能使企业补偿其总成本，但通过使用拉姆奇定价法，就既能补偿一定数量的固定成本，又能对资源配置的消极影响最小化。此外，拉姆奇定价法有时候遭到批评是因为对那些替代品最少的产品或服务（即需求弹性最小的产品）在定价时偏离边际成本最远，因此面对的价格最高。尽管这一情况属实，但除了使用拉姆奇定价法外，的确没有更好的其他方法了。

3. 多种定价方法的综合运用

用效率定价、互不补贴定价和次优定价在不同使用者之间分摊固定设施成本的原理实际上还可以应用在更多的领域，例如，对那些提供给多个使用者同时又会产生不可归依成本的飞机、船只或车辆，也不可避免地存在着成本分摊的问题。成本的不可归依性问题在运输业的正常经营中常常发生在边际成本还处在小于平均成本的阶段上。例如，从甲地至乙地的 100 座客机在起飞之前的 10 分钟时仅乘坐了 50 位乘客，那么增加一位新乘客的边际成本应该是很小的：燃油成本几乎不会变化，装运行李可能多花一点时间，乘客登机和离机的时间会稍长一点，空姐的服务量会增加一点，空中用餐的人多了一个，仅此而已。如果按照效率定价的原理让价格等于边际成本，这最后一位乘客的票价就应该特别便宜，但如果第 52、53、54、……每一位这样增加的乘客都只支付边际成本，航空公司还能通过航班的经营赚钱吗？这个问题实际上与运输基础设施在拥挤发生以前的情况一样，都是运输能力增加的突变性所导致的，就像公路或铁路的新建和改建会引起运输能力成倍增加，飞机等载运设备能力的增加也不是连续变化的。如果飞机机座可以一个一个地增加，那航空公司就基本上可以通过合理安排飞机做到没有空位，而每一位乘客引起的边际成本也会比较接近，但这很难做到。

一般认为，飞机上乘客边际成本的变化存在着一个关键点，在这一点之前的边际成本相当小，而一旦到达这一点，即机舱满员，再增加一位乘客的边际成本就会立刻上升到只有他自己一人占用一架飞机的水平，然后边际成本又继续下降，直到这架飞机也达到满员。于是,如果按照边际成本的效率定价法售票,那么第101、201和301位乘客就非常倒霉,因为在他们前一位乘客只需要付100元票价的时候,他们却可能要支付10 000元。这也会成为百分之一概率的抽奖游戏,但谁抽到谁倒霉。实际上这种分析并不完全正确。就像计算道路上汽车的边际成本应该把其对其他驾车人造成的成本考虑进去一样,飞机上乘客的边际成本也有类似问题。在航班的客座率接近100%的时候,首先越来越拥挤的机舱使人开始觉得不舒服,不但上下飞机所需要的时间越来越长,使用机上卫生设施所需等待的时间也会越来越长。其次,载客率越接近100%,乘客买不到自己最满意时间航班的机票的可能性也越大,只能修改旅行计划,改乘其他时间的飞机。因此航空公司需要估计每个时段的客流量,计划并公布航班时间,尽管航班数越密集其客座率就可能越低,航空公司也不敢按照100%的客座率去安排航班,因为这可能使较多乘客感到自己的最满意时间无法满足,更可能导致作为竞争者的其他航空公司乘机利用市场机会。图7-14是不同航班运输成本变化的示意图,图中曲线分别是第一架和第二架100座客机的平均成本和边际成本曲线,而且假定只使用这种类型的飞机。图中边际成本曲线在客座率到达100%以前就开始上升,意味着机内由于拥挤而出现的旅行质量下降和旅客时机延误的损失。

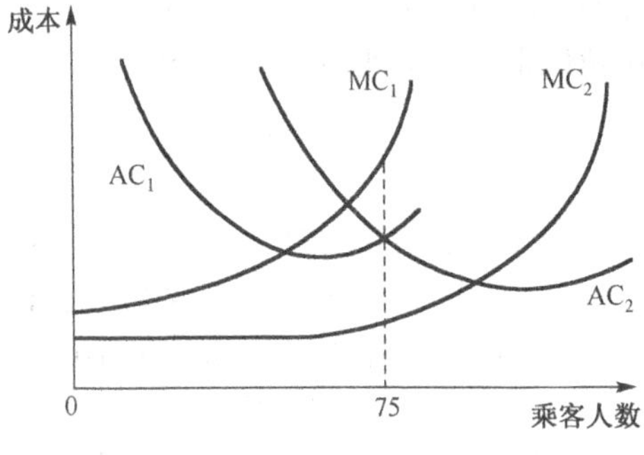

图7-14 航班成本变化示意图

在第一架飞机的乘客达到75人时航空公司投入了第二架飞机,边际成本也出现了不连续地从MC_1下降到MC_2,反映了由于多航班带来的机内服务质量改善和时机延误损失的减少。从平均成本曲线也可以看出,在乘客数小于75人时,使用一架飞机的平均成本较低,而在超过75位乘客时使用两架飞机的平均成本较低。以上关于飞行成本分摊的原理对其他运输方式也是适用的,公路零担货运就是另一个很好的例子。尽管零担货运公司希望尽可能提高其车辆的实载率,但没有一个公司敢于把100%的车辆实载率作为安排运输计划的依据,因为这会延误很多客户的时间,也会导致市场份额损失。最佳的车辆实载率应该是由需求曲线和边际成本曲线共同决定的,而合理的价格也需要通过在客户成本、总边际成本和最佳实载率之间的平衡中取得。

与道路拥挤费的收取类似,飞机票价的制定也应该不仅体现乘客个人的边际成本,而且也包括给其他乘客带来的边际成本。因此互不补贴定价法和拉姆奇定价法在这里也可以发挥作用。例如,有部分乘客因为某种原因必须乘坐早9点的航班,为此他们愿意支付比较高的票价,虽然这种票价比边际成本高很多,但从互不补贴定价原则看,他们是导致安排该航班的主要使用者,因此承担较高票价是合理的。此外,这些乘客的需求价格弹性较小,因此从拉姆奇定价原则看较高票价也合理。

第 8 章　航空运输的外部性分析

8.1　运输外部性的概述

8.1.1　外部性定义

外部性是指从事一项经济活动，其结果影响至决策者以外的第三者。也就是某人没有直接参与某产品或服务的生产或消费，却从中获得收益或为此付出成本，即外部收益或外部成本。例如，乘飞机的旅客给住在机场附近的人带来噪声成本；乘车的旅客给公路主干道附近的居民带来尘土和振动，同时还妨碍行人走路。这些外部成本都是运输的使用者造成的，使未旅行的公众受害。从形式上说，当一个经济主体(不管是消费者或生产者)的行为对另一经济主体的福利产生了效果，而这种效果并没有从货币上或市场交易中反映出来时，就产生了外部性。因此，从与市场的关系来看，外部性(externality)是未被市场交易包括在内的额外成本和收益的统称(若外部性纳入市场交易，就称其被“内部化”了)。

8.1.2　外部性分类

实际上，在经济学 100 多年的研究历程中，关于外部性的概念不但没有统一反而存在散化的趋势，人们的观点也同样存在很大的差异。有的以外部性是否为正将其分为“外部效益”(或“社会效益”)与“外部成本”(或“社会成本”)；有的以经济实体(企业或物品供给者)和个体为界划分内部性(内部经济)和外部性(外部经济)；有以群体(代际)为界划分内部性和外部性的；有以系统(以一项买卖交易活动的双方为一个系统)或交易活动为界划分内部性和外部性的。

很多学者倾向以“市场”为界划分内部性和外部性，即能够通过市场机制或价格机制内部化的都属于内部性，这部分外部性又可称为经济外部性，而不能够通过市场机制和价格机制内部化的是真正的外部性，即技术外部性。这两种外部性的表面区别是：当技术外部性出现在生产(或消费)中时，它们必须表现在生产(或效用)函数中，而经济外部性就不是这样。例如，当一家企业的成本受其他厂商在生产要素买卖中的行为所引起价格变动的影响时，就产生了经济外部性效应。举例说明，一条新高速公路可能阻塞或破坏一个地区居民以前享受的美景，这一直接进入居民效用函数的事实就意味着它是技术的外部性。如果这条新高速公路还把当地修车厂经营的业务转移到高速公路服务站，那么修车厂主收入的减少就是一种经济外部性，因为这一后果是间接的，也就是通过两个企业所收取的价格的变化引起的。由于这两种外部性通常是同时发生的，加之这两者的区别似乎很小，所以常被人们忽略。但实际上，它们之间存在很重要的区别。技术外部性是真实的资源成本(即“真正的外部性”),如果决策时要确保得到最佳效率,就应该仔细考虑资源成本。总体来说,经济外部性不涉及资源成本(因此又称为“假外部性”),但它们通常具有重要的分配意义(如在高速公路一例中,服务站得收益而修车厂受损失)。存在与项目有关的经济外部性这一事实,并不会减少总的净收益,但却表明在整个经济中存在调节,这种调节影响谁得收益谁受损失,因此在评估公共运输投资时,区别技术外部性和经济外部性具有重要意义,人们除关心投资总水平外,还要关心成本和收益的发生方式。

外部性还可以分为生产外部性和消费的外部性。如图 8-1(a)所示,表示生产的外部性,市场供给曲线为各个生产者边际成本之和,若社会边际成本(Social Marginal Cost,SMC)高于生产边际成本 MC,则产生了负面生产外部性,也称生产的外部不经济,两者相差的部分即外部性产生的机会成本,如污染成本。若社会边际成本低于生产边际成本,产生了正面生产外部性,也称为生产的外部经济,两者相差的部分就是外部性带来的生产效益,如技术外溢。图 8-1(b)表示消费的外部性,市场需求曲线代表社会对每一边际单位消费所赋予的最高价值,故需求曲线实际上亦代表私人边际效益,若社会边际效益(Social Marginal Benefit,SMB)高于企业边际效益 MB,则产生了正面消费外部性,也称消费的外部经济,两者相差部分就是外部性产生的边际价值(marginal value),如个别居家环境的清洁造成了整体社区美化的收益。若社会边际效益低于企业边际效益,则产生了负面外部性,也称消费的外部不经济,两者相差部分就是外部性产生的边际损害(marginal damage),如香烟等商品的销售给社会带来诸多污染和疾病。

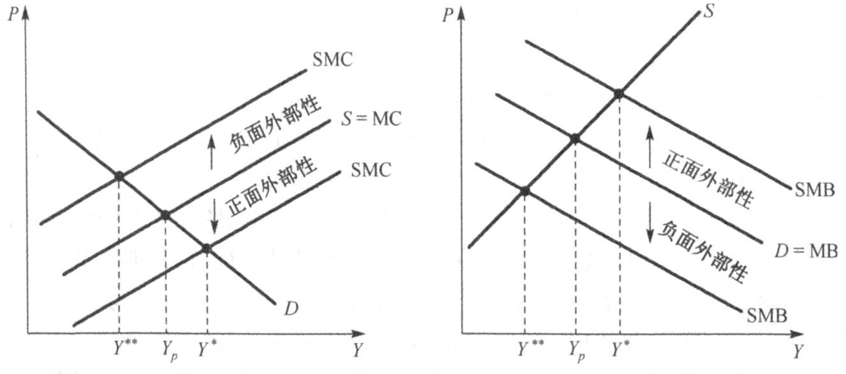

(a) 生产的外部性　　(b) 消费的外部性

图 8-1　生产与消费的外部性

由图 8-1 可见,当存在负面的生产或消费外部性时,市场决定的均衡数据(即 $S=D$ 时的数量)将高于社会最优数量(即 SMC$=D$ 或 SMB$=S$ 时的数量),如 $Y_p > Y^{**}$。当存在正面的生产或消费外部性时,市场决定的均衡产出将低于社会最优的产出,如 $Y_p < Y^{*}$。

8.1.3　运输外部性的概念

交通运输为社会提供了相当大的经济和社会效益，为人们的生产、生活都提供了方便，运输活动带来的利益可能超过了人们直接对其支付的费用。然而交通运输也会对环境产生过度的冲击，交通运输的环境影响涉及多方面，既包括大量的能源消耗和土地占用，又包括大量的空气污染、噪声、拥挤和交通事故，还造成水土流失、自然景观破坏和各种动植物的生态平衡被干扰等。如果交通的拥挤超过了一定程度，运输服务自身也不能以一种完全有效率的方式提供给人们。交通运输引起的成本不仅包括可以通过市场价格体现的财务成本，而且也包括那些非市场力量能够调节的影响，包括死亡、资源的过度消耗、对自然和大气环境的破坏等，这些都涉及交通运输的外部性。

在讨论运输外部性时，需要对两组概念加以区别。

1)“社会效益”和“外部效益”之间的关系

社会效益通常是指某些经济活动产生的高于生产成本的那部分效益，也称为福利，它可以由消费者受益，也可以由生产者受益。有些效益是存在于市场体系内部的，即是内部性的；另一些存在于市场体系之外，即外部效益，是正的运输外部性。可以用图 8-2 来说明这二者之间的关系。

假设一条收费公路，D_1 是正常收费水平下的需求曲线，D_2 是对该运输产品效用的其他评价更高，如公路沿线的景色宜人带来的享受。当需求曲线为 D_1，运输价格为 p_1 时，图中的 abp_1 是生产者剩余，p_1bc 是消费者剩余，二者之和构成了社会效益，这是存在于市场体系内部的效益，此时 $bdec$ 是外部效益。如果该运输过程给消费者带来了更高的效益，即需求曲线从 D_1 变为 D_2，运输价格为 p_2 时，此时原来的外部效益则被内部化。

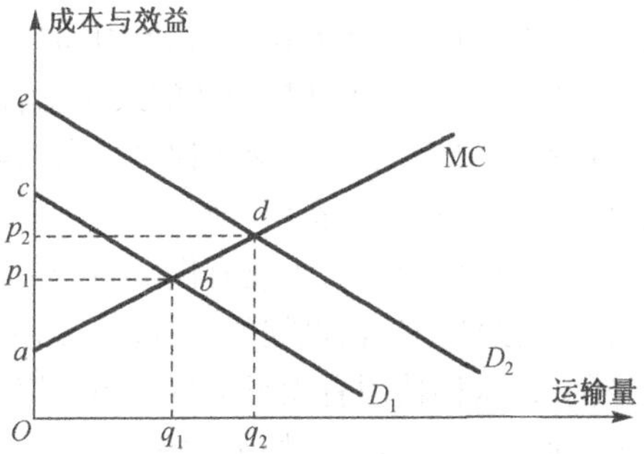

图 8-2　运输社会效益与外部效益的关系

2)社会成本、私人成本和外部成本之间的关系

社会成本＝私人成本＋外部成本

社会成本中的私人成本部分是存在于市场体系内部，即是内部性的；而另一些则存在于市场体系之外，即是外部性的。图 8-3(a)中 MC_1 是使用者自己承担的公路使用边际成本曲线，MC_2 是社会承担的公路使用边际成本曲线，当运输价格从 p_1 变为 p_2，运输量从 q_1 变为 q_2 时，即实现了运输外部成本的内部化。图 8-3(b)是运输外部效益和外部成本的综合影响示意图。

对于运输的外部性可以分成以下不同层次。

(1)供给外部性，即交通运输基础设施供给产生的正负影响。交通运输设施供给的正外部性体现为交通运输基础设施的公共物品性质，包括消费的增加和生活水平的提

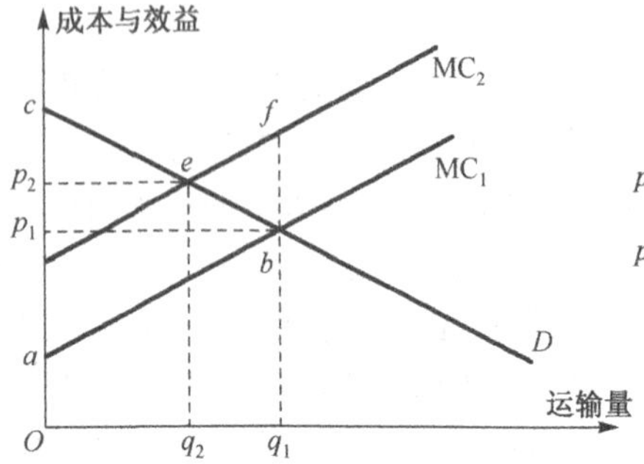

(a) 运输社会成本与外部成本的关系

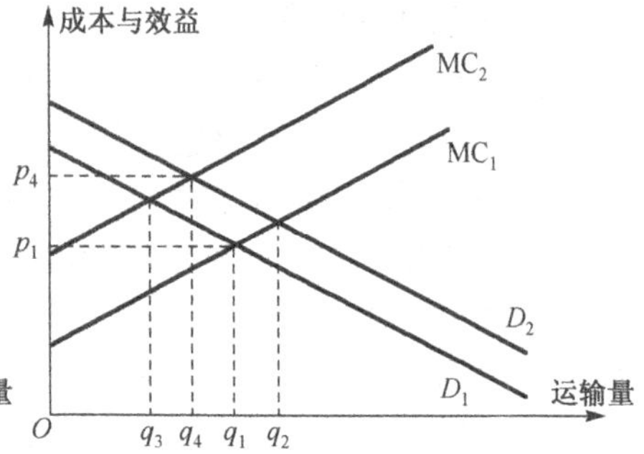

(b) 运输外部效益与外部成本的综合影响

图 8-3

高;收入效应和增加就业机会;拉动经济内需,优化产业结构;促进地区间商品流通;开发边远落后地区。交通运输设施供给的负外部性表现在:环境污染、生态破坏和人类沟通的隔离等。

(2)交通运输设施使用外部性。其正外部性表现为金钱正外部性和技术正外部性,包含降低运输成本带来的一些额外收益。例如,因运输成本降低导致的劳动力市场扩大、产品市场扩大、智力投资、想象力和自信、开发领土、支付效益和降低医院成本等;或由于运输设施提供了便捷快速的运送患者的条件而使患者减少的痛苦和伤残程度。其负外部性主要表现在:①交通拥挤带来的额外时间和运营成本,即拥挤成本。②运输设施供给中没有包含的费用,即纳税人与使用者的现金流错位。这种观点的主要立论依据是,运输设施通常是由政府供给的,政府资金来自于纳税人,因此,纳税人是真正的供给者。但是使用运输设施的人群仅是纳税人中的一部分,甚至包括一些没有履行纳税义务的人,这样使用者无意中将一部分使用费用转嫁给了那些没有参与运输活动的纳税人,即第三群体,使他们无意中受到影响,这种现金流的错位部分就构成负外部性。③运输活动带来的对环境的影响,包括噪声、大气污染、气候变化、邻里之间交流割断、水和土壤污染,以及运输设施运营带来的不舒适感和损害等。④交通事故造成的人力物力损失,这里的运输负外部性即事故成本主要表现为交通事故造成人员伤亡的损失,其具体计算公式为

事故成本=人员伤亡损失额－意外伤害保险偿付额等

8.1.4 航空运输业的外部性

航空运输业也同时具有正外部性和负外部性。正外部性主要体现为对经济增长的促进并优化经济结构,使人们消费方式更趋多样化和生活质量得到改善,负外部性主要体现在噪声污染、空气污染、交通拥挤和事故四个主要方面。其中机场所引起的最大问题可能就是噪声污染,不仅会给周边居民造成巨大困扰,机场也为此付出很多成本。下面对航空运输业的负外部性进行阐述。

1.噪声污染

随着航空运输业的不断发展,飞机产生的噪声已成为城市噪声污染的最主要来源之一。经初步调查,机场在年旅客吞吐量超过100万人次后就会产生比较明显的航空器噪声影响问题。飞机不仅在低空飞行和起落时产生噪声,超音速飞机在飞行速度超过音速时还会产生很强的声爆,危险很大,而且噪声作用的范围达到数十千米。为了避免飞机噪声对人们正常生活的影响,机场一般需要建在远离城市和居民点的地方,飞机航线也会避开大城市上空,但随着城市的不断扩张,机场对城市的污染也越来越突出。在我国,曾经出现过部分机场与周边居民之间形成矛盾纠纷不断的紧张局面。国家民航局与国家发改委于2008年12月共同印发的《民航行业节能减排规划》也指出,解决机场航空噪声排放问题已到了"迫在眉睫"的地步。

2.空气污染

随着空中运输的发展,大量废热、废气和污染粒子排放到空中,给空气造成污染,特别是在对流层顶飞行的民航和军用飞机排出的氧化氮气体,是破坏臭氧的催化剂之一。有研究指出,飞机废气可导致臭氧减少10%。

3.交通拥挤

目前,交通拥挤已经成为世界各国尤其是发展中国家所面临的最严重的交通运输问题之一。当发生拥挤现象时,飞机会排队等候起飞,或在空中盘旋等候着陆。时间的延误无疑会降低飞机的运营效率,使飞机成本增加,也增加了旅客的候机、旅行时间和空气噪声污染等。但是,交通的需求并非是固定不变的,由于通勤客流、旅游线路和文化习俗等,交通流在特定线路上存在需求高峰。交通基础设施虽然从长期来看其能力具有弹性,但在任意给定的时期内,容量是有限的,人们无法扩大或缩小机场的规模来适应需求的波动。为了保证大部分基础设施和飞机在大部分时间内不闲置,一定程度的拥挤是不可避免的。人们可以接受一定程度的拥挤,但却厌恶过度拥挤,所以产生了最佳拥挤程度的隐含概念。

4.事故

运输是危险的活动。事故不仅涉及运输的参与者本身,还会涉及第三方。事实上,运输危险和有毒物质时固有的危险又增加了这个问题的严重性。从纯统计的角度来看,2006年我国航空运输事故万时率为0.0029,事故征候万时率为0.34,飞机的灾难虽然发生的不那么频繁,甚至是所有交通方式中事故率最低的——也就是称为"最安全"的运输方式。但是从引起公共关注角度看民航运输的事故却很可怕,因为每次事故造成的潜在伤害程度相当严重。例如,武汉6.22空难事故的影响,被调查者中27.9%的人感到悲伤或不安,23.2%的人表示不愿意坐飞机,20.0%的人表示不愿坐"运七"飞机,只有29.1%的人表示自己或家人没有受到影响。虽然只有8.8%的人表示不愿意坐"武航"的飞机,但反映出航空事故对航空企业的形象和声誉是有负面影响的。总体来看,这次空难事故使大约七成的人受到不同程度的影响,因此可见航空事故对社会心理的消极影响相当广泛。

由于各种交通运输方式的技术经济特征不同、使用或存在的环境不同，所产生的外部不经济也是有差别的。各种运输方式的外部不经济比较如表 8-1 所示。铁路、公路、水运、航空运输等运输活动的主要特点是运载工具沿着一定线路运动，而管道则是所运送的货物沿着载运工具运动，因此，运输环境污染往往成点源或线形污染特征。

表 8-1 各种运输方式的外部不经济比较

	大气污染	水污染	土壤污染	健康及安全	噪声污染	振动	交通拥挤
道路	★★★	★	★★★	★★★	★★★	★★	★★★
铁路	★		★★	★	★★	★★★	★★
内河运输		★★	★	★	★		★
海洋运输	★	★★	★				
航空运输	★	★	★	★	★★	★	★★

注：空白表示影响极小或无；★表示影响较小；★★表示影响较大；★★★表示影响极大。

资料来源：Nijkamp，P.，1994："Roads toward Environmentally Sustainable Transport"，Transportation Research，Vol. 28A，No. 4，pp. 261-271，Table8. Some complements are made by the author。

8.2 外部性的内部化

8.2.1 外部性的内部化概念

一般认为，运输外部性的内部化是指将运输的外部影响纳入市场过程，其目的是使资源能够得到更有效的利用，并减少市场失灵。通过外部性的内部化，人们就会从价格上获得更多有关成本和效益的正确信息，便于在各种替代方案中做出正确的判断，特别是对运输设施的选用会更多地意识到自己的行为所产生的全部成本。结果是，那些外部成本的不利影响会减少，经济与环境资源总的利用也将更为有效率。有西方学者认为，外部性的产生并不是由于存在着对其他人的影响，而是人们没有积极性去充分考虑这一影响。任何经济行为都可能影响到其他人，因此外部影响是相当普遍存在的，但在一个良好的运作系统中，其价格机制本身就可以激发出正确处理这些影响的积极性。内部化并不意味着由运输而引起的负外部性完全消失，内部化只是有力地降低外部成本，内部化导致的正确价格可以提供一种导向，促进外部成本最小化。

通过市场机制达到资源的有效配置，也就是要使所有的交通使用者明白其行为的全部成本，包括对社会带来的而又不由自身承担的这部分负面影响，而通过生产活动带来负面影响的运输单位或个人要对这部分不利的影响付出货币代价。内部化的结果：经济和环境资源的总体使用效率将更高，交通工具的使用者和提供者也可以通过其活动带来的全部成本做出更明确的判断。

根据多数西方学者的意见，运输的外部效益，即交通运输的外部性从长远来看是很有限的，其原因是人类具有一种趋利的主动性和积极性，人们会主动地将原来存在的外部效益逐步自发地去实现内部化。例如，有人提到，假如有足够多的人喜欢观看飞机的起飞和降落，只要技术上许可，机场就可以开辟出一块专门收费让人观看飞机起降的地方，这样，一种显然是正的运输外部性就被内部化了。又如，由于交通条件改善会引起与港站相邻地段的土地价值上升，一些国家为支持运输业发展，允许运输商同时进行房地产开发，于是一部分由运输带来的外部效益就转化成了运输商的收入。

可以认为，在经济发达程度较低的国家或地区，由于原来的运输条件比较差，运输改进所带来的运输外部效益，如对闲置土地的利用和对落后地区开发的作用等，相对比较明显。但在经济发达程度较高的国家或地区，由于运输条件改善的过程已经比较充分，过去的运输外部效益大多已经完成了自发或自动的内部化，剩余的运输外部效益就相对较少了。而运输的外部成本，即交通运输在负的方面的外部性，却很难发生这种自动的内部化过程。在大多数情况下交通工具的使用者并没有承担那些非市场成本的义务和激励，因此那些影响往往被认为是“外部成本”而留给别人去承受。

因此在西方发达国家，学者对正的运输外部性（即外部效益）关注较少，有人甚至认为交通运输不存在正的外部性，而对负的运输外部性（即外部成本）却集中进行了大量的研究。

8.2.2　治理运输外部性的方法选择

一旦出现外部性造成市场所决定的数量不同于社会最优数量，政府可以采用征税和行政命令等方法解决外部性问题。

1. 皮古税（Pigovian tax）

皮古税首先由英国经济学家皮古（Pigou，Arthur Cecil 1877～1959）提出，是政府利用征税的方式使外部的成本强加于生产外部性的厂商身上，使其负担应有的外部性成本以达到社会最优产出。如图 8-4 所示，企业的决策点为 A，社会最优决策点为 B，则政府可通过课征单位产出税，使得企业边际成本由 MC 变成 MC＋τ，则 SMC＝MC＋τ 刚好相交于 B 点，所以政府征税情况下可达到社会最优产出水平。相反地，如果是正面外部性，则政府应该给予补贴。课征皮古税最大的困难在于政府很难事先取得足够的信息，以计算最优的皮古税率为多少，正好让产出水平达到 Y^*。如果能够正确算出最优产出水平，则政府采用限量生产 Y^* 的政策即可，如污染排放数量许可证（pollution permits），同样可以达到皮古税的效果。

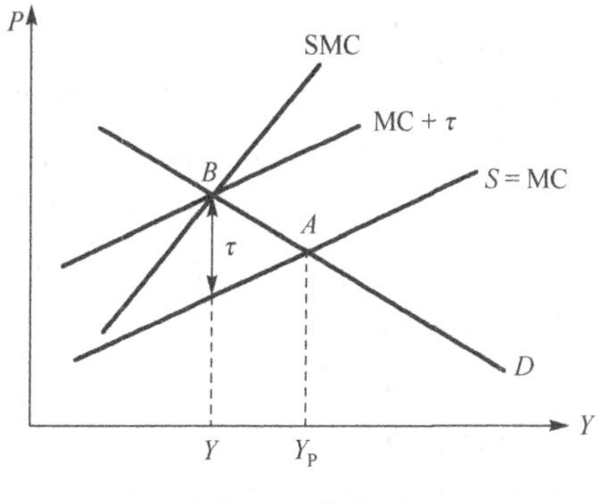

图 8-4　皮古税

2. 企业合并

政府还可以通过相应的政策，让相互有影响的企业进行合并。例如，它们之间的相互影响是正的（即外部经济），则其中一个企业生产会低于社会最优水平；反之，如果影响是负的（即外部不经济），则其中一个企业生产就会超过社会最优水平。现在将两个企业合并为一个企业，外部性就“消失了”，即被“内部化”了。合并后的单个企业为了自己的利益将使自己的生产确定在其边际成本等于边际收益的水平上。而由于此时不存在外部性，故合并企业的成本与收益就等于社会的成本与收益。于是资源配置达到帕雷托最优状态。

3. 规定产权/可交易的污染许可证

外部性也可利用私人部门间的协商解决，不一定需要政府的介入，其主要关键在于产权的问题。许多情况下，外部性之所以导致资源配置失当，是因为财产权不明确。如果财产权是完全确定的并得到充分保障，则有些外部性就可能不会发生。科斯定理(Coase Theorem)说明当不存在交易成本(transaction cost)时，只要产权明确归属于任何一方，则通过市场即可解决外部性问题，不需要任何政府的直接干预，即“排污权交易”。例如，某条河流的上游污染者使下游用水者受到损害，如果政府给予下游用水者一定质量水源财产权，则上游污染者将会因把下游水质降到特定质量之下而受罚。在这种情况下，上游污染者便会同下游用水者协商，将这种权利从他们那里买过来，然后再让河流受到一定程度的污染。同时，遭到损害的下游用水者也会使用他出售污染权而得到的收入来治理河水。总之，由于污染者为其负面外部性支付了代价，故其企业成本与社会成本之间不存在差别。欧盟委员会2006年12月20日发布指导性文件，提议航空排放纳入欧盟排放交易体系(EU ETS)。即从2011年起，所有来往欧盟内部机场的欧盟成员国航班和国际航班均实行这一制度。从2012年起，这一制度将扩大至所有从欧盟成员国机场起降的国际航班。该制度通过规定排放上限与进行配额交易实现减排目标。

除了以上的污染排放权，还有如耕地占有权、拥挤通行权、私家车牌照权等都是实施交通运输外部性产权交易的一些合法权利，并允许这种权利如同商品那样被交易，以此来进行外部性的控制。交通运输外部性产权的定价主要是通过市场机制进行的，如新加坡就通过实施建立拥挤权交易和私家车牌照权的交易制度，通过“市场的手”实现了外部性产权的定价：自1975年开始，在早晨高峰时间进入市中心车上少于四人的汽车必须要购置一个标签，这个标签的价格是通过市场竞价来实现的，1997年该标签一天值4.3美元。通过这一举措，拥挤和污染得到降低。进一步，新加坡政府对私车牌照进行拍卖，从而使低效率的私车数量得以控制，降低城市中心的拥挤和污染。

4. 行政命令

政府除了用上述方法处理外部性问题，对制造污染的企业还会采取传统的命令和控制方式。命令和控制方式包括政府限制企业可以制造的污染量或者要求企业安装特殊的污染控制设备。例如，针对机场的噪声污染，机场会限制航空公司起降飞机的噪声等级，或者机场被要求配备消音和声障设备(如隔声墙)或调整航站楼和其他建筑物的布局阻挡噪声的传播。

5. 经济收费调控

上述四种方法都是基于政府层面的管理控制方法，一般政府对外部性进行治理的积极性要远高于企业。但是对某些企业自身而言，也会出于未来长远发展考虑进行外部性的控制，其主要采用的方法就是进行收费上的控制。利用针对不同“污染”(外部不经济行为)的收费情况，引导用户使用偏向外部经济的方式。例如，机场会有专门针对噪声污染的收费，至2007年，全球有23个国家或地区征收机场噪声费，用此方法筹集资金或消减污染，但是最终结果都是导致航空公司的消费偏向使用产生噪声较小的飞机，机场的外部性得到很好的控制和管理。国外噪声收费的对象大多是飞机，但各国的收费依据互不相同，主要有两类：

第一类是以飞机的噪声水平为依据，结合起降费确定噪声收费额。例如，法国的飞机噪声收费由两种添加在起降费上的附加费组成，一种是一般附加费，按起降费与5个不同系数(噪声最小的飞机为0.9，最大的为1.2)相乘计算，该项收入用于机场；另一种是超额附加费，其数量为起降费的0～20%，其收入为机场周围的隔离等措施提供资金。

第二类是以飞机的重量和噪声特征为依据。例如，日本根据下列公式计算噪声收费：

噪声收费数额＝飞机的最大起飞重量(吨数)×580＋(起飞分贝值＋着陆分贝值－83)/2×3260(日元)。

总之，对机场航空噪声收费和对航空器的排放收费的目的是使航空运输的生产成本不仅包括私人成本，还应包括环境外部成本，从而实现航空运输产品的价格真正反映航空运输产品的边际社会成本。目前，世界上很多国家的机场针对飞机噪声征收机场噪声费，取得了较好的效果。

案例：欧盟排放交易体系(European Union Emission Trading Scheme，EU ETS)

EU ETS是典型的“上限—交易”系统，即通过“规定排放上限”与“进行配额交易”实现减排目标的系统。由欧盟委员会统计制定基准并计算配额总量，各欧盟成员国根据其国家分配计划(NAP)向涵盖在EU ETS中的所有企业分配免费配额。为实现量化的温室气体总量控制的目标，每个欧盟成员国都要确保其净排放量在承诺期内不得超过某一排放上限。各个成员国根据本国的行业特点将这一上限排放量具体分配到行业的单个排放源，规定每个排放源必须保证其排放总量在承诺期末不得超出分配的排放上限。这个机制依靠“可测量、可报告和可核实”(MRV)制度执行，所有CO_2排放实体每年都必须监测和报告自己的CO_2排放量，要求每年向政府上缴规定的免费排放配额，该上缴的配额数量需与其CO_2排放量相等，否则将面临每吨100欧元的罚款。EU ETS的灵活性体现在参加主体既可以采取内部成本有效的减排方式实现减排，也可以通过欧洲气候交易所买进或者卖出配额。市场参与者既可以通过执行配额现货交易，也可以在同一阶段跨年份进行配额期货交易，还可以进行配额借贷。这些减排配额可以来自欧盟内部的排放配额，也可以部分来自其他联合国认可的减排额度，如联合履行和清洁发展机制下的减排信用额度。

欧盟委员会2006年12月20日发布指导性文件，提议航空排放纳入欧盟排放交易体系(EU ETS)。要求所有在欧盟境内起降的航班均按照排放系统所规定的机制承担一定的减排义务。根据2008/101/EC号立法指令第二章第3A条规定，所有抵离欧盟境内机场的航空公司全程飞行产生的排放纳入EU ETS框架之内。根据该指令，在欧盟30国境内起降的欧盟和非欧盟航空公司将从2012年1月1日开始参与EU ETS，通过分配配额形式履行减排任务。中国目前执飞欧盟的航空公司将全部包含在内。

欧盟单方面立法将进出欧盟国际航班的温室气体排放纳入欧盟排放交易体系，违反了《联合国气候变化框架公约》和国际民航组织的相关原则和规定。这种单边行动招致各国及行业组织的反对。中方也已通过双边和多边渠道多次向欧盟方面表达关切，反对欧盟将他国进出欧盟的国际航班纳入排放交易体系，主张在联合国气候变化谈判、国际民航组织多边框架下通过充分协商解决国际航空排放问题。

8.3 运输外部性主要评估方法

为了将运输的外部成本和效益同它的其他特性相比较，把外部成本和效益转换成货币值是很有用的方法。对运输外部效益(即消费外部性)的计算或币值估计的主要应用领域是运输项目估计，其中一些主要内容，如对地区经济发展的促进、对增加就业的影响、对减少旅行时间和货物在途时间的作用等，都有了一定的计算方法。这方面存在的主要问题是：①计算或测量标准不统一，很容易出现重复计算。②对运输外部成本(即生产外部性)的计算主要应用在减少运输的环境损害为目的的运输政策制定上。对运输外部性的币值估计是解决外部性问题的一个重要方面，尽管它不是政策制定中的一个绝对条件，但它至少可以使人们以一个共同的尺度在内部和外部影响之间比较和衡量。这不是一件轻松的工作，但经济学家已经提出许多方法，至少就某些外部性而言，确实能提供合理的指导以求得这些外部效应的价值。近年来，这些方法的复杂程度大为增加，这里只非常简单地概述一些较为常见的方法。

(1)判例法。该方法也称为实际发生法，主要使用历史判例对某些方面估计环境的价值进行评估。这种方法主要用于发生的严重交通污染，如车船泄露，或对交通事故所造成的直接和间接成本进行加总计算，但是这种方法通常受到多数法律体系性质的限制，因为法律通常不包括自然环境造成的事故和动植物的损害。

(2)物理(或生化)转换法。该方法首先要能通过技术手段测定有关交通污染对空气、水体、动植物和建筑物等造成的物理或生化后果，然后通过对这些物理或生化损害进行价值评估，从而计算出交通污染造成的成本。

(3)规避成本法。该方法通过对一定数量的人们为保护其自身不受某种交通污染影响所花费的成本(如为减少噪声而加装的防护设施费用)，利用统计分析推算出该种交通污染对该地区造成的环境损害。这种方法的主要难题在于难以从各种原因中分离出作为规避行为的支出，例如，上述为减少噪声而加装的防护设施，如果是隔音玻璃窗，那便很难界定这个成本中有多少是为了隔音、有多少是为了通风、有多少是为了防盗。

(4)显示性偏好(享乐价格)。在某些情况下,环境资源的消费者通过自身的行为,含蓄地显示他们对环境资源的估价。他们牺牲一些金钱利益作为交换来限制资源环境的使用或者获得一些环境利益。典型的例子就是人们愿意多付钱而住到远离喧嚣的机场、公路的地方,或者出高价住远离繁忙街道的旅馆房间。因此,通常的方法是用享乐的价格指数,考察商品的不同属性(一般以住房等不动产的价值)。当交通所引起的震动、噪声和其他污染超过一定水平,就会使暴露在其影响下的有关住房等不动产价值遭受贬损,该方法可以根据住房等市场价格与环境质量方面的联系,推断交通污染所引起的环境成本。

(5)旅行成本法。该方法是显示性偏好方法的一种特殊例子,主要依据不同人们的出行时间价值和交通拥挤给人们造成的时间损失,相对性地推算交通拥挤对社会造成的额外成本;货物运输在交通拥挤中的损失,也可以通过有关货物占用资金的时间价值类似地进行计算。

(6)表述性偏好法。这种方法也称为既定偏好法(在环境著作中称为偶然事件评价法),这种方法不是通过观察实际交换情况来给环境成本定值的,而是力求从个人在遇到特殊情况时所做的交换中引出信息。最广泛的方法是通过问卷调查方式,向一定数量的人群询问他们为消除某种交通污染(如噪声、空气污浊)或交通拥挤影响所愿意花费的成本,再利用统计分析推算出该地区该种交通外部性成本。由于并不是对实际损害或人们实际支出的直接计算,而是依据人们在问卷上的意愿表述进行的推断,因此称为表述性偏好计算法。

这些评估方法各有自己的长处,也都存在着局限性。很难对所有不同的外部性影响都只使用同一种价值评估手段,因此可能会对不同的外部成本利用不同的定量计算方法,或者可能需要利用一种以上的评估方法。甚至对同一种外部成本,不同的分析人员或在不同的国家所使用的评估方法也不同,计算结论于是也存在很大差别。这里面当然也就产生了问题,就是以不同方式计算出来的运输外部性定量分析结果有时候很难进行简单的比较,也无法相加求和。例如,是否能把从规避研究得出的噪声污染价值和从既定偏好得出的空气污染价值相比较?所以,很多时候会引起人们对其真实程度的怀疑,并影响其在实际中的应用。

表 8-2 是欧洲国家运输外部成本的估计值,该表数据是综合 20 世纪末前后十余次不同学者的研究结果而成的,可以看出每一个运输外部性项目的成本估计值都有相当大范围的差别,体现了外部性评价方法的不成熟程度。

表 8-3 是对我国各种运输方式的单位外部成本的评估值。数据显示航空的单位外部成本最高,铁路的单位外部成本最低。就不同运输方式而言,公路、铁路、水运、航空、管道的外部成本分担率分别为 55%、21%、13%、10%、1%。2004 年我国各种运输方式的外部成本占国内生产总值的 3.5%,其中客运的成本分担率为 41.7%,货运的成本分担率为 58.3%,见表 8-4。

表 8-2 欧洲国家运输外部成本的估计值

项目	占 GDP 百分比/%
空气污染	0.4～0.7
噪声	0.1～0.6
其他环境效应	0.1～0.5
交通事故	0.3～0.9
拥挤	0.1～0.5
总计	1.0～3.2
按每车每千米平均	0.03～0.06 欧元/车千米

资料来源：欧洲运输部长联合会的《交通社会成本的内部化》，1994 年。

表 8-3 我国各种运输方式的单位外部成本评估值

		铁路	公路	航空	水运	管道
客运/(元/·千米)	事故	0.00181～0.00101	0.0644	0.0074	0.0237	
	噪声	0.00195	0.00195	0.0104	0.00081	
	有害气体	0.0272	0.102	0.173	0.0093	
	合计	0.0310～0.0302	0.168	0.1908	0.0339	
货运/(元/吨千米)	事故	0.00004	0.0021～0.00105	0.0003	0.00103	
	噪声	0.00205	0.0043	0.101	0.0066	
	有害气体	0.0412	0.138	1.903	0.0598	0.059
	合计	0.0433	0.1434～0.1444	2.004	0.0674	0.059

注：①铁路现有事故率为 0.00181，随着铁路客运专线的建成，客运事故率将降至 0.00101；

②公路货运高事故率与严重超限、超载有密切联系，随着管理工作的加强，事故率将降低。

表 8-4 2004 年我国各种运输方式的外部成本 （单位：亿元）

	铁路	公路	航空	水运	管道	合计
客运	177.08	1469.73	340.06	2.25	0	1989.12
货运	835.21	1132.23	143.89	618.26	48.09	2777.68
合计	1012.29	2601.96	483.95	620.51	48.09	4766.80

资料来源：铁道运输与经济《我国交通运输业的外部成本研究》，2006 年。

第 9 章　航空运输管制和放松管制

运输管制(transport regulation)也译为规制或监管,是政府对运输业实施的特殊管理形式。政府通过立法或其他行政手段对运输行业(特别是运输行业中的企业)的某些特定的生产和经营行为进行的直接干预。运输管制与放松管制是运输业发展历史中的重要现象,也是需要运输经济学分析和解释的重要内容。

有关管制问题的研究,使管制经济学应运而生,也称为规制经济学,它是对政府规制活动所进行的系统研究,是产业经济学的一个重要分支。与其他学科的发展类似,规制经济学也随着规制活动的发展不断演变,体系与内容不断扩展。目前国外的规制经济学发展已相对成熟,体系较为完整,基本形成了一门相对独立的学科。

现代意义上的运输管制,是从 1887 年美国联邦议会设立州际商务委员会(ICC)并通过制定《州际商务法》来防止铁路运用其当时的垄断性地位歧视小的货主和损害消费者的利益开始的。在这之后的很长一段时间里,大多数西方发达国家的铁路运输业受到了政府的严格管制。后来这种管制还扩大到运输业的其他领域,如公路运输、航空运输等。

9.1　运输管制的概述

运输管制的对象一般包括市场准入行为、定价行为、互联互通行为、垄断行为、服务质量和普遍服务义务等。根据政府管制的作用方式,可以将其分为直接管制和间接管制两类;按照政府管制的内容,可以将其划分为经济性管制和社会性管制两类;按照政府管制的行为特点,可以将其划分为限制性管制和激励性管制。管制的手段一般包括制定规章、行政许可、行政检查、行政处罚、行政强制执行和行政裁决等。

植草益(1992)将管制分为间接管制和直接管制两种,两者关系如表 9-1 所示。间接管制是指以形成和维持竞争秩序为目的,不直接介入经济主体的决策而仅制约阻碍市场机制发挥作用的行为,其作用对象并不局限于特定产业。它一般是司法机关通过反垄断法、民法、商法等法律对垄断等不公平竞争行为进行的间接制约,所以也称为反垄断管制或反托拉斯管制。直接管制是指由行政机关和立法机关对被管制对象直接实施的干预行为,它构成了政府管制的主要内容。其特点是:依据由政府认可和许可的法律、法规和规章,直接干预市场配置机制或介入经济主体的决策,以防止和克服不期望出现的市场结果。它又分为经济性管制(economic regulation)和社会性管制(social regulation)。

表 9-1 直接管制和间接管制的关系

政府干预经济的方式			目的	政策手段
宏观调控			防止经济过度波动;维持稳定与促进增长	财政、税收、货币、汇率
政府管制	1.间接管制(不公平竞争管制)		针对不公平竞争;促进信息公开;产权界定与保护	民法、商法、反不正当竞争法与反垄断法
	2.直接管制	经济性管制	针对自然垄断等产业,确保公平利用和保证“必需品”的供给	价格管制,产业进入管制,产品与服务质量监控
		社会性管制	针对外部性和非价值物品	财政补贴与公共生产,防止公害,安全监管等

资料来源:根据植草益(1992)和陈杰、罗鼎(1999)资料整理。

经济性管制(经济管制)一般是针对特定产业的管制,因此也称为产业管制。它是指为防止发生资源配置低效率和确保使用者对产业内经济资源的公平利用,由政府对企业进入运输市场的资格,退出运输市场的条件,提供运输服务的质量、数量和价格,以及运输企业的投资、财务等方面进行的一系列规定。经济性管制主要针对自然垄断和存在信息不对称的领域,包括四方面内容,即进入(退出)管制、价格管制、数量管制和质量管制。社会性管制定义为:以保障劳动者和消费者的安全、健康,环境保护,防止灾害为目的,对产品或服务的质量和伴随着提供它们而产生的各种活动制定一定标准,并禁止、限制特定行为的管制。它具有如下特点:①管制对象的普遍性。②管制手段的多样性。③管制机构的专业性。

1.政府对运输业的宏观调控管制

(1)税收与补贴。政府可以运用它的财政权力增加或减少不同路线上各种运输或服务的成本。政府也可以影响运输投入的要素成本。

(2)直接供给(财政)。地方和中央政府通过市办的或国有化的企业,是许多种运输服务的直接供给者,它们还负责供给大量的运输基础设施(如公路)和辅助服务(如交通警察)。

2.政府对运输业的间接管制

(1)一般民法商法。政府(地方当局)可以按法律管理运输部门,实际上已有大量的民法商法等控制和指导运输的供给者和使用者的行为。

(2)反不正当竞争法与反垄断法。司法机关通过反垄断法对垄断等不公平竞争行为进行间接的制约,提高全社会的福利水平,达到资源配置的帕雷托最优状态。

3.政府对运输业的经济管制

经济管制是政府为实现一定经济目标而对运输业进行的管制。经济管制的基本出发点是限制垄断行为和不合理竞争,因此它包括政府对垄断的管制和对竞争的管制两方面。

1)政府对垄断的管制

运输业是最容易形成垄断的行业,而在各种运输方式中,铁路运输和管道运输一般认为是最容易形成独家垄断的运输方式，所以政府对垄断的管制曾经主要是针对铁路而进行的。美国从19世纪60～70年代的格兰其法令（铁路公司非法行为取缔法），1887年4月15日开始实行的“商务管制法”，1903年通过的爱尔金法（反回扣法），1906年的哈布恩法，政府的管制权力在若干方面不断得到加强，并且从对铁路垄断的管制权力扩大到有关附属业务和其他运输方式。政府对垄断的管制的主要任务是维护公平竞争，保护货主、旅客和其他承运人的利益。

2）政府对竞争的管制

运输业的竞争主要是不同运输方式之间的竞争和企业间的竞争。对运输竞争的管制，主要通过两方面措施来实现：①对市场准入方面的控制。任何运输企业进入市场进行经营，必须经过运输管理机关批准，并规定其在指定的运输线路经营和运送指定的货物和旅客。进入管制的目的主要是防止过度进入和实现规模与范围经济。传统的管制理论认为，运输业特别是铁路运输业具有自然垄断性，并认为自然垄断是在规模经济条件下产生。由于规模经济的存在，自由竞争可能造成低效率，所以某种程度的政府管制是必要的。②对运价尤其是最低运价的控制。控制最低运价的目的是限制某一运输方式内的竞争或为了限制不同运输方式间的竞争及保留每种运输方式的内在优势，以便使每种运输方式中的大部分运输企业的劳动消耗都得到补偿，以避免毁灭性竞争的发生。

4.政府对运输业的社会管制

社会管制是指政府为实现一定的社会目标对运输业所进行的管制。运输业是一个能够带来外部成本的产业，为了维持社会和公众的利益，保护人类的生存环境，保证人民群众的生命和财产安全，各国政府及有关的国际组织对运输业实行社会管制。

1）政府对城市交通拥堵的管制

城市的交通拥堵问题，是世界各大城市共同面临的重要问题，而且随着各国城市化进程的加快，这一问题也日趋严重。拥堵的成因之一是私人汽车的快速发展导致使用一般税收所建造的城市道路面积大部分为少数富有者阶层所占用，也造成社会中的不公平，因此各国政府都想尽各种方法加强社会管制以解决交通拥堵问题。例如，有的国家限制私人汽车的使用量，支持和鼓励公共交通的发展；有的国家在城市设定公交车专用线；有的国家由政府颁布政令，使各大单位错开职工上下班时间。

2）政府对环境污染的管制

运输业的发展在推动经济社会发展的同时也为人类的生存环境带来了不少消极影响，因此各国政府和国际组织都在试图强化这方面的管制，以保护和改善人类的生存环境。运输业对环境的污染主要有两大方面：空气污染和噪声污染。为了提高环境质量，各国政府采取了以下管制措施：强化对汽车引擎的检查、维护和重新修置，控制废气排放标准；改善交通车流；对小汽车限制使用；鼓励共用中小型汽车等。为了减少交通噪声，各国政府设立了合理的防止噪声污染的法律、法令和有关规定，由指定机关严格执行，如规定宁静地区限制行车，不得按喇叭，强制安装消声器等，有的国家还对运输所造成的噪声制定课税的法律等。

9.2 管制理论的研究进展

管制经济学领域存在着若干种关于为什么会出现管制的理论，其中具有代表性的包括管制的公共利益理论、利益集团理论和俘获理论等。

1. 公共利益理论(Public Interest Theory)

经济学家早就认识到，实际上市场可能受到严重的不完善之苦，即市场失灵。市场失灵(market failure)是指市场无法有效率地分配商品和劳务的情况。

对经济学家而言，这个词汇通常用于无效率状况特别重大时；另外，市场失灵也通常用于描述市场力量无法满足公共利益的状况。对于运输行业来说，市场的这些不完善之处或市场缺陷会给运输服务的使用者带来不利的影响，或者价格过高，或者提供的服务有危险，或者这些服务会危害第三者，或者现在的经营者的损人利己的定价行为会减少愿意提供运输服务的其他企业潜在的独立发展机会，从而阻碍它们进入市场。而政府管制是为了克服市场失灵造成的问题，保护社会公众利益。这便是政府管制的“公共利益理论”。该理论的代表人物卡恩(Kahn，1970)将公共部门(public sector)和公用事业(public utility)视为两种“竞争性市场模型明显不能描述或甚至无从描述”的经济，他认为“管制的实质是政府命令对竞争的明星取代，作为一种基本的制度安排，政府试图用管制来维护良好的经济绩效”。

2. 利益集团理论

产生于西方的利益集团理论，最早可以追溯到詹姆斯·麦迪逊(James Madison)。在参与联邦制宪的过程中，麦迪逊注意到，财产分配的不同和不平等，使得有产者和无产者在社会上总会形成不同的利益集团；各个利益集团之间的竞争，给联邦政府带来了不稳定和不公正的影响。他还认为，这种竞争是不可避免的，其原因无法排除，只有用控制其结果的方法才能求得解决。因为自由之于竞争，如同空气于火，是一种离开它就会立刻窒息的养料，离开了竞争自由就会窒息。由此，麦迪逊被认为是提出利益集团理论的第一人。

利益集团可以界定为：由具有共同目标或利益的个人组成的，以组织形式通过各种途径影响公共政策来实现其目标的社会团体。利益集团理论认为，人的政治行为是一切政治活动的基础。但是个人的作用过于微弱，只有通过利益集团才能充分实现个人的利益。由于各个不同的利益集团之间彼此互相牵制，现实的种种公共政策往往是各利益集团相互妥协的产物。公共政策最终实现了一种多元的竞争性均衡，成为总体上对社会公众有利的政策。利益集团理论对公共政策过程的这种分析，在价值层面上受到许多学者的批评。他们认为，只要公众不同的利益不能被平等地代表，利益集团理论所预言的多元均衡状态就不可能实现；现实的公共政策总是有利于强势利益集团，不会真正体现公众利益。然而，从经验层面上看，利益集团理论的这种分析还是具有一定说服力的。在当代西方，尤其是美国，利益集团大量涌现，在公共政策过程中确实发挥着举足轻重的作用。

3. 俘获理论(regulatory capture theory)

20 世纪 70 年代初出现了管制俘获理论。研究者从对 19 世纪以来美国管制历史的考察揭示出管制与市场失灵并不存在必然的关联。经验研究也表明,管制是照顾生产者利益的,通过管制可以限制竞争者进入,提高行业内生产者的利润,并允许超额利润的存在。这些实际资料的存在为管制俘获理论提供了证据。

管制俘获理论揭示了政府与特殊利益集团之间的相互利用关系。该理论认为:立法机构的管制立法是为满足产业对管制的需要(即立法者被产业俘获),而管制实施机构最终会被产业所控制(即执法者被产业所俘获)。其核心内容是:具有特殊影响力的利益集团—被管制企业—进行寻租活动,使管制者成为被管制者的"俘获",并参与共同分享垄断利润,这就使政府管制成为企业追求垄断利润的一种手段。这一理论最初提出时强调了生产者对管制者的俘获,而未说明其他的利益集团,如产业工人、消费者等对管制的影响,因此也被称为"纯管制俘获理论"。之后,经济学家发展了纯管制俘获理论,他们认为组织完善、规模较小的集团更容易俘获管制者,从管制中受益。因为符合这些条件的利益集团更容易迅速组织起来形成各种决策,来决定支持或反对管制者的政策。而相对规模较大的集团形成决策的成本较高,而且在某种程度上,俘获管制者的活动具有正外部性,会产生严重的"搭便车"行为,俘获管制者的成本由一个人承担而收益却由全体成员共享,使集团中的成员缺乏足够的激励来维护本集团利益。集团规模越大,"搭便车"现象就会越严重。由于消费者利益集团的规模要远远大于生产者利益集团,因此生产者更容易俘获管制者,从管制中获得收益。

即使管制是出于公共利益的目的,也依然存在许多问题。政策制定者从理想出发,喜欢对一个目标使用一种措施,但是这在运输领域很少能够做到。各种目标的相互依存问题上面已经提到,但政策本身经常有不同的效果。旨在减少使用特定运输方式的税收政策证明是税率递减的,而抑制外部性的许可制度可能导致将准垄断权力给予某些运输供给者。实际上,预测、监控和评价各种政策工具的效果,常常也是困难的。运输政策是通过一揽子工具实施的,政策的变化通常会立即引起一些工具力度的改变。这些变化的作用只能在一段时间之后才完全感到,因为运输市场上的行为者是逐渐对新情况做出反应和根据新情况进行调整的。例如,对征收较高燃料税,公路运输业者在短期内除了付出额外的金钱之外没有多大反应,但从长期看,他可能修改经营方式,从更长期看,他甚至可能改变使用的车队类型。当单一政策工具发生变化时,即使人们能分析起因,但在进一步的变化出现前,不可能将全部后果记录下来。最后,还有弄清与事实相反的情况的问题,即如果政策不变,本来会接着发生的一系列事情。政府的政策常常是反应性的,即实施政策时,已经可以观察到形势的变化,但是在另外一些场合,政策变化则代表一种首创精神,实际上是预先采取措施防止变化。人们绝不会简单地假设,事情还会在主要政策变化之前规定的道路上继续。

4. 激励性管制理论

为了克服传统管制的缺陷,近 20 年来逐渐形成了新的政府管制理论——激励性管制理论，也称“新管制经济学”。新管制理论的最主要发展就是在管制问题中考虑了信息约束，即信息不完全和信息不对称问题。其理论要点是：由于存在信息不对称，效率与信息租金构成一对共生的矛盾，在得到效率的同时，必须留给企业信息租金，而信息租金会带来社会成本。管制虽然可以避免企业得到垄断利润，但是必须付出效率的代价。在信息不对称条件下，为了得到最好的管制政策，政府必须尽可能地利用企业的私人信息，设计相应的管制方案，为企业提供激励，使企业自觉朝着管制者的目标行动。政府管制改革的核心，就是解决信息不对称条件下的最优激励问题，以绩效为基础对企业实施激励性管制，以克服“道德风险”和“逆向选择”问题。其基本原则是：在提供激励和减少租金之间进行权衡，根据不同的激励强度设计相应的成本补偿机制，给予被管制企业以提高内部效率的刺激，即给予被管制企业以竞争压力或提高生产和经营效率的正面诱因。激励性管制改革的具体内容包括两个方面：①使现有企业承担更高比例的成本，提供高强度的激励机制，以此提高其生产效率；②赋予企业更多的定价自由，使其更加趋于按市场原则经营。

目前，在理论模型和实际操作方面比较成熟的激励性管制措施主要有：特许投标制(franchise bidding)、区域间竞争制度(yardstick competition，也译为“标尺竞争”)、价格上限管制(price cap regulation)和社会契约制度(social contract)。

(1)特许投标制。特许投标制是指通过拍卖或招投标的方式，引入多家企业竞争某一产品或服务的特许经营权，使有效率的企业能够中标从而获得该产品或服务的垄断生产经营权。为了促使企业不断提高效率，政府管制者在一定的特许期限后再通过竞争投标来决定将下一期的特许权授予能以更低(最低)价格提供服务的企业。特许投标制最早是由英国的凯德维克(Chadwick)1959年研究法国自来水行业实行的特许投标制度时进行理论说明的。德姆塞茨(Demsetz，1968)将其作为自然垄断管制的方法，首先引入政府管制改革的理论研究中，后由波斯纳(1972)进一步提出了具有可操作性的政策建议。

(2)区域间竞争制度。区域间竞争是将受管制的全国性垄断企业分为几个地区性企业，使特定地区的企业在其他地区企业业绩的刺激下提高自身内部效率。这一管制措施最早是由李特查尔德(Littlechild)在1986年对英国自来水产业管制的一份研究报告中提出的。雪理佛(Shleifer，1985)和阿姆斯庄等(Armstrong et al.，1994)都提出了区域间竞争的理论模型，说明该制度的作用机理。管理当局通过比较不同区域企业的业绩，就可以在一定程度上克服因信息不对称对企业监管的困难。

(3)价格上限管制。价格上限管制是在英国电话通信公司民营化时由李特查尔德(1983)提出的旨在提高企业内部效率、节约行政费用，对以往实施的公平报酬率收费管制的替代方法。根据这一方法，管制当局与被管制企业之间签订价格改动合同，规定价格上限，使企业的定价只能在这一上限之下自由变动。在价格上限以下，企业具有定价的自由，在垄断领域可以形成接近拉姆齐价格的收支平衡价格，合理分摊成本并实现企业收益最大化，同时最大限度地满足消费者需求。价格上限管制避免了以往价格管制中详查成本等复杂程序,给予被管制企业以提高效率的激励。

(4)社会契约制度。社会契约制度是指政府管制当局通过与受管制企业签订合同的方式,就与产品价格和成本有关的一系列指标作出约定,并视企业执行约定的情况由管制机构采取相应的奖励和惩罚措施。其目的有二:①鼓励企业在既定价格管制框架内降低成本。②引导企业达到政府临时性的或新增加的管制目标。采取合同方式,既拥有法定的约束力,又具有较大的灵活性和针对性。

5. 管制机构

在西方国家,管制机构通常与政府的一般政策部门分开设立。这种结构上的分离,是要使"独立"的管制机构能够独立地执行监管政策而不受利益相关方的干扰。脱离了政府政策和行业管理部门的管制机构,实际上成为集行政执法、准立法和准司法权力于一身的政府"第四部门"。当然,这种权利要来自专门的管制立法。管制机构一般是由一个委员会集体领导的,其委员具有固定的、得到保证的、任命时间与政府最高行政领导错开的任职年限。机构的负责人由政府行政最高领导提名,并得到立法机关的确认。这种安排主要是为了健全监管机构的知识结构、增加特殊利益集团左右监管政策的成本和保证监管政策的延续性。只有法院可以否决管制机构做出的决定,这是司法审查机制的体现;然而法院虽然可以判决监管机构决定的无效,却不能代替监管机构在该问题上做出新的决定。

可以看出,基础设施产业的管制机构,被设计为拥有非常宽泛的行政管理职权,同时又受到其他权力机构制约的政府职能组织。对管制者的监管之所以重要,是由管制的委托-代理关系的性质所决定的。当独立管制机构依法"三权合一"时,它就成为一个自我决定并执行管制规则的具有广泛自由裁量权的行政机器,如果对其行为不加干涉和审查,管制机构就可能滥用行政权力或不作为,以及被强势利益集团"收买"而不公正地使用权利。为了保证其合法、合理地行使权利、履行职责,必须建立一套行之有效的法律监督体系。根据国外的经验,这一法律监督体系主要由行政系统内部的监督、立法机关的监督和司法审查三个方面组成,并采用开放式行政程序。

9.3　航空运输管制及放松管制概述

9.3.1　航空运输管制概述

在1938年之前,美国主要是对铁路进行管制,针对当时铁路垄断造成的种种弊端,成立了州际商务委员会(Inter-state Commerce Commission,ICC),制定了商务管制法,对铁路垄断进行管制,迫使铁路企业相互进行有力的竞争,保护公众利益。

20世纪20年代,美国国内运输市场发生了巨大的变化。随着公路、水运和航空运输的蓬勃发展,它们与铁路之间的竞争及各种方式内部间的竞争越来越激烈,并且随着竞争程度的加剧,出现了过度竞争和不公平竞争的不良现象,损害了交通运输业的正常发展。这个时期，竞争成为了运输市场的主要特征，垄断退居到次要位置，为适应这种新变化，美国交通产业组织政策发生了相应变化，从限制垄断、维护竞争转向对运输竞争的管制。发生在1938年对航空运输的管制就是这种变化的后果之一。

1938年的民用航空法为避免航空业内部过度竞争和不公平竞争，保护航空公司获得正常水平收入，主要对航空业进行了三方面的管制：①严格限制新企业的进入。②禁止企业合并；③控制运价和收入。这主要是考虑过多的航空公司进入市场，将会使企业间为争取有限市场而进行毁灭性竞争，导致重复浪费、过度延展和低劣的服务，同时由于航空没有足够的收入维持正常生产活动，最终会倒闭或破产，减少航空业的生产能力，因此有必要对进入和运价进行管制。禁止企业间合并则是为了防止垄断导致的不正当竞争。

1970年以前，世界各国航空公司的运价、航线发展、航班进入和退出都受到政府的严格管制。对航空业竞争进行管制的结果是从1938～1978年有80家航空公司申请进入航空业，但是没有一个干线执照得到批准。航空公司受到民用航空局的过度保护和严格控制，内部没有经营自主权，外部缺少竞争压力，服务质量差，票价居高不下，财务状况恶化。一些知名学者计算航空业管制成本后指出，这种管制是对资源的乱分配，造成的社会成本很大。不仅航空业如此，其他运输方式的情况也很糟糕。尤其是铁路，1970年占全国货运和旅客运输20%的宾夕法尼亚中央铁路和同一区域的五条铁路同时申请破产，更加导致人们对管制功效的怀疑，反管制的呼声越来越高。

9.3.2 航空运输管制的动因

1. 垄断势力的威胁

支持管制航空公司的学者认为，航空运输具有规模经济(economies of scale)的特征，它表现为随着运输网络上总产出的扩大，平均运输成本不断下降，故该行业趋向于高集中度的产业结构。当规模经济在一个特定航空运输市场上大到能给单个航空公司带来显著成本优势时，这个“独家卖主”完全有可能直接制订高于边际成本的价格而毫不顾忌竞争者的进入。所以，少量巨头承运人将支配国内和世界航空运输市场，而且，随着那些将一个重要的中枢机场作为基地的航空公司运输网络上中转客货量、航班的增加，平均成本必然会逐渐降低，大承运人在这些市场上就更具有垄断势力。微观经济学理论认为，当规模经济使厂商产出的平均成本随市场能够吸收的整个产出而下降时，竞争并不必然就是有益于经济的。由于单个厂商不再面临直接的竞争，它当然会有限制产出、提高价格和获得垄断利润的动机。对航空公司进行经济管制就是为了阻止发生以上这种情况。

而机场服务处于航空运输生产链的上游环节，是航空运输业的基础部门。机场投资巨大，回收时间长，资金专用性强，沉没成本大，所以机场也具有自然垄断性，是一个特殊的、具有自然垄断性质的企业。因此机场的建设和运营必须符合国家对机场的统一规划布局，适应并适度超前于城市和区域社会经济发展的要求。机场设施的建设不能重复，必须根据机场的规模经济效果、土地和空域使用情况、净空条件、集疏运条件、环境保护要求、流量设计和投资规模等各方面的限制，进行严格的进入管制。

2. 破坏性的竞争

航空运输管制的另一个理由是避免破坏性的竞争（或“毁灭性的竞争”、“过度竞争”）。航空运输、汽车运输和天然气等这些产业之所以出现管制，是因为如果没有限制降价和新进入的管制，市场就可能产生过度竞争而造成破产和服务中断。成立和经营航空运输高昂的固定成本使航空服务的短期供给弹性十分低，供给不能随需求的周期性变化而迅速反应，这不但刺激了在位者之间由于供给过度而不时爆发价格战，也导致了需求上升时的供给不足和价格上升。从长期来看，航空公司之间的竞争，将导致价格低于维持航空公司运转的必要成本，甚至会使公司破产和服务中断。由于在发展早期，民航业被视为公共性、基础性产业，所以破坏性竞争导致的破产和服务中断对一个国家来说，是不合意的结果。论述这一观点的新理论是认为航空业有一个“空核”（empty core）（Button，2003）。“核（core）”是来自博弈论经济学的术语，指长期维持产业的均衡价格机制。如果“核”是空的（在供给成本不可分割而需求可以分割时就会出现这一现象），那么市场竞争并不会形成均衡价格。具有“空核”的产业天生是不稳定的，在航空运输这种寡占市场结构中，如果允许竞争和自由进入，就会使这一产业内的企业难以向社会提供持续性的服务。故对航空公司的管制干预（如运价管制、进入和退出管制、卡特尔行为的反垄断豁免等）是合理的。有些学者认为：航空运输最优的产业结构是寡头垄断，而且它可能是一个自然垄断产业；航空公司总是趋向于采取破坏性的竞争行为，如果不对其进行管制，它本身的行为就会破坏产业的发展。

9.3.3　放松管制的概述

放松管制（deregulation）意味着放宽或取消原有的管制制度，如将行业进入改为自由进入、取消价格管制等。放松管制的理论源自亚当·斯密的《国富论》。亚当·斯密认为，在市场经济中，每个人的行为都好像受到“看不见的手”的指引，去做那些对大家都有好处的事情。按照福利经济学原理，竞争性均衡能够实现帕雷托最优，而市场经济是竞争性均衡的，因此，要引入竞争，打破一切垄断，实现资源、效率和社会福利的最优化。弗里德曼认为，自由竞争下的市场和价格是解决任何经济问题的最好机制，虽然它仍存在一些不足。应该把政府干预限制在最低程度，对自由最大的威胁是权力集中。

放松管制的首要目的在于引入竞争机制、减少管制成本、促使企业提高效率、改进服务。最近 20 年来，许多经济学家提出，管制过程实际上是在增强而不是在遏制垄断权力。这一观点部分是基于前面提到的管制利益集团理论。此外，研究者还注意到，经济管制在地方上已远远超出了自然垄断产业的范围。多年以来，许多产业，包括铁路和公路运输、航空和公共交通都有管制者在发号施令。而在这些产业中，许多理论上本应该更接近完全竞争，而不是自然垄断。20 世纪 70 年代以后，以美国、日本、英国等主要国家为中心，对电信、运输、金融、能源等许多产业，都实行了放松管制。各国在放松管制过程中，根据本国情况采取了不同方式。英国的放松管制是与私有化过程相伴而生的，先后部分或全部将英国电信公司、英国煤气公司、自来水公司出售，出售后企业的效率都有了不同程度的提高。

上述主要是针对经济性管制而言的，因为相对于社会性管制，经济性管制起源较早、体系较为完善、发展较为成熟，在早期政府管制中占据着主导地位。但近年来，随着经济发展水平的提高，对生活质量、社会福利等问题关注程度日益加强，各国在逐步完善经济性管制，对经济性管制产业实施放松管制的同时，将关注点更多投向了社会性管制领域，社会性管制在政府管制中的地位与作用正逐步提高，管制的领域也不断扩展，管制的方法与手段也在不断改进。政府对社会性管制的重视在某种程度上是社会进步、生活质量提高的反映，更直接体现了对消费者利益的保护与对社会可持续发展问题的关注。因此社会性管制也将成为未来政府管制中一个日益重要的组成部分。

9.3.4 航空业放松管制的历史进程

直至1978年通过航空公司放松管制法，许多经济学家和政策制定者逐渐抛弃了管制航空运输的理由。很多学者认为，对于航空业，比较好的管理方式应该是尽量使其处于竞争之中，也就是说要让航线上有足够数量相互独立经营的航空公司开设航班。在机场管理方面有一定的公共监督，以便合理地分配机场资源，使其有利于竞争的增加而不是减少。在加拿大和美国等国家，小规模承运人甚至不需要补贴也可以在运输量很低的航线上提供服务，来自管制相对较少地区的航空运输市场的证据也表明，互相竞争的航空公司的低票价能维持航空公司的持续经营。此外，政府实施管制是要付出很高成本的。一是立法成本，二是组织成本，三是执行成本，四是寻租成本，五是服从成本。其中寻租成本最为昂贵，已经成为一个严重社会问题。这些证据和随之而来的各种实证研究共同推动了航空公司的放松管制。

1. 美国航空业的放松管制过程

美国从1938年通过航空法到1978年通过航空公司放松管制法的40年里，国内和国际航空运输都取得了较大的发展。放松管制法强调政府减少对航空业的控制，通过采取航空公司自由进入市场和扩展业务、放开票价、不再限制合并等措施引导企业依靠市场力量进行自由竞争，期望通过竞争的压力使航空公司不断改善经营管理，提高服务水平，满足国民经济发展的需要，同时降低成本，给公众提供合理票价。这标志着航空业从限制竞争转向鼓励竞争。

据统计，美国航空业全行业的运营收入由最初的0.58亿美元增加到1978年的228亿美元(以不变价格计算)，但是，自20世纪70年代以来，美国民航业严格管制的弊端开始显现，由于“祖父条款”，以及政府对航线、运力和运价的严格管制，造成了整个行业的无效率，虽然运量增长较快，但是行业的边际利润增加缓慢。统计数字表明，1967～1977年，美国民航业的边际利润只增长了1.7%，而同期制造业却增长了4.8%。这成为美国航空业放松管制的内部动因；而当时美国政府为了遏制整个宏观经济的滞胀现象，于70年代末期进行的收缩行政权力、缩小政府职能的行政体制改革，则为放松管制提供了较好的外部环境。在内外因素的共同推动下，美国以肯恩的航空自由化理论为基础，对民航业进行了放松管制的改革。

其主要政策是：

(1)放开票价，承运人允许提高 5%以上价格并允许根据通货膨胀率调整价格。

(2)放开市场准入限制，美国民航管理委员会(CAB)授权给适合的申请人经营州际或国外航空运输并发许可证，而承运人是否合适则取决于竞争对手。

(3)航线分配市场化，承运人允许自 1979～1981 年的每个财政年经营一条新航线而无需 CAB 批准。

经过一系列的改革，美国航空业取得了较大的发展，如全行业的劳动生产率得到提高、运价降低、运力大幅度增长等。激烈的市场竞争一方面促进了资源的合理配置，另一方面也给消费者带来了福利。虽然放松管制在局部造成了震荡，但从整体看，这一改革是成功的。

2. 欧洲航空业的放松管制过程

与美国的“一步式”改革不同，欧洲根据区内各国航空运输市场发展不平衡的现状，采取了“渐进式”的改革思想，于 1986 年 4 月开始了放松管制过程，部长委员会通过了一系列改革措施，即“Three Packages”。其具体措施和进程见表 9-2。

表 9-2　欧洲放松管制历程

	时间	内容
The First Package	1988 年 1 月 1 日	允许多方指定，开放第五航权，折扣票自行批准
The Second Package	1990 年 11 月 1 日	所有票价“双不批准”，保护航空公司免受技术和安全标准的歧视
The Third Package	1993 年 1 月 1 日到 1997 年 4 月 1 日	所有运价无限制，所有客运和货运航线全部自由进入，包租和定期承运人的区别取消，保护公共服务意义的航线，但是欧盟委员会保留对价格、掠夺性定价和座位倾销进行干预的权力

通过上面的改革，欧洲航空运输市场竞争性加强，低成本航空公司也开始出现，劳动生产率得到提高。

3. 我国航空业的放松管制过程

我国民航运输施行放松管制是一个渐进的过程，可以认为始于 20 世纪 80 年代。

1)1980 年前的管理体制

从 1949 年直至 1980 年前，我国民航运输管理体制属于高度集中的计划经济模式，期间虽然也有改革，但是基本体制没有太大变化，这一时期的管理体制有以下几个特点。

(1)政企合一：1980 年以前，民航基本上实行以军队领导为主的政企合一管理体制。

(2)各级、各地区业务经营机构不是独立的经济实体。财务上不实行自负盈亏,而是统收统支,经营上不能独立决算,由民航总局安排生产计划。

(3)由于实行低票价政策,财务上长期存在政策亏损,长期由国家政策性补贴,数额巨大。

(4)作为政府管理机构,民航总局对各级经营机构的经营活动进行了严格的管制,包括对票价、旅客资格、航线、航班开设的管制等。

2)1980～1995年放松准入管制,引入竞争机制

1980～1986年,中国民航进行了一系列领导体制改革,逐渐走上企业化发展道路。主要内容包括机构改革、建立经济核算制、改革投资体制、初步放松进入管制等。

1987年开始,中国民航业进行了以民航管理局、航空公司、机场三者分立为主要内容的体制改革,相继成立了11家民航总局直属航空公司。从1984年民航总局与福建省有关企业联合成立厦门航空公司开始,一大批以地方投资为主体的航空公司应运而生。到1995年底,全行业共有运输航空公司26个,其中总局直属11家,地方或部门所有15家,中央所属航空公司与地方新成立航空公司共同分割国内市场,国内经济学家称为“模拟的市场竞争”。

3)1996～2001年限制新企业进入,探索放松价格管制

1996年后,中国民航发生了较大的变化,由以前的卖方市场转变成买方市场。在运力过剩、增长速度减缓的情况下,政府对管制政策进行了调整,采取了一定的管理措施,以保持整个行业的盈利。

(1)限制了新企业的进入,鼓励和引导航空公司联合兼并,以解决此前放松管制造成的企业规模小、竞争力弱、产业结构不合理的问题。

(2)加强了对购租飞机和航线、航班的进入管制,以缓解运力过剩的矛盾。

(3)试图放松运价管制。1997年,将国内航线运价的浮动幅度扩大到40%,并试行以航班收益最大化为目标的多级票价制度。

(4)放松投资限制。鼓励地方政府投资机场,形成了中央、地方及中央与地方联合投资建设和管理机场的三种主要模式。鼓励外资引入,1994年发布了《关于外资投资民用航空业有关政策的通知》。鼓励利用资本市场融资,海航、东航和南航股份公司先后在国内外资本市场上成功发行股票并上市交易。

4)2002年至今,新一轮体制改革,全面放松经济性管制

2002～2004年,中国民航进行了新一轮体制改革,成立了6个航空运输服务保障集体公司。进一步放松市场准入管制,允许民营资本投资经营航空公司,截至2007年底已有奥凯、春秋、鹰联、吉祥等多家民营航空公司加入市场竞争,国内民航市场有39家航空公司。放松了价格管制,2004年4月《民航国内航空运输价格改革方案》开始实施,航空公司在境内、外销售国内航线客票时,以政府确定的基准价为基础,在上浮25%、下浮40%的幅度内根据机型、淡旺季、旅客类型等浮动,建立多级票价制度,规定了对旅游航线、多种运输方式竞争激烈的短途航线、独家经营航线完全市场价格。

9.3.5 从双边协议看管制的变化

可以从 1977～1985 年美国双边协定的变化看出国际管制的一些重要变化。在 20 世纪 80 年代后的 50 年，一些欧洲国家提出了一些比美国更为先进的放松管制概念。

分析表 9-3，一个比较明显的变化就是市场准入的开放。在传统的双边协定中，每个国家开放的航空港城市数目是有限的，在“开放市场”双边协定中，一些新的城市获得了开放。美国双边协定规定，美国的航空公司有权从美国任意一点飞到其他国家，其他国家航空公司只能从有限的城市飞行。欧洲及一些周边国家也同样限制对外开放的机场和城市。但是欧洲内部的双边协定通常允许任意国家的飞机飞行任意两点之间的航线。而另一方面，美国却先于欧洲国家开放第五航权。所有新出台的双边协定都倾向于不限制包机权力，尽管一些政府会对从自己国家始发的包机业务进行管制，也就是所谓的“始发国”规则。

表 9-3 传统协定和 1978 年后“开放市场”双边协定的关键特征

	传统双边协定	新的“开放市场”双边协定
市场准入	只开放具体某个城市	航空公司可以飞任意两点间航线
	美国的双边协定中最常见的——限制第五航权	美国开放第五航权，欧洲内飞行仍然受限
	没有包机权力	不限制包机权力（早在 1956 年的 ECAC 欧洲民航会议协议中得到认可）
指定承运人	单一（少部分多个）	多个
	航空公司必须实质上属于并由一个指定的国家进行有效控制	
运力	运力 50∶50 双边协定中没有运力和频率控制，但是运力要接受检查	没有频率或运力控制
关税	要求两边政府的双重审批	双重否决（也就是只有两边政府同时否决）
	可以使用 IATA 程序	使用始发国规则（在一些美国双边协定中）

资料来源：《Flying off Course》P58 表 3.1。

在航权上的另一个重要发展就是不限制或指定多个承运人。这个权力赋予双边协定的任意一国有权指定多个航空公司运营其认可的航线。一些早期的双边协定，如 1946 年英美协议，就接受了双或多指定承运人，但是这些在当时是少数。另外，许多新的美国双边协议包括了 break-of-gauge 权利。这个权力可以让航空公司有权在别国境内，飞往第三国的航线上，使用大飞机转换成小飞机，而不需要开放第五航权。为了使用 break-of-gauge 权利，航空公司需要在转换点放置一架小飞机。

运力方面的主要变化是取消了对频率或座位的限制。大多数早期的双边协定，以及大部分欧洲的双边协定为平衡或控制运力都要求航线两国的航空公司分别承担 50％的运力。

在定价上，“开放市场”双边协定概念引入了双重否决制度。传统航空服务协议中，除非双方政府都同意，否则关税是无法生效的。换句话说，只要一方政府否决，航空公司或IATA提出的关税方案就搁浅了。但是，在双重否决制度下，如果一方政府同意，另一方没获得优惠货运关税的政府可能无法阻止航空公司实行这个关税政策。换句话说，双重否决制让政府放弃了关税上独裁的权力，这是放松航空公司定价的重要一步。

这些新的市场规则不管有没有应用，都代表了国际航空公司的双边和竞争环境的重要改变。“开放市场”双边协定的传播非常迅速。到20世纪90年代初，定期到达离开美国和加拿大的航空运输成为了全球最开放的市场。北大西洋航线上大部分运力或频率约束都取消了，新承运人的进入在理论上由于多指定承运人政策而变得容易得多。美国门户的数量差不多翻了一番，美国承运人在许多美国航线上都可以随意增加新的门户机场，而欧洲的承运人却没有同样的权利。

9.4 航空运输管制与放松管制对航空业发展的影响

9.4.1 管制对运输业发展的影响

在西方国家法律所规定的运输管制目标中，一般会有促进安全、诚信、公平、满足公众利益与需要、促进运输业的发展、竞争与效率、防止垄断、为国防服务等多方面，但效率好像通常不作为管制机构最重要的工作目标。

管制作为市场的替代品出现，当发生市场失灵时，管制措施就代替了市场机制。当初就是因为人们认为铁路行业是垄断的，导致了市场的低效率，所以才在美国设计出首先用于铁路的运输管制制度以便进行纠正。

管制者以公平为准则的行为方式，使其忽视了将运价与运输机会成本作比较，而这种对比应该是经济上有效率的基础。例如，在美国的铁路管制中有一个有关运价“长短途歧视”的规定，即铁路公司被禁止对长途运输收取低于短途运输的运费。该规定看起来是公平的，因为运输成本确实与运距有关，一般来说，总是运得越远成本也会越高，那么收费也应该越高，否则短途客户就受到歧视。但是在实际运输中，铁路的运输成本中固定费用占的比重较高，而且每批运量在线路、方向和其他运输条件上都各不相同，很难判定某一批长途运输的成本就一定高于另一批短途运输的成本。此外，这个“长短途歧视”的规定也大大限制了铁路公司根据实际情况采用拥挤收费或互不补贴定价，结果是看起来公平，实质上在经济上低效率。

在公路货运的运价管制上，平等原则同样是裁定运费变动要求和制定新运价标准的依据。管制机构主要是从运价上保护小的运输企业和边远乡村地区。

在航空客运的管制上，美国的民用航空委员会同样把保持中小城市的航空服务作为主要目标，而且认为在20世纪60～70年代取得了相对成功。实现这一目标主要通过以下三种途径：①对中小城市的机场给予财政补贴。②要求所有航空公司在申请赢利航线时必须同时开通边远航线。③运价结构有利于中小城市。航空业受到管制后，也遵循了铁路运价的制定。铁路运价的制定不能违反"长短途歧视"的规定，其本身的运输成本结构并不特别符合这种要求，但航空运输成本中随距离变化的飞行成本比重较大，因此该要求与航空运价结构比较适合了。

相比较而言，航空业从管制中的得益没有公路货运那么多，但总体上还是受益的，很多经营不善的航空公司受到保护，飞行员也拿着高工资，当然那些竞争能力较强的航空公司认为自己的盈利能力受到了限制，因此希望从管制中解脱出来。而一旦实现放松管制，航空业内部的竞争马上就变得激烈了，特别是由于往来于大城市之间的远程航线运价较高，竞争程度就更厉害。

9.4.2　放松管制对航空运输业发展的影响

放松管制从总体上刺激了市场，航空客运量增长得很快。放松管制后，航空公司的数量增长迅速，机票价格一直在下降，机场的数量也有所增加，盈利状况也较管制前有了很大改善。航空业的服务质量，因为可以用若干指标，如客座率、飞机大小、航班频率、机上餐饮、行李提取时间长短等从不同角度衡量，所以放松管制带来的影响情况有所不同。一般客座率提高了，在支线上更多地使用小飞机，而且为降低成本也减少了一些中短途航线上的服务项目，一些旅客过少的城市从航班中取消，但放松管制后大多数航线上航班频率确实是增加的。放松管制给整个民航运输带来的深层影响可以从航空公司和机场两个角度进行探讨。

1. 从航空公司角度

1)获得更大定价自主权

在计划经济时代，航空公司只能执行国家统一制定的公布票价，没有自主定价的权力。虽然 1997 年民航总局一度开放市场运价，但一直到 2004 年 4 月 20 日出台的《民航国内航空运输价格改革方案》这段时间，民航总局的价格政策不断变化，机票价格也只能随着政策变化忽高忽低。从本质上说，企业还没有获得定价的自主权，不能按照自身的市场环境和发展需要制定科学的价格策略。只能通过服务质量、广告宣传、航班时刻、机型、正点率、常旅客等手段争夺客源，而这些竞争手段力度十分有限。新出台的《民航国内航空运输价格改革方案》使航空公司的价格竞争手段合法化，而且对社会公布后，该方案具有稳定性。企业可以按照自身的发展战略，根据市场的情况制定机票价格。价格杠杆真正成为企业参与市场竞争的有力手段，可以推出种类更多的运输产品。例如，在价格中讲到的差别定价机制，就是在放松价格管制之后航空公司应对市场竞争的有力手段。

2)面临更激烈的竞争

放松管制从四个方面增强了航空市场的竞争性。①放松运价管制使航空公司获得了自主定价的权力，各航空公司推出更有竞争力的价格和产品来争夺市场。②放松行业准入管制，增强了潜在竞争者的威胁。虽然潜在竞争者始终存在，但随着放松管制的扩大，行业准入条件的降低，原先有意愿却怯于航空运输高门槛的企业被鼓励进来。据统计，美国在 1978～1986 年，共有 198 家航空公司进入市场，加上放松管制前的 36 家，到1987年初应该有234家。我国到2006年底客货运航空公司已经达到39家，而这个数字在1995年底仅为26家，并且都是总局直属或者地方或部门所有。③放松行业准入管制还将面临国外竞争对手的竞争。伴随着天空开放和全球航空自由化的浪潮，将有更多的国外航空公司经营中外国际航线。同样，伴随航权的逐步开放，国外航空公司可以在我国设立基地，直接经营我国国内航线，参与国内市场的竞争。④政府的管制制度致力于消除市场准入方面的障碍，推进公平合理竞争，反对垄断和不正当竞争，所以，一些在位企业将逐渐失去原来的政府行政垄断保护。

3)成本瓶颈作用开始体现

放松管制后航空公司的价格竞争约束了航空公司的成本空间，在相同价格水平下，谁的成本低，谁的利润就高，在市场竞争中会拥有更大的主动权。成本已经成为政府放松运价管制之后制约航空公司价格策略的一道瓶颈。如前文中提到的，在激烈竞争环境下，成本的瓶颈作用驱使航空公司正致力于对其成本进行控制和管理以提高经济效益。

一个最典型的例子就是低成本航空公司的出现。放松管制尤其是2000年后，低成本航空公司(Low-Cost Airlines，LCA)的出现和快速发展被认为是一个最令人惊奇的现象，也是当今航空运输市场与20世纪80年代市场最本质的一个差异。低成本航空公司与其他类型航空公司的竞争正在逐步改变航空运输的效率与市场结构。低成本航空公司运用行之有效的成本控制，有效地利用了成本瓶颈，使之成为自己的强大优势。2000年以来低成本航空公司一直保持赢利水平，而其他航空公司则陷入连续的亏损状态，低成本航空公司已经成为美国航空运输市场的重要竞争者。

4)航线网络结构面临改变

航空运输市场结构可分为两种类型：城市对式网络结构(city to city model)和轮辐式网络结构(hub-and-spoke model，H-S)。从美国放松管制的经验来看，一个意想不到的结果是轮辐式航线网结构被创造并广泛采用。在轮辐式结构中形成了一种分工的模式，大型航空公司主要负责枢纽之间的事务，而小型航空公司则执行大枢纽与中小城市航线的事务，通过联盟间和公司内部的收益管理系统(RMS)实现旅客始发地与目的地的全程管理(O-D Management)和公司间的收益分配。航空公司采用轮辐式网络结构可以利用更少的机队来运行更多的目的地，利用大型飞机来吸引更多的乘客，对其枢纽进行更多的控制；对于乘客而言，轮辐式网络可以到达更多的目的地，有更多的航班选择；而对于枢纽机场来说，乘客的增多可以带来更多的业务量。建立轮辐式网络结构已经成为众多航空公司的主要竞争战略，美国主干航空公司除美西南航空公司外其余航空公司均采用H-S结构。国内随着航空管制的逐步放松，也逐步从点对点式航线网络向轮辐式航线网络过渡。

5)开始拓宽融资渠道

航空运输业具有自然垄断的产业特性，在面临各种竞争的情况下，航空公司想要提高竞争能力，必须不断扩大机队、经营规模和航线网络，形成规模经济。这就需要大量的资金投入，而单纯靠企业的经营利润很难在短期内积累这样庞大的资金。传统的融资渠道是采取银行贷款的方式，但目前这种银行贷款的比例已经很大，而且银行贷款会导致较高的融资成本和资产负债率。放松行业准入管制，允许外资和民营资本进入航空运输业，这无疑增加了新的融资渠道。可以通过资本运作的手段，在证券市场上进行融资或者通过出售股权引入战略投资者。同时，航空运输业与国民经济存在很强的正相关性，我国国民经济持续稳定高速的增长必然会给航空运输业带来更大的发展机遇，国外资本和国内的民营资本都十分看好我国的航空运输产业。放松行业准入管制会使更多的民营资本和外资进入航空市场，选择独资、合资、购买股权等方式进入，这为企业的融资提供了丰富的资金来源。目前，国内航空公司陆续上市，既解决了融资问题，又解决了股权单一的问题，进一步实现了投资主体多元化，使所有者和经营者的委托代理关系更加紧密，企业的法人治理结构得到完善(表 9-4)。

表 9-4　我国放松管制前后直属航空公司的行为特征比较

	改革前	改革后
企业行为目标	完善管理部门下达的运输生产计划	在完成运输生产计划的同时，积极扩大市场份额
经营方式	粗放式经营	向集约化转变
行为约束	行为软约束，外无压力，内无动力	行为硬束约，市场压力较大，逐步建立起激励约束机制
融资渠道	预算内拨款，银行硬贷款及民航企业基金	趋于多元化，资本市场直接融资增加
服务质量	服务意识差，质量低	开始注重客户为中心，提高服务质量以赢取客户
广告宣传手段	较少运用且不注重企业形象塑造	通过各种媒体宣传企业，引进形象设计，塑造企业形象
价格策略	严格执行国家统一定价	越来越注重以价格手段展开竞争
业务创新	缺乏创新动机	积极开拓新业务

2. 从机场角度

放松管制给机场带来的变化要比航空公司的变化更具有划时代意义。放松管制后，出现了以英国为代表的新型的机场管理模式，机场也朝着多元化的发展趋势进行了一系列的改革，主要体现在特许经营权开放和机场私有化两方面。

1)特许经营权的开放

机场特许经营是指机场将自己拥有的航空运输业务、保障服务资源以公开招标或其他竞争方式，转让给其他企业法人使用，通过合同协议或其他方式明确机场管理机构与被转让人之间的权利义务关系，被转让人利用机场资源按照一定的标准开展业务，并向机场支付相应的费用。

特许经营的一般业务范围分为以下两类。

(1)与航空运输业务直接相关的业务。包括机上配餐业务、航空油料业务、飞机地面服务业务、航空货站业务。

(2)非航空活动相关业务。包括机场场区内餐饮业(餐馆、酒吧、自助餐馆、自动售货机);各种商店;银行/外币兑换;出租车服务;汽车服务;停车场;机场广告;机场与市区间的公共交通服务(公共汽车和旅客班车);免税店;汽油/机动车服务站;美发/理发店;宾馆/汽车旅馆;非出售食品和饮料的自动售货机;货物代理或转运公司;纪念品商店等。

特许经营的一般经营方式有以下三种。

(1)转让土地使用权。对机场而言,包括基地航空公司在内相关驻场单位的参与和进驻十分重要。为了吸引他们,机场在参照土地市值的基础上,用优惠的价格将土地使用权有偿转让给航空公司,这样使利益双方既获得发展空间,又确保平稳运营。

(2)以场地和市场资源出资,通过合资方式转让机场内经营权。机场内许多项目由于投资规模大、市场竞争激烈,采用自营方式并不处于优势地位,但是完全由他人经营,其服务质量、价格水平不易控制。这些项目包括食品、货站、油料、宾馆等,对于这些项目,机场当局宜以土地、设施和市场资源出资折股,与在相关行业具有一定知名度的企业组建合资公司共同经营。

(3)以场地租赁方式转让机场内的经营权。对于广告、餐饮、候机楼内的商业网点、商务服务、邮电通信、金融、文化娱乐等鼓励竞争的项目,通过公开招标,以场地租赁方式,引进国内外专业企业参与经营。对于值机服务业务、贵宾休息室服务和飞机地面服务等适度竞争的航空运输业务,也可租赁给航空公司直接经营。机场当局根据经营准入标准对申请人进行资质审查,对于符合准入标准的申请人发放经营许可证,特许其在一定范围内,按照一定标准与要求经营机场航空运输或非航空业务,整个经营实现优胜劣汰,不断提高机场的服务水平和服务质量。

特许经营给机场带来的益处如下。

(1)促进机场由经营型向管理型转变。机场大致有两种经营类型。一种是直接经营型,即机场既是建设主体、又是经营主体,甚至还履行政府授权的投资主体职能,成为投、建、管三项职能于一体的混合型主体,机场直接参与地面服务和其他相关业务,同时兼顾机场服务设施的建设。这种类型是机场市场化早期普遍采取的方式,其缺点是机场设施利用率低、服务效率不高,不能形成规模经济和竞争态势。目前我国大部分机场就属于这种类型。另一种是服务管理型,这类机场不直接参与地面服务代理业务和其他相关业务,主要通过开展特许经营方式,由专业运营商或航空公司来开展专业的经营,机场当局主要负责机场服务设施的建设与管理,为运营商提供一流的服务平台,实现机场高效运作。这种类型是市场化程度较高的表现,并形成一些成熟的管理经验。目前国外运作比较成功的机场无一例外都采用这一经营模式。如英国的BAA、法国的ADP等,不仅成功经营国内机场,还输出管理,实现跨国经营,成为名副其实的专业机场集团,并进一步推动了全球机场业的集团化发展。而后一种机场管理模式,正是随着管制的放松和机场私有化的进程所产生的机场发展趋势。

(2)有利于协调机场与航空公司之间的关系,实现“双赢”。长期以来,机场与航空公司之间相互合作,共同发展,促进了民航事业的发展。但在改革和发展过程中,机场与航空公司之间,还存在运行关系不顺、经营业务重叠、设施重复建设等方面的问题。这些问题导致的直接后果是行业资源严重浪费,整体服务水平下降。航空公司为了发挥规模效应,提升核心竞争力,必然需要重新整合内部资源,调整生产业务链结构,从而对地勤服务业务提出自行办理的要求,以达到形成完整的服务链,降低运营成本,打造完整服务品牌的目的。因此,必须明确界定航空公司与机场的生产业务关系,解决好机场与航空公司的内在矛盾。特许经营正是适应这一要求,是协调处理航空公司与机场利益的有效方式。通过特许经营模式,机场推出地面服务业务,改变机场既是裁判员又是运动员的现状,同时引入专业化地面服务商,从而调动机场、航空公司和专业公司等各方面的积极性,保护全行业的利益。

(3)有利于更好地服务地区经济发展。随着民航运输的不断发展,民航对地区经济的拉动和辐射作用进一步显现。地方政府从推动地区经济发展的角度,对民航的发展寄予更高的要求。随着特许经营权的开放,机场越来越多地成为一个多元化的“小城市”,对构建全新的服务平台,吸引各方投资都起到了相当重要的作用。

2)机场私有化

作为城市基础设施,机场的主要投资应该由政府来承担。作为准公共产业,机场的运营必须服从政府强力的约束。随着国家基础设施领域对民营资本和外资的逐步开放,机场的投资主体也在逐步走向多元化。政府可以通过吸收部分民营资本、外资,或通过发行债券、股票等形式募集资金来投资机场建设,实现机场的产权多元化和部分私有化。正是由于机场的基础设施作用,即使在发达国家,经营定期航班、对外开放的商业性机场基本上都是由政府投资兴建,机场的准入管理也是较为严格的。当然,不排除私人在商业机场内投资建设货站、酒店和各种商业设施,也不排除私人资本在机场占有一定的股份。美国、加拿大和许多欧洲国家都有不少私人投资建设的小机场,但大都是私人农场自用或经营通用航空业务。我国2004年10月批准了国内第一个私人投资建设的机场——黑龙江绥芬河市阜宁机场的运营资格,该机场占地13万平方米,是经营通用航空业务的小型直升机场。这是我国机场投资领域对民营资本开放的一个积极尝试。

9.4.3 管制变化过程中航空运输业发展教训

1.航空公司的“兼并风”

根据美国放松管制的经验,放松管制最初几年确实收到了预期的效果,航空公司数目增加了,竞争程度也更激烈了,但是随后的发展却出乎政策设计者的预料,从1985年起,航空公司数目开始下降,自20世纪90年代以来,下降的速度加快。据统计1978～1986年,共有198家航空公司进入市场,加上放松管制前的36家,到1987年初应该有234家,但是实际上其中有160家破产、倒闭或被兼并,到1987年只剩下了74家,其中干线航空公司只剩12家。有学者认为,航空公司之间非理性的价格战是导致放松管制后许多承运人出现亏损的主要原因。航空公司数目减少的主要途径是企业合并。自80年代以来,航空业兴起了一股势头强劲的“兼并风”,1980年Pan American兼并了National Airline,1985年People Express以3亿美元的价格收购了Frontier Airline。1986年兼并风达到高潮,Northwest以8.84亿美元的价格兼并了Republic Airline,USAir收购了Pacific Southwest,Texas Airline收购了People Airline和New York Airline,Trans World以2.5亿美元收购了Ozark Airline,American收购了Cal Air。

而随着公司规模越来越大,给人带来的担心是这种趋势最后会不会导致垄断出现和重新管制(re-regulation)。为了避免这种情况,最重要的就是使航线上保持数量足够的独立经营的航空公司开行航班,有人甚至设想实在不行就通过开放国内航空市场引入国外竞争者的方法。但还存在一个问题,就是运输业的网络经济是有地域性的,外国航空公司可能在其本国国内航线和国际航线上因较大的运输密度而拥有运营优势,却很难说这能否可以支持在他国国内航线上开拓市场。

2. 部分国家对航空公司放松管制后的发展教训

1)美国

与管制时期相比,美国放松航空公司管制以后,票价下降、旅客增加、民航业的运输能力不断提高,航空公司得以更有效地利用自己的网络,从而提高了生产效率。与此同时,也扩大了乘客的选择。据估计,至20世纪80年代末,美国每年因放松航空公司管制而产生的经济收益,按1977年价格计算大约是60亿美元(Goetz, 2002)。

放松管制后,变化最大的是新企业的大批进入。美国民航业曾出现过120多家航空公司同时存在的局面,在位航空公司也进入新的航线,形成新的网络。新企业的进入使竞争激化,竞争又促进了价格的大幅下降和各种折扣制度的出现,收费体系的多样化使消费者能够选择不同价格与质量相互组合的航空服务;服务质量也有了一定程度的改善,曾有人担心放松管制会增加事故,但实际的年平均事故率低于管制时代(当然,其中部分原因是防止事故发生的社会管制在起作用);放松管制提高了航空公司的生产效率,面对低成本航空公司和其他新进入者的潜在竞争威胁,大航空公司为了生存想方设法从劳动力、飞机使用、航线网络等方面降低成本。另外,机构庞大、人员众多的大航空公司为提高收入水平、发展竞争优势也积极采取了许多措施,例如,开发、完善CRS系统功能,变计算机订座系统为计算机决策系统;引入常旅客计划,吸收高收益旅客;实行累进代理费制;提高航班频率,改善头等舱和公务舱服务质量;结成代码共享联盟,扩大航线覆盖面;实行价格歧视,细分市场,开发收益管理系统等。

但是,放松管制后民航业的快速发展也使大航空公司变得更强,行业的集中度更高,放松管制初期大量的进入被随后的退出和兼并所抵消,民航业成了一个可以进入却难以生存的行业。1978年,美国8大航空公司所占的市场份额是80%,1983年降到73%,到1989年,前8家航空公司所占的市场份额高达94%。到20世纪90年代初,美国民航业至少发生了24起航空公司兼并案,100多家新进入者只有少数几家幸存下来,其余则退出了市场。随着市场集中度的提高,90年代后期,民航业的新进入者越来越少。有学者认为，如果集中度进一步上升，实施某种形式的重新管制可能只是时间问题。另外，放松航空公司管制后发生的多起破产事件也使美国政府开始反思航空公司的放松管制政策。

2）日本和欧洲

在日本，放松管制的效果不如预期的明显。虽然在 1986 年运输政策审议会上，航空部提倡实行运价折扣制度，但其后并未出现各航空公司积极实行折扣运价的实际结果。另外，日本的国内航空运费，与实行放松管制的其他发达国家相比是相当贵的。这与新干线运费的竞争性、国内主要航线的特许费和燃料费相对较高有关，但如果能提高航空公司的生产效率、积极实行折扣制度，将提高降低运费水平的可能性。植草益(1992)认为，日本航空公司不积极实行折扣制度很可能是因为各航空公司采取了合谋行为，而政府也默认了这一事实。放松管制效果不明显的原因还在于，日本民航业的放松管制措施是部分的和零碎的，且缺乏具体性的措施，而且，民航业形式上虽然实施放松管制措施，但实际上仍以行政指导的方式限制实质性竞争。

在欧洲，由于放松航空公司管制前，航空公司大都通过兼并和全球联盟提高了市场的集中度，从而使放松管制后新的进入者很难进入市场。但放松管制使航线进入自由化，改善了航空服务网络，提高了航空服务质量。

第 10 章　航线网络经济性分析

10.1　航线网络构型概述

航线网络是航空公司生存和发展的基础，布局合理的航线网络是提升航空运输市场份额、提高航空公司市场竞争力的重要因素，对推动民航业发展和国家综合交通运输系统建设具有重要的战略意义。航空公司的其他工作，如航班计划、运行控制、收益管理等都是在航线网络的基础之上，围绕着已经布局好的航线网络进行的，因此航线网络结构对于航空公司的效益将产生深远的影响。本节主要从航线网络的结构类型、现状及发展趋势、经济性指标三个方面来对航线网络构型进行描述。

10.1.1　国内外航线网络现状及发展趋势

1. 相关概念

为便于陈述以及对有关内容的理解，下面给出几个与航线及与航线网络密切相关的概念。

1)航线(route/air route)

民航运输飞机的飞行路线称为航空交通线，简称航线。航线由飞行的起点、经停点、终点、航路等要素组成。航线是航空运输承运人授权经营航空运输业务的地理范围，是航空公司的客货运输市场，是航空公司赖以生存的必要条件。航线不仅确定了飞机飞行的具体方向、起讫与经停地点，还根据空中交通管制的需要，规定了航线的宽度和飞行高度，以维护空中交通秩序，保证飞行安全。航线按起讫地点的归属不同分为国内航线、地区航线和国际航线。航线又可分为干线航线(干线)和支线航线(支线)。干线(trunk route)泛指大城市之间的航线。对枢纽辐射式航线网络而言，枢纽之间的航线称为干线，如北京—广州就是干线。某航线网络中所有的干线组合在一起构成干线网络。关于支线(regional route)的定义尚未统一，目前有如下三种：根据执行航线飞行的飞机机型定义，我国民航总局将 70 座以下涡桨飞机和 50 座以下涡扇飞机执行的航线界定为支线；根据航线距离定义，1997 年美国《航空运输商务》认为 800km 以内的航线为支线；我国认为省内及邻省城市间航距 500km(部分学者认为 600km)以内的航线为支线；根据航线上的年客流量定义，我国民航总局规定距离小于 800km、年客流量少于 20 万人次的航线为支线。

本书将淡化支线的确切定义，将支线理解为大城市与小城市之间的航线。在枢纽辐射式航线网络中，支线指枢纽城市与非枢纽城市之间的航线。某航线网络中的所有支线组合成支线网络。

2)航段(segment)和航节(leg)

一条航线经过的城市至少有两个,即始发城市和终点城市。在始发城市和终点城市间可以有一个或多个经停城市。在某条航线上能够构成旅客航程的航段称为旅客航段,通常简称航段。在某条航线上航班飞机实际飞经的航段称为飞行航段,简称航节。例如,北京—上海—广州航线,旅客航段有 3 种可能:北京—上海、上海—广州、北京—广州。航节有两个:北京—上海和上海—广州。

3)航路(air way)

航路是为了保障飞行安全,在机场之间的空中为这种飞行提供相对固定的飞行线路,使之具有一定的方向、高度和宽度,并且在沿线的地面设有无线电导航设施。这种经政府有关当局批准的、飞机能够在地面通信导航设施指挥下沿具有一定高度、宽度和方向在空中作航载飞行的空域,称为航路。

4)O-D 流(origin-destination)

O-D 流是在一定时期内计算的由某起始城市到目的地城市需要运输的旅客数量。一般地,该流量具有方向性。例如,上海—北京与北京—上海是两个不同的 O-D 流。O-D 需求与行程结构(Itinerary,指不同的行走路线和时刻)有关。同样的 O-D 对,不同行程结构,需求将不同,例如,直飞行程的需求将大于经停的,经停的将大于中转的。转机次数越多,需求将越少。

5)航线网络(airline network/route network)

航线网络是指某一地域内的航线按一定方式连接而成的构造系统,是航空公司航班计划和机组安排等运行计划的先决条件,对航空公司的运行效率和客户的服务质量有着直接重要的影响作用,是航空公司生存和发展的基础。科学合理的航线网络结构可以产生 1+1>2 的效果。图 10-1 给出以上概念的关系示意图。

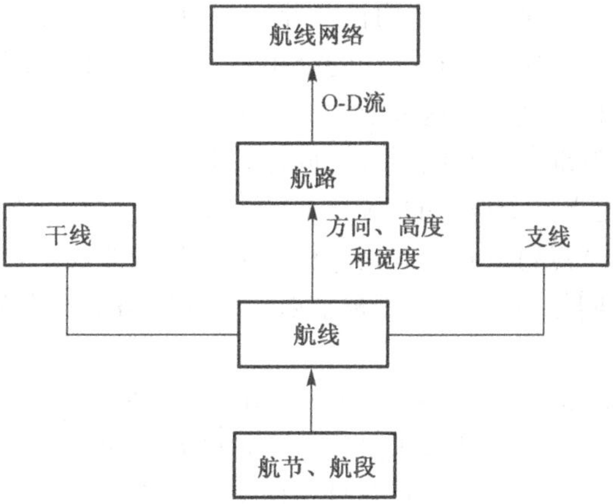

图 10-1　相关概念关系示意图

2. 国外航线网络现状及发展趋势

在当今国外民航航线网络布局方式中，大多数国家和地区都采用城市对式布局和中枢辐射式布局这两种航线布局方式。其中，城市对式布局是传统的航线布局方式，主要存在于非市场化或航空运输业落后的国家和地区，中枢辐射式布局在以美国为代表的欧美航空运输业发达国家，已成为主流航线布局方式。而目前随着枢纽机场的时刻资源的供需矛盾日趋严峻，为缓解繁忙机场的集中度，航线网络结构逐渐从单一的辐射式网络演变成复合式中枢航线网络。

中枢辐射航线结构的发源地是美国，使之成为当今世界主流航线布局方式的推动者也是美国。在近现代美国经济发展过程中，尤其是第二次世界大战后，逐渐形成了若干以超大城市为中心，中小城市为依附的城市群经济区域。在这种背景下，某些以区域经济中心城市为依托的航空公司，尝试建立一种以中心城市为枢纽，中小城市为辐射点并为中心城市聚散客货源的新型航线网络布局——中枢辐射航线网络结构。20世纪60年代大型民用运输飞机的出现，为这种航线布局的迅速崛起和发展提供了技术保证和支持。1978年以前，由于实行严厉的航空管制政策，在美国国内只有少数航空公司形成了自己的小型航空枢纽。而在放松管制政策出台之前，欧洲航空公司航线网络就已在空间上形成了一定程度的集中。这种航线的集中表面上与中枢辐射式航线网络类似，但严格地说，这种仅停留在空间集中上的航线网络并不是真正意义上的中枢辐射式航线网络。

1978年11月，美国国会通过了放松航空管制的法案，从1978～1986年，先后有198家航空公司进入市场，随之而来的是航空运输企业间愈演愈烈的竞争，因而许多公司进入市场不久便又纷纷倒闭或被兼并，幸存下来的航空公司为避免被吞并便与大公司结盟，专飞支线，甘当配角，承担起向大公司馈送、疏散客货的任务。至此，一种分工明确、协作紧密、层次分明、结构合理、运转高效的航线网络就这样大规模建立起来并推动了航空运输产业的结构性变化。所以，中枢辐射航线网络的建立是放松管制、行业竞争和技术进步共同推动的结果。与美国放松管制过程相比，欧洲航空市场自由化表现得更循序渐进。这种渐进性给予了欧洲航空公司积蓄能量的时间，更好地为未来的竞争做好准备。与国际市场放松管制相比，欧盟内部自由化进程更加迅速，其目的就在于要建立一个稳定的、统一的航空市场，维护承运人间的公平竞争。欧洲航空公司航线网络从点对点式发展到中枢辐射式是欧洲放松管制政策、支线飞机引进与国家经济发展共同作用的结果，中枢辐射式航线网络的建设为欧洲航空公司带来了巨大的发展空间。

现在，这股浪潮正逐渐从欧美蔓延到亚太地区。经过20多年的实践，中枢辐射航线网络结构被证实确实是一种技术先进的航线布局方式，得到世界航空运输业的认可。目前，这种航线结构已完全发展成熟，并日益向更深层次方向发展，以“代码共享”、“航空联盟”等为标志，国际航空运输业正以中枢辐射航线结构为基础，酝酿一场更深刻、更彻底的行业变革，联合竞争、互惠互利将成为新世纪航空运输业的主旋律。

3. 国内航线网络现状及存在问题

我国的民用航空事业始于 1918 年。1920 年 5 月京沪、京津段开航飞行，这是中国最早的民航飞行。到 1948 年，共开辟航线 56 条，开航 40 多个城市。旧中国航空运输的发展，虽然起步并不算晚，但由于经济贫困落后，发展缓慢，航线与航空基地的布局难以稳定，受战乱的影响变动频繁。新中国的成立，为民航事业的发展创造了良好的社会基础和稳定的环境。1950 年 8 月首辟天津—武汉—广州，天津—武汉—重庆两条航线，在中国民航事业的发展史上揭开了新的一页。1978 年，我国航空旅游运输量为 231 万人，运输总周转量 3 亿吨千米。改革开放以来，中国民航保持两位数平均增长率，称得上世界民航史上的奇迹。特别是 2002 年以来中国政府对中国民航业的再次重组，促进了中国民航运输的快速发展。

截至 2011 年底，民航全行业运输飞机期末在册架数 1764 架，比上年增加 167 架；我国共有定期航班航线 2290 条，比上年增加了 410 条，我国与其他国家或地区签订双边航空运输协定 114 个，比 2010 年底增加 2 个。2011 年，国内航线完成运输周转量 380.61 亿吨千米，比上年增加 35.13 亿吨千米，增长 10.2%，其中港澳台航线完成 12.64亿吨千米，比上年增加 1.05 亿吨千米，增长 9.1%；国际航线完成运输周转量 196.84 亿吨千米，比上年增加 3.87 亿吨千米，增长 2.0%。表 10-1 列出了“十二五”期间我国民航航线变化情况。

表 10-1 “十二五”期间我国民航航线变化情况(截至 2015 年底)

指标 \ 单位	数量	增加数量	年均增幅/%
航线条数/条	3326	1446	12.1
国内航线	2666	1088	11.1
其中:港澳台航线	109	24	5.1
国际航线	660	358	16.9
按重复距离计算的航线里程/万千米	786.6	388.5	14.6
国内航线	496.4	225	12.8
其中:港澳台航线	17.8	5.4	7.5
国际航线	290.2	163.6	18.0
按不重复距离计算的航线里程/万千米	531.7	255.2	14.0
国内航线	292.3	122.8	11.5
其中:港澳台航线	17.2	5.1	7.3
国际航线	239.4	132.4	17.5

虽然我国已经跨入了民航大国的行列，但我国还不算世界民航强国。原因很多，如

航空管制过严、产业结构不合理、法制建设落后、民航管理跟不上等。其中一个重要原因是我国的航线网络布局不合理，在航线网络方面的不足主要体现为：航线网络仍停留在较初级的城市对层面上，重干线轻支线，重布线轻织网，有网络无枢纽，航线与机场、机型不匹配，资源配置不合理等。

基于当前我国民航实际和枢纽航线网络建设的重要性，《中国民用航空发展第十三个五年规划》中提出了科学构建国内航线网络，以国际枢纽和区域枢纽机场为支点，构建高联通、广覆盖、便捷经济的国内航线网络，不断提升网络整体效应。引导并鼓励航空公司间分工协作，加强干线与支线、国内与国际中转衔接。在与高铁线路重合的骨干运输通道和运输节点上，加快建立与高铁合作共赢、有效竞争的发展新机制。

目前，我国的航线网络存在的主要问题有：

(1)点对点式航线网络运行方式不适应我国航空运输发展需求及国际航空发展趋势。

(2)航线密度分布不合理，差异化程度高。

(3)航线网络发展与机队、机场、空管体系建设不协调。

(4)少部分干线、热点航线竞争激烈，其余航线，尤其是支线航线竞争性不强，业务量不高，发展缓慢。

针对我国航线网络结构存在的问题，可以从以下三个层次分析：①影响我国航空运输高效、安全、可持续发展，从而影响我国国民经济的进一步发展。举例来说，由于我国航线网络结构的不完善，随着我国航空运输需求的快速增长，航班延误现象越来越严重。为了控制航班延误，保证航空安全，政府部门不得不出台一系列措施，包括在主要航路限制流量，在主要机场控制起降架次等。而这些措施反过来却抑制了航空运输需求的进一步增长，妨碍了国内人流、物流的正常流通，从而导致国民经济发展效率的缺失。②不利于社会资源的合理配置，从而造成资本投资的低效率和低效益。民航产业是一项高投入、低回报的薄利行业。航线网络结构的不合理会造成投资的盲目，从而造成资本投资的低效率和低效益。③不利于我国民航企业提高国际竞争力，参与国际竞争。民航产业的国际化进程，促使国际民航企业向集团化、联盟化发展。我国民航企业要想在未来的国际市场上占据一席之地，必须跟进国际形势，构建适合我国国情的航线网络结构，同时打造具有国际影响力的枢纽航空港，才能在未来的世界航空网络结构中产生举足轻重的影响力。而目前，我国点对点式的航线网络结构，显然不利于民航企业的规模化经营，也不利于与世界优秀民航企业的充分合作，从而形不成真正的核心竞争力。通过规划合理的航线网络，可以使航空公司在满足市场需求、争取发展机会和有效整合内部资源之间进行良好的平衡，对增强自身竞争力和提高运营收益水平具有重要的意义。

10.1.2 航线网络结构的分类及特点

航线网络规划是长期的战略决策，是提升竞争力的主要手段。在理论上，航线网络主要有两种形式：点到点的航线网络和枢纽航线网络。点到点的航线网络也称为全连通(fully-connected/ FC) 航线网络，枢纽航线网络也称为中枢辐射(hub-and-spoke/ HS) 航线网络。

从航空公司角度出发，航线网络可以分为城市对式航线网络、直线型航线网络、蛛网式航线网络、枢纽式航线网络和复合式航线网络等几种模式。

1. 城市对式航线网络(city-to-city network/point-to-point network)，即全连通航线网络

这种航线网络中的航线为直飞航线，旅客不需要经过第三个机场(或城市)中转。在航空业发展的早期，由于航空运输政策、机型、机场和城市发展水平及航空公司规模等诸多因素的影响，城市对式航线网络是航空公司普遍采用的航线结构。到目前，也是我国航线结构中采用的主要形式。

作为航线资源的一种组织形式，城市对式航线网络纯粹是依据两城市间运输市场需求而开辟的，城市对航线网络优点是旅客不必中转，可直接到达目的地；形式简单，便于进行运力调配，容易排班，没有高峰期的运营压力。在不考虑运输成本的情况下，对旅客而言城市对航线网络是最理想的航空运输方式；对航空公司而言，这是最省事、最简单的航线安排形式。

但是，这种网络结构也有其缺点：①城市对式航线仅依赖两地市场需求或政治因素开辟航线，因此，只能算是一种简单的运送系统，不考虑或无法顾及同城市航线间衔接问题，无法形成区域资源的有效配置。由于两城市市场需求有限，从根本上限制了航班的频率、客座率和载运率，造成航线资源的大量浪费。以中国西北航空公司为例，1999 年该公司 109 条航线中，客座率低于 55%的有 64 条，占航线总量的 59%，当年该公司航线亏损高达 2.5 亿元人民币。由于客流量小，航空公司难以赢利或出现经营性亏损，出于自我保护，航空公司又会降低航班密度，甚至关停某些航线。航班密度的降低，航班间隔时间拉长，则旅客的地面等待时间和食宿费用就增加，这样就体现不出航空运输经济、舒适、快捷的特点，降低了航空运输对旅客的吸引力，使部分客货源分流到其他运输方式中。②各航空公司为获得利益，争夺有限市场，纷纷加大热线、干线运力的投放，使得所有热线、干线均出现大量重复性飞行，航班重叠性高，从而极大地降低了航线航班客座率。为争夺有限的客源，航空公司间必然进行票价大战，恶性竞争，其结果是运力大量浪费，成本迅速上升，收益不断下降，两败俱伤。③城市之间的距离有远近，航线有长短，所用机型有大小，于是机场建设规模要扩大，机场跑道、设施必须满足大型飞机起降的要求，而利用率却不高。

综上所述，城市对航线网络的点对点运输方式受到旅客的欢迎，但由于价格高、飞行频率低和供应减少，增加了旅客的随机延误成本，难以满足旅客出行的即时性要求，降低了这种航线结构对旅客的吸引力。

美西南航空公司是应用全连通航线网络的成功范例。这家 1971 年用三架波音 737 飞机起家的航空公司，以达拉斯的 LOVE 机场为大本营，机队由 300 多架波音 737 飞机组成，已保持 27 年连续盈利的记录。专家总结它的特点包括：低成本、低票价、短

航程、高密度市场、线性航线结构、简单的机舱内服务、机型单一、座舱级别单一、不预先分配座位、搞笑表演、独特的企业文化等。单就航线管理来说，美西南航的平均航程为597英里（960千米），因为美西南航坚信它的目标旅客旅行飞行时间在1小时左右，并且不希望航班中转。虽然随着美西南航实力的扩大、竞争的加剧，它也飞行远程航线，但它仍坚持把80%的运力放在短程航线上。27年的盈利记录并未使美西南航的领导自我膨胀，他们从来不放弃自己的两个基本原则：从不在自己能力之外扩张；从不忘记盈利。美国西南航空公司的成功不仅是航线结构的成功，它有很多方面值得我国航空公司认真研究。

2. 直线型航线网络，也称城市串式航线网络(Linear networks)

线形航线（又称为甩辫子航线）是指飞机从始发地至目的地的途中，经一次或多次停留，在中途机场补充旅客，以弥补起止机场间的客源不足，形成串珠状的航空网络，见图10-2。这种网络实际上是城市对式进一步衍生的产物，学术界称为“甩辫子”航线。这种航线成熟后就形成了线性网络。

图10-2　直线型航线网络

城市对结构易衍生出“甩辫子航线”，甩辫子航线成熟后就形成线性航线结构，如1999年深航的北京—黄岩—深圳，南方航的北京—贵阳—深圳—昆明—贵阳。线性航线结构一般适用于较小的市场规模，特别是支线市场。目前我国多家客运航空公司无一例外都采用这种线性结构航线布局思路。

3. 蛛网式航线网络(spider web network)

蛛网式航线网络是指一种分布具有蛛网形态的航线网络模式。在这种航线网络结构中，通常包含一个或多个中心节点机场，包含若干个由机场和航线组成的外环，这些外环上的机场节点通过纵轴航线与中心节点机场相连接。这种网络通常包括以几个主要城市为重点的短航距和中航距航线。

上面讲到美西南航空公司应用的是全连通航线网络结构，美西南航的航线网络结构是从点对点结构的基础发展起来的，在其稳固发展的进程中，继续保持原有的收益较好航线、开发新航线和淘汰收益较差的航线，逐步形成了具有自己特色的航线网络结构。

美西南航的每个航站平均每天有40～50个航班离港（有的基地甚至超过100个航班）——事实上每个航站都可能与航线网络中的其他航站连接。每当美西南航新进入一个城市，就会开通这个城市与其他已经开航城市的航线，并提供高频率航班，以主导该市场。这样可以实现飞机利用率的最大化，同时充分提高机场设施和人员的利用效率。直到1995年，美西南航发现其航线网络结构具有蛛网式(spider-web)的分布特点，所以称为蛛网式航线网络。与枢纽航线网络相比，两者之间的本质区别在于推动其网络结构形成的具体原因有所不同。

航空公司的航线网络结构对航空业的竞争格局有决定性影响。美国西南航空公司作为一家知名的低成本航空公司，连续30余年的赢利历史创造了航空业的神话。与其他美国的知名航空公司所采用枢纽式航线网络结构不同，美西南航的航线网络结构是蛛网式航线网络结构。这种蛛网式经济性已经被美西南航多年发展的实例所验证。

蛛网式航线网络结构与枢纽式航线网络结构不同，具有以下几个鲜明的特点。

1)保守稳健的航线确定和调整政策

美西南航稳定的航线扩张政策正是形成蛛网式航线网络结构的重要原因之一。美西南航通过对新航线城市的周边100英里范围内的人口分布情况的分析，规避繁忙机场，避开已被垄断和过于激烈竞争的航线，针对性地开通航线，增减航班频率。在随后的1～2年内会根据美西南航每年的收益前100/200航线排名对新航线进行经营策略的调整。正是这种保守稳健的航线政策，使得美西南航能保持不断的网络扩张和稳定的收益增长。

2)维持整个网络的焦点城市(focus city)和小于30%的互通率

枢纽网络包含枢纽机场城市和非枢纽机场城市，枢纽机场的作用和繁忙程度远远大于非枢纽机场。而在蛛网式航线网络中，美西南航把所有的服务城市都统称为焦点城市，所有的焦点城市在蛛网中享受相对平等的服务。即使非常重要的焦点城市，其互通率一般也不超过30%。

航线网络互通率表示为

$$\text{航线网络互通率}=\frac{(\text{从该机场出发的旅客人数}-\text{OD 流以该机场为始发的旅客人数})}{\text{从该机场出发的旅客人数}}\times 100\%$$

即表示过站旅客人数和O-D流经该机场实际始发旅客人数的比值。

美西南航和其他枢纽航空公司互通率比较结果如表10-2所示。从表10-2中可以看出美西南航航线网络中主要焦点城市的互通率都低于30%的标准。美西南航认为，城市拥有小于等于30%的互通率是作为蛛网结构的一个重要的标志之一。枢纽航空公司的枢纽机场的互通率一般远高于30%，例如，AA、DL、UA的枢纽机场互通率都高达56%以上。城市对网络中，因为全部都是直航航线，不存在非必要的过站客流，所以它的互通率理论上为0。

过低的互通率会导致航线网络建设成本的增加，而过高的互通率又会导致大量的非必要过站客流，降低整体航线网络的效率；而保持一定量的非必要过站客流，又是枢纽式航线网络发挥其规模效应所必需的，所以枢纽式航线网络中的枢纽机场的互通率较高。相比之下，蛛网式航线网络中的机场互通率既保障了其网络具有相对较高的效率又使其具有相对较低的建设成本，这些特点正是中小型航空公司所追求的目标。

表 10-2 美西南航部分城市和其他枢纽航空公司互通率比较

SWA 互通率				AA 互通率	
机场	互通率	机场	互通率	机场	互通率
ABQ	9.80%	LAX	0.00%	DFW	67.80%
AMA	2.00%	PHX	27.30%	ORD	58.90%
AUS	2.50%	LIT	0.40%	MIA	78.00%
BHM	1.60%	MAF	3.30%	DL 互通率	
BNA	12.20%	MCI	0.90%	ATL	70.30%
BUR	0.30%	MDW	6.50%	CVG	71.90%
CRP	0.10%	MSY	0.70%	SLC	63.70%
DAL	19.60%	OAK	0.50%	UA 互通率	
DET	0.20%	OKC	1.20%	IAD	56.00%
DTW	0.20%	ONT	0.40%	ORD	59.40%

3)大量的中短途直达航线和多种航线连接的中转

美西南航目前大约80%的客源都是直达旅客,公司的主要目标客户是旅行时间敏感程度较高的中、短途旅客,公司主要竞争对象包括其他枢纽式航空公司和其他地面运输(汽车、火车等)公司。因此大量的中、短途直达航线是蛛网的一大特点。

美西南航的中转是利用这些中短途直达航线连接组合而成的。与枢纽式航线网络固定的中转模式相比,蛛网式航线网络拥有更大的灵活性和自主性。在蛛网内部中转,旅客可以自行根据偏好和需要从蛛网提供的多条候选航线连接组合中选择。而在枢纽式航线网络的中转过程中,中转是作为一种产品,旅客被动地按照联程票所固定的线路飞行。枢纽的中转因其路线的固定性,往往会不可避免地出现较高的旅客额外中转延误。旅客额外中转延误是指旅客因非自身需求而经过中转所花费的中转衔接时间。而在蛛网内部进行中转,旅客可以通过自行选择,避开途经常常延误的繁忙机场的路线,降低了旅客需求延误,从而更有效地保障了其旅行。

4)Bus 式的准点航班

Bus 式就是指航班具有像巴士一样的高频率、班次平均分布的特点,它是保障蛛网式航线网络顺利运行的必要条件。高频率的航班是一种密度经济(economies of density)。枢纽式航线网络结构顺利运行的必要条件是在枢纽机场的航班波。航班波时段是整个机场负荷的峰值时段,资源被高度使用,而在航班波间隙时段,机场又处于一个相对非常空闲的运转状态,大量资源被闲置。蛛网式航线网络中均衡的航班频率,可以大大减缓峰值时段对机场的压力,使资源的使用较为平均,运行的安全系数相对较高。

4. 枢纽式航线网络(hub-and-spoke network),也称中枢辐射式航线网络或轮辐式航线网络

枢纽航线网络是指含有枢纽机场(或城市)和非枢纽机场(或城市)的航线网络模

式。严格意义上的枢纽网络只有枢纽机场间开通直达航线，任两个非枢纽机场间不开通直达航线，而是通过枢纽机场进行中转。根据枢纽数目是一个还是多个，这种网络又可分为单枢纽航线网络和多枢纽航线网络。

枢纽航线网络是当今世界大型航空公司的主要竞争武器，这一竞争的始作俑者是 1978 年美国“放松管制”后的大型航空公司。它们早先的目的是建立枢纽来提高产品的定期性品质（包括正点、好的时刻、航班频率和机型四个方面）。20 世纪 80 年代以来，枢纽航线网络有一个逐渐完善和发展的过程。在这个过程中，大型航空公司是主角，小型航空公司是配角，双方形成一种分工协作关系。小型航空公司往往是支线航空公司，机型较小，航程较短，致力于大机场与小机场之间的市场开发；大型航空公司则集中资源运营国内干线、地区航线和国际航线。如此便出现了一家或几家大型航空公司和多家小型航空公司围绕着某个大型枢纽航空港运营的局面。在实际应用中，航空公司更多的是采用混合（mix/M）航线网络也称为非严格的枢纽航线网络，即在枢纽航线网络的基础上允许非枢纽城市之间直航。

枢纽轮辐式航线结构是目前较为成熟的航线网络结构，也是目前空运发达国家的航线网络中所常见的形式。相对于城市对式航线网络结构，中枢航线结构具有如下优点。

1）更好地适应市场需求且具有市场开发和市场扩张功能

多数国家的空运需求集中分布于少数大型中枢机场，而大多数中小型机场的空运需求量较少，这是空运市场的显著特点。中枢航线结构中的中枢机场正是考虑到这一特点而建立的。中枢辐射式航线结构将周边客源稀少的小城市客源集中到中心城市再衔接至各地，不仅增加了干线航班的客座率和载运率，而且有效避免了在城市对航线结构形式下，新航线开辟时存在的较长时间的航线培养、成熟过程。虽然中转需浪费旅客一部分时间，但高频率、高密度的航班衔接又给予补偿，为旅客提供更多的航班时刻选择余地，提供一票到底的联程服务，最终还是方便了旅客，增强了航空运输对旅客的吸引力。中枢机场之间的干线飞行一般采用大中型飞机，且可安排较高的航班密度，基本上能够满足空运主要市场的需求。辐射式航线的飞行，一般采用中小型飞机，一方面满足了运量不大的市场需求，另一方面可适当增大航班密度，显示航空方便快捷的优势。中枢辐射式航线结构为航空公司打开中小城市航空运输市场创造条件，使得在城市对航线结构中由于需求量不足而不能开辟航线的中小城市也可有航班运营，从而使更多的中小城市进入全国航线网。

2）能刺激需求，促进航空运输量的增长，有利于航空公司形成规模经营，降低成本，增强市场竞争力，提高经济效益

首先，在中枢航线结构中，干线与辐射式支线连通后，由于网络内的航站之间均可相互通航，这就增加了通航点，使大中小城市之间的空中联络更为畅通，这无疑能为旅客提供更大的便利，并促使一些潜在的空运需求转化为现实的需求。并且在该结构中，干线与支线功能明确并有机地连接在一起，大小机型与航线匹配，能使航空公司的运营效率提高、运营成本降低，从而可降低票价，进一步刺激市场需求。

其次，航空公司由于技术要求高，投资规模大，决定航空公司只有形成一定规模才能获得利益。中枢辐射航线结构形式由于通过干支线的分工协作，使中小城市客源汇聚于枢纽中心，航空公司充分利用运力，发挥规模运输成为可能。由于航空公司可以尽可能多地使用大飞机运营干线，在提高飞机利用率的同时，使客座率始终维持较高水平，有利于降低成本，为旅客提供更加优惠和有吸引力的票价。另外，这种航线结构使航空公司的机组调配、机务维修等管理集中在枢纽机场，不仅能增强调配能力，大大减少备份资源，而且能降低管理成本，创造效益。

3)有利于航空公司提高飞机的利用率、客座率和载运率

运量较少的机场之间采用对飞的形式，一方面使自身航线经营难以维持，另一方面又对中枢机场起到不必要的分流作用，降低了枢纽机场之间的航班客座率和载运率。枢纽轮辐式航线结构的建立，可将原来小型机场对飞航线上的空运量转移到干线上，从而提高了干线上的客座率和载运率。原来吞吐量较少的机场改用小型飞机运营，通过支线与中枢机场连接与干线连通。这样就避免了在运量较少的机场之间采用大中型飞机对飞而造成的运力过剩，同时，也提高了小型飞机的客座率和载运率。因此可以在不增加运力的情况下大量增加航线数量和航班频率，同时又可以提高飞机的利用率。

4)有利于引导投资方向，提高机场经营效益和投资效益

中枢航线结构的建立，使得中枢机场能发挥规模经济效应，飞机起降架次和客货吞吐量的大幅度增加，将使航空业务收入和非航空性收入随之增加，单位运营成本降低；同时，中小机场也能通过起降架次和客货吞吐量的增加而改善财政状况，增强自我生存和发展的能力。总之，中枢航线结构的建立和成功运营，能提高航空公司和机场的经营效益，促进航空运输业的发展，并有效地带动地区经济的发展和繁荣。

综上所述，枢纽航线网络对提高飞机利用率，充分挖掘飞机的经济性能，提高航班客座率和载运率具有决定性影响。从客座率看，枢纽航线网络由于对客源进行重新组织，在大大提高系统内航班频率的同时，也提高了航班客座率，使航班经济性能获得较好的挖掘和利用。在经济效益上，增加了点对的个数，降低了成本，座位千米成本明显下降。同时，枢纽运输的组织方式，在干线上用大飞机飞行，在支线上用小飞机飞行，运输网的覆盖范围加大，产生范围经济。实践证明，中枢辐射式航线结构增加了航线的通达性，极大地扩展了航线网，公众从中也获得了更大的利益。

总的来看，近20余年，世界上大多数航空发达国家都先后进行了枢纽轮辐式航线结构的建设，逐步实现以城市对为主的航线网布局向枢纽轮辐式航线网布局转化。目前旅客运输量排名前20位的大型航空公司基本上实行了枢纽轮辐式航线结构网络的运营；旅客吞吐量排名前20位的机场无一例外都是中枢航空港。枢纽轮辐式航线结构的作用和优点被实践一一验证。特别在全球放松管制形成浪潮和航空联盟大行其道的今天，枢纽轮辐式航线结构越来越成为航空公司建立长期竞争优势的必要而有效的手段。有人将枢纽轮辐式航线结构与计算机订座系统、收益管理系统、常旅客奖励制度一起，称为现代航空公司经营管理的“四个基本条件”。

5. 复合式航线网络(complex network)

这种网络结构是在枢纽航线网络结构的基础上发展起来的，网络中的大型枢纽主要作为产生运量(O-D 需求)的机场，而中转和衔接的功能则逐渐由大枢纽周边的中小型枢纽所接替，以降低网络的集中度。例如，达美航空公司放弃了达拉斯枢纽，而集中力量加强亚特兰大、辛辛那提、盐湖城这三个枢纽的建设，称为 dehubbing。另外为缓解枢纽机场时刻资源供需矛盾日趋严峻的形势，以美利坚航空公司为代表的美国几家骨干航空公司正在重新安排他们在主要枢纽机场的航班时刻表，以提高飞机、地面设施的利用率和员工的劳动生产率。这称为削峰填谷(De-Peaking)，即改变过去航班过于集中的惯例，使航班在一段时间内较为均匀地分布。这种做法虽然给一些对时间敏感的旅客造成不便，但对空管和机场却是一种解脱，改革初显成效。

复合式航线网络结构主要优点如下：

(1)在需求量能保证航班盈利的航线上保持直达。

(2)对于一些旅客需求量小的城市纳入 HSS，航班在枢纽机场进行中转衔接。

(3)弥补了点对点式航线网络和枢纽航线网络两种结构的不足之处。

但其缺点主要体现在：

(1)设计过程相对复杂。

(2)对于航空公司而言，直达航线、中转航线如何选择是关键。

10.2　航线网络结构经济性分析

这里用一个航空运输的例子来说明航空运输业中网络经济与运输成本的关系。在例子中有两组城市，如图所示，一组(包括 A、B、C、D)都在左边的地区，而另一组(包括 E、F、G、H、K)都在右边的地区(图 10-3)。

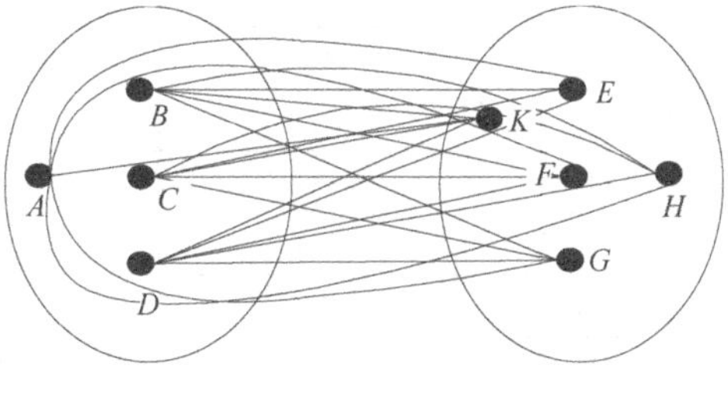

图 10-3　点点直达运营方式示意图

假设所有城市之间的客运联系都是通过航空运输，而且为了简化问题，还假设本例中所有旅客的出行都是跨地区的，也就是说，左边地区的旅客都要到右边地区的城市，而右边地区的旅客都要到左边地区的城市，没有目的地在本地区的旅行。城市之间的旅客流量大体是由各城市人口数量决定的，地区内城市之间的距离都是 100 英里，地区之间的 C 到 F 之间的距离 700 英里。表 10-3 列出了每天总的旅客人数和每一城市对之间的旅客人数。由于在假设中两个方向的运量相同，所以下面的计算只考虑从左边地区到右边地区的客流。

在本例中，航空公司有两种飞机可用于航班飞行：一种是 150 座的大飞机，其平均每座客千米的运输成本是 0.1 美元；另一种是 20 座的小飞机，其平均每座客千米的运输成本是0.2美元。此外，每位旅客每次飞行还另有5美元的机场费用。实际的航空成本当然要比这复杂得多，但计算中假定只发生这两种费用。

航空公司可以有两种不同的运输组织方式：点点直达方式和轴辐中转方式。但在实际中，航空公司会根据实际情况进行调整，产生同时存在直达与中转的混合方式。如果采取点点直达方式，就是在每一对有运量的城市之间直接开设航班，如图10-3所示。

采取点点直达方式的运输成本计算和分析可见表10-3。由于在两个区域的城市对之间都需要有直达航班，而有些城市之间的运量较小或很小，所以要么使用载客率不高的大机型，要么只能使用经济性能不好的小机型。

表10-3 采取点点直达方式的运输成本计算及分析表

城市对	旅客人数/位	直达里程/英里	飞机数量及类别	运输成本/美元
A—E	142	806	1大	12 800
A—F	63	800	1大	12 315
A—G	43	806	3小	9 887
A—H	114	900	1大	14 070
A—K	140	707	1大	11 305
B—E	67	700	1大	10 835
B—F	28	707	2小	5 796
B—G	18	728	1小	3 002
B—H	50	806	3小	9 922
B—K	140	600	1大	9 700
C—E	55	707	3小	8 759
C—F	24	700	2小	5 720
C—G	16	707	1小	2 908
C—H	43	800	3小	9 815
C—K	100	608	1大	9 620
D—E	173	728	1大2小	17 609
D—F	80	707	1大	11 005
D—G	56	700	3小	8 680
D—H	141	806	1大	12 795
D—K	100	632	1大	9 980
合计	1 593	14 655	34(23小、11大)	196 523
座英里总数			1 542 340	
人英里总数			1 165 937	
平均人英里成本			0.169美元	
客座率			75.60%	
平均每位旅客旅行距离			731.9英里	

从表 10-3 中可以看出，采取点点直达方式每天单向航班总数为 33，其中小机型飞机 23 架次，使用大机型飞机只有 11 架次；运输成本总额为 196 523 美元，平均人英里成本为 0.169 美元；飞机的客座率为 75.60%。

在本例中，若采用轴辐中转方式运营，效率会更高一些。如图 10-4 所示，航空公司将 C 和 F 作为中转枢纽机场，所有跨地区的旅客都要通过这两个枢纽机场进行中转。例如，从 A 到 E 就必须要先后在 C 和 F 两次转机才能到达，这样中转枢纽机场之间的主要航线就像“轴”，其他机场与枢纽积机场之间的次要航线就像“辐”，共同组成如图 10-4 的轴辐结构，采用该方式的运输成本计算和分析可见表 10-4。

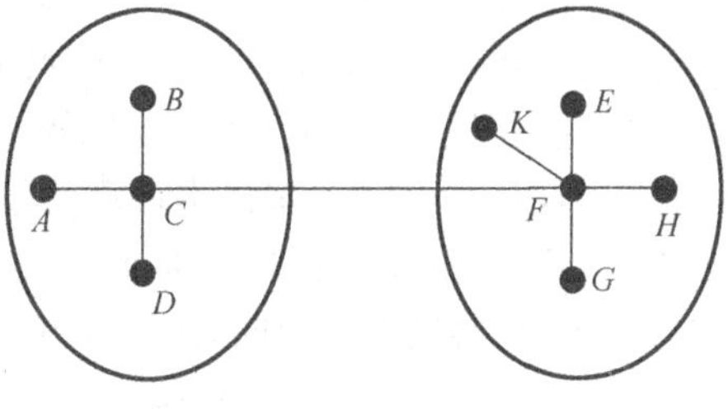

图 10-4　“轴辐中转”运营方式示意图

表 10-4　采取轴辐中转方式的运输成本计算及分析表

航段	旅客人数/位	直达里程/英里	飞机数量及类别	运输成本/美元
A—*C*	502	100	3 大、3 小	8 210
B—*C*	303	100	2 大、1 小	4 915
D—*C*	550	100	4 大	8 750
C—*F*	1 593	700	11 大	123 465
F—*E*	437	100	3 大	6 685
F—*G*	133	100	1 大	2 165
F—*H*	348	100	2 大、3 小	5 940
F—*K*	480	100	3 大、2 小	7 300
合计	1593		36(29 大、7 小)	167 430
客座英里总数			1 443 000	
人英里总数			1 390 400	
平均人英里成本			0.12 美元	
客座率			96.40%	
平均每位旅客旅行距离			872.8 英里	

从以上计算可以看出，采用轴辐中转方式的航线大大减少，只有 8 条，但每一条航线上的航班数增加了。采用轴辐中转方式的运输成本总额为 167 430 美元，平均人英里成本为 0.12 美元，分别比点点直达方式下降了 14.8%和 30%，而且客座率由原来的 75.60%上升到 96.40%。轴辐中转方式的运输成本节约主要来自两个方面：①更多地使用了经济性能较好的大型飞机。②提高了飞机的载客率。目前每天单向的航班总数

为 36，航班总数增加，但其中使用大型飞机 29 架次，使用小型飞机 7 次。由于旅客集中，目前载客率达到 96.4%，比点点直达方式的 75.6%提高了 20.8 个百分点。

虽然采用轴辐中转方式大大降低了运输成本、提高了客座率，但针对此例题仔细分析后发现，K 加入轴辐中转系统结构中，会产生一个逆向飞行的问题，该逆向飞行的距离还比较长，客流量也比较大，针对 K 点采用轴辐中转方式显然失去了网络的经济性，因此可以视情况将点点直达方式与轴辐中转方式同时引入一个市场的航线网络，如图 10-5 所示，经过表 10-5 运输成本计算及分析后，发现运营成本从原来的 167 430 美元降到了 160 735 美元，降低了 4%。同时平均每位旅客旅行距离从 872.8 英里缩减到 800.6 英里，减少了旅客的旅行时间，使网络更具竞争性。

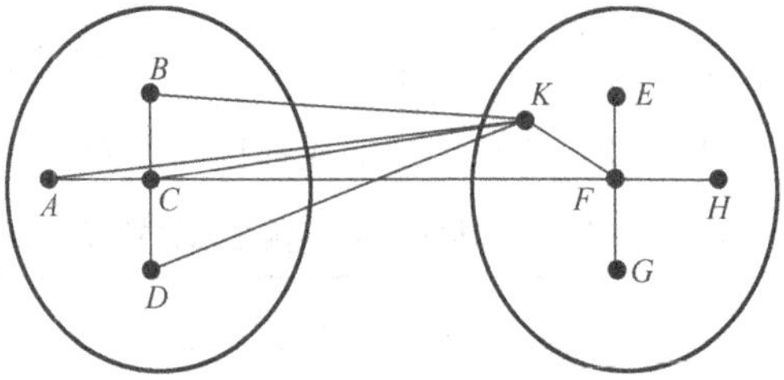

图 10-5 混合运营方式示意图

表 10-5 采取混合方式的运输成本计算及分析表

航段	旅客人数/位	直达里程/英里	飞机数量及类别	运输成本/美元
A—C	362	100	3 大	6 310
B—C	163	100	1 大、1 小	2 715
D—C	450	100	3 大	6 750
C—F	1 113	700	8 大	89 565
F—E	437	100	3 大	6 685
F—G	133	100	1 大	2 165
F—H	348	100	2 大、3 小	5 940
A—K	140	707	1 大	11 305
B—K	140	600	1 大	9 700
C—K	100	608	1 大	9 620
D—K	100	632	1 大	9 980
合计	1 593		29(25 大、4 小)	160 735
客座英里总数			1 425 050	
人英里总数			1 275 380	
平均人英里成本			0.126 美元	
客座率			89.50%	
平均每位旅客旅行距离			800.6 英里	

从以上例子可以看出，绝大多数运输企业只要有可能、有条件，就会尽可能使用轴辐中转方式组织运营。这是因为在运输网络中，允许运输企业把不同运输市场的客户集中到一起，利用经济效能更好的运输工具并同时提高客座率（或货运实载率），以便降低运营成本，提高效率。但是在本例中，航空公司利用轴辐中转方式也存在着副作用，首先旅客需要增加中转次数，这一方面会增加旅客的在途时间和不便，另一方面也会增加每次 5 美元的机场费用；其次，虽然运输系统总的客座千米数减少，载客率上升，但旅客人千米数增加了（从 1 165 937 人英里增加到 1 275 380 人英里），平均每位旅客的旅行距离也延长了将近 70 英里（从 731.9 英里增加到 800.6 英里），延长了 9.4%。说明大多数旅客的旅程被人为分割成几段，并因此要飞更长的距离和可能耗费更多的时间。但从总的效果看，由于运营成本的节约幅度较大，采用轴辐中转方式比采用点点直达方式还是具有更高的效率。此外，小型飞机在运量小的短航线上还是存在一定的经济性。

需要指出的是，在航空业采用轴辐中转方式并不是任何情况下都比采用点点直达方式更有效率。在本书的例子中，轴辐中转方式一是使用了经济性能较好的大型飞机，二是提高了飞机的客座率，也就是说它更有效地利用了网络中的资源；但它同时也造成中转次数和飞行距离增加的负面影响。如果各个城市的旅客运输需求都增加到点点直达方式也同样能够十分有效地利用大型飞机，那么轴辐中转的优势就会消失，而直达方式可能会更可取。实际上，网络的密度经济是普遍存在的，点点直达和轴辐中转两种运输组织方式都可以利用，而利用的程度取决于各自发挥网络资源效率的水平。图 10-6 是点点直达和轴辐中转两种民航组织方式的成本曲线示意图，从图中可以看出，每一种运营组织方式都有自己合理的适用范围，轴辐中转方式比较适合运输量较小的阶段，而点点直达方式在运量较大时更有效率。

尽管上面的例子说的是民航业，但网络经济或密度经济的原理适用于各种运输方式。例如，大型铁路网可以把各个支线的运量集合到干线上，组成长大客货列车，节约铁路运输的人力和其他资源；公路零担货运公司也可以利用自己的网络把小批货物集中成整车运输，产生密度经济；而公路整车货运往往需要利用大型车辆的能力。在航空运输业，航班固定费用的分摊（如飞行成本、机组成员成本、燃料成本、服务成本）和客机规模的大小都可以产生密度经济。例如，食品等在飞行固定费用中所占的比例很小但却是必须有的项目，随着运输量的增加，它的每千米顾客收入的成本随着固定飞行成本在越来越多的载客量之间的分摊而减少。例如，载客量增加得越多，用较大型飞机（如波音 767-300 个座位）代替较小型客机（如波音 737-150 个座位）就更值得。这样，在同样飞行距离和同样的座位利

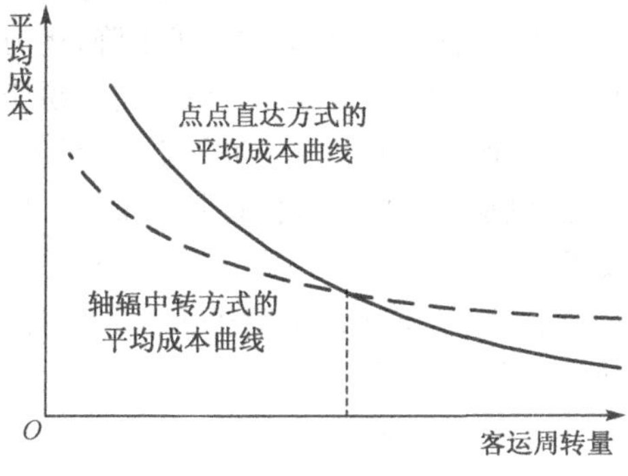

图 10-6 两种民航组织方式的成本曲线

用率的情况下，300个座位的飞机的平均成本要比150个座位的飞机的平均成本的两倍要低。这是因为，双倍的顾客和座位，并不需要双倍的机组人员和双倍的燃料成本；而且300个座位的客机的购置成本比150个座位的客机的购置成本的两倍要低。总而言之，无论哪一种运输方式，如何尽可能充分利用网络经济都有很多值得研究的课题。

利用一般的成本理论或曲线来进行运输成本的分析具有一定难度，其主要原因之一是，运输企业往往是在一个运输网络内运营，它们经常要把不同质的运输产品或服务合并到共同的固定设施或载运工具中，也就是说，同时提供多种运输产品或服务的运输企业很难找到一种合适的方法准确地计算每一产品或服务的成本。运输经济分析不得不常常使用吨千米或人千米这些内涵差别很大的统计指标。运输成本分析中还必须注意吨千米或人千米这些统计数字是如何产生的。如果统计量的增加是运输需求增加引起的，当然情况比较简单，但在上面所举的例子中，由于航空公司运输组织方式的改变使得旅客人英里总数增加了9.4%，而真正的运输产品——旅客所要求的空间位移却并根本没有变化。因此用吨千米或人千米这些统计数字去代替运输产品或服务的数量，有时候是不可靠的。

10.3 航空公司战略联盟的网络经济性

航空运输业放松管制前，航空公司在政府严格管制下独家经营，放松管制后航空运输业发生了极其明显的变化：一方面为航空公司采取更为灵活的合作方式打开方便之门；另一方面更为明显的是导致航空公司竞争加剧。为了在竞争激烈的环境中生存下来及适应国际上全球化的趋势，航空公司纷纷走上联盟之路。代码共享作为联盟最普遍、最重要的方式在放松管制后得到了很大的发展，并几乎席卷世界上所有的国家和航空公司。进入20世纪90年代，欧盟开始加快航空自由化进程，同时由于全球经济衰退和海湾战争的爆发导致航空需求下降，运力过剩，为了节省成本，取得规模经济效益，树立和增强竞争优势，世界各大航空公司纷纷寻觅战略伙伴，以便将航线网络扩大到全球范围，并确保自己能跻身于世界空运市场。航空公司联盟化，既是企业合作关系发展的新形式，也是各国推行放松管制政策，促进企业竞争的直接结果和航空运输全球化的必然要求。

航空运输业属于网络型基础产业，因此，对航空公司联盟的分析必须结合航空运输业的网络经济特性进行研究。实现网络经济性是航空公司战略联盟的主要经济动因之一。航空公司联盟后，通常航线网络能得到有效扩展，从而使幅员扩大。在幅员扩大的同时，线路上的运量密度也在增加。因此，航空公司联盟可以同时充分利用密度经济和幅员经济，即同时利用规模经济和范围经济，使航空运输生产成本得以节约。例如，美国西北航空公司和荷兰皇家航空公司达成代码共享，联盟后使88个美国城市和30个欧洲、中东城市相联系，他们的市场份额从1990年代码共享之前的7%提高到1994年的11.5%。

10.3.1 航空公司的战略联盟

航空公司战略联盟，是指两个或两个以上的航空公司为共同提高相对于竞争对手的竞争优势，共享包括品牌资产和市场扩展能力在内的稀缺资源，从而提高服务质量，并最终达到提高利润的目的而组成的长期合作伙伴关系。从实践的角度，航空公司战略联盟是指联盟各方的最高管理层通过达成战略性协议，将各自的主要航线网络连接起来，并在一些关键的业务领域开展合作。航空公司联盟可划分为三种类型：简单的航线联盟、广泛商业联盟和股权联盟。表 10-6 是航空公司联盟的主要形式及含义。

表 10-6 航空公司联盟的主要形式及含义

联盟形式		含义
联合营销	代码共享	一航空公司的指定航班号码用于另一个航空公司的航班上
	互租舱位	一航空公司在自己的航班上为另一航空公司提供舱位
	FPP(常旅客计划)	双方或多方航空公司联合进行常旅客里程累积合作
	特许权经营	一家航空公司允许另一家航空公司使用其名字、飞机专用标志、制服和品牌形象等
	共同营销	双方或多方航空公司联合进行市场营销活动
联合运营	CRS(计算机订座)系统	各方航空公司同时采用通行的航空信息系统(CRS)
	网络租赁	一拥有枢纽机场的航空公司对外承担空管服务的一种方式
	联合服务	双方航空公司共同提供飞行服务
	维修共享	双方航空公司协商在指定的地点，双方的维修服务共享
	协商管理	双方航空公司协商共同分担部分飞行服务管理
联合购买	共同采购	双方或两方以上航空公司共同采购，包括保险和零件采购
投资参股	股权互换	双方或多方航空公司通过换股或相互持股方式进行合作

一般意义上的航空联盟的航线网络可以用图 10-7 表示，由于国际航空业规制，各家航空公司不能在对方国家内部的航线开设航班，而航空联盟的出现使得航空公司可以充分地利用对方的网络，形成互补性，双方都可通过自己的枢纽港为对方提供客源。航空联盟使得双方的网络组成一个跨界的航线网络，其规模是原来两家航空公司网络规模的总和，因此超出了原来任何一家航空公司的网络规模，使得航线网络的网络经济性更强，更能发挥出规模经济、范围经济和网络效应。

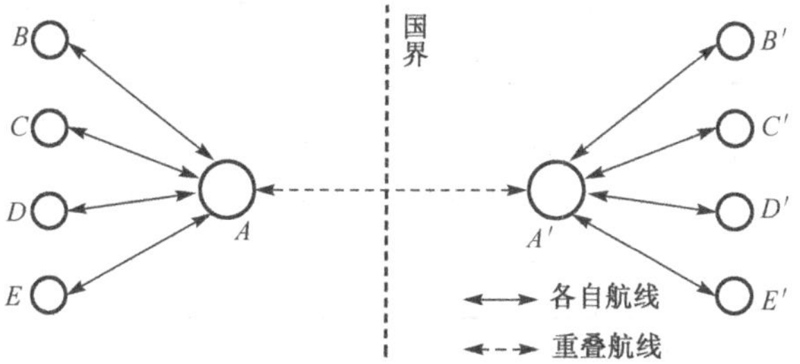

图 10-7 航空联盟的航线网络

2000年全球范围航空公司联盟总数达到500个。有关联盟和涉及航空公司数量的发展如表10-7所示。

表10-7 航空公司联盟的发展

年份	1998	1999	2000	2001	2002	2003	2004
联盟数量	502	513	500	548	550	500	500
涉及公司数量	196	204	160	160	150	120	120

资料来源：Airline Business(1998～2005)。

当前，全球最大的三个联盟(Global Airline Alliances)是星空联盟(Star)、寰宇一家联盟(Oneworld)和天合联盟(Skyteam)，各联盟主要成员构成及所占市场份额分别见表10-8和表10-9。

表10-8 三大航空联盟的成员

联盟名称	成员公司
天合联盟	俄罗斯国际航空公司、阿根廷航空公司、墨西哥航空公司、法国航空公司、西班牙欧洲航空公司、意大利航空公司、中国台湾中华航空公司、达美航空、中国东方航空公司、中国南方航空公司、捷克航空公司、大韩航空公司、肯尼亚航空公司、黎巴嫩中东航空公司(MEA)、沙特阿拉伯航空公司、罗马尼亚航空公司、越南国家航空公司、厦门航空公司、荷兰皇家航空公司
寰宇一家联盟	美国航空公司、英国航空公司、国泰航空公司、芬兰航空公司、西班牙国家航空公司、日本航空公司、智利国家航空公司、匈牙利航空公司、澳洲航空公司、约旦皇家航空公司、西伯利亚航空公司、墨西哥航空公司
星空联盟	加拿大航空公司、德国汉莎航空公司、北欧航空公司、泰国国际航空公司、美国联合航空公司、新西兰航空公司、全日空航空公司、奥地利航空公司、劳达航空公司、Tyrolean航空公司、新加坡航空公司、英伦航空公司、韩亚航空公司、西班牙斯班航空公司、波兰航空公司、全美航空亚德里亚航空公司、蓝一航空公司、克罗地亚航空公司、葡萄牙航空公司、瑞士航空公司、南非航空公司、中国国际航空公司、土耳其航空公司、埃及航空公司、美国大陆航空公司、布鲁塞尔航空公司、巴西天马航空公司、爱琴航空公司、深圳航空公司

资料来源：各联盟官网。

表10-9 三大航空公司联盟的世界市场份额

联盟名称	客运周转量		客运量		销售额	
	数值/百万客千米	市场份额/%	数值/百万人次	市场份额/%	数值/百万美元	市场份额/%
星空联盟	823 866	20.9	387	18.7	114 379	25.4
天合联盟	748 961	19.0	357	17.3	86 152	19.1
寰宇一家	582 216	14.7	234	11.3	63 895	14.2
合计	2 155 043	54.6	978	47.3	264 426	58.7

资料来源：Airline Business，2007(9)。

目前，航空公司趋向于和那些有互补航线网的伙伴联盟。运行干线航线的骨干航空公司寻求与飞短程航线的小的区域性航空公司联盟；没有他国国内空运权的国际航空公司寻求与在他国拥有大的国内航线网的航空公司建立联系；而那些在部分市场已有较大势力的航空公司千方百计要进入他们还没有服务的市场。

中国航空公司联盟起步较晚，1997 年川航、深航、海航、山东航、中原航、武航等 6 家航空公司组建了“新星联盟”，并于 1998 年 1 月 1 日开始实施旅客服务与合作项目。1998 年 8 月 18 日，中国东方航空公司与美利坚航空公司签署的代码共享协议正式实施。随后，中国国际航空公司和美西北航空公司、德国汉莎航空公司，南方航空公司与达美航空公司，东方航空公司与日本航空公司等也相继签订了代码共享协议。

从全世界范围来看，航空公司联盟是近十多年来国际航空运输业的一个重要现象。与此相适应，航空公司的竞争经历了单个航空公司之间的竞争到航空公司联盟之间的竞争，现在进入少数全球航空公司联盟瓜分全球空运市场的竞争新阶段。随着越来越多的航空公司争先恐后地申请加入全球航空公司联盟，留给未入盟的航空公司的生存空间越来越有限，因此，我国航空公司加入全球战略联盟变得十分紧迫。

10.3.2　航空公司战略联盟的网络经济性分析

航线具有互补性的航空公司之间结成联盟后，对于伙伴航空公司而言，往往可以在幅员扩大的同时航线上也增加运量密度，提高了经济效率，即运输企业同时充分利用了密度经济和幅员经济，也就是同时利用了规模经济和范围经济。总体来说，航空公司联盟能够影响航空公司的市场需求及其成本结构。

航空运输由于起讫点的不同，可以提供多种航空运输产品。这个特殊的多产品行业使得其规模经济与范围经济很难分开，并使它们通过交叉方式共同构成了航空运输业的网络经济，航空运输业的网络经济又进一步通过其密度经济和幅员经济具体体现。

航空公司联盟可以实现网络经济。航空公司联盟后，航线网络得到有效扩展，从而使幅员扩大。在幅员扩大的同时，线路上运量密度也在增加，因此航空公司联盟可以同时充分利用密度经济和幅员经济，即同时利用规模经济和范围经济，使航空运输成本得以节约。以下几个航空公司联盟案例可以充分说明联盟的网络经济性的实现。

例如，美国西北航空公司和荷兰皇家航空公司达成代码共享，联盟后使 88 个美国城市和 30 个欧洲、中东城市联系，他们的市场份额从 1990 年代码共享之前的 7 %提高到 1994 年的 11.5 %。再看较小一点的航空公司英国密德兰航空公司，在过去几年中该公司与包括联合航空公司、美利坚航空公司在内的航空公司达成了 8 个代码共享协议。1994 年这 8 个伙伴航空公司共为密德兰航空公司增加了 10 万名旅客，大多数是从英国航空公司那里夺来的。自 1992 年 4 月开始与联合航空公司代码共享，密德兰航空公司每月净增旅客 2072 名，与此相对比的是，在此之前两家曾有过联运，但每月只增加 151 名旅客。交通量上升，客座率也就提高了，在不新增运力的情况下，单位运营成本得以下降。

法国航空公司于 1996 年 10 月与美国达美航空公司签订代码共享协议后，仅此一项就使法航在一年内增加7亿法郎(约合1亿美元)的收入,并减少了3亿法郎支出。2000年,美国达美航空、法国航空、大韩航空、墨西哥航空共同组建了天合联盟,大韩航空在加入联盟后,每年的收入要增加一亿多美元;而达美航空2002年头半年的国际业务收入亦较去年同期大增23%,这是联盟内不断加强合作的成效。2004年荷兰航空在加入天合联盟后,航线网络由通达全球130个目的地扩充至736个,有关研究指出,与荷航的共享给美国西北航带来的北大西洋市场收益占其市场全部收益的1/3。

南航加入天合联盟之后,天合联盟拥有333 483名雇员、2 531架飞机,每日运营航班超过16 409架次,随着新成员的不断加入,如今的南航可以通达169个国家和地区,拥有天合联盟全球961个目的地、14 500个航班的航线网络充分显示了联盟在占有市场和扩大航线网络方面的巨大优势。截至2010年年底南航的成本控制良好且净利润复合增长率高达68%。

航空公司联盟通过利用规模经济、密度经济和范围经济使伙伴航空公司单位运输成本得以降低。共同使用机场设施和地勤人员,合作进行广告宣传和促销活动,共同采购航油和航材,共同开发计算机信息系统和软件,共同办理行李转机和旅客登机,这些措施使联盟航空公司实现规模经济。

另外,共同航线网络的扩展和相互馈送客源使联盟航空公司得以提高运输密度,它们因此可提高航班频率或选用大飞机飞行,从而减少单位产品的运输成本。同时,联盟的航空公司将它们的航线网络连接在一起,提供高效的中转服务和新起讫点之间的运输产品,从而实现范围经济。由于提高了航班的衔接性,从而使旅客行李丢失和耽误航班的风险降到最低,这样就提高了连接服务的数量和质量。如果联盟的内容包括常旅客计划的联合,则消费者将利用常旅客计划所带来的便利到更多的地方去旅行。航空公司联盟的这些优势将产生更多的客源,从而通过网络密度经济降低单位运输产品的成本。

航空联盟能够在很多方面表现出间接的网络效应,如航空联盟使交通条件的便利性得到提高会吸引更多的外商来该地区投资,为本地带来更多的商业机会进而为航空联盟在本地的发展提供更多的旅客和货物需求。需求的增多能够提高联盟网络的价值,提高所有网络使用者的效用。

10.3.3 航空公司战略联盟的绩效分析

航空公司通过战略联盟能产生网络经济性,从而节约了生产成本,美国运输部曾委托咨询公司GRA(Gellman Research Associates)对国际代码共享联盟进行一项调查研究。在此项研究过程中,GRA开发出一个经济模型用以评估代码共享联盟对伙伴航空公司、竞争者和消费者的影响。GRA的分析报告表明,参与联盟的航空公司的生产成本得以下降。美国西北航空公司和大陆航空公司、荷兰皇家航空公司、意大利航空公司、马来西亚航空公司5家航空公司于1994年组成了“飞翼联盟”(WINGS)。美国西北航空公司1994年第一季度生产成本下降850万美元,荷兰皇家航空公司1994年第一季度生产成本下降800万美元。

在中国情况也是如此，加入世界三大航空联盟（星空联盟、天合联盟和寰宇一家联盟），航空公司可以最迅速地以低成本拓展航线网络和服务网络，在不需要投入任何资源的情况下，就能增加运力航班密度，航空公司加入联盟既可以从竞争对手那里争夺到一定的市场份额，也能以较好的服务和较低的价格刺激顾客新的需求，以此增加航空公司的运输量，实现航空运输的网络密度经济。例如，2007 年底，中国南方航空正式加入"天合联盟"，成为首家国内加入世界性航空联盟组织的航空公司。加入联盟一年半，南航通过与联盟成员公司的多种合作，联盟共享网络覆盖全球 190 多个目的地，截至 2011 年 12 月，南航创造了总计接近 900 万小时的安全飞行记录，安全运输 6 亿旅客。自南航加入天合联盟以来，其国际航线的载运能力和载运量的增长率每年都保持在高位，如表 10-10 所示。

表 10-10　南方航空国际航线经营数据

国际航线					
年份	2009	2010	2011	2012	平均增长率/%
起飞架次/千次	34.41	43.26	58.26	50.47	25.3
最大客公里/百万客千米	16 146.20	20 762.51	27 849.37	34 282.29	28.6
最大周转量/百万吨千米	2 802.47	4 980.66	6 333.84	7 598.25	25.3
旅客周转量/百万客千米	10 968.07	15 525.54	20 588.31	25 719.26	33.0
运输总周转量/百万吨千米	1 599.44	3 217.48	4 068.09	4 993.39	50.1

数据来源：南方航空股份有限公司企业年报（2010、2011、2012）。

在现实世界中，呈现出多种类型的联盟，联盟的收益随着合作程度的加强而迅速增长。Gemini 咨询公司在研究中估计了三种联盟方式对于成本的节约状况，如表 10-11 所示。

表 10-11　从航空联盟中节约成本

依据商务过程的成本	从联盟活动中节约成本			
商务过程	成本比例/%	协作/%	共同战略与运营/%	股权联盟/%
飞行服务	32.5	0.0	0.8	3.3
地面处理	22.5	0.9	0.9	1.1
销售与分销	14.0	0.3	2.1	2.8
采购	13.0	0.1	0.7	2.6
维修	8.5	0.1	0.4	0.4
营销	2.5	0.1	0.1	0.2
产品开发	2.0	0.1	0.1	0.2
管理费用	5.0	0.4	0.5	0.9
总计	100.0	2.0	5.6	11.5

以上分析是以一家典型的中等规模的航空公司为研究对象而进行的，此项研究表明，在一个松散的营销联盟中，航空公司最多能节约2%的成本，并主要得益于共同销售与服务；航空公司各自保持独立，但开展较深度的合作，则伙伴航空公司大约能节约5%的成本；当航空公司通过股权结合成紧密联盟时，在飞行运营和共同采购等方面可节约许多成本，这种类型的联盟总共能节约超过10%的成本。研究结果再次证实了前述的结论，即航空公司战略联盟能产生网络经济性，从而带来生产成本的节约。

第 11 章　机队规划经济性分析

从经济学角度考察，飞机不只是航空公司灵活的营运工具，而且是航空公司的大型和长期的投资、有形而又灵活的资产。航空公司必须对其机队发展的规模和结构建立一套或几套可供选择的决策方案，并从方案潜在的经济效益角度评价。机队规划及其经济性分析是航空公司经营管理中最核心的一个环节。本章就机队成本分析、飞机选型经济性分析、飞机置换经济性分析、机队规划中规模经济的应用等内容进行探讨。

11.1　机队规划概述

11.1.1　机队规划的基本概念

1. 机队

机队是指航空公司所拥有的飞机总称，包括飞机的数量和不同型号飞机构成的比例关系，前者叫做机队规模，后者叫做机队结构。

1) 机队规模

机队规模体现了航空公司的运输能力（简称运力），也用总座位数（客运运力）和总吨位数（货运运力）表示，它应当能与公司承担的市场总需求匹配。

机队规模的大小直接影响航空公司的运行效益。机队规模过大，飞机载运率和利用率低，会造成航空公司运力浪费，而增加了运营成本；机队规模过小，运力无法实现航空公司的市场目标，意味着航空公司潜在收入的损失，将使航空公司在激烈的市场竞争中处于不利地位。

航空公司机队规模大小必须与市场目标相适应，可用三组指标来描述：

(1) 反映航空运输市场规模大小的市场需求指标，由客运量、货邮运量、航线距离和客流等要素构成。

(2) 反映航空公司运力大小的运输能力指标，如飞机架数、机型系列和飞机的业载与平均座级。

(3) 反映航空公司运营飞机绩效的“三率”指标，即平均日利用率、客座率和载运率。在飞机架数不变的情况下提高飞机日利用率可以完成更大的运输周转量，在满足同样运输需求的情况下，提高飞机日利用率可以减少飞机数量或改变机型，进一步可降低运行成本。

“三率”指标是反映运力供给与需求匹配的综合指标，当出现运力供不应求时，“三率”指标相对偏高，当运力供过于求时，“三率”指标走势偏低。

2)机队结构

机队结构即机队的机型构成，包括客货机比例、不同座级飞机的比例、不同航程飞机的比例等。机队规划应当谋求机队结构与航线结构匹配。

机队一般是由多种机型飞机所组成的，机队结构设计的关键是确定组成机队的机型和各种机型的配置比例。

机队结构直接影响航空公司的成本，它与航线机构和O-D流需求等因素有关。

机队结构直接影响航空公司的运行成本，任何一种机型有其最经济的飞行剖面(飞机从起飞到降落全过程航迹的垂直投影面)，只有当飞机与其所运营的航线相匹配时，才能实现预期的成本和收益水平。如果机队结构和航线结构与市场需求不相符，则无法实现合理的载运率或客座率，将增加航空公司的运行成本。

如果机队结构不够合理，机型种类繁多，将导致资金投入、航材储备、人员培训等方面的费用增加。机型种类减少可以节省相应设施设备的投入，特别是航材的储备，因而可以节省成本。根据学习曲线，简单的机队结构也有利于机组和机务人员提高技术熟练程度，减少故障率和差错率，提高飞机的完好率和可用率，运行能力得到有效保障。所以低成本航空公司一般选择单一机型。但服务于多个目标市场的航空公司不可能选择一种机型去满足不同市场的需求，需要合理配置机队结构，才能既满足市场需求，又降低运行成本。

2. 机队规划

机队规划是市场计划的重要内容之一，属于航空公司的战略层次。机队规划是一项与市场规划紧密联系的需要长期开展的工作，原因如下。

(1)市场的变化。机队的优化只能在特定的时点上针对某一些特定市场进行；当现有市场在规模和结构上发生了变化，或者市场出现新增或减少的情况时，机队就将是次优的。所以，机队规划是一个需要重新评估的连续过程。

(2)公司优先原则的变化。从更广泛的意义上讲，公司所服务的细分市场和服务方式决定了对机队和航线网络的管理。例如，如果一个航空公司决定通过提高航班频率和改善机上服务来改变它的市场地位，这肯定会对它的机队优化产生影响。相似地，当英国航空在20世纪90年代末期决定不再重视运输量中低收益的部分，而将精力集中在运输量的高收益的部分时(特别是点对点市场)，这个政策很快就对其计划的机队组合产生了影响，因为未来机队需求的改变，所以将B747-400s型置换成B777s型，将B757s型置换成A320型系列。

(3)战略决策。明显的机队引进或重构，除对未来成本、收入和现金流的直接影响外，也会对战略造成一定影响。

显然，基于以上考虑，航空公司需要使其机队尽可能地具有灵活性。要做到这点一开始就要做到缩短购买和定制新飞机的交货期(lead-times)，甚至在订货周期的高峰期也要如此。特别地，在签订长期购买合同时，许多承运人希望能够在决定各种参数甚至机型方面有更大的灵活度，在某些情况下，这种思路用以设计座位的需求，但要使确认各种座椅组件规格的时间尽可能晚。实际上,机身制造商和他们的供应商已经非常努力地通过缩短订单交付时间来提高产品交付的灵活度——平均机身交付时间已经从 20 世纪 80 年代中期的近五年缩短到 90 年代末期的一年多一点(Clark(2001),引自 Airclaims 数据)。

另一个提高灵活度的方法就是使用购买期权(包括滚动期权(rolling options))——这取决于市场环境——制造商经常会把期权定在远低于其实际价值的价格上。经营性租赁的增长也使引进的灵活度增加,尽管经营性租赁的租期很少有低于 3～5 年的,并且经常超出这个范围,但承租人经常有权利经过一段出租期后,只要支付一定的提前终止合同罚款,就可以退租。

机队规划要求在满足客货运输需求的条件下能获得最佳经济效益。做机队规划时,应当结合航线网络和市场目标,依据有关原则和科学的方法,确定规划期内的机队规模和结构,并做出引进和退役飞机的年度安排,使运力和运量基本保持均衡,不因飞机的闲置而造成运力浪费,也不因运力紧张而造成市场和收益的损失,达到以最低的运营成本实现市场目标的目的。

通常机队规划可以分为宏观机队规划和微观机队规划。宏观的机队规划从机队规模预测的角度进行分析研究,采用自上而下的方法,使用收益客英里数据,而不是出发地、目的地和旅客数据,主要解决长期规划问题。微观的机队规划是在微观航班、航线机型选择的基础上,采用自下而上的方法,对航空公司进行机队中短期规划。图 11-1 揭示了对机队规划的微观分析和宏观预测之间的关系。

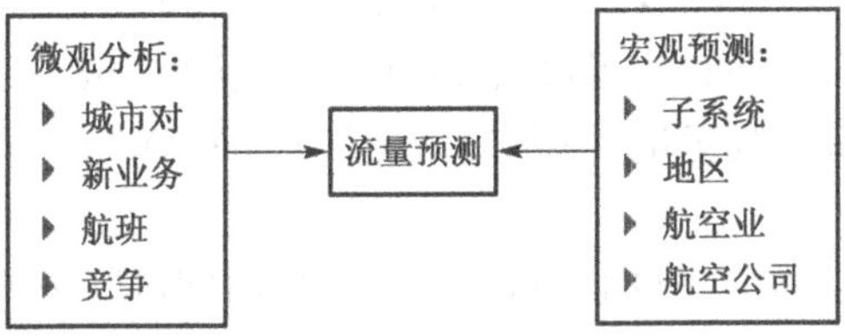

图 11-1　业务量预测

宏观和微观层面的机队规划方法,所需分析要素也不同,表 11-1 列出了两种分析层面的分析要素。宏观机队规划方法多用于制订新计划、更新业务预测、飞机选型、计算新成本数据和重新制定飞机退役计划等方面,该方法优点在于可以进行快速评估;而微观机队规划方法多用于对不同机型飞相同航线进行经济比较,提供收益和成本数据,报告细分市场的运输载量,评估机场活动,检查计划表和评估可行性等方面。

一般来说,机队规划可以分为四个步骤:①选择飞机型号和数量,进行飞机购置计划,组建机队。②对航线运力进行调配,设计机型指派方案。③对每架飞机进行工作路线设计,设计飞机指派方案和维修方案等。④设计飞机换置计划,对机队进行调整。这是个往复的过程,若后续方案在实际运行中不经济或者根本无法执行,则前面的方案就需要进行重新调整。

表 11-1 两种机队规划技术的分析要素

	宏观机队规划	微观机队规划
分析要素	航段距离 离港次数 可提供座英里数 飞机数量和机型 成本因素	运价 现实载运率限制 地面时间 班次和飞机运力 相关衔接航班 较好的离港和到港时间

为保证飞机的供给等于飞机的需求，也就是某类飞机机队的每天实际载运量等于航空公司该类飞机每天的市场需求，给出机队规划的基本方程：

令T_i为第i类飞机的利用率；

v_i为第i类飞机的平均航速；

C_i为第i类飞机的小时成本；

z_i为第i类飞机的最大业载；

ZYL_i为第i类飞机的期望载运率；

l_i为第i类飞机低限载运率；

L_i为第i类飞机高限载运率；

D_i为第i类飞机需满足的市场需求；

x_i为第i类飞机的架数。

基本方程可以表示为

$$v_i \cdot T_i \cdot z_i \cdot \mathrm{ZYL}_i \cdot x_i = D_i$$

式中，$v_i \cdot T_i$为一架第i类飞机每天可以提供的运输距离，km；$v_i \cdot T_i \cdot z_i$为一架第i类飞机每天可以提供的最大载运量，t·km；$v_i \cdot T_i \cdot z_i \cdot \mathrm{ZYL}_i \cdot x_i$第$i$类飞机机队的每天期望载运量，t·km。

在基本方程中，计算需求D_i的时间区间与T_i的时间区间必须相同，或同为一日，或同为一周，或同为一年。

同时在基本方程中，期望载运率的取值还应该满足以下条件：

盈亏平衡载运率≤期望载运率≤载运率的高限

期望载运率应该大于盈亏平衡载运率，只有如此，公司才能盈利，才能得以健康发展。满足这个条件可以有两种政策取向：①要求每种座级的机队在平均水平上盈利；②各种座级的机队在整体上达到盈亏平衡，而个别座级的机队可以亏损。

期望载运率应该小于载运率的高限，若超过这一高限，则市场需求得不到很好的满足，服务水平下降，这将违背机队规划的基本原则。可以根据公司发展战略决定公司应当满足的市场需求，然后再根据市场需求决定高限载运率。

根据以上因素和条件，可以有多种机队组合来满足市场需求和期望载运率；通过对各机队组合进行经济性分析，寻找总运输成本最小的机队组合，从而确定最优的机队规模和结构。

11.1.2　机队规划现状及其发展趋势

根据波音公司、空中客车公司、中国商用飞机有限责任公司对未来世界机队的发展预测，至 2035 年全球机队的飞机数量将至少翻一番。

波音公司预测，未来 20 年(2016～2035 年)全球需要新增 39620 架飞机，总价值约 5.9 万亿美元；中国需要新增 6330 架飞机，总价值约 0.95 万亿美元。到 2034 年中国机队规模将增至近三倍。此间新交付的飞机中，70%以上是为了满足市场增长的需求。如图 11-2、图 11-3 所示。

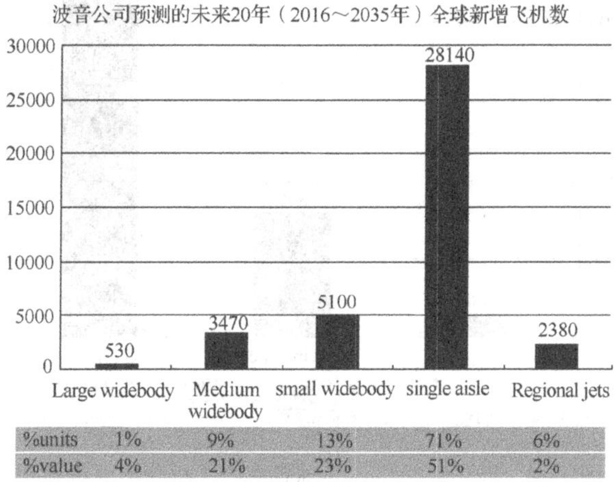

图 11-2　2016～2035 年全球各座级飞机新增数量预测

数据来源：波音公司网站

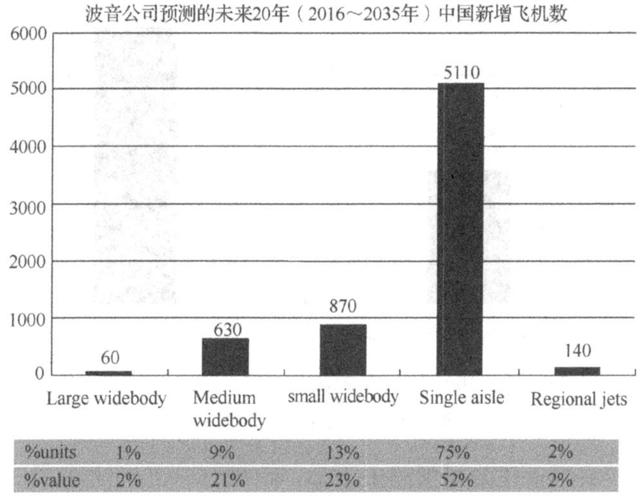

图 11-3　2016～2035 年中国各座级飞机新增数量预测

数据来源：波音公司网站

空中客车公司预测，未来 20 年(2016～2035 年)全球需要新增 33000 架 100 座级以上飞机，总价值约 5.2 万亿美元；中国需要新增飞机(含 100 座以上客机和业载 10 吨以上货机)5400 架，总价值约为 0.88 万亿美元。空中客车预测市场目前倾向于需要更大的飞机，因此预计未来 20 年新增宽体客货飞机数占到了全部新交付飞机总数的 29%和总价值的 54%。如图 11-4、图 11-5 所示。

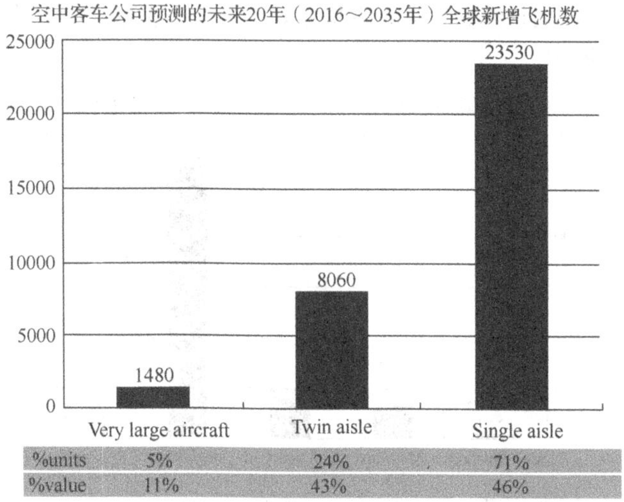

图 11-4　2016～2035 年全球各座级飞机新增数量预测

数据来源：空中客车公司网站

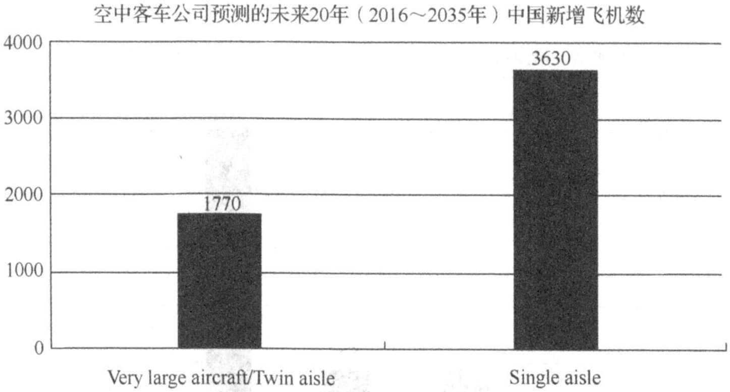

图 11-5　2016～2035 年中国各座级飞机新增数量预测

数据来源：空中客车公司网站

中国商用飞机有限责任公司预测未来 20 年(2016～2035 年)，全球客机机队规模将达到 44324 架，预计是现有机队(20721 架)的 2.1 倍；中国机队规模将达到 8139 架，占全球机队比例为 18%。其中，单通道喷气客机 5232 架，双通道喷气客机 1904 架，喷气支线客机 971 架。

从长期来看，我国未来民航旅客和民机市场仍将保持增长趋势，主要体现在以下几点：

(1)中国民航从 1995～2015 年，国际运量复合增速 14.3%，国内复合增速 13.1%。

(2)中国民航旅客运量的增幅是 GDP 增速的 1.12 倍。

(3)按照到 2020 年中国 GDP 年均增速预测值高于 6.5%，中国民航的旅客增速潜力仍有望保持在每年 10.8%。

(4)中国民用运输飞机从 2000 年的 527 架增长到了 2015 年的 2650 架。

(5)各制造商均看好全球和中国未来民机市场的发展。

11.2　机队成本分析

11.2.1　机队成本概述

1. 飞机成本分类

第 6 章已经对航空公司运营所需要的成本进行了详细的分析，其中关于飞机的成本主要包括飞机购置成本、飞机运营成本和飞机维修成本。

1)飞机购置成本

飞机购置成本又可以看成机队规划的初始成本，主要指飞机的购置费用或租赁费用，包括飞机全寿命周期支付的各种部件的费用，如机体的基本费用、发动机费用、购机时提出的特定客舱布置和装修的价格、备件、地面配套设施的费用等。

初始成本不仅影响飞机的可获得性，而且在一定程度上影响飞机的使用成本。初始成本要求在机队规划的原则是：获得同等运力的前提下，价格和融资费用最低。

飞机购置成本还取决于购买方式，由于飞机的购置成本较高，最常用的购买方式有融资租赁和经营租赁两种。航空公司可以根据自身财务状况选择适合的购买方式，不同的购买方式和分摊方式会产生不同的待摊费用和财务费用。一般航空公司的购置成本在这些成本中的比重需参考相关数据，11.3 节会进行分析。

2)飞机运营成本

飞机运营成本主要包括飞机燃油消耗、机组工资、机上服务费用等。对运营成本影响较大的项目是航油消耗，所以飞机的较常用的经济性指标之一就是飞机的燃油消耗特性，可以用每吨耗油量或每千米燃油量或每吨千米燃油量表示。一般来说，大机型的机组工资和机上服务费用都要高一些，但相对燃油成本有时可以忽略不计，所以飞机运营成本主要看其燃油消耗，这项成本的指标主要有燃油消耗特性、每座位飞机空重或每吨飞机空重(货运，用最大业载计算)、盈利能力和盈利潜力(可用平衡载运率表示)。图 11-6列出了部分常用机型飞机的单位小时油耗值。

3)飞机维修成本

第 6 章介绍了飞机的维修成本可分为工时费用和材料费用，即劳动力成本和配件

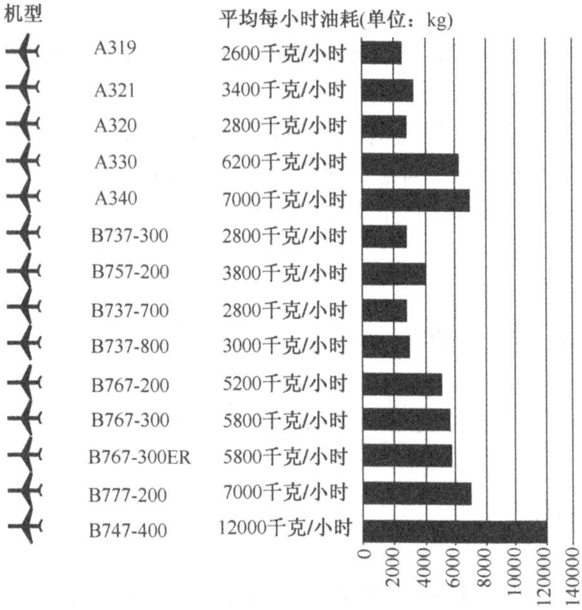

图 11-6　不同机型飞机单位小时油耗值

消耗成本。在机队的构建过程中，飞机维修成本是在机型选择阶段所要考虑的一个主要因素。飞机配件、机务人员的通用性决定了一个机队在维修成本上所具备的规模经济特性。一般来说，低成本航空公司都采用单一机型来降低其运营成本，其中一个主要目的就是降低维修成本。

以上三类关于飞机的成本在第 6 章已经详细或粗略地介绍过了，而在此基础之上，需要考虑机队管理的成本。

2. 机队管理的成本

机队管理成本大致可以分为：机队集中调度成本、备机成本和延误成本。

1)机队集中调度成本

机队集中调度是指机型分配和飞机排班同时进行，寻找一个合理的飞机航班分配方案，在满足航班衔接要求和飞机适航条件限制的前提下，使机队运行总成本，即飞机航班运行成本的总和最小。机队的集中调度实则是机队微观规划的一部分，它能够保证依据机型分配成本最小化原则得到的飞机排班方案正常实施，提高机队调度的质量和效率。

实施机队集中调度需要一个能够统一评估航班机型分配、飞机排班工作的整体质量，即机队调度质量的技术经济指标，为此，有文献提出“飞机-航班节分配成本”的概念，并进行量化。

目前，国内航空公司的航班组织方式基本上采用单枢纽线形航线结构，即公司的所有运输活动都是围绕一个基地机场——枢纽机场展开的，每一架飞机执行第一个航班的起飞机场和最后一个航班的到达机场均为基地机场。在这种生产组织模式下，某些航班之间存在一种天然的衔接关系，将这种有衔接关系的航班串视为一个整体，即“航班节”。每个“航班节”均以枢纽机场为起点和终点，并在枢纽机场有固定的出发和到达时刻，而最重要的是：每个“航班节”内的所有航班总是由同一架飞机执行。“飞机-航班节分配成本”是指安排一架具体的飞机执行某个特定“航班节”而发生的相关费用，可全面评估机型分配、飞机排班和机组排班的质量。根据航空公司生产运营的特点，可以把飞机-航班节成本概括为航班直接运行成本、航班溢出成本和罚成本三个组成部分。

(1)航班直接运行成本。

航班直接运行成本指与航班运行直接相关的费用，在总成本中占有较大的比重，包括燃油/滑油成本、机场服务成本、航路成本、折旧/租赁成本、机组成本、餐食成本、飞机维修成本分摊和保险成本。该项成本可以根据航空运输协会(Air Transportation Association，ATA)提出的航班直接运行成本分析理论进行评估，用公式表示为

$$C_{direct}=C_{crew}+C_{airroute}+C_{service}+C_{f\&o}+C_{R\&D}+C_{insur}+C_{maint}+C_{food} \tag{11-1}$$

式中，C_{direct}为直接运行成本；C_{crew}为机组成本；$C_{airroute}$为航路成本；$C_{service}$为机场服务成本；C_{insur}保险成本；C_{maint}飞机维修成本；C_{food}为餐食成本；$C_{R\&D}$为飞机折旧/租赁成本；$C_{f\&o}$为燃油/滑油成本。

①机组成本主要指用于支付空勤机组人员飞行津贴的费用，空勤机组人员包括飞行机组人员和客舱服务员。

②餐食成本是指在飞机运营过程中，由航空公司免费向旅客提供饮料、点心和就餐的成本，由航空公司自行决定。

③国内航路费是按照飞机的最大起飞全重和实际航线飞行距离为基础来收取，具体收取标准见《中国航行资料汇编》。

④机场服务费用包括：起降费、灯光使用费、航空器停场费、保安费、廊桥使用费等，收费标准见《中国航行资料汇编》，其中起降费用所占比重较大。

⑤燃油/滑油成本是航空运输企业最大的一项运营支出。燃油/滑油消耗主要由地面耗油(包括飞机暖机、滑出和滑进耗油)、空中耗油(包括起飞爬升、巡航、下降和进场着陆耗油)和 APU 油耗构成。

⑥航空公司一般采用购买和融资租赁方式引进飞机，折旧/租赁成本主要指反映购买飞机的折旧费分摊、租赁飞机的财务成本和航材备件的分摊成本。国内航空公司一般习惯于将该项成本列入非直接运行成本，而根据 ATA 的要求，保险费应计入直接运行成本中。

⑦维修成本是指完成对飞机的例行维护保养、排故、定检等工作而发生的费用。该项成本主要取决于飞机重量、推力、飞机飞行时间和起落次数、工时费的标准等因素。

(2)航班溢出成本。

航班溢出成本是执行该航班的飞机可提供的座位数少于预期的旅客订座人数而造成的潜在的收益损失,因此,主要取决于溢出旅客人数、航班票价、旅客溢出的概率。记N_{seat}为可用座位数,N_{expect}为预期旅客人数,P 为航班加权平均票价,则溢出成本 C_{spill} 为

$$C_{spill} = \begin{cases} (N_{expect} - N_{seat})\overline{P}F_{spill}, & N_{expect} \geqslant N_{seat} \\ 0, & \text{否则} \end{cases}$$

式中,F_{spill}为旅客转乘其他航空公司航班的概率,它取决于旅客对航班的选择行为。根据波音公司工作组提出的决策窗模型,旅客选择航班的过程由旅客需求、旅客构成集合、旅客决策集合、旅客决策等四部分构成。其中旅客决策集合是核心部分,受决策窗、订座无效性和旅客意愿的影响。决策窗是指评估旅客对时间敏感的程度。不同旅客对时间的敏感不同,商务旅客对时间有较高的敏感性,而非商务旅客对时间的敏感度不明显,但对票价非常敏感。

上述理论和国内航空公司市场调查人员对国内航班旅客选择行为的研究结果表明,当发生订座溢出时,旅客选择替代航班的行为具有以下特点。

①当原选择航班发生订座溢出时,旅客(尤其是高收益的商务旅客)一般倾向于选择相邻时刻的航班,并且,对不同时刻航班的选择服从高斯分布规律。

②各航空公司在同一时段内的运力投放(即可提供的座位数)是决定某一航线上该时段市场占有率的主要因素。

③由于受国内航线审批管理政策限制,各航线上主要实施点对点的直飞。因此,旅客对航班出发时刻相差 30min 以内的差异不敏感。

(3)罚成本。

罚成本用以反映各类适航限制规定、飞机维修计划安排对机队调度方案的影响。适航指令是民航当局为了保持飞机的持续适航性所颁发的、必须强制执行的指令;运行管理所要求的加改装项目也是民航当局所颁发为了保证飞行安全、服务要求和管理要求必须执行的指令。如果按照航班直接运行成本和溢出成本最小化得到的机队调度方案不满足适航限制条件,但对已经指派的飞机进行改装后就能满足,这种改装费用就属于罚成本。

飞机是一类特殊的空中运输工具,为了保障航空运输的安全,必须进行定期维护,所以,航空公司根据每一架飞机的期望飞行时间对该架飞机制定了严格具体的维修计划。以航班直接运行成本和航班溢出成本最小化为目标得到的机队调度方案可能与飞机维修计划有冲突。如果飞机还没到定检时间其实际飞行时间已经达到期望飞行时间,这时候该飞机不能继续执行飞行任务。如果飞机停在机场等待定检,会降低飞机的利用率,这时就要提前对该飞机进行定检,从而改变了原来的机队维修计划,增加了总的飞机维护成本。当飞机定检时间已到,而实际飞行时间少于期望飞行时间时,也要按时定检。这样飞行期望时间的成本就会分摊到实际飞行时间中,使单位飞行时间的成本增大。理论上这两种影响均可以通过飞机改装、加强飞机维护检查、调整维修计划安

排解决，因此罚成本可以通过在维修分摊成本的基础上乘以一个相关系数的方式量化。罚成本可表示为

$$C_{\text{amerce}}=\lambda C_{\text{maint}} \tag{11-2}$$

式中，C_{amerce}为罚成本；λ 为罚成本的相关系数。λ 的具体取值可以根据经验，并依据具体的适航限制要求对每架飞机调度方案的影响程度确定。飞机所执行的正常航班越多，罚成本越小，反之越大。

如上所述飞机-航班节分配成本可由下式表示，其中航班直接运行成本所占比例最大

$$C_{\text{assign}}=C_{\text{direct}}+C_{\text{spill}}+C_{\text{amerce}} \tag{11-3}$$

式中，C_{assign}为飞机-航班节分配成本。

综上所述，用飞机-航班节分配成本可以作为统一评估机队集中调度的技术经济指标，并分析各部分的具体组成。研究表明：飞机-航班节分配成本把机型分配对航班直接运行成本和溢出成本的影响和飞机排班对航班直接运行成本和罚成本的影响统一量化，能够反映机队调度方案对航空公司的各项生产活动的影响，特别是客货销售、航班运行成本和飞机维护工作的安排。

2)备机成本和延误成本

随着机队复杂性的增加，在考虑机队规划的时候，已经有一些航空公司把目光转移到了因为机队规划所产生的衍生成本上，也就是备用飞机产生的备机成本和因为航班延误而导致的延误成本问题。这两个问题在某种程度上虽然在航空公司的成本结构中所占比重不是很大。但是，一旦发生了，影响的不仅仅是经济效益，还有社会效益。

(1)备用成本和延误成本的产生。

所谓备用飞机是指为应急而停留在基地的飞机。对于备用飞机成本，根据其所在的航空公司的规模而定，一般来说，由于大航空公司的经济实力和规模比较大，而且有的航空公司已经在规模经济的模式下运营，在这样的前提下，大航空公司与小航空公司相比，不仅有较低的维修成本、航材储备成本，而且备用飞机成本相对也较低。一般情况下，航空公司的经营者不会在同一个早晨让所有的飞机都飞出去。尽管所有飞机都去飞行有助于提高飞机的载运率或者日利用率，但每个决策者都明白，这样做的结果将会使得航空公司面临很大的风险——如果飞机突然发生故障、突遇紧急事件或外地突然有恶劣天气，则会打乱预定的航班计划，产生一系列飞机延误，从而使航班调配处于混乱状态，最终导致航空公司丧失销售机会和信誉，失去潜在的消费者，也即产生了延误成本。

据统计，由航班不正常造成的损失占运行成本的 2%～3%。而据保守估算，若按航空公司每年 90 个亿的运行成本计算，因不正常运行给航空公司造成的经济损失就高达 1.8 个亿。如果由于没有备用飞机导致航班延误的产生，航空公司将要负担的很可能是旅客在机场一天的食宿费用和转机费用。

(2)如何解决备用飞机成本和延误成本问题——“可接受区域”的提出。

解决因延误问题导致的巨额成本的唯一方法就是避免发生航空公司自身原因造成的航班延误,而解决问题的关键在于增加备份运力,也就是备足替换运力。当发生机械故障时,旅客可以立刻换乘备用的飞机。对此,各航空公司要有壮士断臂的决心,哪怕因此少飞一趟班机,损失一些经济利益,也要为每天正常运行的航班留出备用飞机。

无论机队规模大小,都要至少有一架备用飞机,由于飞机价值高昂,其巨大的成本最终要由实际飞行小时负担。因此,备机成本相对很高,对于小航空公司而言,这笔开支相对较大。

航空公司对于备用飞机的需求是一种间断式的、随机的变化。但是经过大量的数据统计分析后,会发现每个航空公司对备用飞机的安排是能够找出一定规律的,或者每周或者每月、每个季度乃至每年都有它自己的统计规律。所以航空公司应该对备用飞机这一块引起足够的重视,减少因为频繁的飞机延误而导致的延误成本,同时减少航空公司信誉损失而产生的潜在成本,为航空公司增加经济效益和社会效益。

实际上备机成本和延误成本是同步产生的,而且存在着一种此消彼长的关系,即当备机成本增加的时候,延误成本就会相对降低。反之,当备机成本降低的时候,延误成本就会相应增加。它们的关系可以如图 11-7 所示。

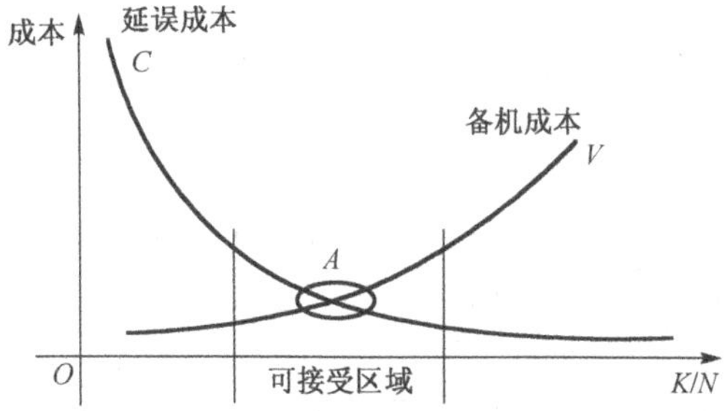

图 11-7 航空公司备机成本与延误成本的关系

假设由于飞机故障或恶劣天气造成的延误成本为 C(包括收入的丧失和商誉的降低等),备用飞机的成本为 V,该公司拥有 N 架飞机,拟准备 K 架备用飞机。显而易见,K/N 与 C 成反比,与 V 成正比。

从图中可见,不可能同时降低延误成本和备机成本。要解决这个问题就需要确定一个合理的范围,使得备机成本和延误成本的结合做到最好。因此,可以引用“可接受区域”这一概念,通过这个概念来定义航空公司究竟在哪一点上可以做到延误成本与备机成本的结合比例最佳。

“可接受区域”是指航空公司可以接受的备机成本和延误成本的组合比例围绕最佳点左右活动的范围。它表示在此范围内延误成本和备机成本有较好的组合,其中最佳

点是图中的交点即 A 点，在这点上延误成本与备机成本相等。由于可接受区域因公司地点、时间、规模、机型等因素的变化而变化，所以可接受区域与航空公司的规模大小有直接的关系。因为大公司的飞机数量 N 较大，他们可以灵活地调整 K(备用飞机数量)，然后达到一个最佳区域，由此产生的航班计划也就能够落在“可接受区域”内，这样可以方便地使营运成本尽可能达到最优。而小公司由于本身所具有的飞机数量 N 较小，基本上是没有可供紧急调用的备用飞机。那么，在对待备用飞机的问题上，小航空公司处于一种被动选择的地位，即只能被动地选择 $1/N$。

各个航空公司在做航班安排时必须考虑备机成本与延误成本问题，否则会影响航空公司的成本和信誉。备机成本和延误成本的核心问题就是如何确定这个“可接受区域”，它的上下限该如何确定才是航空公司愿意接受的。因为要确定备用飞机的数量涵盖了很多不确定的因素，所以要想把这个问题用一个具体的数学模型准确地表示出来就是一件比较困难的事情。目前要解决这个问题，对于每个航空公司来说，比较简单而且易行的传统做法就是利用已有的统计数据和预测未来将要发生的数据来确定。

11.2.2　机队成本控制分析

本节所讨论的机队成本控制分析从三个方面进行。

1. 机队成本控制的内容分析

机队的成本控制内容有两类：①航空公司在做投资决策过程中发生的，分析是否需要增添飞机，如果需要则增添什么型号飞机，每种型号各多少架？方式是购买还是租赁？购进来后是否需要新建或购买办公大楼、机库规模要多大？需要引进多少高价周转件和航材作为储备等问题；②在经营过程中发生的，控制航线选择和航班频率。机队最终的成本控制正是从航线、航班、机型这三个方面入手的。

2. 机队成本控制的全面分析

所谓的全面分析是指从运营成本、购买成本、备机成本和决策等方面进行的分析。

(1)飞机运营成本分析。飞机运营成本分析是指对飞机油料、起降费、导航费、地面操作费、飞机维护费、发动机维护费、客舱人员费、驾驶舱人员费及其他与在飞机运营过程中相关的成本分析。所用方法是根据公司的规模及各项成本在运营成本中所占的比重或权数进行计算，计算所需数据是公司过去的经验结果，有些费用都是固定的，很容易计算。

(2)机队收益分析。收益分析是指对收益、残余价值、价格上浮等进行分析，机队的收益分析是指当机队规划做完后，飞机投入运营所带来的收益情况。

(3)备机成本分析。主要通过直接选择需要的发动机，或是根据进车间率和包括运输时间在内的在车间日数进行备份发动机的分析，对于初始的备件、初始的飞机和发动机则根据每年轮挡时间和每架飞机的后续增加备件进行分析。

(4)飞机的购机分析。购买成本分析是指从飞机的总价格、装机发动机的总价格、信贷、改装、买家提供的设备、价格上浮和融资方式等方面进行的分析。

(5)机队决策分析。决策分析是航空公司在正式运营之前需要做的最关键的一步，一个航空公司是否能够以一定经济效益正常运作，关键在于是否有一个科学的决策。决策分析包括：进行收益与成本的比较、座位成本与航班成本的比较、平衡点载运率与实际所完成的载运率的比较。在进行决策分析时，无论以现金流量的方式还是以净现值的方式，首先都要分析本公司所有机队，接着是现有机队，最后是对新飞机进行分析，以保证与本公司的整体机队进行合理的搭配。

机队成本控制是一项非常关键和重要的步骤，它关系到航空公司的兴衰，必须要把这一步做好，才能取得较高的经济效益。

11.3 飞机选型的经济性分析

从大体上讲，航空公司是一系列用以追求公司目标或使命的资源（一些是有形的，更多是无形的）的组合。同样的，一个机队也是为了能够完成在大量业载航程的飞行计划而形成的组合。航空公司机队规划最基本的一个目标就是在给定价格和其他市场假定的前提下，使生产能力（和生产能力可以被有效利用下的产量）与需求预测达到平衡。为有效提高生产能力，必须考虑飞机引进。飞机引进主要由以下两个基本原因引起的。

1. 现有运力的置换

更换现有机队中的部分运力有可能是基于以下几个原因：高昂的运营成本，噪声或废气排放不达标，残留的设备使用年限不足，对旅客缺少吸引力，机型优化，或者所采用的机队更新政策要求保持较低的平均机龄。置换合适的飞机，能更有效地执行大量无需调整的飞行任务。

2. 运力增长

由于对航空运输服务的需求总体上呈持续增长趋势，所以对那些运营成本昂贵或不符环保要求的老旧飞机的置换需求经常会与运力增长的需求交织在一起。运力增加的需求可能是以下一个或两个原因同时作用的结果。

(1)现有网络的增长。飞机引进是适应运输量增长的必然结果，这种运输量的增长是市场容量的增长或者公司市场份额增长引起的，或者两者兼而有之。适应需求的增长有两种方式：①在保持航班频率不变的情况下使用更大的飞机；②在使用同样飞机的情况下增加航班频率，或者两种方式结合使用（还有其他多种方式可以满足需求的增长，如提高利用率、增加座位密度，和/或在现有机队条件下以代码共享取得更高的载运率，或者从其他航空公司湿租飞机和机组等）。

(2)新的任务。在现有机队无法满足新的要求时，如超远程航线，航空公司需要引进运力。

对于单个航空公司或航空公司集团（如美国骨干航空公司），或者整个民航业，都可以计算一个“吸收比”(absorption ratio)指标。“吸收比”是在现有机队中，以未完成的订单数比例（以飞机数或座位数量计）减去计划出售或退役的比例。当设计的机队吸收比超过了预估的需求增长速度，那就应该提出一些问题。例如，假设以目前运力为计算基准，旅客需求增长为 5%，机队的退役率是 3%，那么应该预期机队增长率为每年 8% 左右。如果实际机队增长百分比或与之相当的“机队订单比例”大大超出了预估机队增长，就有可能出现运力过剩的情况（另一方面，应该明确的是宏观层面的需求增长常常用 RPMs（客英里）来衡量，这个指标可以用不同大小的飞机与其飞行的各种不同航距（stage-length）来计算，然而飞机的购买和退役常用零散的飞机数量来计算，座位数也偶尔用到。所以，举例来说，一家航空公司或整个行业，如果使用与现有大小相当或更小的飞机并以更高的航班频率飞行时，有可能需要增加飞机引进数量却不必担心出现运力过剩的现象）。

航空公司进行飞机选型就是对一架飞机进行全方面评估，最后选择各评估指标综合较优的机型进行选购。飞机评估涉及诸多方面，例如，相关人员的产品倾向、航空公司的网络状况、机队的通用性问题、飞机的自身技术能力、电子设备系统、客户支持状况、经济性能和成本状况等。

11.3.1　飞机评估

1. 运输量需求

尽管交付时间已经大大缩短，经营性租赁在提高机队的灵活性方面起到了很大的作用，但航空公司仍然要在对未来预测的基础上做出飞机引进的战略决策，常用到的预测有三种。

（1）需求预测。预测需求可以使用分区域、O-D 市场和航段分析等方法。通常是先预测整体增长率，然后再将重点放在各个单独的市场和航段上。

（2）运输量预测。“运输量”是在给定价格和其他营销假设的前提下，某个航空公司预计自己能够承载的需求份额。

（3）收入预测。对需求和运输量预测都是基于很广泛的假设，其中之一就是平均收益（即客英里收入）。收入管理系统是当前收益的一个有价值的信息源。收入模型使用变量来对运输量进行预测，如运价结构、货运比例、折扣率、市场比例稀释和代理人促销费。

需求随着时间的增长会增加很多航线的运输量。除了提高载运率和/或增加座位密度之外，解决这一问题可以采用以下三种主要途径中的一种或几种：①增加大型飞机。②增加航班频率。重新划分某条航线的市场，即用直达航班取代经停/多点经停航班或中转航班的服务（这样做可以分散现有航线的运输量）。需求如何满足及运输量如何分配的决定与需求预测本身一样在很多方面对机队规划有着重要作用。

2. 航空公司所需要的数据资料

需要的数据类型主要包括以下几种。

（1）网络数据。公司所服务的市场、航线模式及在这些市场和航线上的航班频率，这些数据标志着有效载荷需求。

（2）航线数据。前往每一个目的地的运行航节和备降场、航距、留存油要求、飞行途中气象预测和调头时间。这些数据说明了可能的速度和范围需求。

(3)机场数据。跑道的长度、坡度和道面结构;净空条件;海拔;平均和极端情况下的气象条件;滑行道和停机坪的宽度、载荷能力;客梯车和廊桥的停靠面积;终端设施和传递能力。这些数据说明了需要满足的特定性能要求,如在机场高峰时间的良好处理能力。

(4)当前的机队。当航空公司考虑引入一种新的机型,常常会把目前机队中那些具有相似飞行能力的现役机型作为标准进行比较和分析。

(5)产品需求。旅客对不同等级的服务需求来源于针对不同服务属性而做出的营销决策,例如,座椅的倾斜度和宽度、通道的宽度、行李箱的大小、娱乐和通信系统情况、厨房和卫生间的规格和位置。客舱截面会影响旅客对客舱空间的整体感受,即各排座位可行的布局方案(座位的布局本身不仅影响旅客的感受,而且在宽体机上,还会影响主客舱餐食服务的效率),以及厨房、卫生间、储存间和机组休息区域的各种不同方案的选择范围。由于产品需求对目标航班频率和预期座位可得性的影响,在运营给定航线网络时,对座位容量也会产生影响,并且,在许多区域市场,如果可以乘坐喷气式飞机,旅客就越来越不愿意选择乘坐螺旋桨飞机。

对有大量货运业务的承运人来说,还会有额外的与货运相关的条件,满足这些条件需要考虑腹舱的容量、腹舱的截面形状及与目前机队中正在使用的集装箱是否匹配。

11.3.2 飞机成本分析

1. 飞机价格和成本

成本部分分为资本成本和运营成本(DOCs)。实际上,资本成本通过"所有权成本"如折旧和/或租赁费用(即固定的DOCs)与直接运营成本是相互联系的。进一步讲,真正重要的是飞机在整个生命周期内的引进和运营成本,因此整个生命周期成本必将成为分析的重点。越来越多的航空公司用股东价值作为该类分析的框架:无论是考虑对收入和成本之一或二者同时的影响,一架飞机的引进或运营必须能够增加股东价值。

应当记住的最重要一点是,尽管飞机的资本成本和运营成本很关键,但是像航空公司的任何其他成本一样,对它们的分析如果脱离了相应的收入背景就会变得相对没有意义。对于飞机,需要考察其所能带来的收入(及它们有关服务设计潜能的变量,如机上产品和航空公司网络上飞行频率/运能的平衡)从而评估其生命周期成本是否可以接受。

1)资本成本

尽管不同的制造商用不同的途径分解其价格,但大部分包含以下要素:

标准规格的机身价格(含发动机舱)包括:

+发动机(在动力装置可选择的情况下价格应当单独谈判)

+可选部件(包括了标准可选部件、定制的可选部件、卖方安装的设备(SFE)、买方

安装的设备(BFE),如果该部件型号还未获得认证,还应附加认证成本)

=飞机合同价格

+各方同意的通货膨胀标准下的价格涨幅(有些大型航空公司不再接受其中的一些条款——甚至如果其他买方在合同签订后的一定时期内从制造商获得更优惠的价格,他们还会要求允许通过协商制定出价格减让的条款)

-协商的折扣和/或航空公司取得的由原始设备制造商(OEM)提供的信用票据价值和/或任何机队的整合费用(即制造商为了使其飞机与那些当下正在使用竞争对手产品的航空公司的机队顺利整合而提供的财政支持,或者优先提供的一笔较大的折扣,该折扣可以作为未来同该航空公司或其他承运人进行价格谈判的基准)

+在合同签订后航空公司对订单的修改

=出厂价格

+产品支持费用(即对于工程师/机械师和机队人员的培训,备件的初始提供,以及任何特殊类型地面支持装备的成本)

=总投资

÷ 某类航班配置的座位数量

=每座位总投资

每座位价格伴随着飞机技术的更新换代也在不断上升。除了全球经济的通货膨胀因素影响外,新型飞机所采用的技术和性能不断更新也是重要因素(Trevett,1999)。但是,除非带来稳固的公司收益或者降低了直接运营成本,否则航空公司,特别是那些在价格谈判中占据主动的航空公司,是不再愿意接受新一代飞机资本成本不断增长,却承担着与旧一代飞机相同任务的事实。飞机只是创造收入的工具,但承运人越来越坚持把资本成本和它们对股东价值的潜在贡献联系起来。飞机的原始制造商和他们的供应商很好地适应了他们产品的新的定价环境。特别是表 11-2 中的 A380 提供了更具竞争力的每座位成本。

表 11-2　飞机单位座位价目表

飞机	评价价目表 /($\times 10^6$)	最大座位数	每座位成本 /($\times 10^3$)
A318-100	42	130	323
A319-100	49	145	338
A320-200	54	179	302
A321-200	66	220	300
A310-300	87	280	311
A300-600R	110	375	293
A330-200	129	405	319
A330-300	143	440	325
A340-300	154	440	350

续表

飞机	评价价目表 /($×10^6)	最大座位数	每座位成本 /($×10^3)
A340-500	167	440	380
A340-600	178	485	367
A380	251	854	294
窄体机	(平均)211	(总计最大座位数)674	(平均)313
宽体机	(平均)968	(总计最大座位数)2 865	(平均)338
巨型机	(A380)251	(A380)854	(实际)294
总计	1 430	(总计最大座位数)4 393	(平均)326
B717	37	125	296
B737-600	45	132	341
B737-700	51	149	342
B737-800	61	189	323
B737-900	64	189	339
B747-400	197	610	323
B757-200	77	231	333
B757-300	85	279	305
B767-200ER	106	255	416
B767-300ER	121	375	323
B767-400ER	132	375	352
B777-200	162	440	368
B777-200ER	191	440	434
B777-200LR	200	440	455
B777-300	190	550	345
B777-300ER	217	550	495
窄体机	(平均)420	(总计最大座位数)1 294	(平均)325
宽体机	(平均)1 319	(总计最大座位数)3 425	(平均)385
巨型机	(B747-400)197	(B747-400)610	(实际)323
总计	(平均)1 936	(总计最大座位数)5 329	(平均)363

注:1."平均价目单"可以计算为:(最高价+最低价)/2(价目单不必是客户支付的实际价格);

2."最大座位数"是指每一架飞机最大的经认证的座位容量(然而不同的运营商实际的座位配置会有所不同)。

资料来源:Morten Beyer & Agnew (国际民航数据库,8,9,2001 年 9 月,第 16 页)。

2)直接运营成本(DOCs)

DOCs 与执飞的飞机类型的运营成本直接相关,它包括固定成本和变动成本。确定的可变 DOCs,特别是燃油消耗量、机组成员成本和运营航线中的费用都对航距很敏感。飞机制造商和航空贸易协会开发出标准的公式来帮助 DOCs 的预测。但是,还是要确保他们的根本假设要符合特定的航空公司网络系统、机队规模和运营环境。

备选飞机在给定航距的飞行测试中产生的直接运营成本(DOCs)能够用不同的标准来检验。例如：

(1)飞机英里成本和飞行成本，它们各自代表每英里成本和运输全程的总成本。

对于拥有同一代技术的飞机来说，大型飞机的飞机英里成本和飞行成本一般会比小型飞机要高。

(2)单位座英里成本，随着飞机运载能力的提高，该成本逐渐下降。

因为飞机英里成本和座英里成本变化依赖选定的航距和大型航空公司在不同的航距中所使用的机型，所以每轮挡小时的成本并不常用做比较的基础。

在任何成本分析中，不论座英里成本还是飞机英里成本和全程运输成本都是需要重点关注的，可以考虑以下两点。

(1)在一些短程业务和/或商务旅客市场中，频率是非常重要的考虑因素，以至于它大大左右了飞机的选择；在这种情况下，全程运输成本比座英里成本更具有影响力。

(2)根据特定航空公司的网络结构，小型飞机可能会提供更大的分配弹性。在这种情况下，相对于只能适用少数航线的大型飞机来说，小型飞机会具有更高的利用率，因此也能够弥补其较低小时生产率的缺陷。当然，这全都取决于网络的设计和计划。

因此，理想的目标是选择一支机队，不仅使其大小适合其所服务的网络，而且该机队将座英里成本和飞机英里成本很好地结合在一起，从而能够经济地为公司服务。小型承运人或许能够在具体航线的基础上进行所需的分析，但是大型航空公司却不得不将其航线汇总后再将其划分到具有不同航距和需求特征的子网络中。

虽然飞机技术发展很快，但是这种变化只具“快速渐进”的特点而非重大的突破。当然也必须承认，目前在机身技术和动力装置设计方面已相对成熟，生产率也以类似于喷气发动机和宽体机引进所产生的规模那样得到明显提高，极具效率的高分流扇涡轮技术也已从远景规划提上了议事日程。由于制造商各自产品类型的共性程度得到提高，同时又由于燃油效能、稳定性、可靠性、结构寿命和重量都得到改善，所以运营成本也得到极大的改善。

2. 机队的通用性问题

通用性问题存在于航空公司机队的机身衍生产品(如 B737-600/700/800/900 系列和 A318/319/320/321 系列)和/或发动机衍生产品系列中(如 PW4000 系列和 Rolls Royce Trent 系列)

机身“家族”的概念并不仅限于同一机型的不同型号(如 B737 和 A320 系列和各种区域性的发动机系列)，它还包括了有些不同但紧密相关的机型(如 A330/340 和 B757/767)，它具有以下潜在优势。

1)飞机任务安排灵活性

尽管有些承运人的机队没有足够的灵活性来适应需求的季节性波动,航空公司传统上仍会按照时刻表上每个时期或季节的初始情况来调整不同机型的配置,而不是改变航班频率或者在淡季集中进行大量维护。理论上,如果在一个特定机型的子机群里面存在同一家族两种或更多型号的飞机,这些飞机能够提供足够的灵活性,正好可以根据运营当天的需求来调整容量。但实际上,除了时刻表发生变化之外,该灵活性的适用范围有多广还不清楚。就像其他事情一样,拥有复杂飞行安排和航线模式的大型网络承运人发现,要想不费力地对飞行任务安排做出新的变动而不对当日其他的飞行计划或维护计划产生影响是一件相当困难的事情。那些采用较为简单的往返作业模式的承运人会有更多的机会发挥机队的灵活性。

2)机组人员培训和排班弹性

这包括以下两个方面。

(1)通用型别等级。家族概念的一大优势是有利于机组人员的操作,如下一代B737系列的机组人员能够在型别等级上适应该系列任何型号的飞机(这种情况也同样适用于B757/767,A320和A330/340系列,以及一些地区性的喷气式家族飞机)。如果某个单一子机队采用型号不同且载量-航程性能各异的飞机,那么通用型别等级使得飞机安排的灵活性可以由值班飞行员具有驾驶任意不同型号飞机的灵活性来弥补。

(2)交叉机组驾驶资格(CCQ),是由空中客车公司开发的独特理念,这一理念平衡了在不同机型之间的通用设计概念和驾驶舱参数,减少了从A320系列向A330/340系列的过渡,将几周的转换课程缩短为一个短期的"差异训练"。这一资格的推行结果是空客公司能够推行"混合机队飞行"(MFF),飞行员能够按照计划选择两个系列的任意飞机飞行。

有观点认为这一灵活性的优势是避免了飞行员在不同载量-航程性能飞机之间的转换从而降低了培训成本,同时由于减少了飞行员的数量从而节约了成本。后者可归因于只需要一组飞行员就可以完成日常的轮班和应付最新的机组成员和飞机的变动,从而避免了用很多规模很小、缺乏弹性的分组来解决机型范围很广的问题。但这些优势能有怎样的影响将取决于航空公司的机队规模及其航线网络的性质。那些机型单一且子机队规模较大的航空公司比其他航空公司获得的优势要少得多。

3)盘存和特定类型的地面支持装备(GSE)

相比在子机队里同时提供几种不同类型但规模较小的飞机而言,获益于广泛的备件和地面支持设备的通用性的飞机家族能够提供更低的投资成本和盘存持有成本。无论在维修基地还是在外部站点都是如此。

(1)资本支出。机队标准化的一个优势在于该机队每增加一架同一类型飞机所需的资本支出呈递减趋势(忽略通货膨胀),因为在零件盘存、备用发动机、特定类型地面支持设备和培训等项目上的支出都低于引进一架新型的飞机。这也是制造商有时会用很具诱惑性的定价或为机队整合提供慷慨的财务支持来换取航空公司的忠诚度的原因，飞机家族的理念扩展了这些优势。

(2)运营成本。盘存成本包括保险、操作、库存和折旧费。如果在子机队里由于拥有同一家族的飞机增加的飞机数量达到某个具体的盘存项目能够支持的数量，而且这个数量超过了其他飞机系列能带来的飞机的增长，那么在整个机队中相较于拥有更多机型和更小规模的子机队而言，这种情况将会降低盘存成本。

Embrar170/190 系列对此提供了很好的例证：在 170 和 175 之间，以及在 190 和 195 之间有高达 95%的通用性，同时，在 170/175 系列和 190/195 系列之间，通用性也达到了 90%。

4)维护人员的培训和轮班

一般来说，由于维修人员会随着时间的推移逐渐熟悉某个特定制造商的飞机设计理念和维护程序，所以当机队引入一个新制造商的产品时，维修人员不可避免地存在一个学习的曲线过程。更进一步讲，已经熟悉某一特定机型的维护人员，让他们不断地处理不同类型的飞机，还不如让他们处理同一类型下的不同飞机更有效率。除了能够提高效率之外，通用性同样能够给维护人员带来与飞行人员类似的培训和排班便利。

本质上讲，同一飞机家族内部的通用性能够提高飞机、机组人员和盘存维护的生产率，同时能够微调航空公司在点对点基础上的供给和需求。通用性也有利于航空公司平衡机队的合理化需求(即各类机型最小数量)和弹性需求(即与网络相关的最大载量-航程性能)之间的关系。但是通用性所带来的优势会因航空公司的不同而不同。特别地，当小型航空公司能够从相对较少数量的不同机型中组建一个合理规模的机队时，他们就能取得规模经济的优势，然而大型航空公司(特别是欧美的主要航空公司)由于其飞机、飞行员和维护人员数量巨大，内部整合的计划非常复杂，所以其获得的通用性优势可能还比不上小型航空公司。另一潜在的问题是为了达到一个飞机系列的最低容量的目标而减少机型，有时会招致重量上的惩罚，因为机型是在更大的基础模型之上而优化设置的，这就会导致更高的运营成本从而减弱通用性带来的好处。

一些可能出现的新情况是，未来机队通用性问题不仅可从作出即时决策的航空公司方面来考虑，同时还要关注联盟伙伴的飞机引进战略。毫无疑问，战略联盟必须紧密团结并将未来的良好发展前景作为重要的考虑因素。不仅选定的机型应该与同伴网络的类似飞行任务相适应，而且为了从制造成本节约方面全面获益，相关承运人必须准备就飞机通用的可选部件达成一致，要达到这种程度明显还有一定的距离。

11.3.3 飞机性能分析

“性能”是指一架飞机在不同飞行阶段的能力和限制。在任意一架飞机的性能手册中都能找到关于其性能的介绍并配有图表来描述一系列的关系，其中最广为人知的也许是载荷图。性能分析包括考察最大起飞重量(MTOW)及其组成成分，不同飞行航程的有效载荷能力及在不同载量情况下的区域活动能力，以便航空公司能够在目前和未来的网络中对飞机的性能和经济情况获得一些了解。承运人或许会为其具体的航线网络寻求具备特定航距和有效载荷要求的优化性能的机队，或者它会对有利润地运营一架飞机以完成一系列不同的飞行任务更感兴趣。

飞机性能方面，本书主要考虑飞机的动力装置——发动机，航空公司从经济性能和技术性能角度出发对它进行关注。

当飞机有很多可供选择的发动机供应商时，在动力装置方面制造商之间就会出现激烈的价格竞争。在机身和发动机的共同初始投资的百分比中，发动机投资所占比例有可能低至20%(Golaszewski 和 Klein，1998)。另一方面，燃料和发动机维护是直接运营成本中非常重要的部分，在主要生命周期成本的百分比中动力装置所占比例能超过50%。

从一般的角度来分析，商业生产率和维护变量是两个重要因素。

(1)商业生产率。一个航空公司想知道每个机身/发动机组合在其主要运营的航线上消耗每加仑(磅或千克)燃料的 ASMs 或 ATMs 数量，同时假设座位的配置适合市场要求：此时航距和每单位油耗产生的 ASMs 或 ATMs 是呈反方向变化的。该计量单位比发动机燃油消耗量更有利用价值。

(2)维护变量。在20世纪80年代，噪声和油耗是动力装置评估的两个重要参数，在此之后，可靠性就备受关注。现在，航空公司都要求低油耗、低噪声、低尾气和高可靠性，后者反映在技术可靠性、不断降低的维护需求和较低的返修率(进而更长的连续飞行时间)这几方面；可维护性的改善和模块的连续替代能力也值得期待。维护成本是发动机生命周期成本的重要因素，在不同的网络结构(即发动机的使用)和制度因素下(即维护工作是外包还是航空公司内部处理)不同的操作者之间的维护成本也各不相同。

根据上述飞机选型的需求、成本和性能分析，飞机选型至少应该遵循以下四条原则。

(1)进行飞机需求分析，根据当前机队状况，选择合适机型群，根据飞机成本分析的结果，尽量采用公司现有机型，或备用航材与现有机型具有很大通用型的机型。因为这样可以节约很多航材和维修成本，形成维修的规模经济性。

(2)根据飞机需求分析中的航线网络状况，要求选用机型的座级在一定的运输量下航班频率不能低于公司规定的最低频率。因为频率过低，旅客出行的计划延误大，将会失去旅客，在航线存在竞争的情况下，本公司的市场分担率会降低，处于不利地位。

(3)进行飞机性能分析，根据业载航程图，所选机型应具有较好的技术性能。应尽量选用最大业载航程大于航线长度的机型，以保证飞机具有足够的运能。

(4)在满足上述三个原则的候选机型中选择经济性指标最好的机型。经济性指标可以用平均每座位飞机空重或每吨飞机空重(货运用最大业载计算)、盈利能力和盈利潜力(用平衡载运率表示)、燃油消耗特性(以每吨耗油量或每千米燃油量或每吨千米燃油量表示)等来评价。

案例：飞机造型

新飞航空公司有三条航线 A、B、C，航线长度分别为 2 200 千米、1 500 千米、3 600 千米，预期年客运需求分别为 73 000 人、146 000 人、109 500 人，公司要求每天至少执行一个航班。该公司已有机型为 150 座级和 200 座级的飞机，飞机空重分别为 52 吨和 84 吨，最大业载分别为 15.2 吨和 23.5 吨，最大业载航程分别为 2 000 千米和 3 100 千米，最大燃油航程分别为 3 000 千米和 4 500 千米。平均航速分别为 630 千米/小时和 664 千米/小时，期望日利用率都是 7 小时，期望载运率分别为0.67和 0.65，如果货运量为客运量的 20%，客运量以每客 0.075 吨计算，则这两种机型是否适合上述航线（如果航线的长度在最大业载航程范围之内，飞机可以运输最大载量；如果航线的长度超过最大业载航程，那么飞机只能减载飞行。最大燃油航程是飞机可以飞行的最长航线，如果航程再增加，则对飞行安全构成威胁）？

根据上述原则(1)，应当尽量采用已有的 150 座级和 200 座级的飞机。

下面来看原则(2)。首先，根据机队规划的基本方程，采用 150 座级和 200 座级每架飞机每年提供的运力分别为

$15.2\times630\times7\times365\times0.67\approx1\,639.3$（万吨千米）

$23.5\times664\times7\times365\times0.65\approx2\,591.4$（万吨千米）

三条航线的需求量分别为

$2\,200\times73\,000\times0.075\times(1+20\%)=1\,445.4$（万吨千米）

$1\,500\times146\,000\times0.075\times(1+20\%)=1971$（万吨千米）

$3\,600\times109\,500\times0.075\times(1+20\%)=3547.8$（万吨千米）

所以，使用这两种机型飞 A、B、C 这三条航线所需要的飞机架数分别是(0.88，1.2，2.16)和(0.56，0.76，1.37)，因此每天可利用的时间分别是$(0.88,1.2,2.16)\times7=(6.16,8.4,15.12)$小时和$(0.56,0.76,1.37)\times7=(3.92,5.32,9.59)$小时。

航线飞行时长分别为$(2200/630,1500/630,3600/630)\approx(3.5,2.4,5.7)$小时和$(2200/664,1500/664,3600/664)\approx(3.3,2.26,5.42)$小时，考虑到轮挡小时（日利用率以轮挡小时计算）大约是飞行小时的 1.2 倍，所以轮挡小时分别是(4.2，2.9，6.8)和(3.96，2.71，6.50)小时。

所以，如果采用 150 座级飞机，航班频率分别为 $6.16/4.2=1.47>1$，$8.4/2.9=2.9>1$，$15.12/6.8=2.24>1$，都符合航班频率大于 1 的要求。如果采用 200 座级飞机，航班频率分别为 $3.5/3.96=0.88<1$，$5.32/2.71=1.96>1$，$9.59/6.5=1.48>1$，采用 200 座级的飞机飞航线 A 时航班频率将小于规定的最小频率，因此不能采用。

接下来看原则(3)。对照 150 座飞机的业载航程特性可知，该机型不能飞航线 C，因为它的最大燃油航程是 3000 千米，小于航线 C 的长度 3600 千米，所以用 150 座级的飞机无法飞航线 C，飞航线 A 也不够经济，因为它的最大业载航程为 2000 千米，小于航线 A 的长度 2200 千米，可能经常需要减载飞行。

对照 200 座级飞机的业载航程特性可知，该机型飞航线 C 不够经济，最大业载航程

3100千米小于航线C的长度3600千米，因此经常需要减载飞行。

最后，看原则(4)。150座级和200座级飞机的每座空座分别为52/150≈0.347吨/座和84/200=0.42吨/座，说明150座级飞机每个座位承担的空机重量较小，由于飞机的耗油量与重量有关，150座级飞机的油耗特性应当好于200座级飞机，则根据飞机选型的原则(4)，航线B可以考虑150座级飞机。

11.4 飞机置换经济性分析

机队置换包含两种活动：处理(转卖掉)旧飞机和购进(租赁)新飞机。购进的新飞机总架数应当包括总量增加的飞机和因老龄退役而补充的飞机。

老龄飞机退役的原因有以下几个。

(1)到达经济寿命。随着飞机的陈旧，油耗和维修成本逐渐增加，对旅客的吸引力下降，影响旅客需求，这将引起航线收益率下降，影响经济性能。为保持竞争地位，航空公司会将此类旧飞机转卖掉。

(2)到达技术寿命或受到意外损毁。飞机不再符合适航要求，出于安全要求，这类飞机必须处理掉。

(3)保持对高端顾客吸引力。有些航空公司会采用机队快速更新策略，设置较短的折旧期，即使还未到技术寿命，折旧期一到就会处理掉，此时飞机的出卖价格往往能够大于飞机残值。

首先要根据机队规模和机队结构优化的结果、运输需求量的预测、计算出规划期内每年需要的各机型飞机架数，然后根据机队中各飞机的机龄及相应的维修费和折旧费，产生的预期收益，建立数学模型，使总营运成本最小或净收益最大。最后通过解数学模型确定飞机置换计划。

一般来说，判断一个机队置换决策是否经济，可以用航空公司关于飞机的生产净效益进行衡量：

生产净效益=置换前飞机年收入-置换前飞机年运营费用-置换前飞机年折旧
-置换时飞机市价+置换时飞机残值+置换后飞机年收入
-置换后飞机年折旧-置换后飞机年运营费用……

这是个不断变化的过程。首先，由于飞机的运营费用随着使用年限在不断增长，残值在不断下降；在不同的年份，飞机的购机费用、更新费用、盈利能力都在不断变化。因此，存在一个最佳的购机时机和置换时机，可以实现航空公司的总盈利最大，置换计划的制定具备可行性。其次，航空公司的置换计划涉及多架甚至几十架飞机，每架飞机都有不同的数据和变化特征，规划期为几年至几十年，期间的变化分支情况较多。因此，当进行较小规模的飞机置换计划时，可以采用决策树的方法；而当规模较大时就需要进行动态规划解决。

11.4.1 置换机型的确定

下面分三种情况来讨论如何确定置换何种机型。

假设航空公司有 m 条航线计算得出应使用同一座级的飞机，并且该座级的备选机型共有 n 种，则可通过以下建立的三个目标函数作为衡量指标。

1. 油耗最少

$$\min f_1(x_{ij}) = \sum_{i=1}^{n}\sum_{j=1}^{m} C_{ij}x_{ij} \tag{11-4}$$

其中

$$C_{ij} = hG_i\gamma_{ij}$$

式中，C_{ij} 为机型 i 在第 j 条航线上往返一次的平均油耗；h 为航油价格，元/kg；G_i 为机型 i 每小时的油耗(可由该机型飞机手册查询，单位 kg/h)；γ_{ij} 为机型 i 在第 j 条航线上往返一次的平均飞行时间；x_{ij} 为单位时间内，第 i 种飞机在第 j 条航路上往返飞行的次数。

2. 费用最少

$$\min f_2(x_{ij}) = \sum_{i=1}^{n}\sum_{j=1}^{m} d_{ij}x_{ij} \tag{11-5}$$

式中，d_{ij} 为机型 i 在第 j 条航线上往返一次的平均运行费用(除去油耗外的其他费用)，由以下几个方面的费用综合计算而得。

(1)飞行航路费、起降费、机场进近指挥费、地面服务费等保障费用。

(2)飞机折旧费，根据中国民用航空总局财务司以 2002 年 1519 号明传电报《关于调整飞机、发动机折旧年限有关问题的通知》的规定，飞机和发动机的折旧年限为 15～20 年，从而可以计算出各机型飞机的折旧费。

(3)飞机维修定检费。

3. 收入最大

$$\min f_3(x_{ij}) = \sum_{i=1}^{n}\sum_{j=1}^{m} \omega_{ij}x_{ij} \tag{11-6}$$

式中，ω_{ij} 为机型 i 在第 j 条航线上往返一次的平均收入。

4. 收益最大

下面引入收益概念。要使收益最大，即油耗最少、费用最少、收入最大，可将上述三式合并为

$$\max f(x_{ij}) = \sum_{i=1}^{n}\sum_{j=1}^{m} (\omega_{ij} - C_{ij} - d_{ij})x_{ij} \tag{11-7}$$

其中，约束条件为

$$Q_j \leqslant \sum_{i=1}^{n} x_{ij} \leqslant P_j \tag{11-8}$$

式中，Q_j 为第 j 条航线上单位时间航班的最小频率，根据旅客和货物需求量及政治、经

济、地理位置等因素确定；P_j 为第 j 条航线上单位时间航班的最大频率，受航班飞行时间和过站时间的限制。

11.4.2 置换时机的确定

一般来说，新飞机的年运输量较大，经济收入高，故障较少，因此维修费用较低，燃油省，但新飞机的价格昂贵，而且新飞机的折旧费可能较高(这与各公司的折旧政策有关)。随着飞机使用年限的增加，年运输量将减少，收入减少；故障变多，维修费用较高。从经济意义上来说，单架飞机应该使用多年后更新才最合算，这是需要认真对待和仔细分析的问题。下面主要讨论单架飞机置换问题。

先简单考虑单架飞机置换的时机问题，使用生产净效益来判断置换计划的经济性。由于单架飞机的更换计划是一个多阶段决策过程，这里采用动态规划的方法进行建模，并进行简单的求解。

1)参数说明

设某机型飞机的规划期为 N 年，t 为当前飞机的役龄，$r_k(t)$、$u_k(t)$、$p_k(t)$分别为役龄为 t 的飞机在规划期第 k 年的运营效益、运营费用和残值，$p_k(0)$为第 k 年该机型新飞机市价。x_k 为第 k 年置换飞机的决策，0 为不置换，1 为置换；v_k 为第 k 年的生产净效益，是关于决策和机龄的函数

$$v_k(t,x_k)=\begin{cases} r_k(t)-u_k(t), & x_k=0 \\ r_k(t)-u_k(t)+p_k(t)-p_k(0), & x_k=1 \end{cases}$$

对获得的数据进行简化，可以设 $R_k(t)$为役龄为 t 的飞机在规划期第 k 年的运营利润，$R_k(t)= r_k(t)-u_k(t)$；$C_k(t)$ 为役龄为 t 的飞机在规划期第 k 年进行更新，换成新飞机的费用，$C_k(t)= p_k(0)- p_k(t)$；则

$$v_k(t,x_k)=\begin{cases} R_k(t), & x_k=0 \\ R_k(t)-C_k(t), & x_k=1 \end{cases}$$

规划期内总生产效益值 $F=\sum_{k=1}^{N} f_k$ 。

2)动态规划模型

通过运筹学的学习已经知道，应用动态规划方法解决决策问题时，首先应当正确地设置阶段、状态变量和决策变量，然后根据解法的顺序给出状态转移方程和指标函数，最后给出最优值函数的递推方程(称为基本方程)。

对于上述问题，设状态变量 S_k 为第 k 年初飞机使用过的年数，也就是役龄 t；决策变量即为上述 x_k，$x_k=0$ 表示保留该飞机，$x_k=1$ 表示更新该飞机。

状态转移方程为

$$S_{k+1}=\begin{cases} S_k, & x_k=0 \\ 1, & x_k=1 \end{cases}$$

生产净效益函数为

$$v_k(S_k,x_k)=\begin{cases}R_k(S_k), & x_k=0\\ R_k(0)-C_k(S_k), & x_k=1\end{cases}$$

最优值递推方程为

$$f_k(S_k)=\max\{v(S_k,x_k)+f_{k-1}(S_k)\},k=n,n-1,n-2,\cdots,1$$

$$f_{n+1}(S_n+1)=0(\text{边界条件})$$

则递推方程可以写成：

$$f_k(S_k)=\max\begin{cases}R_k(S_k)+f_{k+1}(S_{k+1}), & x_k=0\\ R_k(0)-C_k(S_k)+f_{k+1}(1), & x_k=1\end{cases}$$

下面通过案例分析来说明上述动态规划方法求解单架飞机更换问题的过程。

案例：单架飞机更换问题

新飞航空公司打算对 150 座级的某种机型飞机制订置换计划，该飞机到 2006 年已经使用了 8 年。根据预测，该飞机机龄从 8～12 年各年的使用情况及购入的新飞机使用情况如表 11-3 所示。试确定 2006～2010 这 5 年的最佳更新策略，使总生产效益最大。

表 11-3

年份 k	机龄 t	运营利润 $R_k(t)$ /千万元	更新费用 $C_k(t)$ /千万元	$R_k(0)-C_k(S_k)$
2006(k=1)	0	12	1.5	
	8	6	16	−4
2007(k=2)	0	11.5	1.6	
	1	12.5	2.7	8.8
	9	6	16	−4.5
2008(k=3)	0	11.4	1.6	
	1	11	2.5	8.9
	2	11	4.0	7.4
	10	3	17	−5.6
2009(k=4)	0	11.5	1.8	
	1	11.5	2.7	8.8
	2	10	3.8	7.7
	3	10.5	5.3	6.2
	11	3	19	−7.5
2010(k=5)	0	11.5	2	
	1	11	3.1	8.4
	2	10	4.1	7.4
	3	10.5	5.0	6.5
	4	9.5	6.6	4.9
	12	3	20	−8.5

可以根据生产收益的计算公式，计算如下结果：

$$f_k(S_k)=\max\begin{cases}R_k(S_k)+f_{k+1}(S_{k+1}), & x_k=0\\ R_k(0)-C_k(S_k)+f_{k+1}(1), & x_k=1\end{cases}$$

从 $k=5$ 开始计算，$S_k=1,2,3,4,12$；$f_6(S_6)=0$；

$$f_5(1)=\max\begin{cases}R_5(1)+0, & x_k=0\\ R_5(0)-C_5(1)+0, & x_k=1\end{cases}$$

$$=\max\begin{Bmatrix}11+0,x_k=0\\ 8.4+0,x_k=1\end{Bmatrix}=11,x_5=0$$

$$f_5(2)=\max\begin{Bmatrix}10+0,x_k=0\\ 7.4+0,x_k=1\end{Bmatrix}=10,\quad x_5=0$$

⋮

当 $k=4$ 时，$S_4=1,2,3,11$；$f_5(1)=11$

$$f_4(1)=\max\begin{Bmatrix}11.5+10,x_k=0\\ 8.8+11,x_k=1\end{Bmatrix}=21.5,\quad x_4=0$$

⋮

$F_k(S_k)$计算结果如表 11-4 所示。

表 11-4

年份 k	机龄 t	$x_k=0$	$x_k=1$
2006($k=1$)	8	33	39.5
2007($k=2$)	1	43.5	40.3
	9	15	27
2008($k=3$)	1	31.5	30.4
	2	31	28.9
	10	9	15.9
2009($k=4$)	1	21.5	19.8
	2	20.5	18.7
	3	20	17.2
	11	6	3.5
2010($k=5$)	1	11	8.4
	2	10	7.4
	3	10.5	6.5
	4	9.5	4.9
	12	3	−8.5

所以，最终的决策路径应该为：$x_1=1$；$x_2=x_3=x_4=x_5=0$；也就是说，该飞机应该在 2006 年进行更换，之后不进行更换，这样可使生产效益最大。

11.4.3　单机型机队置换经济性分析

上述单架飞机更换问题不能考虑机队的增长，即飞机规模动态变化的问题。机队更换应该符合机队规模决策的结果，满足动态增长的需要。在考虑多架飞机置换问题时，方法和单架飞机的置换问题基本一致，在动态规划的基础上，应加上飞机数量的限制，此处不再赘述，简单将动态规划方程描述如下：

设规划期的第 k 年为阶段 k，即 $k=(1,2,3,\cdots,n)$

$$S_k=\sum_{t=0}^{M}S_{kt}$$

$$S_{k0}=x_k$$

式中，状态变量 S_k 为第 k 年初，公司拥有的飞机架数；S_{kt} 是第 k 年初机龄为 t 的飞机架数；M 是最大机龄(技术寿命)；决策变量 x_k 为第 k 年初公司引进的飞机数。

第 k 年初公司转卖的飞机总数为 μ_k；第 k 年初公司转卖机龄为 t 的飞机架数为 μ_{kt}；机龄小于 m 的飞机不能转卖。

因此，有

$$\mu_k=\sum_{t=0}^{M}\mu_{kt}=\sum_{t=m}^{M}\mu_{kt}$$

采用逆序解法，状态转移方程为

$$S_{k+1}=S_k-\mu_k$$

$$S_{k+1,t+1}=S_{kt}-\mu_{kt}\ ,k=1,2,\cdots,n-1$$

由于目标是总的净收益最大，第 k 阶段指标函数为该阶段飞机营运的期望收益与转卖旧飞机的回收额之和，减去运营成本与新飞机引进费用之和，即

$$\begin{aligned}\nu_k(S_k,x_k,\mu_k)&=\sum_{t=0}^{M}(r_{kt}-h_{kt})(S_{kt}-\mu_{kt})+\sum_{t=0}^{M}c_{kt}\mu_{kt}-p_kx_k\\&=\sum_{t=1}^{M}(r_{kt}-h_{kt})S_{kt}+(r_{k0}-h_{k0}-p_k)x_k+\sum_{t=m}^{M}(c_{kt}+h_{kt}-r_{kt})\mu_{kt}\end{aligned}\tag{11-9}$$

若要让营运总成本最小，则决策变量、状态变量和状态转移方程与以上模型一样，所不同的是阶段指标函数应该用营运成本。

对于第 k 阶段，指标函数为

$$\nu_k(S_k,x_k,\mu_k)=\sum_{t=1}^{M}h_{kt}S_{kt}+(h_{k0}+p_k)x_k-\sum_{t=m}^{M}c_{kt}\mu_{kt}$$

式中，第 k 年平均每架飞机的引进费用为 p_k(不包括飞机进价，指包括在引进过程中花费的各种手续费、人工费、差旅费、培训费等费用)；一架机龄为 t 的飞机的年营运成本是 h_{kt}；年期望收益为 r_{kt}；转卖回收额为 c_{kt}，$k=1,2,\cdots,n-1$。

11.4.4 混合机型机队置换经济性分析

在前面的讨论中，所建立的数学模型是针对单架飞机和单机型的。对于单机型机队置换问题，假设起初所有飞机具有相同的机龄，这是非常简化的情况。实际情况可能是拥有很多个机型，各个机型在规划期初拥有不同的机龄，不同机龄的飞机架数也不同，因此比上面讨论的情况要复杂得多。在这里就这个问题给出相应数学模型，其他不进行赘述。

建立目标函数营运总成本最小的数学模型如下：

$$\min z = \sum_{l=1}^{K}\sum_{k=1}^{n}\sum_{t=1}^{M} h_{kt}^{l} S_{kt}^{l} + \sum_{l=1}^{K}\sum_{k=1}^{n}(h_{k0}^{l} + p_{k}^{l}) x_{k}^{l} - \sum_{l=1}^{K}\sum_{k=1}^{n}\sum_{t=m}^{M} c_{kt}^{l} \mu_{kt}^{l} \quad (11\text{-}10)$$

式中，约束条件为

$$S_{k,0}^{l} = x_{k}^{l}, k = 1,2,\cdots,n; S_{1t}^{l} = g_{t}^{l}; l = 1,2,\cdots,K$$

$$S_{k+1,t+1}^{l} = S_{kt}^{l} - u_{kt}^{l}, k = 1,2,\cdots,n-1; t = 0,1,\cdots,M; l = 1,2,\cdots,K$$

$$\sum_{t=0}^{M} S_{kt}^{l} - \sum_{t=m}^{M} u_{kt}^{l} \geqslant g_{k}^{l}, k = 1,2,\cdots,n; l = 1,2,\cdots,K$$

$$S_{kt}^{l}, x_{k}^{l}, u_{kt}^{l} \geqslant 0, k = 1,2,\cdots,n; t = 0,1,\cdots,M; l = 1,2,\cdots,K$$

式中，l 为航空公司机队中机型按 $l=1,2,\cdots,K$ 进行编号；第 k 年一架机型 l 机龄为 t 的飞机的运营成本为 h_{kt}^{l}；第 k 年初购买一架机型 l 的飞机的引进费用为 p_{k}^{l}；第 k 年初转卖一架机型 l 机龄为 t 的飞机回收额为 c_{kt}^{l}。

上述模型的目标函数要求营运总成本最小，最后一项是转卖飞机的回收款项，这一项应从总成本中减掉。该模型有三组约束条件，这三组约束条件中前两组是变量之间的关系约束，即变量连续性条件，第三组则是“供”、“求”关系约束；而 $S_{1t}^{l} = g_{t}^{l}$ 则给出了规划的初始条件，即给出了期初各机型拥有的机龄为 t 的飞机架数。

选择完机型，还需要对机队的规模进行设计，也就是需要确定每条航线上需要多少架飞机，其采用的原则还是机队规划基本原则——供给满足需求。所以，在进行飞机架数计算时，首先考虑第 k 年航线 j 的机队规划问题。

首先，假设旅客需求量为 $P_{jk}, k=1,2,\cdots,n$，第 k 年机型 i 的飞机日利用率为 T_{ik}，则一架机型 i 的飞机年利用率为 $\overline{T}_{ik} = 365T_{ik}$。设航线 j 的里程为 d_j，机型 i 在航线 j 的平均航速为 v_{ij}，则机型 i 的飞机飞航线 j 的轮挡时间为 $t_{ij} = d_j/v_{ij}$。假设航线 j 的旅客需求是双向对称的，则一架机型 i 的飞机飞航线 j 一年可承运旅客人次为

$$Y_{ijk} = 2\eta_{ij} S_i \overline{T}_{ik}/2t_{ij} = \eta_{ij} S_i \overline{T}_{ik}/t_{ij}$$

式中，η_{ij} 是机型 i 飞行航线 j 的客座率；S_i 是机型 i 一架飞机最大的可安装座位数；$2\eta_{ij}S_i$ 表示一架机型 i 的飞机执行一个航班的来回程实际承运的旅客数；$\overline{T}_{ik}/2t_{ij}$ 表示一架机型 i 的飞机航线 j 一年的飞行班次(来回程数)。

机型 i 第 k 年飞行航线 j 所需飞机架数为

$$x_{ijk} = P_{jk}/Y_{ijk} = P_{jk}t_{ij}/\eta_{ij} S_i \overline{T}_{ik} v_{ij}$$

案例：机型选择

新飞航空公司要计算1995年沈阳—上海航线需要的飞机架数，现在已知该航线是

由新飞航空公司和东海航空公司经营的，航程为 1364 千米。预计 1995 年该航线旅客需求量为 185 358 人次，新飞航空公司的市场占有率为 0.82。采用 A300-600R 和 MD-82 飞该航线，A300-600R 飞机的日利用率为 7.6 小时，航速是 727 千米/小时，飞该航线的客座率为 0.7，最大可用座位数是 274；MD-82 的日利用率是 7.2 小时，航速是 664 千米/小时，飞该航线的客座率为 0.75，最大可用座位数是 155。如每种机型单独飞此航线，试测算该公司应各投入 A300-600R 和 MD-82 多少架才能满足旅客需求？

已知：$k=1995$ 年，$j=$SHE—SHA，$d_j=1364\text{km}$，新飞航空公司在 SHE-SHA 航线上旅客需求量 $P_{jk}=185\ 358\times 0.82=151\ 994$ 人次。

若 $i=$A300-600R 单独飞此航线，则 $T_{ik}=7.6$ 小时，$\overline{T}_{ik}=7.6\times 365=2\ 774$ 小时，$v_{ij}=727$ 千米/小时，$S_i=274$，$\eta_{ij}=0.7$，轮挡时间 $t_{ij}=d_j/v_{ij}=1364/727=1.875$ 小时，一架 A300-600R 飞机一年可载运的旅客数为

$$Y_{ijk}=\frac{\eta_{ij}S_i\overline{T}_{ik}}{t_{ij}}=\frac{0.7\times 274\times 2\ 774}{1.875}=283\ 762(\text{人次})$$

因此若此航线只用 A300-600R 飞，则 1995 年需要 A300-600R 飞机

$$x_{ijk}=\frac{P_{jk}}{Y_{ijk}}=\frac{151\ 994}{283\ 762}=0.54\text{ 架}$$

若 $i=$MD-82 单独飞此航线，则 $T_{ik}=7.2$ 小时，$\overline{T}_{ik}=7.2\times 365=2628$ 小时，$v_{ij}=664$ 千米/小时，$S_i=155$，$\eta_{ij}=0.75$，轮挡时间 $t_{ij}=d_j/v_{ij}=1364/664=2.05$ 小时，一架 MD-82 飞机一年可载运的旅客数为

$$Y_{ijk}=\frac{\eta_{ij}S_i\overline{T}_{ik}}{t_{ij}}=\frac{0.75\times 155\times 2628}{2.05}=149\ 026(\text{人次})$$

因此若此航线只用 MD-82 飞，则 1995 年需要 MD-82 飞机

$$x_{ijk}=\frac{P_{jk}}{Y_{ijk}}=\frac{151\ 994}{149\ 026}=1.02\text{ 架}$$

11.5 规模经济在机队中的应用

从航空业的规模来看，民航运输业具有很强的规模优势，航空公司只有大幅度地不断地提高效益、降低成本，在市场竞争中才有前途，而规模经济正是其有效途径之一。

从技术设备来看，规模较大的民航企业有能力购置更现代化的飞行设备及先进的客货运输设备，从而节省飞行、机务等技术人员，降低人工成本，同时还可节省燃油，原料消耗，降低生产成本，形成内在经济。

从机队本身来看，机队形成规模，可以使大中小型飞机取得合理配置，有利于航班、航线的合理布局，从而提高飞机利用率和载运率，降低单位成本。另外，机队中同型机形成规模，有利于发动机及其他高价零部件、备件的节省和充分利用，从而降低资金占用，加速资金周转。

那么该如何把规模经济运用到我国的机队和航线规划上呢？本节除了运用规模经

济理论外，还引入了经济学中的范围经济和密度经济理论。利用经济学的理论来解释机队规划过程中遇到的一些问题。

1. 航空公司的规模经济性

可以借用经济学中的“成本-产出弹性模型”(cost-output elasticity，EC)来计量航空公司的规模经济，也可称为规模经济系数

$$EC = \frac{\Delta C/C}{\Delta Q/Q} = \frac{\Delta C/\Delta Q}{C/Q} = \frac{MC}{AC}$$

式中，MC 指边际成本；ΔC 代表成本变化量；ΔQ 代表产量变化量；C 代表成本；Q 代表产量；AC 代表平均成本。该模型表示了成本的变动与产量的变动之间的关系。

图 11-8 所示的是规模经济的变化规律，其中，ATC 代表平均总成本，AVC 代表平均变动成本，Q_1，Q_2 分别代表两个产量。

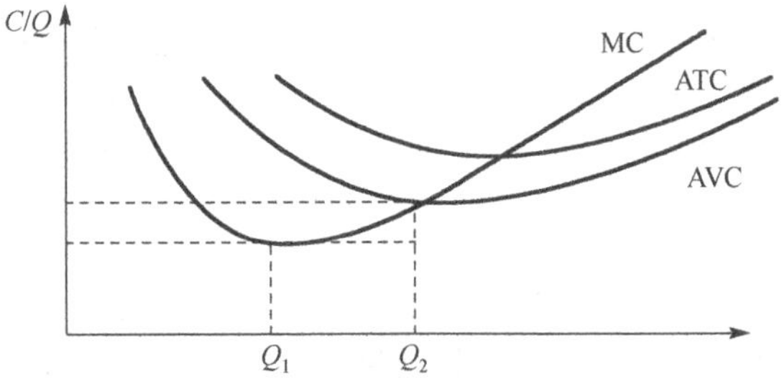

图 11-8 规模经济的变化规律

EC＝1，则该公司处于规模均衡(Balance of Scale)，MC＝AC(边际成本＝平均成本)，即投入与产出同比例变动，生产效率与规模大小无关。

EC< 1，则该公司处于规模经济阶段(Economics of Scale)，MC<AC，即产量的增加大于投入的增加。此时航空公司有强烈的增加投入的欲望(假设市场能有效容纳)，随着产量的增加，在边际报酬率递减规律的作用下，MC 逐渐增加，AC 逐渐减少，直至 MC＝AC 达到规模均衡，航空公司停止扩张。

EC>1，则该公司处于规模不经济阶段(Diseconomics of Scale)。规模不经济也就是说违反了经济规律，违反了经济规律就要被市场所淘汰。

航空公司规模的扩张，是由航空业的特性所决定的，它是一个高投入高风险的行业，FC≫VC(固定成本远大于变动成本)，因此，航空公司需要一个很大的 Q 才能有效降低 AC，而这个 Q 很大程度上取决于机队的规模。因此，在自由竞争中航空公司往往极力扩大市场份额，来寻求机队的规模经济。

2. 机队规模经济性分析

规模经济，顾名思义，必然要先有一定的规模才可谈其经济性，对于航空公司来说，其规模无非就是指它的周转量或是运力。航空公司必须具有足够大的周转量和运力才能适用规模经济性理论，而是否具有经济性，就要通过一系列的措施，如机队的调整、航线网的规划和航班的调配等，以保证其扩大的生产能力。因此，机队规划必须考虑机队的规模经济性。

航空公司的规模主要取决于机队规模，机型少而机队规模大，航班编排的灵活性大，互相替班比较方便，需用的备机相对较少，飞机的利用率就高，规模经济效益就高。

国外航空公司的飞机利用率高，其机队规模较大，能够很好地利用规模经济带来的经济效益高，而我国由于机型过多、机群小、飞机利用率低，从而使规模经济在其中所起的作用小，造成规模效益低。对于引进的飞机，普遍有个规律：飞机投入运行的当年，利用率难以提高，投入运行的第 2～8 年，利用率随机队役龄的增长而增长，增长的速度开始较大，以后逐步放慢并保持在最高值。一般当飞机役龄超过 8 年后，利用率开始下降。这是因为，飞机初始投产时，故障处于暴露时期，空勤人员对飞机性能不太熟悉，利用率较低；随着对飞机性能了解的增多和飞行、维护、修理技术的熟练，航班安排趋向合理，利用率逐年提高。8 年之后，飞机开始老化，高级检修内容增多，维修停场时间增加，利用率逐步下降。

所以，机队的规模经济体现的载体就是飞机的利用率。从最初飞机引进时的规模不经济到 2～8 年利用率较高的规模经济，再到 8 年后利用率下降的规模不经济，所以，适时有效地对飞机的利用率进行调整就会提高航空公司的规模经济。

案例：调整飞机利用率

新飞航空公司打算于 2001 年组建新机队，已知为满足需求共设计有以下三套机队组建方案：①A300-600R 3 架，MD-82 6 架；②A300-600R 6 架；③MD-82 12 架。其中，A300-600R 的单机购置价格为 11 000 万美元，MD-82 的单机购置价格为 5 400 万美元，新飞航空公司与飞机制造商协商的结果是：如果购买 A300-600R 达到 3 架，则可以给予 1%的折扣，达到 5 架可以给予 1.2%的折扣，MD-82 达到 5 架，可以给予 1.5%的折扣，达到 10 架，将给予 2.1%的折扣。新飞航空公司对飞机的折旧年限为 12 年。飞机每周要进行一次 A 检，每个季度进行一次 C 检，A300-600R 每次 A 检的费用为 3.7 万美元，每次 C 检的费用为 7.9 万美元，MD-82 每次 A 检的费用为 2.1 万美元，每次 C 检的费用为 6.3 万美元。每引进一架飞机需要采购 1500 万元的航材备件，如果引进一架已有机型的飞机只需要增加 675 万元的航材投资，假设 A300-600R 和 MD-82 之间的通用性为 65%，问新飞航空公司采用哪一套组建方案更经济（2001～2002 年美元汇率为 8.2）？

机队的组建成本在这里只计算购机折旧成本、定检成本和航材成本。

方案①：每架 A300-600R 的购买价格为 11000×(1－0.01)＝10890 万美元

每架 MD-82 的购买价格为 5400×(1－0.015)＝5319 万美元

折旧成本＝(10890×3＋5319×6)÷12＝5382 万美元

定检成本＝(4×7.9＋52×3.7)×3＋(4×6.3＋52×2.1)×6＝1478.4 万美元

航材成本＝[1500＋675×5＋(1500×0.35＋675×0.65)×3]÷8.2＝947 万美元

方案①总成本＝5382＋1478.4＋947＝7807.4 万美元

方案②：每架 A300-600R 的购买价格为 11000×(1－0.012)＝10868 万美元

折旧成本＝10868×6÷12＝5434 万美元

定检成本＝(4×7.9＋52×3.7)×6＝1344 万美元

航材成本＝(1500＋675×5)÷8.2＝594.51 万美元

方案②总成本＝5434＋1344＋594.51＝7372.51 万美元

方案③:每架 MD-82 的购买价格为 5400×(1－0.021)＝5286.6 万美元

折旧成本＝5319×12÷12＝5286 万美元

定检成本＝(4×6.3＋52×2.1)×12＝1612.8 万美元

航材成本＝(1500＋675×11)÷8.2＝1088.41 万美元

方案③总成本＝5286.6＋1612.8＋1088.41＝7987.81 万美元

结果如表 11-5 所示。

表 11-5 (单位:万美元)

	方案①	方案②	方案③
折旧	5382.00	5434.00	5286.60
定检	1478.40	1344.00	1612.80
航材	947	594.51	1088.41
总计	7807.4	7372.51	7987.81

可知,方案②最为经济。接下来分析这其中的原因,首先看折旧成本,方案③由于全部购买小飞机,在满足相同运输量任务的情况下,折旧成本较小,方案②由于全部购买大飞机,折旧成本最高,未能发挥其购买价格上的规模优势(这点在方案③上可以看到)。但是在定检成本和航材成本方面,方案②就发挥了大飞机规模经济的优势。首先,虽然大飞机单次定检费用较高,但是由于采用大飞机飞行,在相同的运输需求情况下,所需要的飞机数量要远小于小飞机,总定检费用要小于方案③和方案①;另外,由于全部采用一种机型,航材的通用性极好,且飞机数量较少,方案②的航材成本也是远小于另外两个方案的,所以,综合起来,方案②利用了大型飞机在运输量、维修航材上的规模经济性,实现了飞机机队的整体经济性。

第 12 章　临空经济分析

从传统意义上讲，机场作为航空运输的节点，是服务于城市和区域的公益性基础设施，其功能单一，主要起到运送旅客、货物的作用。但随着社会经济的发展、机场规模的扩大、客货运量的大幅增长、航线网络在全球的扩展，机场开始对周边地区产生影响，这种影响随着机场的集聚效应、扩散效应的加强逐渐导致机场周边地区的经济结构、产业结构随之改变，机场正与其周边的区域进行融合。此时，作为现代经济中的一种新兴经济形态——临空经济，已经逐步成为了一种推动区域经济发展的新模式。

由于机场在发展过程中自身的需求，机场对临空经济的产生有着直接效应。机场从本质上讲是供航空公司运送旅客和货物的节点，航空公司只有在机场设置一定的组织机构才能保证航空运营的正常进行。据国际机场协会统计数字表明，国际上机场离市区的平均距离是 20～30 千米。为了减少航空公司的运营成本，航空公司会考虑将其总部移向机场周边，只要机场周边的基础设施配套，总部布局于机场周边，其优势相对于市区将非常明显。因此这也带来了周边地区的房地产、娱乐休闲、消费购物和金融机构等的需求，机场所在地区以此为契机服务于机场的需求，发展第三产业特别是服务业，由此关联推动临空经济的发展。临空经济随着机场发展的同时，自身也得到了促进和提升。

另外，由于机场的供给因素，机场对临空经济的发展还有着一些间接效应。机场的供给因素主要是指：机场提供了一种快速安全的交通方式和遍布全球的航空网络，这从本质上讲，就是机场的资源，这种资源恰恰是其他经济区域所不具备的，在某种程度上来讲，这种资源是临空经济区所占有的核心资源，由于机场是高度垄断性的特殊行业，这种资源无法在区域之间流动，这是其他区域无法仿制的，从而造成临空经济的独特性。

临空经济依托机场，并利用其对人流、物流的集散优势，积极发展航空物流业，打造航空物流园区和临空工业园区，从而形成强大的资金流和信息流的聚集，带动所在区域社会经济全面发展。

12.1　临空经济概述

12.1.1　临空经济定义

1. 临空经济起源

国际上临空经济区诞生于 20 世纪 60 年代，早在 1959 年爱尔兰就成立了香农国际航空港自由贸易区，它包括紧靠香农国际机场的香农自由工业区和香农镇，利用国外资金和原料，发展加工出口工业，这是早期临空经济区的一种形式。临空经济区的建立以爱尔兰的国际机场开发的自由贸易区和美国的北卡科学研究三角园区建立为标志。

在20世纪90年代以后，随着新技术的兴起和交通工具的迅速发展，西方许多国家出现了临空经济发展模式。特别是2009年以后，临空经济有了较大的发展，亚洲一些国家都在机场建设的同时，同步建设了航空开发区或者临空型的工业园区，聚集了间接的技术工业和行业。这种全新机场的发展模式对所在地区、城市的经济发展起到非常重要的作用。

2. 临空经济的研究成果

对临空经济的研究，国外由于经济的优先发展，发达程度较高，有了一些早期成果，纷纷为这种现象命名，如“航空城”(aviation city)、“机场城”(airport city)、“航空商务聚落”(air-commerce cluster)或“机场聚落”(airport cluster)等。北卡罗来纳大学克南私营企业研究所所长约翰·卡萨达更提出了“空港都市区(aerotropolis)”这一较普遍接受的概念。

20世纪60年代，美航空专家Mckinley Conway提出航空综合体(Airport Complex)，即以机场为核心综合开发航空运输、物流、购物、休闲和工业开发等多项功能为一体的大型机场综合体。1965年，Mckinley Conway发表了“The Fly-in Concept”一文，提出了“临空”的概念，并认为：未来临空经济的发展将在工商产业区的设计及城市和大都市区的规划等方面产生令人兴奋的变化。1970年，Mckinley Conway出版了《航空城》一书，对其发展临空经济的思想进行了系统总结，1993年出版了该书的最新修订版，题目改为《航空城：21世纪发展的新概念》，成为研究临空经济最具权威的著作。

1992年，美国北卡罗来纳大学的卡萨达教授提出了著名的“五波理论”。第一冲击波：大型的商业中心在海港周围聚集。第二冲击波：经济沿着天然河、运河网的沿边地区发展。第三冲击波：经济沿着铁路发展轴线延伸。第四冲击波：经济沿着公路发展轴线延伸。第五冲击波：以航空业、数字化、全球化和时间为标准的临空经济区的形成。在经济全球化背景下，航空运输适应了国际贸易距离长、空间范围广、时效要求高等要求，因而成为经济发展的驱动力，是现代化国际经济中心城市迅速崛起的重要依托。法兰克福、苏黎世等内陆城市崛起成为国际经济中心城市，进一步证明了现代航空运输对城市功能形成的重要作用。

国内，中国人民大学区域经济与城市管理研究所孙久文教授认为，空港地区临空产业的发展应与区域经济的发展统一规划，实现区域的协调发展。

清华大学经济管理学院魏杰教授认为，“临空经济”有三大标准：一是空港本身，也就是所谓中心机场的客流量和货流量达到一定的程度，才有发展基础。二是机场周边的城市和这个国家经济达到一定的发展程度之后，才具备发展的最基本条件。三是空港周围要有一大批能够提供税收和就业机会的企业，这是非常重要的标准，也是关乎临空经济是否能形成的重要因素。

中国民航大学的曹允春教授认为，临空经济区是指由于航空运输的巨大效益，促使在航空港周围生产、技术、资本、贸易、人口的集聚，形成了具备多功能的经济区域。

金忠民教授从城市规划的角度提出，空港城是一种以国际枢纽机场为依托，包括客货运输、仓储加工、综合贸易、商业服务、会议展览、生活居住、园艺农业和文娱体育等设施的，以航空产业为特色的综合性新城。

3. 临空经济的内涵

关于临空经济的内涵，国内外均有不同的解释。

国务院研究与发展中心在相关报告中给出临空经济的定义为：在经济发展到一定阶段后，依托于大型机场的吸引力和辐射力，在其周边地区发展起来的，由直接服务于航空运输业的相关产业和具有明显航空枢纽指向性（可充分利用航空运输优势和便利）的有关产业组成的，具有巨大影响力的区域经济体系，是产业结构演变和交通运输方式变革的产物。

国内外对于临空经济的理解还是有所差异的。Mckinley Conway 给出的航空城定义更强调主动利用航空运输带来的客流、物流和信息流等综合开发机场周边地区，而国内的定义偏重于机场周边自发形成的区域经济模式。

通过上述学者的相关阐述，分别从临空经济和临空经济区两方面进行理解。

1）临空经济

机场及周边地区在一定的区域经济和航空业发展水平下，利用交通枢纽带来的要素大规模流动产生的规模效应，吸引航空运输指向型的产业集聚，形成有自我增强机制的集聚效应，并通过该集聚所产生的能量带动周边产业的调整，形成多种产业有机关联并向外围辐射的经济发展模式。

（1）临空经济必须以机场为依托，机场是临空经济的核心资源。

（2）临空经济以发展临空产业为核心和支撑，其产业结构包括与机场和航空运输直接或间接相关的产业。

（3）临空经济是在机场的客流量和货流量达到一定程度，机场所在城市、周边城市和国家经济发展到一定高度后，才出现的一种新的经济现象。

临空经济的内涵包括三个层次。

（1）区域概念，即地理位置。首先，临空经济的发展必须以机场为依托；其次，临空经济的发展可以是有形的，也可以是无形的；最后，临空经济的发展受到机场的规划发展、功能定位、资源丰富和经济基础等因素的影响。

（2）产业概念，即临空产业。它是临空经济的内核，指那些自身的开发发展与机场和航空运输直接相关的产业，也就是说它们都具有临空偏好，尤其是物理特性轻薄、高附加值、交通成本所占比重又小的企业更容易在机场附近布局。包括：①直接为航空运输服务的产业。②航空保税产业。③支柱产业和高新技术产业及其配套零部件产业。④现代园艺农业，如花卉、园艺等。⑤商务、旅游和生活服务业。⑥出口加工业。

（3）经济概念，即它是一种经济现象。它既具有一般经济的特点，又因为是空港地区特有的一种经济发展模式而有其独到之处。它是以临空指向产业为主导、多种产业有机关联的独特经济发展模式，是以航空、物流和商务客流为支持的特殊区域经济。

2)临空经济区

临空经济区是指由于航空运输的巨大效益,促使在航空港周围生产、技术、贸易、人口的聚集,形成了具备多功能的经济区域。

从国内外实践看,临空经济区大多集中在空港周围6～20千米范围内,或在空港交通走廊沿线15分钟车程范围内,以空港为核心,大力发展临空产业,与空港形成相互关联、相关依存、相互促进的互动关系。

12.1.2 临空经济特点

临空经济是一种新的区域经济,作为一种新的经济形态和经济模式,不同于其他区域经济,有着其自身显著的特征。

1.临空指向性

机场是产生临空经济的内核,机场影响了企业的各个层面,其直接或间接经济影响是企业聚集在机场周边的原动力,使得企业具有临空布局。

一个产业是否具有明显的航空枢纽指向性,主要取决于以下三个因素。

(1)便捷的航线连接性,临空经济的产业发展需要利用航空枢纽丰富的航线资源和方便达到多个目的地的优势。

(2)运输的快速性和时效性,临空经济产业的从业人员和货物运输对于时间的要求高,需要利用航空运输的快速性优势。

(3)所运输产品的高价值性,由于航空运输的高成本,临空经济产业所提供的产品和服务的单位体积或者单位重量必须具有高价值。

如果用一个简洁的公式表示,即

$$y=f(t,p,v)$$

式中,y表示产业的临空经济指向性或者依赖航空枢纽的程度;t表示产品或服务要求送达或提供的时间;p表示单位产业品或者服务的价格;v表示单位产品或者服务所占用的运输舱位数量。当t和v越小,p越大时,该产业的临空经济指向性越强,对航空枢纽的依赖程度越高。

2.技术先导性

临空经济吸引的主要是高科技产业,其在技术上处于最先进和领导地位,能够带动相关产业升级。

3.市场速达性

新经济改变了人类的生活生产方式、经济发展方式、生产力布局,世界高效快速网络化的发展正在改变着行业竞争规则和企业选址规则,这些规则随着数字化、全球化、航空和以时间为基础的竞争发展而不断发展变化,企业的产品只有快速到达市场才能赢得竞争优势,在临空经济区布局的企业主要是利用航空运输这种快捷的方式。

4.产业聚集性

临空经济区的企业具有临空指向,因此相关企业都具有机场的向心力,这种向心力使得相关的产业容易在空间聚集，同时，技术的先导性能够带动产业升级的优势将吸引相关产业聚集。

5. 全球易达性

枢纽机场的全球航线网络使得到达世界重要的工商业大城市变得比较容易，货物和人员的这种全球易达性正是吸引跨国公司的重要因素，跨国公司为了寻求全球低成本，各个子公司和分公司开设在最适应发展的区域，同时，为了满足全球这种高效快速的发展趋势，把公司设在机场周边成为最优选择。

6. 空间圈层性

航空港对于临空经济区域的影响具有层次性，如果将这种层次的影响按照影响程度划分，则其在地理位置上呈现一个圈层状。越接近航空港的地理位置，受其影响越大，经济发展越具有临空经济特点。

12.1.3　临空经济区的空间结构

根据临空经济区内各经济单元与机场之间的联系紧密程度的不同，企业在机场周边区域表现为不同的区位选择，造成机场周边地区通常呈现同心圆式的圈层布局结构，但这种结构随着机场通往市区的交通干道和联系成本的大小出现不同程度的变形。

依据国际上机场的空间结构模式，可将临空经济区分为四个环形：中心机场环、商业服务环、制造配送环和外围环，如图 12-1 所示。

1. 中心机场环

空港区的范围通常在机场周边的 1km 范围内。

空港区是机场所在地区，包括机场的基础设施机构和与空港运营相关的行业，如飞机后勤服务、旅客服务、航空货运服务、停车场服务等服务项目和航空公司的办事机构。这个区最靠近机场，它是直接服务于机场各方面的功能区，例如，现在有些在候机楼内的一些小型航空公司的办事机构由于房租太高，转向周边的一些住宅区租用民房，这也给周边地区带来商机。

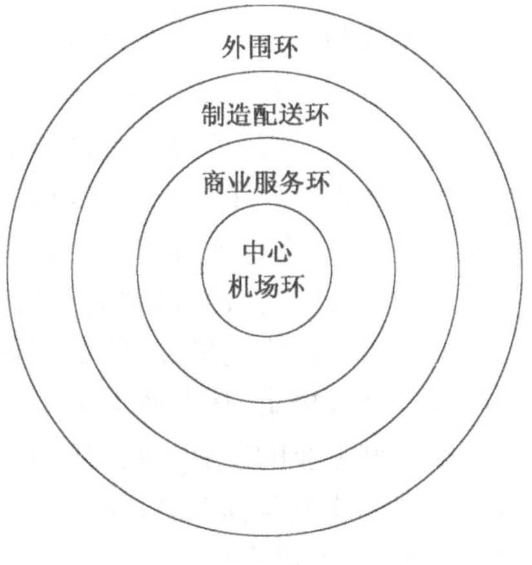

图 12-1

2. 商业服务环

紧邻空港区的范围通常在机场周边的 1～5km 范围内。

紧邻空港区主要是空港商业的活动地区，空港的正常运营和在空港区就业的人员都会对周围地区的服务形成需求，因此这个区主要为空港运营、航空公司职员和旅客提供相关的商业服务，如居住的公寓、生活服务设施等。

3. 制造配送环

这一地区的范围通常在机场周边的 5～10km 范围内，或在空港交通走廊沿线 15 分钟车程范围内，在这个区主要发展附属产业和吸引产业。

附属产业主要是空港对周边产生的需求。例如，航空公司的总部所在地，所带动的住宅、大型超市、金融机构、教育机构等。这些经济单元的增长与空港的运营水平直接相关，且一般在空港开通 5～10 年后才得到充分发展。

吸引产业主要是空港的供给所产生的间接效应，这些产业与空港运营无直接关系，主要是借助航空运输的快速性和国际航空港的航线网络的辐射效应使经济活动在更大空间范围内得到扩展，如高科技产业、会展中心、跨国公司的总部等。这个区域是临空经济区规划和研究的重点。

4. 外围环

这一地区的范围通常在机场周边的 10～15km 范围内。

空港在这个区域内随着距离的加大，其影响力逐渐收敛，根据空港规模的大小，其范围稍有不同，临空经济区的边界就是空港的影响力减为零的边界，超出这个边界，其经济活动不受空港的影响，便不属于临空经济的范畴。

前述的二、三圈层承载着空港都市区的主要"城市"功能，分布着工业制造、物流园、商贸商务、临空居住(包括住宅、教育、医疗等) 、旅游休闲等功能区，但是其发展与空港的运营水平及机场与主城的距离等因素直接相关，一般要在空港开通多年后才能得到充分发展。

12.1.4 临空经济区的产业结构

围绕以机场为核心的临空经济区，首先在最内层也就是机场范围内产生与之直接相关联的产业，包括机场的产业链和航空公司的产业链；随着范围逐渐向外扩展，与航空配套的产业也得到了积极发展，其中有与乘机服务直接相关的航空食品业或者航空纪念品生产业；与飞机自身相关的航空器维修业和航油航材总部，与提供航空服务的职员有关的航空公司行政总部和航空培训中心，以及由航空运输特点直接带来的航空物流。航空物流业的广泛发展，使得依靠飞机这种快捷、方便的运输方式而存在的产业迅速向临空经济区聚集，从而产生了航空引致产业。它包括临空型高新技术产业、临空型农业和临空型工业的发展。物流的强烈集散必然导致客流的频繁流动，而客流的流动又带来了服务业的蓬勃发展，因此，航空关联产业应运而生。总部聚落、会展经济、旅游经济纷至沓来，不仅为机场功能新添一笔，更为拉动地方经济作出不朽的贡献。

1. 机场业

机场区发展主要包括机场产业链和航空公司产业链两部分(图 12-2)。从机场收入来看，尽管各国结构不尽相同，但都可主要分为两大类：①航空性收入，即与飞机起降和客货过港等基本位移需求相关的收入，如飞机起降费、旅客服务费、安检费等；②非航空性收入，是机场为满足飞机、旅客和货物在基本位移需求之外的衍生需求而产生的收入。

机场的发展影响并带动着航空配套产业、航空关联产业和航空引致产业的发展，合理进行机场规划和开发有利于与其相关的各行各业的发展，并以此促进区域经济的总体增长。

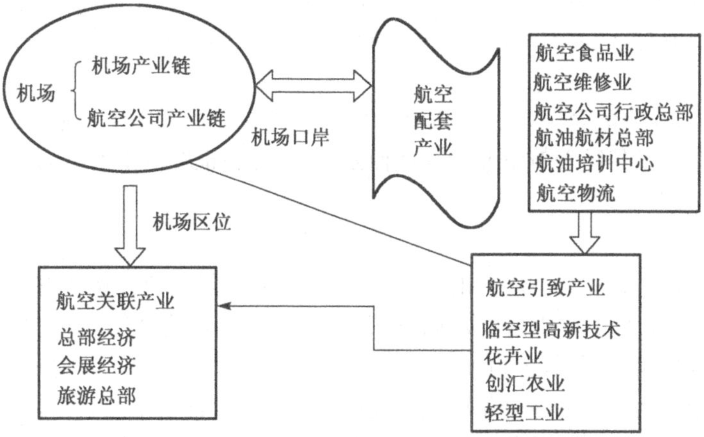

图 12-2 临空产业结构关联示意图

2. 航空配套产业

1)航空物流业

物流企业主要提供地区性的物流运输、仓储、包装、代理等复合一体化的运输任务招投标场所,建立运输企业和业主档案,建造保税仓库和运输服务设施等,利用完善的交通网络体系,逐步将所在区域发展成为地区货物集散中心,从而建立起跨国跨地区的物流服务网络。如法兰克福的物流城就建在机场附近,总面积 149 公顷,拥有数百家物流运输公司,每天承载着大量的物品流通任务。

2)航空维修业

飞机维修是一项高成本、高效益、高标准的技术密集型产业。由于机身、发动机等部件过于庞大,对技术的要求精确,且维修成本较高,噪声污染较大,所以一般维修厂均将厂址选择在机场附近,积极发展航空维修中心,利用临近机场的巨大优势,将节约大量的运输成本和用地成本,为所在地区的产业结构优化,向高、精、尖产业发展奠定技术基础。

3)航空食品加工业

由于航空业的适航安全性的要求和航空食品卫生安全性的要求,一般的食品公司无法承担航空食品配餐的业务,而必须由专门的航空配餐公司完成。统一配餐的特点决定了航空食品生产企业不但能生产大批量的产品,还要有统一的口味,对配餐楼的温度、湿度、卫生条件和食品的精细程度都提出了更高的要求,也需要巨额成本。德国汉莎天厨集团,是全球最大的航空配餐公司,集团属下的 3.6 万名员工于全球每年生产 4.27 亿份餐食,总收入每年达到 37 亿欧元。该集团在五大洲内 44 个国家建立了 200 多个配餐间,为超过 260 个国际航空公司服务,占有世界航空配餐市场超过 34%的份额,位居世界航空配餐市场首位。.

以 2006 年全国的旅客周转量来计算,中国民航业对航空食品有着巨大的需求,建立集战略投资、市场营销、生产研发、物流配送等为一体的一整套航空食品运作体系，在机场附近就地取材，就地加工，发展以航空食品为龙头的绿色食品加工产业有着广阔的前景。

除此之外，航空配套产业还包括航空材料和零配件配套中心、航空产业研发中心等。这些产业都是伴随着航空业的存在而发展的，并且也取得了不错的发展成果。

3.航空关联产业

1)临空旅游业

临空旅游业包括旅游、观光和休闲等。从机场到机场高速公路到市中心，可以建立观光旅游区，修建体育休闲旅游设施和文化娱乐设施。除此之外，还可因地制宜，充分利用周边地区的旅游资源，大力推崇主题公园、水上乐园和历史文化遗址，推动集休闲、娱乐、观光、纪念为一体的综合旅游业的发展。如台湾桃园航空城就结合其滨海资源的旅游特色，建立了滨海休憩园、国际村等旅游休闲设施，提供了游艇港、美术馆、科学馆、博物馆等文化娱乐活动场所。而日本的关西国际机场临空城内则不仅有游乐园，还有能品尝到各国美味的特色饮食区。

2)临空服务业

机场的出现迅速拉动着临空服务业的发展，通信服务、电子商务、法律广告、文化娱乐等逐渐在临空经济区内出现。公司宿营地、高档购物中心、健康护理服务中心也越来越多地分布在机场周围。

机场广告业也有广阔的发展前景。机场作为人流集散地，作为一个城市的窗口行业，拥有其他地区所不能比拟的广告效应，是宣传城市、扩大企业影响力的理想场所。广告业不仅能够大大宣传机场本身，成为机场建设的一大亮点，还为整个地区实施名牌战略、提高知名度创造了条件。

同时，零售业在临空经济区的发展也是突飞猛进的。由于地处重要的交通枢纽，空港购物正在逐步占领零售市场，许多相邻地区都纷纷建立大型的购物中心，并且不断扩展和改进购物设施。随着周围地区人口的增长，临空零售业还将会有巨大的发展空间。

3)临空会展业

临空会展业也逐步受到重视。凭借紧邻空港的独特优势，国际会议展览中心、推销零售或工业品的贸易与展销中心正逐渐倾向于在临空经济区内选址。国内外商品博览会议、经济贸易会议和一些重大的国际经济文化交流会议也陆续在机场地区召开。会展业在空港区的繁荣不仅因为便利的交通和现代化的基础设施，临空区内优势产业的发展本身也构成了会议参观的重要部分。

4)总部经济

区域专业化程度的提高和空港专业化程度的加深，吸引着各公司的总部在此聚集，临空总部经济也应运而生。如华盛顿杜勒斯空港的各种会员制组织的总部和阿姆斯特丹及巴黎的出口贸易机构等，它们都依靠临近机场这个独一无二的优势，在临空经济区内聚集，从而充分发挥区位优势，掌握最新的资讯、运用最快捷的方式作出反应，同时配合会展中心的建立，加强与国际国内间的合作与交流，始终保持住最旺盛的竞争力。总部经济与临空经济相辅相成，共同促进着区域经济的发展。

5)临空房产业

在临空区内积极发展房地产业也有其特有的优势。临空经济区的住宅区不仅为机场人员和园区机构的工作人员提供生活方便，还能配合教育、医疗等设施，不断完善其居住功能。如北卡罗来纳州研究三角园区就曾被评为"全美最佳生活居住区"。在园区内，建立了大量学习和生活的配套设施，包括学校和医院等，充分体现了临空居住区作为城市社区的核心价值。

4.航空引致产业

航空引致产业是指将现有产业与航空运输方式相结合，利用航空运输业快捷、便利的运输方式，直接导致新型产业的发展或使老产业出现新的变化。在航空引致产业中，将航空运输与自身的产业特点相结合，形成了高效、快捷、灵活的生产方式。

1)临空农业

临空区的农业发展应该区别于一般地区的农业发展，着重以发展现代园艺农业、生态农业为支撑，走集生产、开发、运输、经销、观光为一体的农业产业化道路。临空农业的发展应该摒弃传统农业发展的思路，调整农业内部结构，依托紧邻机场的交通优势，合理安排种植业比重，大力发展农副产品，建立特色副食品基地；积极发展绿色食品加工、冷冻水产品批发市场、特色蔬菜生产基地、花卉园艺、特种养殖、都市观光农业等彰显区位优势的项目。临空农业的发展要向专业化、市场化、现代化方向迈进，要建立创汇型、生态型、观光型的新型农业生产方式。临空农业的这些项目因其自身的保鲜特点，对生产基地的地理位置要求都较高，因此，毗邻机场，为它们的发展奠定了良好的基础，也是其他区域发展农业不可复制的资源优势。

2)高新技术产业

高新技术产业是推动现代经济发展的主要产业之一。因其产品短小轻薄、科技含量多、附加值高且生产节省资源、节约能耗等优点而成为各国竞相争夺的产业经济发展制高点。在高新技术产品的生产过程中，即时生产成为了主导产业发展的一个重要因素。即生产中所需要的原料和零部件必须在工厂需要时准时达到，以减少库存量，降低生产成本。为了达到这种即时的生产效果，绝大部分高新技术企业都采用了航空运输这种快捷、安全的运输方式，不仅便于国际运输，也便于国内运输。与此同时，为了节省交通成本和时间成本，这些企业都倾向于分布在大型机场附近的经济区内，逐渐形成了向空港区集中布局的趋势。即时生产最典型的例子是适时制(just-in-time)生产组织方式的影响，日本的汽车公司在世界上首先采用了这种生产组织方式，使每一个前方生产者的加工品正好在下一个生产者需要的时候直接供应到位，以最大限度地减少不同工序、车间或分厂之间原材料、零配件和半成品的存储量，甚至做到"零库存"。为适应这种适时制的生产组织方式，运输组织必须做到非常准确及时，对运输服务的可靠性提出了很高的要求。

12.2 临空经济的发展

12.2.1 临空经济形成原因

临空经济是依托机场优势发展起来的一种新型的经济形态，归纳起来，临空经济的产生可以从宏观、中观和微观三个层次分析。

从宏观角度讲，航空港所在国家和城市经济在较长一段时间内持续快速发展。临空经济真正发展是后工业化时代。临空经济本身的出现，就表明一个国家的经济已达到较高的水平。只有进入工业化加速的时期，人民生活摆脱贫困、进入小康的时候才可以谈临空经济发展的社会、经济、文化条件。否则可能有航空现象，但根本谈不上临空经济。也正因此，很多非洲第三世界国家试图利用航空运输的发展带动全民经济，兴建机场，取消始发航班的机场建设费等。

从中观角度讲，空港和临空经济产业本身人流、物流、资金流和信息流规模扩大。机场提供了一种快速安全的交通方式和遍布全球的航空网络，这种资源是临空经济区所占有的独特资源，无法在区域之间流动，其他区域无法仿制，从而形成临空经济产业存在的独特性和垄断性。因此机场的产生和发展是临空经济产生的根本动因，缺少机场作用的经济模式不能界定为临空经济。但并不是所有的机场都存在临空经济，中心机场的客流量和货流量必须达到一定的程度，这个地区才会形成临空经济。2010年，中国民航完成运输总周转量538亿吨千米、旅客运输量2.68亿人、货邮运输量563万吨，五年年均分别增长15.6%、14.1%和12.9%。航空运输旅客周转量在综合交通运输体系中的比重提升2.7个百分点。运输机队总量达到1597架，是2005年的1.85倍。通用航空作业飞行14万小时，教学飞行21.4万小时，年均分别增长10.5%和15%。中国民航年运输总周转量、旅客运输量连续5年排名世界第二位，成为仅次于美国的全球第二大航空运输系统。根据专家的预测，2015～2020年，中国将成为民航强国。所以在中国大力发展临空经济是切实可行的。

从微观角度讲，单个企业区位选择偏好发生改变。随着全球经济一体化的深入，经济发展的模式发生了很大的变化，使得有些企业的区位偏好发生改变，由原来的运费指向、供给指向、市场指向转变成时间价值指向，时间价值成为影响企业区位选择的重要因素。随着大量高附加值、体积较小、重量较轻产品涌现，企业要求产品的运输成本较低和对市场的敏感程度高。产品的生命周期较短，只有迅速占领市场，才能获得高额利润，因此产品对运输的要求很高。而航空运输的快速安全的优势满足了企业的需求，于是企业的区位决策目标指向机场。这使得区域生产要素的聚集和扩散行为变得通达而迅捷，加速了区域能量流与物质流的流动。因此，在新的经济环境下产生的企业区位需求也是临空经济产生的动因之一。

12.2.2 临空经济区形成动力机制

临空产业集聚是构成空港都市区的基础，随着临空产业聚集不断从最初的地理邻近演化到组织邻近，在源于机场外溢效应而带来的集聚效应，源于快速城市化和交通运输方式变革带来的扩散效应，以及临空型产业集群之间的共生效应的共同作用下，空港都市区逐渐形成(图12-3)。

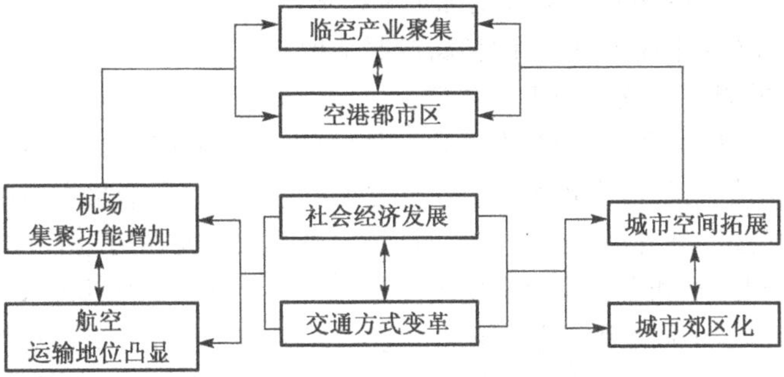

图12-3 空港都市区形成示意图

1. 机场因拥有要素集聚功能而带来的聚集效应

在传统管理体制下，机场基本以满足航空公司的业务需求为中心。随着民航体制改革的推进，机场运营方式向商业化、企业化拓展，许多机场的功能从单纯的公益性跨越到以收益性为主、以公益性为辅的多元化功能，机场服务对象从航空公司、旅客、货主扩展到当地居民及相关行业。20世纪90年代以来航空业的发展表明，具有一定吞吐量的机场可以取得良好的收益，这一方面是由于规模经济的存在，可以取得较多的航空业务利润，更重要的是吞吐量较大的机场可以通过商业性开发，使机场及其周边地区取得更多的非航空业务收入。机场的建设运营不仅满足了客货运输的需求，而且增加了服务于航空运输管理、机场和机队维护、地面保障行业及衍生的各种就业机会，对促进地区经济发展具有重要作用。这样，机场就变成了一个新的刺激区域经济增长的强力因素。

2. 城市郊区化带来的扩散效应

纵观人类的交通和城市发展史可以发现，交通方式的变化不仅促进了城市经济的发展，而且决定了城市发展的不同空间形态，二者之间相互影响，互相促进，共同发展。在20世纪后期的航空运输时代，城市人口和经济活动进一步分散化，大都市区进一步朝大型化发展，在城市核心区外围出现了很多新的经济增长点和城市化区域。一些特大城市也迅速出现"城市郊区化"端倪，形成很多郊区新城。这些新城有的依托大学城，有的则依托各种类型的产业开发区。经济发达且拥有区域性航空枢纽的地区，通常也是城市化水平较高且"郊区化"更为明显的地区。城市核心区的推力和机场产生的拉力的共同作用，使临空产业在机场及周边地区汇聚。城市核心区产生的推力和扩散效应也使得城市规划设计改变传统的仅以市中心为中心且呈放射状或圈层状向外扩散的设计模式，转而考虑以各种类型的新城作为新的辐射中心之间的沟通。这种规划理念的转变，也为拥有机场尤其是枢纽机场的郊区新城发挥和争取交通优势提供了新的契机，为汇聚在那里的产业带来新的优势。

3.临空产业之间的共生效应

如果仅靠机场产生的拉力和城市核心区产生的推力，依然不足以支撑空港周边地区成为真正意义的都市区，另外一个支撑因素就是集聚在空港周边地区的产业内部产生的共生效应。共生(symbiosis)理论源于生物学界，最早由德国真菌学家德贝里(Anton de Bary)在1879年提出，指不同种属按照某种物质联系而生活在一起。20世纪50年代以后，共生的思想广泛运用于社会学、经济学、管理学等各个领域。共生包括共生单元、共生模式和共生环境三个基本要素。共生单元之间共生关系的形成必须存在共同的共生界面和共生机制，表现为共生单元之间物质、信息和能量交流的实现，通过交流促进共生单元按照某种形式的分工，弥补每一种共生单元在功能上的缺陷，促进单元共同进化，在互相激励和合作竞争中实现多赢(multi - win)的理想状态。

基于以上观点，不同类型的临空产业其实就是一个个共生单元，这些共生单元和若干次共生单元共同存在于机场周边地区，它们之间既有合作，也有竞争。社会经济发展水平、机场周边各种配套设施、城市功能空间转型等都可以看成共生环境。与其他产业集群不同的是，由于机场一般都位于远离主城的"城市飞地"上，生产和生活设施往往都比较缺乏，不仅机场的供水、供电等基础配套设施只能自给自足，而且其他配套设施和配套产业也需要自给自足，迫使其形成一个功能相对齐全的区域。对于那些最初临港而设的产业，为了获得"多赢"的理想状态，它们必须在竞争中产生新的链接关系，通过竞争获得共同发展，共同利用基础设施，共同分享客源，从而形成合理的结构，凝聚各自的特色，承担不同的功能，最终形成各种产业互相协调、共争共荣的局面，促进产业聚集整体的良性发展。

12.2.3 发展临空经济充要条件

1.发展临空经济的充分条件

1)大型枢纽机场

大型枢纽机场提供了一种快速安全的交通方式和遍布全球的航空网络，这从本质上来讲，就是机场的资源，是产生临空经济的核心资源。临空经济不同于一般的经济模式，临空经济产生和发展的前提是机场的产生和发展，缺少机场作用的经济模式不能界定为临空经济。临空经济是依托大型枢纽机场，特别是大型国际枢纽机场，直接服务于航空运输业及相关产业，在空港周边聚集所形成的区域经济。机场航线的数量和运输业务规模的大小对临空经济的建设和发展产生决定性的影响。必须指出，航线和航空运输业务规模过小的机场产业聚集效应不强，不宜系统开发建设临空经济。

2)综合的交通运输体系

交通运输体系是指联系空港与空港、空港与腹地的交通网络，是临空经济产生和发展的"生命脉络"。交通工具的多样性和网络的密度、可达性、流量构成等对临空经济和腹地经济的发展产生巨大影响。空港通过各条航线，与其他空港和许多城市连接，航线越多，航班越多，联系也越经常化、多样化、多方面化，其影响越深远，就越有利于促进临空产业在机场周边聚集，形成临空产业群，促进临空经济的发展。同时，空港又是联系铁路、公路、水路等多种运输方式的枢纽，是各种运输工具的结合部和转换衔接的场所，所以空港又发展成为物流市场，以及为交通运输服务的相关行业和各种企业的密集地，形成临空产业群，促进临空经济的发展和繁荣。

2.发展临空经济的必要条件

1)聚集的临空产业群

临空产业是临空经济产生的核心和支撑。临空产业包括与机场和航空运输直接或间接相关的产业，如直接为航空运输服务的产业、航空保税产业和高新技术产业及其配套零部件产业、出口加工业、现代园艺农业、商务、旅游和生活服务业、房地产业等。随着经济全球化、一体化、区域化的深入，经济发展的模式发生了很大的变化，使得企业的区位偏好发生改变，区位偏好由运费指向、供给指向、市场指向而逐渐发展成时间价值指向。在以节约研发时间、新产品以最短的时间进入目标市场为特征的柔性化生产方式中，时间价值成为影响企业的成本与收益的重要区位因素，企业的区位决策目标指向机场这个现代快速的交通运输工具，这使得区域的生产要素的聚集和扩散行为变得通达而迅捷，加速了区域资源流动。

2)繁荣的城市经济

机场所在城市是临空经济发展的经济中心，机场所在城市若拥有优越的区位优势和交通条件，会对各生产要素产生强大吸引力和集散功能，各种要素通过临空经济循环实现显值和增值，并使机场所在城市成为资源转化、物资集散、资金配置、信息交换、人才集聚的经济中心，从而促进城市经济的发展。城市经济的发展，特别是高新技术产业的发展，为机场带来更多的客货运输，聚集更多的人流、物流、资金流和信息流，使各种生产要素更加集中，从而促进临空经济和城市经济的进一步发展。

3)宽广的经济腹地

对空港而言，经济腹地主要是指空港运输输入输出货物的影响范围，空港腹地往往与交通基础设施的通达能力、港口货运的货种结构、腹地经济的产业结构等直接相关。腹地的大小及腹地经济发展状况对机场和临空经济的兴衰起着决定性的作用。腹地越宽广，经济越发达，货源就越充足，就越能促进机场和临空经济的发展。扩大空港的吸引半径，争取更大的腹地是机场空港发展的生命力。

大型枢纽机场和综合交通运输体系仅为临空经济的产生发展提供了潜在的可能性，这种潜在的可能性只有在具备了一定的客观条件后才能转化为现实的事物，这种客观条件就是聚集的临空产业群、繁荣的城市经济和宽广的经济腹地。因此临空经济一定是这两种因素共同作用的结果。

4)政府的政策支持和协调

临空经济的发展涉及的利益主体多，体制问题复杂，需要协调的事情也比较多，这一点即使作为发达国家也不例外。其特殊性表现在航空运输安全性、航空运输的管制与区域经济发展的协调；机场建设的投资巨大，回收期长，具有一定的公益性和基础性；机场周边地区的开发利用必须与机场功能相符合等，这些因素间的复杂关系是任何一个企业很难解决的。因此，临空经济的发展必然需要中央政府、行业主管部门和地方政府的公共政策与详细规划的支撑。

12.2.4 临空经济的发展模式

所谓发展模式，是指某地区在一定历史条件下形成的具有特色的经济发展过程。临空经济的发展路径受到所在区域经济发展水平、产业结构、地理区位、资源禀赋和政府政策等的影响与制约，各地区的临空经济发展模式是将本地的各种要素进行优化配置与临空经济发展层次结合的过程。

1. 枢纽经济模式

临空经济的枢纽经济模式是指充分利用大型枢纽机场优良的空运区位、强大的中转功能和巨大的容量所带来的航空旅客及货物在临空经济区内大规模集散形成的要素流动，重组、整合和运作，从而吸引生产性和生活性服务业入驻的经济发展模式。

发展枢纽经济需要有大规模的航空流量和发达的航线网络作为支撑，要求所在机场应为大型枢纽机场，所在地区为重要的中转站或有大型基地航空公司。枢纽经济一般以第三产业为主导产业，住宿、餐饮、娱乐和购物等生活服务业，物流、广告、会展等生产性服务业及总部经济得到蓬勃发展，从而带动周边经济的增长。

案例：香港国际机场——发展典型的枢纽经济

香港是亚太地区的交通、旅游中心之一。我国香港特别行政区的赤腊角新机场因为其特殊的地理位置、政治因素、运费和货运方式等便利条件，在国际航运竞争中优势巨大，枢纽地位十分突出。与100多个国家和地区的460个港口有航运往来，形成了以香港为枢纽，航线通达五大洲、三大洋的完善的海上运输网络。香港也是进入内地经商和旅游的大门。2005年，香港居民返回内地的次数约6270万人次，外地旅客经香港进入内地的次数共400万人次。每日有128班轮船、约100班航机、超过400班列车及40 200架次的车辆穿梭香港和内地。

香港是全球第十一大贸易经济体系、第六大外汇市场和第十五大银行中心。香港股票市场规模之大，在亚洲排名第二。香港也是成衣、钟表、玩具、游戏、电子和某些轻工业产品的主要出口地，出口总值位列全球高位。

香港经济以服务业为主，与中国内地及亚太其他地区关系密切；是亚洲最多国际公司设立地区办事处的城市；香港也是受旅客欢迎的旅游地点之一，还是举办国际会议及展览的热门地方。与服务贸易有关的主要行业包括旅游和旅游业、与贸易相关的服务、运输服务、金融和银行服务及专业服务。

由于老机场基础设施比较陈旧并靠近居民区，加之航线和航班数量有限，逐渐不适应新时期香港的发展，香港特别行政区政府和新机场管理层便在已有问题和优势的基础上总结经验、不断创新，从更新换代的角度出发对新机场实行整体开发和规划，既体现了老机场的优秀传统又体现了当代创新理念(Yonghwa Park，2003)，并依托其航运枢纽地位大力促进周边临空产业发展，最终成为整个香港的增长极之一。香港国际机场非航空设施十分丰富，公共交通系统以铁路、小轮、公共汽车等组成的运输网，几乎伸展到港内每一角落。香港国际机场是全球第二大货运机场。

空港周边多功能化、社区化和城市化特征非常明显，包括购物、餐饮、娱乐中心、可租赁办公设施、多功能会议展览馆、室内体育馆、标准9洞高尔夫球场和傍海修建的五星级酒店。香港国际机场及其临空经济发展模式最鲜明的特点是其在老机场已经确立国际航运地位的情况下，通过政府统筹规划和机场管理层的不断创新逐步更新完成。

2. 临空产业经济模式

临空产业经济模式主要指利用航空运输带来的地区通达性吸引依赖航空运输产业及其上下游关联产业在临空经济区附近集中，形成产业集聚效应，从而推动区域经济发展。其表现为工业园区的大力发展，区内航空运输指向型产业成为主导产业，并发展成为该地区的优势产业集群。

临空产业经济的形成不仅需要通达的航空运输网络，还需要充足的劳动力和土地资源，完善的要素市场体系，金融、保险网络组织，以及广阔的腹地和良好的地面基础设施等条件。

临空经济区吸引的工业企业主要为高新技术企业和现代制造业等。这些产业具有产品时间价值高、知识密集的特点，能够增强区域对资金和高素质人才的吸引力，从而提高区域经济发展潜力。

案例：爱尔兰香农国际机场——典型的高新技术产业模式

爱尔兰香农机场是临空经济阶段性特征最明显的机场。香农机场由于地理位置十分特殊及其良好的避风性，1942年建成伊始即成为重要的航空中转站，并于1947年开设了世界首家机场免税商店，陆续吸引了大量航空公司将其作为培训基地，使香农镇发展成爱尔兰第二次世界大战后唯一的新兴城市。在政府的策划下，1960年和1968年香农自由贸易区、香农开发区相继建立，表明香农机场步入利用机场发展贸易、吸引外资阶段。其带动效应影响至今，目前香农自由贸易区内外商投资的制造业企业、航空服务企业、国际金融及财务服务性企业超过100家，吸收了大量人员就业并成为爱尔兰外贸窗口之一，年出口额约25亿欧元。建立高科技研发机构、实现技术密集型产业发展是香农机场发展的第三阶段。根据临空经济的发展趋势，政府要求开发区重点发展科技型工业，加大吸引外资力度，并于1972年建立利默里克大学，使开发区拥有了自己的教育和科技研发机构，促进了开发区的进一步发展；1984年，香农开发公司建立了利默里克国家技术园，借助高新技术很快实现了向技术密集型工业的转变。随着高新技术产业的发展，香农开发公司在政府的引导下逐步转向以发展服务业和知识经济型产业为主、全面规划和综合开发阶段，并建立了凯里和提珀雷里两个技术园、恩尼斯信息时代园和博尔技术中心。香农机场临空经济的发展模式是由小规模的中转站，通过发展机场服务和航空公司的介入初步打造自身品牌，在政府的规划下合理吸引、利用外资，关注高新技术产业的发展，最终成为国际临空经济发展的经典案例之一。

3. 环境经济模式

环境经济模式一般适用于区域自然资源特别是旅游资源丰富、旅游业发达的地区机场。这些机场充分利用区域自身条件发展休闲娱乐、购物、会展等产业，优化临空经济区的环境条件和服务质量，从而带动当地服务业的发展。

一些地区虽然自然环境资源丰富，但由于地形复杂，地处偏僻，往往造成经济发展缓慢。机场的建设和环境经济的发展将有力地增进这一地区与外界的联系，使地区的自然资源和旅游资源得到充分利用，改善区域产业结构。

案例：九寨沟黄龙机场——环境经济模式机场

九寨沟黄龙机场（简称九黄机场）位于四川阿坝州松潘县境内的川主寺镇北12千米处，是阿坝州的首个机场，九黄机场于2003年9月28日国庆黄金周之前正式投入使用，有国航、川航等航空公司的飞机投入运行。九寨沟是全国重点风景名胜区，并列入世界遗产名录，沟内遍布原始森林，分布一百零八个湖泊，有“童话世界”之誉，有着无比美妙的山水风光。2007年5月8日，阿坝藏族羌族自治州九寨沟旅游景区经国家旅游局正式批准为国家5A级旅游景区。每年有数百万的游客前往九寨沟旅游，九寨沟黄龙机场就是在这样一个有着丰富旅游资源的区域建设发展起来的，从而带动了当地服务业的发展。

四川九寨黄龙机场的建设大大缩短了从成都进入九寨黄龙景区的时间。截至2012年11月，九寨沟黄龙机场累计进出港航班16 336架次，旅客吞吐量172.42万人次。其中，进港87.02万人次，出港85.4万人次，较2011年同期分别增长12.66%和2.2%。在2011年全国机场旅客吞吐量排名中居于第48位。机场周边环境经济建设为当地旅游业的发展提供了有利条件，也促进了当地会展、酒店等行业的发展，显著改善了当地藏民的生活水平。

总之，九黄机场的开通是四川旅游的一件大事，是一个里程碑，标志四川旅游进入一个新的阶段。

4. 航空城发展模式

航空城发展在空间上极度膨胀，在功能上完备齐全。这一时期内空间结构和产业布局均有很大变化，伴随空间布局产业呈梯度扩散。由于服务对象、运输方式、成本指向等特点，决定了航空指向性产业紧邻空港布局的特点。加工制造业和科研机构与航空指向性产业联系紧密，但航空指向性不强，分布距离较远。辅助产业分布在最外围，主要包括以通信、金融、物流、会展、贸易、电子商务和法律咨询等为主的现代服务业；以社区、餐饮、休闲、旅游、房地产、商品零售为主的个人消费服务业；以政府公共管理、基础教育、医疗保健等为主的公益性服务业。从而形成了同时拥有基础产业、主导产业和配套产业的功能完备、空间布局合理的大型航空城，并成为最有利于发挥增长极带动作用的发展阶段。

案例：荷兰史基浦国际机场——大型航空城发展模式

阿姆斯特丹城西南部的史基浦机场年旅客吞吐量居全球第四，货运吞吐能力列欧洲第三，具备很高的运营效率和整体服务水平。荷兰阿姆斯特丹机场商务区(Amsterdam Airport Area，AAA)被誉为“欧洲商业界的神经中枢”(Nerve center of The EuropeanBusiness World)，主要由阿姆斯特丹机场、部分阿姆斯特丹城区及其周围地区三大部分构成(曹允春等，2007)。近年来，阿姆斯特丹机场商务区已经完全摆脱了临空经济发展的瓶颈阶段，成功吸引超过 300 家大型企业和公司的进驻。成为区域发展的增长极的同时，航空城区域大、功能全的特点也日益显现：①一个集商务运营、产品开发、高新技术研发、信息与人才共享、企业合作等横向关联度极高的园区。②一个从电子开发和电子制造业等核心产业出发，发展产品销售、运输和现代物流产业，拥有完善的商务环境的纵向产业链关联度极高的园区。③周边地区如购物、休闲、餐饮和住宿等服务产业飞速发展的同时，空间扩散现象也越来越明显，其中 5 平方千米的物流园区建立，与海港的密切联系，发达的交通网，都促使阿姆斯特丹机场商务区发展成为一个系统完备的航空城。这样的“机场城市”与城市互相促进，成为“双核”增长极，最大限度地发挥了临空经济对地区的巨大带动作用。

综上所述，临空经济的发展受到区域资源禀赋、产业结构和文化制度等的深刻影响，因而其发展模式也不尽相同。上文根据机场的类型、临空经济区内主导产业的特点，总结了临空经济发展的四种基本模式：枢纽经济模式、临空产业经济模式、环境经济模式和航空城发展模式。临空经济不同发展模式的划分并没有绝对的界限，而是根据特定时期内该临空经济区内主要产业的类型和发展特点来界定的，随着经济的进一步发展和条件的改善，临空经济发展模式可以进行动态调整。由于各地区自身的经济特点和航空运输业的发展水平不同，在选择临空经济发展模式时需要紧密结合自身的资源优势和区域经济特点进行产业布局和规划。

12.2.5　临空经济的发展阶段

1. 初期起步阶段——运输经济阶段/航站区阶段

临空经济的运输经济阶段是指由于航空客货运输业本身而带来的上下游产业，包括航空运输企业、飞机设备制造和运输综合保障企业，以及空中管制和海关等政府机构的集中而产生的经济影响。航空运输作为复杂的系统工程，需要多个部门为其配套服务。在机场周边，围绕航空运输业而集中的空中管制机构、航空公司、机场运营，以及油料和航材设备制造企业等与航空运输直接相关的产业和其他驻机场机构(边防、海关、检验检疫等)及货代、仓储、配送和基本的生活服务业的集中，形成最初的临空经济的雏形。

这个阶段的临空经济完全依赖航空运输，基于运输的实际需要而产生，其规模取决于机场的建设规模和客货吞吐量。相关产业一般位于空港区及紧邻空港区，以方便随时为航空运输和机场运营提供服务。

在运输经济阶段，临空经济区主导产业的航空运输指向性特征不明显，传统产业占据优势地位。临空经济对区域经济的影响主要表现为航空运输及相关产业带来的直接经济收入和就业等。航空吞吐量的增长和航线网络的建设是推动运输经济发展的主要动力，而吞吐量的增加也将带动机场周边地面交通网络的完善和临空经济区内服务业的发展，从而吸引临空产业的入驻，临空经济开始进入产业集聚经济阶段。

综上，这一阶段机场由于客货流量较小、经济容量不大、规模较小，在地域上以机场为核心，主要以航空服务为主，包括候机楼服务部、少量的货运站、机务维修区、边检、动植物检疫等；非航空服务很少，只是在机场周围零星分布着宾馆、银行、餐馆等，相互之间联系不多。

在临空经济发展的初期，无论是临空经济这种特殊经济形态的形成，还是临空经济产业的构成与布局，在很大程度上都具有较强的自发性，这种自发性的产业转移使得该阶段临空经济的产业构成与产业布局呈现出以下特点：

(1)临空产业以传统制造业为主，临空指向性较差。

(2)服务于机场的航空服务业形成，但功能较为简单。

(3)临空产业相对独立，很少存在相互间的产业关联。

(4)临空产业主要分布在机场空港区和紧邻空港区。

2. 快速成长阶段——临空产业集聚阶段/航空港区阶段

临空经济的集聚经济阶段是指由于依赖航空运输的工业或服务业企业在机场附近集聚而带来的经济效应。由于航空货流量和客流量的不断增长，机场的集聚和扩散功能逐步增强，要素的快速流动带来了经济的外部性，包括规模经济、信息溢出等，从而吸引相关产业在临空经济区附近集中。表现为货流量的增加扩大了物流代理、快递、金融业和加工园区等的集聚规模；而客流量带来了广告、商业会展和零售等产业的发展和集聚，从而使各种基础设施和服务业获得了规模效益，提高其建设水平和服务效率。而物流、金融等生产性服务业的高度发展对高新技术产业是十分重要的，高新技术企业也倾向于在具备良好运输条件的区位设址。

随着地区经济的发展，机场规模逐步扩大，航线资源日益丰富，航班数量增加，机场与世界各地的连通性增强。临空经济区与世界其他地区之间的时间距离大幅缩短，从而吸引跨国公司总部、高科技产业和现代制造业等在机场附近集中，形成多样化的临空产业集群。

临空产业大都具有高科技、产品附加值高等特点，而高新技术产业的知识外溢性更强，能够通过增强区域对高层次资金和人才的吸引力从而影响区域经济的发展潜力。因而，这个阶段的临空经济对区域经济的影响不再局限于对产出和就业等的直接影响，而开始深入影响区域产业结构和外部资金投入等。集聚经济的形成表明航空运输在为货物和旅客提供了快速通达的集散网络后，促进了资金、人才和技术在区域间的流动，提高了区域的开放性和对外部投资的吸引力。

综上，这一阶段由于经济的发展，客货流量有了较大幅度的提高，航空运输的地位在国民经济中起到重要的作用，机场的吸引力加大，航空运输有了进一步提高，候机楼通过改造，容量更大，货运大楼出现，货运站的数量进一步增多，非航空运输增多，出现豪华酒店、商业中心、旅游公司、房地产开发公司等。

一方面，随着区域经济发展，新兴的高新技术产业不断涌现，高新技术产品自身的特性决定了其对航空运输的依赖性较强及对航空运输的需求巨大；另一方面，航空运输供给加大。功能的完善和航线网络覆盖面的增大提高了机场的航空运输供给能力。在此阶段，临空经济的产业构成与产业布局呈现出以下特点：

(1)临空产业以高新技术产业为主，临空指向性显著增强。

(2)机场航线网络扩张，外向型临空产业开始占主导地位。

(3)航空服务业快速发展，成为临空产业的重要组成部分。

(4)柔性生产方式的应用迫切要求临空产业链的完善。

(5)新增产业主要分布在紧邻空港区和空港交通走廊地区。

3. 成熟阶段——城市经济阶段/临空经济区阶段

城市经济的产生是临空经济区内要素多样化和产业多样化发展到一定程度时经济系统的涌现现象。当机场的客流量达到一定程度时，娱乐、购物、休闲和与市区之间的地面交通等生活配套设施开始逐步完善，为居住和旅游提供了良好的环境，从而促进了生活休闲、高档住宅小区和机场周边旅游业的发展。航空运输与区域经济和环境的进一步融合使临空经济区内人文环境、生活环境、交通环境和生态环境得到改善和提高，吸引了房地产、生活休闲、旅游和文化事业的集中，形成新的都市区。

良好的居住环境和自然环境对高端科研人员具有强大的吸引力，也必然成为吸引高新技术企业的重要因素，因而，城市经济的形成是临空经济进入可持续发展阶段的表现。

这一阶段的临空经济与区域经济协调发展，临空经济区成为城市新的增长极，从而降低了城区土地平均价格，对吸引外商投资、减少主城区的拥堵情况，改善城市二元空间结构起到重要作用。临空经济发展的各个层次之间是相互促进的关系，其发展轨迹受到临空经济的外部环境和政府政策的深刻影响，具体处于哪个阶段要看对经济影响最显著的产业是受到何种因素的吸引而进驻的。随着临空经济从运输经济发展到环境经济，其要素结构不断优化，将为区域经济发展带来强大动力。

综上，这一阶段随着产业结构的调整，高新技术产业有了很大发展，由此航空运输已经起到不可缺少的作用，从而国内外贸易和文化交流不断上升，客货流量很大，机场产生了巨大的磁力，城市化的动力由于机场周边土地的减少和价格的上升而大大削弱，从而形成一个集农业、工业、服务业的全方位、立体的经济区域。

现代服务业和高新技术产业共同成为临空经济区的主要产业，航空制造业和航空服务业结合成为航空产业集群，复合型的航空枢纽功能与区域经济完全融合，成为区域经济的增长点。这一阶段临空经济呈现出其成熟阶段的诸多特征：

(1)现代服务业的发展促使临空产业结构日趋完善。

(2)临空高新技术产业成为全球产业链的主导环节。

(3)航空制造业开始聚集，形成了航空类产业群落。

(4)基于产业链的集群发展成为临空经济发展模式。

(5)新增产业主要分布在空港交通走廊的沿线地区。

(6)临空经济带动作用加大,成为区域经济增长点。

临空经济在其起步、发展和成熟三个阶段的发展过程中,临空主导产业从传统制造业发展到高新技术产业,产业结构不断升级与优化,而现代服务业的迅速发展促使临空产业结构日趋完善;临空产业间的关联逐步增强,基于产业链的集群式发展成为临空经济发展的高级模式;临空产业布局以空港区为核心,呈圈层结构逐步向外扩展。因此,无论临空产业链的延伸还是临空经济区规模的扩大,都使临空经济带动地区经济发展的作用增强,从而使临空经济成为区域经济的增长点。

但是,随着临空经济的日益发展,由于资源环境的限制,临空经济会出现瓶颈阶段:——部分企业转移,经济发展速度减缓。随着临空经济的不断发展,区内土地价格上涨迅速、空间拥挤、无序竞争,生产、生活质量下降等类似于城市病的问题出现,对所有企业均产生了强大的挤出效应。跨国公司总部或其生产基地普遍实力很强,在空港周边从事生产活动带来的正效应,如信息、技术的频繁交流,创新能力提高,新技术的传播,远远大于挤出效应造成的负面影响,外迁可能性不大;对于其他辅助产业,如餐饮、娱乐、购物等服务业,本身企业实力不强,加之大量聚集在一起造成的激烈竞争,挤出效应造成的成本上涨已经超过了由于聚集获得的正效应,所以部分企业开始外迁,并最终引起大量企业外迁。由于大量企业外迁,造成税收的减少和人力资本的流失,降低了经济发展速度,影响了空港竞争力,导致经济发展出现瓶颈。尽管企业外迁属于市场自身调节的正常现象,但是不利于区域长期发展,这时就急需政府统一规划,结束政府"守夜人"角色并通过积极的政策安排发挥调控作用。

12.2.6 临空经济的发展现状

1. 国内临空经济发展特点

(1)临空经济的区域经济作用不断提升。通过对中国临空经济所在的机场周边的地区及所在城市的GDP的增长分析可以发现,临空经济增长幅度比城市的GDP增长幅度高出了7%。

(2)呈现以临空偏好为指向的多元化。

(3)机场规模差异决定临空经济特色发展路径。临空经济需要研究两个非常重要的特性:机场特性和区域经济的产业结构特性,二者相结合才能决定地区产业的选择、发展的模式等。

(4)空港型综合保税区成为临空经济发展新驱动,自由贸易区是经济全球一体化的最高形态。

(5)临空经济空间呈现蛙跳式发展特征。临空经济发展的模式,其实是临空经济偏好问题,如佛山的三水区等是隔了一个区在发展,是机场辐射力在增强。

(6)管理模式呈现出政府主导式多样化特征。国外机场和国外政府关于临空经济主要涉及的是土地权由哪方掌握的问题,而中国临空经济的管理现在还主要以政府为主导。

2. 主要航空港发展案例

1)北京

中国最大的航空港所在地北京市顺义区，从 1998 年坚持“依托机场、服务机场、发展顺义”的方针，大胆借鉴国际机场周边地区的经验和做法，在国内率先发展临空经济指向型产业，形成天竺综合保税区、空港开发区、林河开发区、空港物流基地、北京汽车生产基地、国际商务区六大功能区的紧凑布局，聚集航空类企业超过 300 家、世界 500 强企业 30 余家及中国民航六大集团，全区初步呈现以航空业的相关企业总部为主体、现代制造业及高端服务业加速聚集的临空产业体系。据粗略估算，整个临空经济区所带来的经济效益占北京市顺义区经济总量的 70%，创造财政收入占其总财政收入的 85%。以北京首都机场为核心形成的临空产业体系俨然成为顺义区域经济发展的重要支柱和核心力量。

2)上海

上海市长宁区依托虹桥国际机场优势，大力发展临空经济。上海长宁区是虹桥机场所在地，20 世纪 90 年代中期，长宁区将机场与虹桥开发区优势叠加，区域经济的发展与临空经济的发展相结合，大力发展房地产业、现代物流业、总部经济、高科技产业。目前，长宁区临空经济日益繁荣，物流业已粗具规模，与物流相关的仓储业有 40 家，电子商务和物流配送的发展提速，投资 10 亿元的物流平台已开通，一大批物流配送中心也在建设中，第三方物流产业迅速发展，推动了商贸、会展业形成。上海 40%的国外大型企业总部已迁入，在上海的 50%以上的外国人和 30 万台湾人居住在长宁。正是由于区域与机场的互动，长宁的现代服务业十分发达，产业结构调整快、升级快，产业关联度增强。

3)天津

天津市政府于 2007 年 1 月完成天津临空产业区(航空城)总体规划，计划到 2020 年把天津临空产业区(航空城)规划为用地 102.22 平方千米，人口规模达到 40 万人，可容纳常住人口 15 万人的一个集航空物流、民航产业、临空会展、民航科教为主要功能的现代化生态型产业区，是滨海新区主要功能区之一。

天津机场的发展定位为大型枢纽机场，2010 年发展目标是环渤海城中短程客运中心机场，实现年吞吐旅客 1010 万人次，货邮 50 万吨，起降 13 万架次，天津市已成立航空城工作专班，负责协调各功能区的重大工作。

4)广州

广州市借新白云国际机场投资 200 多亿元建设的契机，高起点、高规格地在实现机场整体布局的同时，启动花都区临空经济发展区，提出“圈层规划、集聚发展，由近及远，带动全区”的发展思路。广州市成立空港经济领导小组，花都区成立空港经济管委会，下设拆迁还建指挥部和开发总公司，现已入驻的有联邦快递(亚太地区总部)、现代商务汽车公司、南航物流园区等大型企业。

5)成都

成都市双流县是中国西部的门户机场——双流机场所在地,双流临空经济起步于1992年,经过15年发展,规划总面积70.61平方千米。现已形成四大园区:西南航空港经济开发区、成都航空物流园、双流现代商贸集中发展区和临空经济总部经济区。

2005年6月成立了成都航空港园区,在成功开发运作的基础上,双流县作出"划出一块土地,组建一套班子,明确一个目标,闯出一条路子"的方案,分别成立管委会和开发公司。管委会增设"四会一室"直属局级事业单位编制,编制人数15人。四大园区现已完成总规和控规。双流机场航空城功能定位为成都南部新城区主要产业带,以发展信息、光电、医药、机械、绿色食品产业、科研教育产业和物流产业为主,包括西航港开发区、新工业园区、九江外向型出口加工区等,并提出在2010年建成"西部光谷"。

6)重庆

2004年重庆市渝北区开始重视临空经济现象,2006年重庆市组织进行了"重庆空港新城"的战略规划编制。2007年3月市政府批准启动重庆空港新城建设,规划控制46平方千米。2010年建成年吞吐能力2500万人次,50万吨货邮量,市政府成立民航建设发展领导小组。渝北区成立空港新城管委会,下设开发公司,明确为处级事业单位。

7)昆明

昆明巫家坝国际机场是西南地区门户枢纽机场,是我国最重要的国际口岸机场和全国起降最繁忙的国际航空港之一。该机场始建于1923年,曾经过3次大的改扩建。现占地面积4297.12亩,飞行区等级为4E,有ILS、VOR/DME、NDB等通信导航设施,可供波音747、空客A340等机型起降。目前设计年旅客吞吐量1037万人次,已开通57个国内城市和17个外国及地区城市的167条航线。

12.2.7 临空经济发展启示

1.国外临空经济发展的经验与启示

1)产业集群模式

依托飞机产业,调动区域内各种积极因素——大学、政府、培训机构、行业协会都参与到飞机制造企业的协作中,发挥协同效应。例如,蒙特利尔航空产业集群表现为总承包商发展了飞机、直升机、发动机、飞机维修等;设备制造商包括起落架、航空电子、系统集成、防务系统、卫星产品等;子承包商包括部件加工、金属处理、计算机电子、复合材料等;还包括四所世界级的航空航天类大学。最终飞机产业集群的形成与发展对所在城市经济发展将产生较为深刻且积极的影响,其影响主要体现在产业集群的整体效益远远大于各企业单个效应之和,结果大大提高航空城的竞争优势。以蒙特利尔为例,其航空航天业主要由三个类型的公司组成,即总承包商和主要飞机维修中心,设备制造商、子承包商,以及特种产品、服务提供商。蒙特利尔的总承包商和主要飞机维修中心在产业结构中占有优势地位,有利于集中资源进行生产制造,这对于航空工业这样需要规模经济的产业是非常有利的。航空产业链是一个长产业链,这也需要主承包商有一定的规模才能吸引或培植高水平的配套厂商，从而提升航空产业的生产效率，提高其人均产值。

2)便捷的综合交通

便捷的综合交通是飞机总装生产的保障。由于飞机制造的零部件较多，供应商零散分布，所以飞机总装生产对海陆空运输的需求较大。图卢兹、西雅图、蒙特利尔的飞机总装生产基地均有便捷的立体交通网络。

3)政府和科技的支持

航空制造产业发展需要政府和科技的支持，航空制造产业具有工艺复杂、流程长、技术含量高、投资大等特点，即航空制造产业的产业关联较大，对科技要求高，而这些属于企业外部的经济，因此，航空制造产业的发展需要政府的扶持。国内外著名的航空产业都市图卢兹、蒙特利尔均是在政府的扶持下发展起来的。政府对航空制造产业的支持分为直接支持和间接支持，直接支持表现为对航空制造企业的融资支持、税收支持等；间接支持表现为对航空制造所需的科学技术产业和航空基础理论的支持和促进。

4)区域专业化生产

区域专业化是指一个地区仅以一个或若干个(依地区规模、产业的特征而定)关键产业为重点发展形成规模化生产，占领较大的市场份额，以使其在全国乃至全世界都有竞争力。地区专业化对地方的长远发展至关重要。随着信息传递的日益加快，交通运输越来越便利，地区间的贸易障碍进一步减少，地区间的贸易竞争会越来越激烈。在这种情况下，没有绝对优势的地方产业根本就无法生存，而形成并成功发展全球为数不多的专业化生产区域是十分难得的。

2. 国外临空经济发展案例

1)"欧洲商业界的神经中枢"——产业群模式

荷兰阿姆斯特丹史基浦机场的商务区被誉为"欧洲商业界的神经中枢"，对国际商界来说极富神奇魅力，吸引了众多国际大公司前来投资。该商务区是一个重要的物流、商业枢纽，许多跨国公司把他们的欧洲总部、营销部门和研发中心等都设于此。

2)"世界最优秀空港"——发展枢纽经济

仁川国际机场是连接北美、欧洲和世界的最佳航线网络，有 70 条航线连接世界 170 个目的地。机场旁边的国际商务中心包括 60 层规模的国际商务中心大厦和百货商店、购物中心、会议中心、高级宾馆等设施，主要吸引跨国公司亚太总部和物流公司总部。

3)"会展业最丰富的航空城"——开发会展经济

巴黎戴高乐机场附近的维勒班展览中心，有 16.4 万平方米的展览区，每年吸引 1300 万的参观者。机场外围形成的饭店宾馆区域，不仅吸引了飞机乘客，还有其他顾客，如戴高乐机场附近饭店业的很大一部分客源来自维勒班展览中心的参观者和展商。

4)"世界上首个名副其实的海上机场"——便利的综合交通

关西机场把许多相当先进的商业商务设施摆进了航空城，使之成为关西机场的中心商务区，主要商业性建设项目包括255米高的临空城入口塔楼、国际交流基金关西国际中心、太平洋城市商务促进中心、日本贸易振兴会、促进外国投资支援中心等。

此外，世界部分机场综合开发情况如表12-1所示。

表12-1 世界部分机场综合开发情况

机场名称	设施名称	
	机场内及与机场连接地区	距机场1小时左右
奥兰多国际机场	购物中心、货运中心、自由贸易区、工业区	迪斯尼世界
亚特兰大国际机场	货运中心、贸易港、飞机维修工厂、货运大楼、宾馆	亚特兰大市中心的宾馆、会议中心、名胜等、世界会议中心、亚特兰大球场、服装商业中心
戴高乐国际机场	货运区、罗西亚开发区、商务中心、大规模工业园区、宾馆	商务公园、博物馆、会议中心
伯明翰国际机场	货运大楼、国际展览中心、伯明翰市中心的宾馆、会议中心、名胜等	阿斯通科学园、沃力克大学科学园、伯明翰科学园、丰田的新工厂
汉城金浦国际机场	货物航站楼、临空工业园区	宾馆、世界贸易中心、国际会议中心
樟宜国际机场	空中货运中心(自由贸易区)、"罗亚"工业园区	拉普路斯城、游艇基地中心、世界贸易中心、新加城市中心宾馆、会议中心、名胜等、基隆工业园区
新东京国际机场	空中货物航站楼、机内食品供应厂、机务维修工厂、宾馆、停车场	工业园区、东京货物中心、博览会议中心、东京迪斯尼乐园

综合案例:联邦快递与孟菲斯机场

联邦快递作为全球最具规模的快递运输公司，并购、合作是实现其跨越式发展的重要手段。早在1976年，联邦快递即开始争取放松货运航空管制的努力，1977年获得批准。放松管制最核心的内容是市场自由进出、定价自主及公共设施开放。对联邦快递来讲，当务之急是能够大量引进飞机，扩大航权，满足其快速扩张的需要。自1980年开始，联邦快递开始以并购和结盟的方式拓展其全球服务版图，联邦快递步入快速发展的轨道。

随着联邦快递的迅速扩张，其核心竞争力也不断增强，主要体现在以下几个方面。

(1)具备科学营运模式和先进的信息技术手段。当前全球航空货运不外乎航空运输服务、第三方物流服务、快递服务、货物代理服务，以及以提供运输服务为主同时向物流相关领域全面延伸等五种模式。联邦快递是典型的第五种模式，即全流程解决方案。它拥有自己的卫星和美国本土最大的气象观测站，七个营运项目能够提供全球性空地运输、电子贸易及供应链管理服务，并透过旗下多家独立运作的附属公司提供综合商业方案。拥有自主研发的信息系统，6000多名IT工程师，连续每年投入10亿美元用于IT建设。2/3的货运均通过Powership和FedExship两套系统进行。不仅提供货运服务，更注重提供相关的信息服务，能够以机上情报系统和卫星即时追踪货件位置。每天夜里都会有 6 架左右空载的货机在东西海岸之间穿梭飞行，以备意外。

(2)构建强大的枢纽网络。通过在全球范围内积极争取航权，其航空运输网络共服务于 375 个国际机场，在全球有 17 个枢纽，拥有 688 个服务中心，为超过 235 个国家和地区提供快递服务。在企业密集的区域，几乎每间办公室都有联邦快递的专用业务袋，业务员接到客户电话就会迅速上门取件。联邦快递在商场门口、机场、街区的显眼位置设有近 43 000 个专门的快递投放点，业务员每天会多次前往取件。

(3)具备惊人的货物处理能力。除专用货机外，联邦快递拥有超过 90 000 台运输车辆，大规模快速集中处理货物的能力令人震撼。孟菲斯超级转运中心，每晚约有 140 架飞机从世界各地携带货物进港，货物在这个全球最大的货运航空枢纽快速分拣后，再装上这 140 架飞机，快速送往世界各地。飞机刚滑入停机坪，工作人员和地面车辆如同“作战”，在夜幕中冲向飞机，20 分钟内卸完货物，送往分拣中心，看似匆忙而乱成一团，其实分工明确、配合默契，是“有序的混乱”。共投入 7000 多人、20 000 多台次车辆，在先进的信息平台支持下，4 个小时处理货物 300 多万件。

(4)培育了独特的企业文化。联邦快递创立之初就有“员工、服务、利润”三位一体的文化理念。斥资数百万美元建立自己的电视网络，使全球各地管理人员与员工能够进行联系。重视员工培训，运务员在正式上班前至少接受 40 小时的培训，与顾客直接接触的员工集中培训时间达 6 个星期，另外提供每人每年 2500 美元的费用，鼓励员工深造进修。为方便员工向管理层提出质疑和意见，建立起一套完善的投诉机制，即调查、回馈和行动机制。联邦快递始终秉持鼓励内部提拔的原则，在其管理者中，有 91% 是内部提拔。高度重视与政府机构及非营利性组织在社会公益项目上的合作，在国际上树立了富有爱心和社会责任感的公司形象。

孟菲斯是货运航空经济发达的突出代表。作为总部航空公司，联邦快递的核心价值与孟菲斯航空城的建设相辅相成。孟菲斯机场周边融合了科研、加工制造、仓储、物流和商务等的产业增值链，已成为美国中南部地区交通和经济发展的重要“发动机”。每年孟菲斯当地直接航空经济带来的产值是 286 亿美元，其中 94% 以上由联邦快递贡献，占当地经济总量的一半以上；增加就业岗位超过 22 万个，占当地全部的 1/3。

孟菲斯商会认为，航空大都市是一种战略，而不是单纯的城市建设。尽管在航空业发展过程中，相关的功能区已基本自然形成，但是着眼长远的发展战略仍然需要培育和主动规划。孟菲斯市最近安排专款 100 万美元对临空产业建设进行规划，具体由一家国际设计公司 RTKL 负责，另有从事工程咨询、公共关系和营销、融资顾问业务的三家公司协助。当地政府部门、商会、机场、航空公司及其他专业机构等都参与该规划的研究制定。根据初步规划，机场位于航空大都市的中心位置，周边有物流园区、地产区、生物科技园区、旅游区，以及众多工业园区和公路铁路环绕。规划范围横跨田纳西、阿肯色和密西西比三州，具体实施由政府和私人公司负责，将耗时数十年。值得一提的是，孟菲斯商会的总裁本身具有航空背景，体现了该商会对发展航空业的重视。

综合案例：美国西雅图航空城

(1)以飞机装配为龙头构建完整的航空制造产业链。

西雅图是波音公司的重要基地。波音公司七个业务部门中有五个位于西雅图地区，包括波音商用飞机部、波音公共服务集团、波音联通公司、波音空中交通管制部和波音资产公司。波音商用飞机部在西雅图地区的两个总装厂分别位于Renton和Everett，前者依托Renton Airport负责737、757、波音公务机(BBJ)单通道飞机的最后装配线；后者依托Boeing Field负责747、767、777、787双通道飞机的最后装配。飞机制造业的产业链较长，而飞机总装是飞机制造的核心生产活动之一，可吸引飞机总装相关的供应商及下游的服务产业。依托波音在西雅图的两个总装厂，西雅图形成了以波音飞机的制造装配基地为龙头的研发、制造、服务及相关的旅游、展览企业的集聚，并延伸发展其配套服务业，初步构建完整的航空制造产业链。

(2)以机场为核心形成不同的产业布局。

从飞机制造产业链企业在西雅图的布局来看，由于产业链不同环节与其关联性不同，产业布局具有较大的差异性。以机场为核心，飞机总装企业、主要部件的制造企业、二级和三级配套商及其他相关企业依次排列。飞机制造业引致产生的工业旅游业，由于与飞机制造环节需要的资源重叠较多，需紧邻飞机制造厂，对机场有间接的需求，例如，波音的博物馆紧邻波音飞机厂和Boeing Field。而其他的服务部门，如售后服务、培训、资产公司等对机场和飞机总装厂的区位临近偏好性较弱，如波音的培训、资产公司等布局在西雅图城区。

(3)西雅图便捷的海陆空运输资源为飞机总装生产提供了保障。

飞机制造工艺复杂，所需零部件众多，随着全球分工专业化的不断深入和飞机制造产业的全球化运作，飞机制造零部件生产商布局在全球，而不同零部件的价值不同，波音公司总装厂对其的时间要求也不同。因此，飞机总装厂的基地需要有便捷的海陆运输。而总装厂的飞机正式投入使用之前，需要进行一定时间的试飞，因此需要机场有足够的空域和陆地空间。因此，飞机的总装基地对海、陆、空运输均有较强的需求。据统计，目前波音在全球100个国家拥有超过5200家供应商，位于西雅图Renton的总装厂紧邻Renton Airport和CedarRiver，而位于西雅图东北近郊的装配基地紧邻Boeing Field，且与海港之间有便捷连线，保障了波音飞机零部件的供应和飞机总装的生产。

(4)临空经济成为西雅图地区新兴产业发展的孵化器。

波音公司在西雅图地区多年的运营，不仅带动了西雅图地区经济的增长，更改善了西雅图地区的交通状况和商务环境。目前西雅图已建成现代化的深水港并成为美国西北部的经济和文化中心，是太平洋西北部领先的金融中心，一些大公司都把总部设在西雅图地区。另外，西雅图地区已经发展成领先的软件产业、通信产业、生物科技产业和医疗技术产业的中心。位于莱德蒙德(Redmond)东部郊区的微软公司,已经成为全球最大的软件制造商,在当地拥有近28 000名员工,是整个地区第二大的雇主。以华盛顿大学、Fred Hutchinso癌症研究所和西雅图大型医疗机构为中心的生物科技产业,是西雅图地区另一个迅速扩张的产业。以波音为龙头的航空制造产业在西雅图经济的比重中逐年下降,而新兴的软件、通信、生物科技、医疗技术产业,以及金融业、总部经济在西雅图地区的作用开始凸现。

参考文献

曹允春.2010. 中国临空经济发展尚处初步阶段亟待研究探索. 2010中国临空经济国际高峰论坛.

曹允春,谷芸芸,席艳荣.2006. 中国临空经济发展现状与趋势. 经济问题探索,(12).

曹允春,李晓津.机场周边经济腾飞与“临空经济”. 概念经济日报,05-25.

曹允春,席艳荣,李薇薇.2009. 新经济地理学视角下的临空经济形成分析.经济问题探索,(02).

陈丙成.2011.经济视角下的航空公司产业链战略联盟研究.空运商务,(23).

陈林.2008. 航空运输经济学. 北京:中国民航出版社.

陈绍旺.2009. 国外航空城发展的经验与启示. 观察家札记,(4).

陈文玲,张海峰.2009. 我国航空公司航线网络设计问题探讨. 科技创新导报,(20).

党亚茹等.2012.航空货运发展的影响因素及对策研究.空运商务,(5).

丁冰.2004. 当代西方经济学原理.北京:首都经济贸易大学出版社.

段晓江,冯允成.1996. 启发式民用飞机机队规划.北京航空航天大学学报,(8).

逄艳红.2006. 国内外机场收费政策比较分析. 空运商务,(33,34).

葛伟.2008. 蛛网式航线网络结构研究. 南京:南京航空航天大学.

管驰明.2008. 从“城市的机场”到“机场的城市”——一种新城市空间的形成. 城市问题,(04).

管楚度.2002. 新视域运输经济学. 北京:人民交通出版社.

杭文.2008. 运输经济学. 南京:东南大学出版社.

胡吉平.2008.旅行时间价值研究的意义和方法.综合运输,(10).

胡玉敏.2008.美国民航放松管制的效应及其新问题.生产力研究,(10).

胡志群.2007. 航空公司战略联盟合作伙伴选择与合作管理研究. 长沙:中南大学.

黄为.1999. 美国放松管制得失谈.民航经济与技术,(3).

黄亚钧.2010. 微观经济学.3版. 北京:高等教育出版社.

井浩涌.2002. 差别定价方法分析. 商业研究,(8).

肯尼斯·巴顿.2001. 运输经济学. 北京:商务印书馆.

黎超.2007. 浅析我国航空运输业的管制和放松管制. 空运商务,(23).

黎群.2003.航空公司战略联盟的网络经济性分析.北京交通大学学报:社会科学版,(3).

黎群.2003.论航空公司的战略联盟. 北京:经济科学出版社.

李纯青,郝艳磊,张军. 2011.航空积分联盟及其对联盟合作伙伴的影响研究——基于南航加入天合联盟的案例研究.管理案例研究与评论,(06).

李革庆.2002. 关于建立中枢辐射航线网络布局的研究. 西安:西北工业大学 .

李媚.2008.国外低成本航空公司发展研究.上海:华东师范大学.

李绍举.2006. 政府放松管制对航空运输企业的影响及对策分析. 空运商务,(1,2).

李艳华,刘杰.1996. 规模经济和我国民航运输业的发展. 民航经济与技术,(4).

李悦.2007. 欧洲大型航空公司航线网络演变历程. 中国民用航空,(4).

连海霞. 2003. 论中国民航业的放松管制与再管制. 经济评论,(3).
梁风琳. 2009. 临空经济区的经济分析. 北京:北京交通大学.
刘厚俊. 2009. 现代西方经济学原理. 5 版. 南京:南京大学出版社.
刘涛. 2007. 航空公司成本管理新思路. 新理财, (1).
刘万明,刘益平. 2002. 我国航空运输发展速度和相关问题研究. 中国民用航空,(5).
刘效廉. 2006. 管制与竞争背景下中小航空公司的竞争战略. 山东:山东大学.
刘雪妮. 2008. 我国临空经济的发展机理及其经济影响研究. 南京:南京航空航天大学.
刘洋. 2006. 谈临空经济与临空经济区的发展. 商业时代,(35).
马建. 2009. 长沙黄花国际机场临空经济综合开发研究. 长沙:中南大学 .
马湘山,周剑. 2012. 欧盟将民航运输纳入欧盟排放交易体系问题探析. 气候变化研究进展. 8(4): 285-291.
马歇尔. 2009. 经济学原理. 北京:人民日报出版社.
聂金艳. 2011. 航空联盟的经济动因及低成本航空联盟的可行性分析. 空运商务,(19).
彭语冰,张永莉,张晓全. 2001. 机队规划模型的建立及应用. 系统工程理论与实践,(6).
齐悦. 2007. 综合运输需求特征及其体系指标研究. 北京:北京交通大学.
秦四平. 2008. 运输经济学. 北京:人民交通出版社.
秦占欣. 2004. 中国民航运输业政府管制改革研究. 西安:西北大学.
R. 格伦·哈伯德. 安东尼 P. 奥布赖恩. 2007. 经济学(微观). 北京:机械工业出版社.
冉隆吉. 2009. 飞机维修成本标准化控制初探. 航空维修与工程, (6).
荣朝和. 2001. 关于运输业规模经济和范围经济问题的探讨. 中国铁道科学,(4) .
荣朝和. 2008. 西方运输经济学. 2 版. 北京:经济科学出版社.
施蔷生,2009. 易居研究——国际临空经济园区发展模式比较. 上海易居房地产研究院, (51).
石丽娜. 2002. 机队规划与成本控制. 南京:南京航空航天大学.
石丽娜. 2003. 利用"飞机成本指数"降低机队规划成本. 上海工程技术大学学报,(9).
石丽娜. 2005. 机队规划中的成本控制. 航空公司管理,(2).
斯蒂芬·霍洛维. 2009. 实用航空经济学. 深圳航空公司,译. 北京:中国民航出版社.
宿洋. 2010. 国内航空公司成本控制对策. 科技信息, (11).
孙宏,张翔. 2008. 航空公司机队集中调度理论研究. 中国管理科学,(2).
陶洪. 2011. 旅行时间的价值理论研究. 北京:北京交通大学.
王锦华. 2006. 国外低成本航空公司运营模式及其借鉴研究. 南京:南京航空航天大学.
王志永. 2005. 我国航空运输业分类管制政策研究. 航空运输,(2-4).
吴蕊. 2007. 国内外机场特许经营权初探. 商业文化,(4).
武旭. 2005. 运输周期波动理论研究. 北京:北京交通大学.
夏伟怀. 2000. 铁路客运需求弹性分析与营销对策. 长沙铁道学院学报,(2).
肖李春. 2007. 临空经济区发展研究. 成都:四川大学.
谢云双. 2004. 低成本航空公司成本量化分析. 中国民用航空, (12).
许庆斌、荣朝和,等. 1995. 运输经济学导论. 北京:中国铁路出版社.
闫克斌,孙宏,史虹圣. 2005. 飞机选型问题数学模型的建立. 飞行力学 ,(4).
闫伟杰. 2009. 利益集团理论视野下的公共政策优化. 长白学刊,(1).

严作人，张戎. 2003. 运输经济学. 北京：人民交通出版社.
杨凌凌. 2010. 从国航入盟看航空联盟对航空公司航线网络拓展作用. 中国民用航空，(3).
杨省贵，魏中许. 2009. 成本视角的航空公司运营决策研究. 生产力研究，(3).
杨友孝，程程. 2008. 临空经济发展阶段划分与政府职能探讨——以国际成功空港为例. 国际经贸探索，(10).
游婷婷. 2008. 航空公司组建战略联盟相关问题研究. 南京：南京航空航天大学.
余英. 2010. 航空公司的管制和放松管制之争. 产经评论，(2).
虞康，李煊. 1995. 飞机租赁. 北京：中国民航出版社.
詹世民. 2004. 特许经营——机场资源的有效开发方式. 中国民用航空，(9).
张弛，扬帆. 2007. 利益集团理论研究. 学习与实践，(8).
张伟. 1999. 从管制和放松管制看美国航空产业组织政策的演变. 民航经济与技术，(1).
中国航空运输协会. 2014. 民航论丛. 第一，二辑. 北京：中国民航出版社.
钟祥国，2004. 机场的一元二元论. 新报财经新闻.
周东梅，杨伟. 2007. 航空公司机队集中调度的成本分析. 交通运输工程与信息学报，(3).
朱佳. 2007. 控制航空公司运营成本的营销策略研究. 技术与市场，(5).
朱建安. 2007. 关于价格歧视问题的一些分析. 中国物价，(6).
朱金福. 2009. 航空运输规划. 西安：西北工业大学出版社.
祝平衡，张平石，邹钟星. 2007. 发展临空经济的充要条件分析. 湖北社会科学，(11).
庄奕琪. 2003. 经济学原理. 上海：复旦大学出版社.
邹东. 2009. 国内航空市场中的价格歧视. 上海：复旦大学.
[著者]. 2007-1-14. 2006 Current market outlook. http://www. boeing. com/ commercial / cmo/.
Benjamin Sapte. 2007-03-02. Southwest Airlines: Route Network Development since 1971. http://www. erau. edu/research/BA590/chapters/ch2. htm. .
Vasigh B, Fleming K, Tacker T. 2008. Introduction to Air Transport Economics from theory to applications. Library of Congress Cataloging-Publication.
Rigas D. 2009. Flying off course- Airline Economics and Marketing. 4th edition. Taylor & Francis e-Library.
European Union. Directive2008/101/EC: amending directive 2003/87/EC so as to include aviation activities in the scheme for greenhouse gas emission allowance trading within the community [R]. 2009-01.
http://www. airbus. com/en/ corporate/gmf/index. html.
http://demo1. nkuht. edu. tw/～t0259/abt/ch8. ppt.
http://doc. mbalib. com/view/26c5011a2d4b43afb2b80b3bfa1f7585. html.
http://wenku. baidu. com/view/05bf1c37ee06eff9aef8077c. html.
http://wenku. baidu. com/view/27a9f8e2524de518964b7d71. html.
http://wenku. baidu. com/view/31e12a3b0912a2161479298f. html.
http://wenku. baidu. com/view/4ce859ee0975f46527d3e185. html.
http://wenku. baidu. com/view/76abeb8471fe910ef12df8cf. html.
http://wenku. baidu. com/view/76abeb8471fe910ef12df8cf. html.

http://wenku.baidu.com/view/8d2b1be8856a561252d36f0b.html.
http://wenku.baidu.com/view/c70fa3260722192e4536f61f.html.
http://wenku.baidu.com/view/f271d7583b3567ec102d8a3a.html.
http://wenku.baidu.com/view/f2dbc76b561252d380eb6e36.html.
http://wiki.mbalib.com/wiki/%E8%88%AA%E7%A9%BA%E8%BF%90%E8%BE%93%E5%B8%82%E5%9C%BA%E4%BE%9B%E7%BB%99.
http://wiki.mbalib.com/wiki/%E8%88%AA%E7%A9%BA%E8%BF%90%E8%BE%93%E5%B8%82%E5%9C%BA%E9%9C%80%E6%B1%82.
http://www.doc88.com/p-99222998637.html.
http://www.doc88.com/p-996291526552.html.
http://www.exam8.com/wangxiao/shiting/w_jiangyi.asp?jiangyiID=19285.
http://www.shcrhy.com/hyxw/152.htm.
Ken Fleming. Thomas Tacker. Bijan Vasigh. 2008. Introduction to air transport economics. Ashgate Publishing Limited.
Kostas Iatrou and Mauro Oretti. 2007. Airline Choices for the Future-Form Alliances to Mergers. Ashgate.
Peter Belobaba. Amedeo Odoni and Cynthia Barnhart. 2009. the Global Airline industry》. Wiley.
Stehpen Holloway S. 2008. Straight and Level-Practical Airline Economics. 3rd edition. Library of Congress Cataloging-in-Publication.
William E. O'Connor. 2001. An Introduction to airline Economics. 6th edition. Praeger.